주식·부동산 투자 전략, 기업 경영 계획 수립 등에 나침반이 될 전략 지침서

대예측 2026

매경이코노미 엮음

매일경제신문사

MK Edition

대예측
2026

서문

대전환 시대의 시작 2026년

"다시 예전(트럼프 시대 이전)으로 돌아갈 수 있을까?"
이제 이런 질문은 의미 없다. 2026년 관심사는 '세계 경제가 회복하고 기존 질서가 어느 정도 복원될 것인가'가 아니다. 우리가 집중해야 할 화두는 '새롭게 재구성되는 질서는 무엇이고, 새로운 뉴노멀에 어떻게 적응할 것이며, 이를 위해 어떤 형태로 미래를 설계할 것인가'다. 이제 화두는 '복원(recovery)'이 아니라 '재구성(restructuring)'이다.
트럼프 2기 시대를 맞아 '탈세계화가 더욱 가속화될 것'이라는 전망이 지배적이었다. 뚜껑을 열고 보니 '탈세계화'라는 단어는 의미가 없었다. 작금의 세상을 세계화의 종말로 볼 것도 아니다. 대신 '가치·기술·안보와 결합한 재세계화(Re-globalization)가 진행 중'이라는 진단이 맞을 것 같다.
과거에는 비용과 효율이 절대적 기준이었다면, 지금은 패러다임 자체가 다르다. 재세계화 시대에는 신뢰·동맹·안보가 중심이 된다. 세계는 더 이상 하나의 시장이 아니지만, 그럼에도 불구하고 경제의 연결망은 결코 쪼그라들지 않을 것이라는 진단이다. 가장 안정성이 높고 리스크가 적은 공급망이 무엇일까를 우선적으로 고민하는 시대가 됐을 뿐. 실제 미국의 관세 수준이 1930년대 이후 최고치를 기록했음에도 국제무역은 견고한 성장세를 보이고 있다. 국제특송기업 DHL과 미국 뉴욕대 스턴경영영대학원이,

트럼프 대통령 2기 행정부 출범 후 급변하는 무역 정책 속 국제무역·해외투자 흐름과 변화를 분석한 'DHL 글로벌 연결성 지표 2025'에 따르면, 2025~2029년 글로벌 무역량은 연평균 2.5% 증가할 것으로 전망된다. 지난 10년간의 성장 속도와 유사한 수준이다.

이 같은 양상은 '자본의 지정학화(Geopoliticization of Capital)'라는 단어와 이어진다. 투자 결정이 '시장 논리'와 '효율'보다 '동맹 구도'와 '정치적 신뢰'에 의해 좌우된다는 의미다. 미국 트럼프 대통령 요구로 한국이 무려 3500억 달러를 미국에 투자하기로 한 것이 대표적인 사례다. 이 과정에서 반도체, 에너지, AI 인프라 같은 전략 산업에 대한 정부 개입은 날로 증가하고 자본 시장조차 외교의 연장선에서 작동한다. IRA(인플레이션감축법) 보조금 종료라든지 FDI(외국인직접투자) 심사 강화 등을 떠올려보면 바로 이해가 된다.

UNCTAD가 2025년 6월 발간한 '세계 투자 보고서'에 따르면, 전 세계적으로 국가 안보를 사유로 FDI 심사 제도가 확대되고 있는 것으로 나타났다. 2024년 기준 FDI 심사 제도를 도입한 국가는 총 46개국. 2015년 21개국 대비 두 배 이상 증가했다. 특히, 북미와 EU는 첨단기술과 핵심 원자재 등 민감 분야에 대한 투자를 면밀히 심사하고, 진입 제한 등 규제를 강화하고 있다. 우리나라도 2024년 8월 심의 대상 확대(국가첨단전략기술), 미신고 건 관련 직권심의 권한 신

**과거에는 '비용' '효용'이 절대 기준
지금은 '신뢰' '안보' '동맹'이 중요
그럼에도 경제 연결망 줄지 않아
미국 관세 최고치 기록했지만
글로벌 무역량 연 2.5% 증가**

설 등을 통해 안보 심의를 강화했다. 2025년 5월에는 '외국인투자촉진법 개정안'이 발의되었는데, 외국인 간접투자도 안보 심의 대상에 포함하는 내용이 핵심이다.

FDI 심사 강화는 결국 차이나 머니에 대한 경계심이다. 2025년 9월 '차이나 머니의 은밀한 침투: 전 세계 경제 안보 빈틈을 파고든다'를 주제로 한 전문가 토론회가 열렸다. 발제를 맡은 이치훈 국제금융센터 세계경제분석실장은 "중국 자본은 사모펀드와 역외 거점을 활용해 전략자산과 핵심 산업에 우회적으로 접근하는 전략을 적극적으로 구사하고 있다. 싱가포르·홍콩·케이만 등 역외 거점을 통한 쉘컴퍼니·연계 펀드 구조를 활용해 실제 자본의 흐름과 투자 목적을 파악하기 어렵게 만드는 점이 특징"이라면서 "핵심 광물 공급망을 비롯한 전략 산업에 대한 자본 침투 가능성이 커지는 만큼, 한국도 투자 구조의 투명성 확보와 사전 심사 체계 강화 방안을 마련할 필요가 있다"고 강조했다.

이 같은 새로운 패러다임 아래 코너로 몰리고 있

서문

**중국은 어떻게 무역 전쟁서 승기?
상하이지수 10년 만에 4000 돌파
중국 증시 S&P500의 2배 올라
중국의 미국으로의 수출 급감했지만
전체 수출은 2025년 상반기 5% 늘어**

는 중국은 그래서 재기가 불가능할까? 이코노미스트지는 10월 마지막주 호에 'Why China is winning the trade war'라는 타이틀의 기사를 게재했다. 2025년 10월 25일 경주에서 이뤄진 미중 정상회담에서 트럼프는 중국의 희토류 수출 통제 유예를 얻어내는 대신 중국에 부과해온 펜타닐 관세를 10% 인하하는 걸로 화답했다. 외피는 '잘 해결된 듯' 보이지만, 결국 중국의 희토류 압박에 트럼프가 후퇴한 모양새다. 2025년 상반기만 해도 다들 '트럼프와의 무역 전쟁에서 중국이 졌다'는 진단이 나왔던 것에 비하면 상전벽해다.

중국은 어떻게 트럼프와의 무역 전쟁에서 승기를 잡았을까.

2025년 중국 경제는 사정이 나쁘지 않았다. 2025년 10월 29일 상하이종합지수는 전장 대비 28.11포인트(0.7%) 상승한 4016.33에 마감했다. 상하이지수가 4000선을 돌파한 것은 2015년 8월 이후 10년여 만이다. 2025년 10월까지 중국 증시는 미국 S&P500보다 두 배나 올랐다. 관세 때문에 중국의 미국으로의 수출은 2025년 들어 급감했지만, 중국 전체 수출은 2025년 상반기 기준 5% 늘었다. 게다가 미국의 반도체 압박에도 불구하고 중국은 미국 못지않은 '테크 굴기'를 자랑한다.

이 같은 흐름이 나타난 이유는 트럼프 1기 시대 경험을 기반으로 철저하게 준비를 해온 중국이 전 세계 '게임의 룰'을 바꾸고 있기 때문이다.

어쨌든 우리의 관심사는 새로운 흐름 아래 '새로운 글로벌 자본 재배열'이다. 글로벌 자본 흐름은 어떻게 진행되고 어떻게 재배열될 것인가.

글로벌 자금의 재배열 관련, 글로벌 자금이 분명하게 향하는 곳이 있다. AI와 에너지, 그리고 디지털자산 시장이다.

AI는 이제 단순한 '기술 진보'로만 볼 수 없다. 새로운 형태의 인프라라 해도 과언이 아니다. 데이터센터·반도체·AI 기업의 관련 투자 금액만 연간 3000억달러가 넘어간다. 앞으로 AI 성능이 향상될수록 더 많은 연산이 투입되어야 하고, 더 큰 금액의 투자가 뒤따라야 하는 것은 당연한 수순이다.

AI와 결합한 군비 경쟁까지 포함하면 관련 금액은 계산할 수가 없을 정도다. 2025년 10월 27일 한화자산운용이 '전 세계 안보 질서의 재편과 2026 K방산 전망'을 주제로 기자간담회를 개최하면서 "미·중 신냉전 구조 속 글로벌 군비 경쟁이 격화되며 한국 방위 산업이 구조적으로 장기 성장할 것"이라 예측한 것도 같은 맥락이다. 특히 미·중 갈등 심화로 글로벌 안보 리스크가 구조적으로 높아지면서 전 세계적으로 전쟁 확산 가능성에 대비하는 국면이 펼쳐지고 있다.

이 같은 AI의 폭발은 에너지 수요 급증으로 이어진다. 현재의 에너지원 인프라로는 감당이 불가능하기 때문에 전 세계가 에너지원에 대해 다시 생각해야 할 시점이 머지않았다. 에너지 관련 논의는 전통적인 탄소에너지 대 친환경 재생에너지 수준을 넘어선다. 현실적으로 동원 가능한 모든 에너지원의 최적 조합을 찾는 것이 최우선 과제다.

한편 디지털자산은 '비트코인 시대를 넘어 스테이블코인 시대 도래로 정리해볼 수 있다.

2025년 11월 현재 전 세계 디지털자산 시가총액은 약 3조9000억달러에 이른다. 이제 디지털자산은 대부분 국가의 증시를 뛰어넘는 거대한 자산군으로 자리 잡았다. 전 세계 5억6000만명이 디지털자산을 보유하고 있으며, 상위 21개 지갑 앱의 누적 다운로드 수가 12억회를 넘었다. 비트코인은 이미 대부분의 주식과 원자재를 앞서는 세계 7위 자산으로 부상했다.

2026년 디지털자산의 허리케인은 스테이블코인이다. 그동안 블록체인은 전통금융과 단절돼 있었지만, 스테이블코인은 이제 그 사이를 잇는 다리가 되고 있다. 2025년 11월 현재 시장 규모가 3000억달러에 달하는 스테이블코인은 결제 수단을 넘어 금융 인프라 자체를 재구성하는 수준으로 올라섰다.

스테이블코인은 원화와 달러, 엔화 등 법정화폐와 1 대 1로 가치가 고정된 가상자산의 일종이다. 비트코인, 이더리움 등 변동성 높은 기존 가상자산과 달리 가격 안정성이 보장되어 있다. 2025년 10월 27일, 현금 사용률이 세계에서 가장 높은 일본이 아시아 최초로 '엔화 스테이블코인' 제도화를 현실화했다. 엔화와 가치가 연동된 스테이블코인 'JPYC'가 일본 금융당국 심사를 통과해 정식 발행된 것. 일본에서 규제를 준수하는 최초의 엔화 스테이블코인이 탄생한 것은 2024년 6월 일본에서 '개정 자금결제법(Payment Services Act)'이 시행된 덕분이다. 한국도 늦었지만 원화 스테이블코인 입법화가 준비 중이다. 스테이블코인이 새로운 달러가 될 수도 있는 상황인 만큼 전 세계가 스테이블코인에 사활을 걸고 있다. 한국 역시 이에 대응하지 않고 넋 놓고 있다가는 한국 금융 시장을 통째로 내어줄 수 있는 리스크에 직면할지 모른다는 우려가 팽배하다.

과거 공식으로는 더 이상 내일을 설명할 수 없다. '매경대예측 2026'이 독자 여러분께 결코 정답을 알려드리지 못함을 미리 고백한다. 우리는 미래를 확신할 수 없지만, 방향은 설정할 수 있다. '매경대예측 2026'은 복잡한 신호 속에서 길을 잃지 않도록 돕는 판단의 지도이며, 위험의 시대를 통찰의 시대로 바꾸기 위한 나침반이다. 2026년을 불안에 떨며 흘려보내지 않고, 기회의 재편기로 만들기 위해 당신과 나, 우리 모두 다음 단계의 설계자가 되길 바라며.

김소연 매일경제신문 주간국장

CONTENTS

머리말 4

Chapter 1
경제 확대경

- 2026년 뉴트렌드 'RECALIBRATE' 16
  속도 늦추고 균형 맞추는 해 경험과 질문 잘하는 능력이 자본
- 한국 경제 22
  만성적인 저성장 국면 돌입 성장률 1%도 힘에 부친다
- 세계 경제 28
  위기와 기회 공존…저성장 못 피해 관세 전쟁 쇼크 여전…미중 갈등 변수

Chapter 2
2026 10大 이슈

- 한미 관세 협상 타결 이후 34
  관세 '룰 세팅'…한숨 돌린 韓 자동차 '슈퍼 트럼프' 보호무역 이어진다
- 남북 관계 40
  김정은 中 열병식 참석 후 입지 급부상 트럼프 의지 '활활'…미북 정상회담?
- 미중 대립 속 중국 경제 다시 힘 받을까 46
  비관론 이긴 잠재력…중화권 증시 부활 정책·경제 사이클, 강세장 2막 연다
- 지방선거 52
  지방선거, 사실상 정부 중간 평가 정권은 평가받고 보수는 시험받는다

- 코스피지수 4000 넘어 5000으로   58
  눈앞에 다가온 코스피 5000 갈 수는 있지만…선행 조건 있다
- 서울 아파트값 고공행진 이어갈까   64
  부동산 규제 계속된다 해도 '1극 체제' 쉽게 안 깨져
- K컬처   70
  숏폼 드라마·슈퍼 IP…새로운 엔진 플랫폼 종속 넘어…'글로컬'로 진화
- 제조업 공동화   76
  K제조업 '탈한국' 엑소더스 저물어가는 '메이드 인 코리아'
- AI 버블론   82
  매년 반복되는 AI 거품론 지나친 과열 vs 열차는 간다
- 한국형 스테이블코인과 디지털자산   88
  2021년 NFT·2022년 메타버스… 2026년엔 '스테이블코인' 화두

Chapter 3
지표로 보는 한국 경제

- 소비   94
  어두운 터널은 벗어났다 기대·우려 교차 속 기지개
- 물가   98
  금리 인하도 못 막은 경기 부진 2026년 전반적으로 2% 밑돌 듯
- 투자   102
  투자 심리는 '냉동고' AI 반도체는 '용광로'
- 국내 금리   106
  금리 하락 기조…'대미투자펀드' 변수 경기 회복 땐 시장금리 상승 반전
- 원화 환율   110
  '상저-중고-하저'…원화 힘 강해진다 미중 갈등 '불똥'…韓 샌드위치 신세
- 국제수지   114
  반도체로 버텼는데… 고율 관세 '폭풍 전야'
- 고용   118
  서비스업 '온기'·제조업 '한파' 겉은 맑은데 그 속엔 태풍이…
- 노사 관계   122
  노란봉투법 시행 앞두고 요동치는 노사 관계 지도

CONTENTS

- **가계부채 · 재정수지**   **126**
  가계부채 얼마나 늘었기에 재정건전성 논란 가열
- **지역 경제**   **130**
  인천 · 경기, 수도권 파워로 '쑥쑥' 서울 · 부산 · 울산 경제 바닥 다지기
- **글로벌 교역(FTA)**   **134**
  FTA 정책 내실 다지는 전환기 협력국 확대 전략 변화 없다?

Chapter 4
세계 경제 어디로

- **국제환율**   **140**
  트럼프발 인플레이션 가시화 극심한 변동성 이어진다
- **국제금리**   **144**
  국제금리 '안정화 단계'라지만… 낮추는 美 · 유럽…올리려는 日
- **미국**   **148**
  예상보다 심각한 스태그플레이션 가능성 AI 버블 붕괴 · 증시 부진 땐 답 없어
- **중국**   **154**
  과도기 지나 '질적 전환' 새로운 도전 창군 백년 앞두고 '전방위 드라이브'
- **일본**   **160**
  '디플레 탈출' 확실해진 日 소비 · 수출 · 설비투자 반등세
- **유럽연합**   **166**
  회복세 보이지만…국가별 희비 엇갈려 제조업 → 관광 서비스…'경제 축' 이동
- **인도**   **172**
  트럼프發 관세 폭탄에도 끄떡없다 내수 · 개혁 · 제조업 삼박자 '6% 성장'
- **브라질**   **178**
  '세제 개혁' 성장 · 신뢰 두 마리 토끼 금리 인하 저울질…물가 안정 '열쇠'
- **러시아 · 동유럽**   **182**
  식어가는 러시아 경제…장기 둔화 초입 '극적 변화' 동유럽…주요국 2.5% 성장
- **동남아시아**   **186**
  내수 · 물가 안정 반갑지만… 상호관세 · 미얀마 내전 불안
- **중동 · 중앙아시아**   **190**
  전쟁 · 유가 파고…희비 교차 '중동' '신도시 · ICT'로 새 길 여는 '중앙亞'

- 중남미 194
  관세 리스크 속 완만한 회복세 USMCA 재협상 간절한 멕시코
- 오세아니아 198
  호주 펀더멘털 튼튼하나 부동산 뇌관 뉴질랜드 인구 대탈출 2026년도 고난
- 아프리카 200
  민간투자 · 온라인 쇼핑 급증 미국 특허관세 만료는 '악재'

Chapter 5
원자재 가격

- 원유 204
  공급 늘어도 수요 지속 감소 배럴당 50~65달러 오르락내리락
- 농산물 208
  치솟던 애그플레이션 '하향 안정' '남반구 라니냐' 발생한다면…
- 금 212
  暴君의 세상, 混沌의 자산 시장 골드, 혼문을 닫아라
- 철강 216
  중국은 가격 추락, 미국은 고공행진 빠져나올 수 없는 '과잉 설비의 덫'
- 비철금속 220
  통화 완화 훈풍에도 품목별 '온도차' 공급 부족 구리 · 니켈은 수요 실종
- 희유금속 224
  중국이 수급 시장 판 바꿨다 가격 오르는 건 '왕서방 마음'

Chapter 6
자산 시장 어떻게 되나

1. 주식 시장

주식 이슈 ① 코스피 주도주 230
강세 배경은 '실적 · 공급망 · 정책' 억눌렸던 2차전지 밸류체인 부활

주식 이슈 ② 나스닥 주도주 234
'나스닥 불패' 2026년에도 쭉~ AI 테마 산업 전반으로 확산

CONTENTS

주식 이슈 ③ ETF — 238
18조달러 ETF 시장, 테마는 쪼개진다 요동치는 트럼프 2기, 정밀 투자가 해법

주식 이슈 ④ IPO 시장 관전 포인트 — 242
금리 인하기엔 '헬스케어' BDC 도입 땐 성장 가속

주식 이슈 ⑤ 가상자산 — 246
가상자산·전통자산 '빅블러' 스테이블코인서 디지털 '금맥'

2. 부동산 시장

부동산 이슈 ① 재건축 — 252
주택 공급 부족에 '얼죽신' 여전 강남 재건축 청약 인기 더 '활활'

부동산 이슈 ② 재개발 — 256
성수전략정비구역·노량진뉴타운 주목 서울시 재개발 용적률 상향 방안 눈길

부동산 이슈 ③ 신도시 — 260
분당·일산…1기 신도시 재건축 정부도 규제 완화에 힘 싣고 있다

부동산 이슈 ④ 수익형 부동산 — 264
대출 규제 피한 오피스텔 기대감 꼬마빌딩 주목 끌지만 상가 '찬바람'

부동산 이슈 ⑤ 전세 — 268
수도권 전세 가격 5% 안팎 오를 듯 주택 공급 감소에 월세 가격 상승세

[권말부록]
어디에 투자할까

1. 주식

① IT·전자통신 — 274
클라우드·전산 등 AI 투자 분야 확대 프리미엄 중심 IT 포트폴리오 대전환

② 금융 — 280
투자 매력 증권 → 은행 → 보험 순 자본 시장 선진화 정책으로 재평가

③ 화학·정유·에너지 — 286
국제유가 배럴당 60~70달러 박스권 우호적 환경에 국내 정유 실적 개선

④ 자동차·운송 — 292
식지 않는 하이브리드 대세론 무안 사고 충격 벗어난 '항공'

⑤ 건설 · 중공업   298
원전으로 돌파구 '건설' 2030년까지 맑음 '조선'

⑥ 교육 · 문화   304
오프라인 학원 강자 눈여겨볼 만 엔터는 완전체 · 게임은 '신작' 핵심

⑦ 소비재   310
다이소 · 무신사 vs 프리미엄 백화점 '극단소비'가 이끌 2026 유통 시장

⑧ 제약 · 바이오   316
연이은 '빅딜'…기술이전 '혈맥' 뚫었다 中 바이오 제재 · 금리 인하 연속 호재

⑨ 중소형주   322
'韓 · 美 이모작' 똑똑한 투자 개인화된 AI 확산 주목

2. 부동산

① 아파트   328
'신축 불패' 압구정 · 대치 재건축 성수 · 여의도 · 목동 '넥스트 부촌'

② 상가   334
임대료 낮춰도 텅텅 비는 상가 입지 · 업종 · 개발이 성패 가른다

③ 업무용 부동산   340
오피스 공급 증가 우려는 기우 CBD, 금융 클러스터로 개편

④ 토지   344
'구관이 명관' 땅값 상승 1위 강남구 갈수록 심화되는 수도권-지방 양극화

⑤ 경매   348
역대급 경매 물건 쏟아진다 개발 호재 몰린 지역 노려볼 만

〖 일러두기 〗

1. 이 책에 담겨 있는 전망치는 필자가 속해 있는 기관이나 필자 개인의 전망에 근거한 것입니다. 따라서 같은 분야에 대한 전망치가 서로 엇갈릴 수도 있습니다.
2. 그 같은 전망치 역시 이 책을 만든 매일경제신문사의 공식 견해가 아님을 밝혀둡니다.
3. 본 책의 내용은 개별 필자들의 견해로 투자의 최종 판단은 독자의 몫이라는 점을 밝혀둡니다.

I

2026
매경 대예측

경제 확대경

1. 2026 뉴트렌드 'RECALIBRATE'
2. 한국 경제
3. 세계 경제

2026 뉴트렌드 'RECALIBRATE'

속도 늦추고 균형 맞추는 해
경험과 질문 잘하는 능력이 자본

매경이코노미 편집부

팬데믹 이후 5년, 세계 경제는 끊임없이 재편됐다. 지정학 갈등은 공급망을 흔들었고, 자산 양극화는 심화됐다. 불안한 금융 시장은 스테이블코인 등 제도권 암호화폐를 받아들이며 신뢰 회복에 나섰다.

인공지능(AI)은 최근 몇 년 새 노동을 본격적으로 대체하기 시작했다. 누구나 생성형 AI를 활용하게 되면서 생산성은 치솟았지만, 인간의 사고력(思考力)은 오히려 멈췄다. 명령어만 입력해 결과를 얻는 시대, 진짜 경쟁력은 '질문을 잘하는 사람'에게 있다.

이 모든 변화의 공통점은 '균형의 상실'이다. 기업은 기술 발전 속도와 인간 가치 사이에서, 국가는 성장과 불평등 사이에서 흔들린다. 매경이코노미는 2026년 새해를 관통할 키워드로 'RECALIBRATE(재조정하다)'를 제시한다. 새해에 잠시 속도를 늦추고 성장의 방향과 불균형을 바로잡는 '미세 조정'은 불확실한 시대를 건너는 첫걸음이 될 것이다.

1 Re-allocate Supply Chain
산업계 흔드는 공급망 재편

2026년 세계 산업 전반을 뒤흔들 키워드는 '공급망 재편'이다. 도널드 트럼프 미국 대통령이 '미국 우선주의' 기조 아래 자국 내 생산을 압박하면서 글로벌 제조 지도가 다시 그려지고 있다.

반도체가 대표적이다. 과거에는 미국이 설계하고 대만이 생산, 한국이 메모리를 공급하는 구조였지만 이제 주요 기업이 미국 현지 공장 확보에 나섰다. 대만 TSMC는 애리조나 제2공장 증설을 추진 중이고, 삼성전자도 텍사스 테일러에 파운드리 공장을 짓고 있다.

배터리 산업도 빠르게 움직인다. 미국이 '탈중국' 기조를 강화하며 중국산 원자재 사용을 제한하자, 국내 배터리 3사(LG에너지솔루션, 삼성SDI, SK온) 모두 현지 조달망을 확대하며 미국 시장에 대응 중이다.

공급망은 더 이상 단순한 효율의 문제가 아니다. 정치·안보·기술 패권이 얽힌 전략 자산이 되면서 2026년 산업계는 '재배치(Re-allocation)'를 둘러싼 새로운 경쟁에 들어섰다.

2 Experiential Capital
경험이 곧 자본이 되는 시대

AI의 발전은 정보를 평준화시켰지만, 동시에 '경험의 획일화'라는 부작용을 낳았다. 누구나 같은 데이터를 보고, 비슷한 콘텐츠를 소비한다. 이때 오히려 직접 경험한 차이는 새로운 경쟁력이 된다. 여행기 한 편을 써도 실제로 다녀온 사람의 문장과 AI가 재구성한 문장은 깊이가 다르다. 현장에서 보고 듣고 느낀 감각은 기계가 대체할 수 없는 무형자산이다. 그래서 '경험자본(Experiential Capital)'이 새 가치로 부상하고 있다.

이미 시장은 이 흐름을 반영하고 있다. 가짜 후기와 생성형 콘텐츠가 넘치는 마케팅·컨설팅 분야에서는 실제 경험자의 목소리를 직접 듣는 '심층 인터뷰' 수요가 늘고 있다. 기업 인사팀도 프로젝트의 성공·실패를 겪어본 사람, 즉 AI의 답을 검증하고 빈틈을 채울 수 있는 확장형 인재를 선호한다.

2026년, 가장 강력한 자산은 지식이 아니라 몸으로 쌓은 경험이다. AI가 모방할 수 없는 영역이 곧 인간의 새로운 경쟁력이다.

3 Cryptocurrency
제도권으로 들어온 가상자산

2026년은 디지털자산이 본격적으로 제도권 금융에 편입되는 해가 될 전망이다. 핵심은 두 축, 비트코인과 스테이블코인이다. 비트코인은 '디지털 금', 스테이블코인은 '디지털 머니'로 기능하며 투기 자산에서 제도권 자산으로 변모하고 있다.

2025년 미국 증권거래위원회(SEC)가 비트코인 현물 ETF를 승인하면서 기관 자금이 직접 유입됐다. 이어 미국 퇴직연금(401k)과 기관 포트폴리오에도 편입되며 신뢰 기반이 강화됐다. 스테이블코인은 결제·송금뿐 아니라 이자 수익까지 가능한 '디지털 달러'로 성장했다. 2025년 시가총액은 2500억달러, 코인 거래의 85%를 차지했다.

한국도 2026년 '원화 스테이블코인' 제도화를 추진한다. 금융당국은 발행·감독 체계를 마련 중이며, 은행권은 물론 네이버·카카오·토스 등 빅테크도 시장 진입을 준비하고 있다. 코인은 이제 변두리 자산이 아니라 글로벌 금융 인프라의 새로운 중심으로 자리 잡고 있다.

인공지능(AI)이 언어와 이미지를 해석하는 단계를 넘어 스스로 학습하고 판단해 인간 업무를 돕는 물리적 지능형 로봇 시대가 열릴 전망이다. (게티이미지뱅크 제공)

4 Askitecture
질문 설계, AI 시대 핵심 역량

2026년은 '답을 찾는 능력'보다 '질문을 설계하는 능력'이 더 중요해지는 해다. AI가 글을 쓰고 코드를 짜는 시대지만, 결과의 품질은 결국 인간이 던지는 질문의 수준에 달려 있다. AI는 무한히 빠르지만, 방향을 정하는 것은 인간이다.

이런 변화 속에 '질문설계(Askitect · Ask+Architecture)'가 새로운 직업군으로 떠오르고 있다. 글로벌 기업은 '프롬프트(명령어) 엔지니어'를 채용하고, 대학은 'AI 커뮤니케이션' 강좌를 개설하고 있다.

AI가 지식을 대신 만들어주는 시대, 문제를 정의하고 답을 설계할 줄 아는 인간이 진짜 인재다. 단순히 정보를 묻는 수준을 넘어, 맥락을 파악하고 목적에 맞게 질문을 구조화하는 능력이 핵심 경쟁력이 되고 있다.

5 Layoff Shock
AI가 없애버린 일자리

AI의 고도화가 전 세계 노동 시장을 뒤흔들고 있다. 글로벌 빅테크를 중심으로 대규모 구조조정이 이어지며, 예상 밖으로 '개발자'들이 해고 1순위에 오르고 있다. 한때 디지털 전환의 중심이었던 이들이 오히려 기술의 발전 때문에 대체되는 역설적인 현상이 벌어지고 있다. 미국·유럽·인도 등에서 AI·자동화 기술을 도입한 기업들이 비용 효율화를 이유로 인력을 감축하고 있다. 2025년 한 해에만 알파벳(구글)·메타(페이스북)·마이크로소프트 등 주요 빅테크에서 13만명 넘는 테크 인력이 일자리를 잃었다. 기업들은 'AI가 더 잘할 수 있는 일'과 '사람이 집중해야 할 일'을 구분하며 업무 재편에 속도를 내고 있다. 실제 알파벳과 마이크로소프트는 일부 프로젝트에서 코드의 30% 이상을 AI가 작성하고 있다.

2026년 이후에도 이 흐름은 가속화될 전망이다. 각국 정부는 노동 전환 정책을 검토 중이며, 기업들은 인력의 '고정성'보다 '업데이트 가능성'을 우선순위로 두고 있다. 노동 시장의 핵심 키워드는 이제 '안정성'이 아니라 '생존력'이다.

6 Inflation Persistence
일상화된 고물가에 적응해야

물가가 다시 경제의 중심 변수로 돌아왔다. 코로나19 이후 경기 부양을 위한 저금리 기조가 장기화하면서 인플레이션은 구조적으로 고착됐다.

2025년에는 외식·농산물·공공요금 등 생활물가가 높은 수준을 유지했고, 한국은행은 2025년 8월 소비자물가 상승률 전망치를 2%로 높여 조정했다. 2026년 역시 1.9% 안팎의 상승세가 이어질 전망이다.

문제는 이 고물가가 단기 현상이 아니라 '뉴노멀'이 됐다는 점이다. 원자재·인건비 부담이 커지며 기업은 수익성 압박을 받는다. 소비자는 절약형 소비와 프리미엄 소비로 양분되고, 기업은 비용 절감과 기술 혁신으로 대응하고 있다.

고물가가 일상이 된 만큼, 2026년은 '고물가에 적응'하는 한 해가 될 전망이다. 물가 안정보다는 고물가를 전제로 한 생존 전략이 새로운 기준이 되고 있다.

7 Brain-off
생각마저 외주 주는 사람들

AI가 일상에 깊숙이 스며들며 스스로 생각하지 않는 인간이 늘고 있다. '호모 브레인오프(Homo Brain-off)'는 사고의 스위치를 꺼버린 채 판단과 선택을 기술에 맡긴 인류를 뜻한다. 챗GPT가 글을 대신 쓰고, 유튜브·넷플릭스가 취향을 정하며, 쇼핑과 뉴스까지 알고리즘에 의존하는 사회다.

계산기 이후 암산 능력이, 내비게이션 이후 공간 인지가 퇴화했듯, AI는 인간의 비판적 사고력과 창의성을 약화시킨다. 마케팅·채용·전략 수립 등 기업 업무에서도 자동화가 확산되며 창의성과 다양성이 줄어든다. 사회 전체로 보면 확증편향과 정치적 양극화가 심화된다. 개인마다 다른 맞춤형 정보만 소비하기 때문이다.

이제 필요한 건 '사유의 근육'을 되살리는 일이다. 디지털 디톡스, AI 의존 경고제, 비판

2025년 4월 25일 유영상 SK텔레콤 대표가 서울 중구 SKT타워에서 SK텔레콤 이용자 유심(USIM) 정보가 해커 공격으로 유출된 것과 관련해 고개 숙여 사과하는 모습. SK텔레콤은 2500만명에 달하는 모든 가입자의 유심을 무료로 교체하기로 했다. (매경DB)

적 사고 중심 교육, AI 리터러시 강화 등이 대안으로 거론된다. 편리함은 생각의 적이다. 기술이 아무리 똑똑해도 사고의 주체는 인간이어야 한다.

8 Robots
피지컬 AI, 일상에 들어온 로봇

AI가 언어를 이해하고 이미지를 해석하던 단계를 넘어, 이제는 '움직이는 지능'의 시대가 열리고 있다. 초거대 AI를 로봇에 접목한 로봇 파운데이션 모델(RFM·Robot Foundation Model)이 그 변화를 이끄는 핵심 기술이다. 테슬라 '옵티머스', 구글 'RT-2'가 대표적이다.

기존 로봇이 특정 작업에만 한정됐다면, RFM은 텍스트·이미지·행동 데이터를 통합해 스스로 학습하고 판단한다. "방을 정리하라"라는 한 문장만으로도 쓰레기를 버리고 물건을 정리하는 과정을 스스로 설계·수행한다. 물류·제조·의료·가사 등 노동 집약적 산업 전반에 변화를 일으킬 전망이다.
2026년 이후 RFM 기술이 고도화되며 '피지컬 AI', 즉 물리적 지능형 로봇의 시대가 본격화될 것으로 보인다. 생각하고 움직이는 로봇은 더 이상 연구실의 실험체가 아니라, 인간과 함께 일하는 새로운 '동료'가 되고 있다.

9 Authenticism
'근본이즘' 원조를 찾아서

가짜와 복제품이 넘쳐나는 시대다. 이럴수록 '진짜'의 가치가 부각된다. 급변하는 세상에서 변하지 않는 가치와 믿을 수 있는 원조를 좇는 흐름, 이를 '근본이즘(Authenticism)'이라 부른다. '근본'에 영어 접미사 '-ism'을 붙인 말로, 불안정한 시대에 안정과 신뢰를 추구하는 트렌드다.

국내 기업도 근본이즘에 빠졌다. 특히 수십 년 전 상징적인 제품을 선보이거나 창업주의 철학을 현대적으로 재해석하는 '헤리티지(유산) 마케팅'이 한창이다. LG전자는 금성사 시절 첫 국산 라디오 'A-501'과 선풍기 'D-301'을 복각해 굿즈로 선보였고, 두산그룹은 창업주 정신을 담은 전시 공간 '두산 헤리티지1896'을 열었다. 신세계는 90년 된 옛 제일은행 본점을 '더 헤리티지'로 복원해 백화점 본점으로 재개관했고, 현대차는 쏘나타 40주년을 맞아 초기 모델 '스텔라'를 재조명하는 캠페인을 진행했다.

단순한 복고가 아니라 브랜드의 정체성과 신뢰를 되살리는 전략이다. 기술이 가짜를 만들어내는 시대, 진짜를 증명하는 것이 곧 경쟁력이 될 전망이다.

10 Trust Economy
해킹 사태 후 더 중요 '신뢰 경제'

디지털 기술이 아무리 발전해도 '신뢰'가 무너지면 시장은 작동하지 않는다. 플랫폼 확장과 함께 개인정보 유출·해킹·가짜 리뷰·AI 조작 콘텐츠가 늘면서, 신뢰가 기업 경쟁력의 핵심으로 부상했다.

2025년에는 SK텔레콤 고객 정보 3400만건 유출, 롯데카드 내부망 침입, 예스24 회원 데이터 해킹 등 대형 보안 사고가 잇따랐다. 기업 신뢰가 무너지는 순간 소비자는 빠르게 이탈했다. 이후 정부는 금융·통신·커머스 전 분야에 보안 등급제를 도입했고, 기업들은 '보안=브랜드' 전략으로 방향을 틀었다. AI가 콘텐츠를 만들어내는 시대일수록 '무엇이 진짜인가'를 증명하는 기술 중요성은 더 커지고 있다.

글로벌 기업도 움직인다. 애플은 '데이터 최소 수집'을, 아마존은 'AI 추천 출처 공개'를 내세우며 투명성을 브랜드 자산으로 삼고 있다. '신뢰'가 곧 브랜드 가치이자 거래 비용을 낮추는 핵심 자산이 됐다. 신뢰는 눈에 보이지 않지만 가장 높은 진입장벽이자, 디지털 경제의 마지막 안전판이다.

11 Economic Polarization
자산 양극화 완화가 과제

고물가가 장기화하면서 자산 격차가 더욱 벌어지고 있다. 부동산·주식 등 실물자산을 보유한 사람은 인플레이션의 수혜를 누리지만, 자산이 없는 이는 가만히만 있어도 상대적 빈곤에 빠진다. 통계청에 따르면 2024년 기준 상위 10% 가구가 전체 순자산의 44.4%를 차지한 반면, 하위 50%는 10%에도 못 미쳤다.

가장 큰 격차는 부동산에서 드러난다. 집토스 자료에 따르면 2025년 3분기 서울 강남·서초구 아파트값은 1년 새 각각 22.8%, 21.2% 급등한 반면, 경기도 이천과 평택은 8% 안팎 하락했다. 자산이 '지역'과 '계층'을 기준으로 재편되고 있는 셈이다.

정부는 2025년 10월 서울 전역과 경기 12곳을 규제지역·토지거래허가구역으로 지정하며 고가주택 대출을 묶었지만, 시장에서는 효과를 두고 의견이 엇갈린다. 자산 양극화 완화는 2026년 한국 경제의 가장 어려운 과제 중 하나가 될 전망이다. ■

세계 경제

위기와 기회 공존…저성장 못 피해
관세 전쟁 쇼크 여전…미중 갈등 변수

명순영 매경이코노미 기자

도널드 트럼프 미국 대통령의 관세 전쟁으로 전 세계 경제는 복잡다단해졌다. 결론부터 말하면, 2026년은 기회와 위기가 공존한다. 전 세계가 큰 폭의 성장세를 기록하기는 쉽지 않다. 그렇다고 해도 무너지지도 않는다. 전문가의 예상은 2025년과 마찬가지의 저성장 기조다.

새로운 질서의 키워드는 2025년처럼 트럼프다. 예측하기 힘든 트럼프 정책은 불안 요인이다. 트럼프의 관세 전쟁으로 글로벌 교역이 활력을 잃으며, '트럼프세션(트럼프+경기침체, recession)'이라는 단어도 등장했다.

힘의 논리를 앞세운 미국만 놓고 보면 우울한 상황은 아니다. 2025년 미국은 건실한 고용을 유지하며 소프트랜딩(연착륙)했다. 관세 수입도 크게 늘었다.

2026년에도 지표가 크게 안 좋아질 가능성은 낮다. 주원 현대경제연구원 경제연구실장은 "미국 경제 지표들을 보면 꺾일 타이밍은 보이는데 경착륙 가능성은 높지 않다"며 "혹여나 갑자기 경기가 꺾이게 된다면 트럼프 행정부에서 제조업을 크게 풀 것"이라고 말했다. 다만 물가 상승은 아킬레스건으로 작용한다. 미국 경제가 대규모 성장세를 이뤄내기 힘든 이유다. 주원 경제연구실장은 "트럼프 인플레이션은 거의 확실하다. 미국 정부가 돈을 많이 풀기 때문으로 인플레이션이 지금도 3% 가까이 갈 수 있고, 미국의 통화 정책은 상당히 급진적으로 내려갈 가능성이 있다"고 분석했다.

中 향한 희망과 우려…트럼프 맞서 수출 다변화

세계 2위 경제 대국인 중국을 바라보는 시선

은 엇갈린다. 긍정적으로 보는 쪽은 미국이 자국 우선주의와 고관세율 압박으로 세계 무역 질서를 재편하는 가운데, 중국이 나 홀로 수출 성장세를 기록하며 자생력을 키워가고 있다고 분석한다. 미국 판로가 막히자 아시아와 아프리카 등으로 눈을 돌리는 전략을 쓴 영향이다. 블룸버그·로이터통신에 따르면, 인도의 2025년 8월 대중 수입은 125억달러로 사상 최고치를 기록했다. 아프리카를 향한 중국의 수출도 해마다 최고치를 기록하고 있다. 남아프리카공화국의 경우 2025년 들어서만 중국산 자동차가 두 배 가까이 늘었다. 동남아시아 시장에서 중국산 제품 판매 역시 코로나19 팬데믹 시기의 정점을 넘어섰다. 칠레와 에콰도르는 중국 전자상거래 업체 테무의 월별 이용자가 올 들어 143% 급증했다. 중국은 2025년 역대 최고 기록인 1조2000억달러 무역흑자를 기록할 것이란 전망이 나온다.

이처럼 시진핑 중국 국가주석은 미국 소비자가 없어도 중국이 건재하다는 점을 수출 다변화를 통해 우회적으로 알리고 있다. 2026년에도 중국 경제가 미국과의 무역 갈등으로 쉽게 무너지지 않을 것이라는 분석에 힘을 싣는다. 트럼프 대통령이 중국에 대해 의외로 강경하지 않다는 점도 중국에는 긍정적인 포인트다. 2025년 많은 경제학자들은 미국과 관세전쟁으로 중국의 경제성장률이 급락할 것이라고 경고해왔다. 뚜껑을 열어보니 트럼프의 압박은 그리 강하지 않았다. 미국이 세계 2위

IMF가 예상한 GDP (단위: %)

구분	실질 GDP		
	2024년	2025년	2026년
아시아	4.6	4.5	4.1
선진 아시아	1.6	1.6	1.4
일본	0.1	1.1	0.6
한국	2	0.9	1.8
호주	1	1.8	2.1
대만	4.8	3.7	2.1
싱가포르	4.4	2.2	1.8
홍콩	2.5	2.4	2.1
뉴질랜드	-0.6	0.8	2.2
마카오	8.8	2.6	2.8
신흥 아시아	5.3	5.2	4.7
중국	5	4.8	4.2
인도	6.5	6.6	6.2
북미	2.6	1.8	2
미국	2.8	2	2.1
멕시코	1.4	1	1.5
캐나다	1.6	1.2	1.5
푸에르토리코	3.2	-0.8	-0.1
유럽	1.9	1.5	1.6
선진 유럽	1.1	1.3	1.3
독일	-0.5	0.2	0.9
프랑스	1.1	0.7	0.9
이탈리아	0.7	0.5	0.8
스페인	3.5	2.9	2
네덜란드	1.1	1.4	1.2

*2025년 10월 전망 *자료: IMF

경제 대국인 중국과 첨예한 무역 갈등을 벌이는 건 쉽지 않은 일이라는 점을 보여줬다. 트럼프 대통령도 2기 집권 초기에는 강경 모드

II

2026
매경 대예측

2026 10大 이슈

1. 한미 관세 협상 타결 이후
2. 남북 관계
3. 미중 대립 속 중국 경제 다시 힘 받을까
4. 지방선거
5. 코스피지수 4000 넘어 5000으로
6. 서울 아파트값 고공행진 이어갈까
7. K컬처
8. 제조업 공동화
9. AI 버블론
10. 한국형 스테이블코인과 디지털자산

도로 추진하고, 현금 투자 외에 보증까지 포함함으로써 외환 시장에 미치는 영향을 최소화했다.

자동차 관세 15%로 일본과 동일 경쟁… 'MASGA' 조선업도 기대감

2026년 국내 산업계도 한숨을 돌리게 됐다. 고율 관세 영향을 직접적으로 받았던 현대차그룹은 "협상 타결에 이르기까지 헌신적으로 노력해주신 정부에 감사드린다"고 공식 입장을 냈다. 다른 기업들도 "경영 불확실성을 상당 부분 덜어냈다"는 반응을 보였다.

관세 영향을 직격타로 맞았던 자동차, 조선, 반도체 등 산업계에서는 보다 숨통이 트일 것이라는 분석이 나온다.

특히 현대차는 큰 짐을 내려놓았다. 미국이 한국보다 앞서 일본과 EU에서 수입하는 차의 관세율을 15%로 인하하며 '역관세'에 고전했다. 그러나 2026년은 동일한 조건에서 경쟁할 수 있게 됐다.

호세 무뇨스 현대차 사장이 미국 뉴욕에서 인베스터데이 행사를 열고 "관세율이 25%에서 변하지 않는다는 상황을 가정하고 전략을 수립할 것이며, 가격에 관세분을 최대한 반영

이재명 대통령과 도널드 트럼프 미국 대통령이 2025년 10월 29일 경북 경주박물관에서 한미 정상회담을 했다. 이 자리에서 관세 협상을 종결지었다. 한국은 3500억달러 대미투자펀드 가운데 2000억달러를 현금 투자하되 상한을 연 200억달러로 한정지었다. 2025년 관세 협상을 마무리지어 한국 경제에 드리운 거대한 불확실성을 제거했다. (대통령실통신사진기자단 제공)

하지 않을 것"이라고 밝혔지만 타격은 작지 않았다. 현대차는 2025년 3분기(7~9월) 실적에서 매출 46조7241억원, 영업이익 2조5373억원을 기록했다. 관세 영향으로 2024년 같은 기간 대비 매출이 8.8% 늘었는데도 영업이익은 29.2%나 감소했다.

이제 일본, EU와 동일한 15%의 관세율을 적용받게 되면 현대차도 다시 가격 경쟁력을 확보할 수 있을 것으로 전망된다. 여기에 팰리세이드 하이브리드 차량 등 대형·고부가가치 차량들의 판매량이 미국 시장에서 크게 늘고 있어 4분기에는 이익률을 다시 끌어올릴 수 있다는 전망이 나오고 있다.

마스가 프로젝트에 참여하게 될 조선 업계도 '맑음'이다. 관세 협상 합의 내용에 따르면, 투자금은 원금이 회수되기 전까지 한미가 5대 5로 배분한다. 한국이 20년 내 원리금 전액을 상환받지 못할 것으로 보이면 수익 배분 비율을 조정할 수 있도록 했다. 앞서 미일 간 관세 합의에서 이익의 90%를 미국이 가져간다는 내용이 실리기도 한 만큼, 업계에서는 예상보다 긍정적인 협상 결과가 나왔다는 분석이다.

트럼프 대통령은 한국이 디젤 잠수함 대신

이재명 대통령이 29일 경북 경주박물관에서 도널드 트럼프 미국 대통령에게 '천마총 금관 모형'을 선물한 뒤 악수하고 있다. 양 정상은 관세 협상을 타결하며 '상업적 합리성을 합의안에 넣었다. 2000억달러는 상업적 합리성을 따져 투자처를 결정한다. 원리금 회수 때까지 한미 수익 배분은 5 대 5로 한다. 다만 투자가 이뤄진 뒤 20년 내에 원리금 상환이 불가능해 보일 경우 수익 배분 비율을 조정하기로 했다.
(대통령실통신사진기자단 제공)

핵추진 잠수함을 건조할 수 있도록 승인했는데, 이 역시 상징적인 프로젝트가 될 전망이다.

핵추진 잠수함 건조는 한 나라의 주권 사항이나 한미원자력협정 개정 내지 보완과 미국의 기술 지원 및 연료 공급 등이 수반될 필요가 있는 일이라는 점에서 트럼프 대통령은 '승인'을 언급한 것으로 풀이된다.

한국의 핵추진 잠수함은 미국 필라델피아 조선소(필리조선소)에서 건조된다. 한화그룹이 작년 12월 인수한 필리조선소는 한미 조선 협력의 상징으로 자리 잡은 곳이다.

의약품·목재 등 최혜국 대우…
반도체는 아직 조심스러운 분위기

이 밖에도 품목관세 중 의약품·목재 등은 최혜국 대우를 받고, 항공기 부품·제네릭(복제약) 의약품·미국 내에서 생산되지 않는 천연자원 등에는 무관세를 적용받기로 했다. 반도체의 경우 우리의 주된 경쟁국인 대만과 대비해 불리하지 않은 수준의 관세를 적용받기로 했다.

반도체 업계는 조심스러운 분위기다. 반도체 관세의 경우 관세 협상 초기 최혜국 대우(MFN)를 약속 받았지만, 이후 미국이 '100%

관세'를 내걸었다. 최종적으로는 '경쟁국인 대만보다 불리하지 않게'라는 단서가 달렸다. 아직 정확한 관세율이나 대만과의 차이 등은 가늠하기 어렵다. 이 때문에 관세 부과로 수출 단가나 원가 구조에 일부 조정이 불가피할 듯 보인다. 다만 불확실성 해소로 사업 예측 가능성이 높아졌다는 점에서는 긍정적이다.

50% 수준인 철강 관세 인하가 관철되지 못한 점도 한계로 꼽힌다. 트럼프 행정부는 지난 6월 철강을 '미국 안보의 핵심 품목'으로 지정하고 무역확장법 232조를 근거로 관세율 50%를 유지하기로 결정한 바 있다. 이번 합의에서도 이 부분은 그대로 남았다.

수익성과 지속 가능성 갖춘 대미투자 모델 만들어야

2026년은 기업이 경쟁력을 키우지 않고선 생존하기 어려운 시기다. 전문가들은 이번 합의를 단순한 관세 협상으로 한정하지 말고, 수익성과 지속 가능성을 갖춘 투자 모델로 발전시켜야 한다고 입을 모은다.

15% 관세에 안도하고 있지만 한국은 한미 자유무역협정(FTA)에 따라 미국에 거의 무관세로 수출해왔다. 따지고 보면 그동안 없던 15% 관세가 생긴 셈이다. 한국 제조업 매출액 대비 평균 이익률이 5~10% 안팎이라는 점을 감안하면, 기업 경쟁력 강화와 비용 효율화에 공력을 들여야 한다는 목소리가 높다.

한·미 간 안보·미래 산업 협력의 기회를 확대해야 한다는 주장도 나온다. 조선·자동차를 넘어 방위 산업과 첨단 기술 분야로 협력 폭을 넓힐 필요가 있다는 설명이다.

당장 수출 기업들이 관세를 피하기 위해 미국 현지 생산을 늘릴 경우 국내 투자 여력이 축소되고 일자리가 줄어든다. 국내 산업 생태계를 어떻게 지킬지가 국가 차원의 중대 과제가 됐다. 이재명정부가 2026년 신산업에 대한 과감한 정부 지원과 기존 산업의 고부가가치화를 위한 산업 정책을 고민해야 하는 이유다. ■

한미 관세 협상 타결안

총 투자 규모	3500억달러
투자 구성	현금 투자 2000억달러, 조선업 협력 1500억달러
현금 투자 방식	연간 200억달러 상환, 외환 시장 부담 완화
수익 배분 구조	한미 5 대 5 수익 배분(20년 내 미회수 시 배분 비율 조정)
투자 결정 구조	상업적 합리성 보장된 프로젝트에 '선의'로 투자
조선업 협력	국내 기업 주도, 보증 포함, 선박금융 포함
상호관세	15% 유지(2025년 8월부터 적용 중)
자동차 관세	25% → 15%(일본·EU 수준과 동일)
반도체 관세	경쟁국과 동일하거나 불리하지 않은 수준
농산물 시장 개방	쌀·쇠고기 등 추가 개방 없음, 검역 절차 협력

남북 관계

김정은 中 열병식 참석 후 입지 급부상 트럼프 의지 '활활'…미북 정상회담?

이상윤 세종연구소 수석연구위원

중국의 심장부인 베이징 톈안먼 광장에서 거대한 행사가 열렸다. 때는 2025년 9월 3일, '항일전쟁 승리 80주년'을 기념하는 열병식은 그야말로 중국다운 압도적인 스케일로 전 세계의 이목을 집중시켰다. 핵탄두 ICBM부터 수중 핵드론, 레이저 무기까지, 온갖 최첨단 무기가 위용을 뽐냈지만 정작 그날의 진짜 주인공은 따로 있었다. 섭씨 35도를 넘나드는 땡볕 아래, 시진핑 주석 바로 옆에서 연신 땀을 훔치던 한 남자, 바로 북한의 김정은 국무위원장이었다.

불과 몇 년 전까지만 해도 중국과 러시아로부터 사실상 없는 사람 취급을 받던 그가 어떻게 세계 양대 강국의 수장과 어깨를 나란히 하게 됐을까? 시진핑의 왼쪽엔 김정은, 오른쪽엔 푸틴. 이 기묘한 그림은 반미 '핵 3국' 연대를 노골적으로 과시하는 동시에, 할아버지 김일성도 아버지 김정일도 누리지 못한 국제적 위상을 김정은이 거머쥐었음을 알리는 상징적인 장면이었다. 그가 흘린 땀방울은 결코 헛되지 않았다. 철저히 계산된 외교적 투자의 결과물이었기 때문이다.

김정은 '준관광객' 신세에서 살아남기

물론 처음부터 모든 게 좋았던 건 아니다. 김정은 집권 이후 북중 관계는 그야말로 살얼음판이었다. 2012년부터 2018년까지 이어진 네 차례의 핵실험과 세 차례의 ICBM 발사로 두 정상은 전화 통화 한 번 하지 않았다. 오바마 전 미국 대통령이 필자에게 직접 말했듯이, 2013년 북한의 3차 핵실험 이후 시진핑은 오바마에게 김정은을 "개자식(son of a

다. 트럼프를 만나면 일본이 북일 정상회담에 나서도록 압박하고, 30년 넘게 풀지 못한 숙제인 일본의 대북 경제 지원을 다시 추진할 계기를 만들 수 있다.

만약 트럼프가 APEC 참석이나 이후 베이징 방문을 계기로 평양을 찾는다면 그 파장은 상상 이상일 것이다. 트럼프는 '평화의 중재자'라는 정치적 명분을, 김정은은 그 속에서 실질적 이익을 챙기려 할 가능성이 높다. 김정은의 최종 목표는 분명하다. 장기적인 군축 협상을 명분으로 주한미군을 단계적으로 감축하고, 궁극적으로는 유엔사 해체, 북미 평화조약 체결, 외교관계 정상화를 이루는 것이다. 이는 곧 미국으로부터 완전하고 불가역적이며 검증 가능한 '핵보유국 지위'를 인정받겠다는 계산이다. 김정은에게 이 게임은 잃을 게 거의 없는 승부다.

참고로 2025년 10월 말 트럼프 대통령은 아시아 순방길에 올라 비행기 안에서 기자들을 만난 자리에서 의미있는 발언을 한 바 있다. 기자들이 '북한은 자신들이 핵 보유국으로 인정받아야 대화에 나설 수 있다고 하는데 요구를 수용할 의향이 있느냐'고 질문했는데, 그는 "글쎄, 나는 그들(북한)이 일종의 핵 보유국이라고 생각한다"고 답했다. 이어 그는 "나는 그들이 몇 개의 (핵)무기를 가졌는지 알고 있고, 그들에 대해 모든 것을 알고 있다"면서 "나는 김정은과 매우 좋은 관계를 맺어왔다"라고 덧붙였다.

종합해보면 이는 공식적인 핵 보유국 인정 여부와는 별개로 북한이 핵을 가지고 있다는 사실은 그대로 인정한다는 뜻이 된다.

더불어 트럼프 대통령은 김 위원장과의 비무장지대(DMZ) 회동 가능성을 묻는 말에도 "잘 모르겠지만 우리는 (김 위원장 측에) 알려줬다. 그도 내가 간다는 것을 알고 있다"라며 "(만남에 대해) 100% 열려 있다. 나는 그와 아주 잘 지낸다"라고 답했다. 이는 북미 회담 성사 가능성이 상당히 높다고 볼 수 있다.

2025년 톈안먼 광장에서 흘린 그의 땀방울은 결국 이 모든 시나리오를 향한 값비싼 투자였던 셈이다. 문제는 이처럼 냉정한 현실 앞에서 한국이 어떤 카드를 쥐고 이 난국을 돌파할 수 있느냐는 점이다. 이제 이는 단순한 가정이 아니라, 우리 안보의 명운이 걸린 현실적인 시험대가 됐다. ■

미중 대립 속 중국 경제 다시 힘 받을까

비관론 이긴 잠재력…중화권 증시 부활
정책·경제 사이클, 강세장 2막 연다

김성환 아나증권 글로벌매크로전략팀장

미중 대립이 중국의 기술력을 키웠다는 평가가 주를 이룬다. 2022년 이후 중국 경제를 향한 구조적 비관론이 지속됐지만, 이제는 잠재력이 부각되며 긍정적인 전망이 우세하다. 중국 경제를 향한 긍정적 전망은 증시에 반영된다. 2025년 미중 대립 국면에서 중화권 증시는 상승세를 나타냈다. 2024년 9월 강력한 재정·주식 부양 선언이 시작점이었다. 2025년 1분기 딥시크 공개 후 인공지능(AI)을 비롯한 다양한 산업에 대한 재평가가 이뤄졌다. 2025년 하반기에는 탈예금 현상에 따른 유동성 장세가 펼쳐졌다.
미국과 경쟁이 심화되는 상황에서 중국은 자체 기술력을 확보하며 산업 경쟁력을 강화했다. 여기에 증시 부양이라는 정부 의지가 더해져 강세장을 형성했다. 중국 경제에 대한 비관론이 힘을 잃고, 위험 선호도가 회복됐다는 점이 중요하다. 기저에는 탈부동산, 제조업 고도화 등 성장 모델 전환, 경제·사회적 불안 요인 축소, 장기금리 급락 후 자금 이동, 자본 시장 개혁과 주식 재평가 등이 깔려 있다.

2025년 시작된 변화, 중국 향한 신뢰도 높여

2026년 중화권 증시는 팬데믹 이후 지속적으로 제기된 비관적 전망보다 중장기 잠재력을 반영할 가능성이 크다. 기업 이익과 주식 가격이 회복되는 전면적인 강세장의 조건을 구축했다. 근거는 2025년 이후 나타난 다섯 가지 변화다.
첫째, 2025년 미중 대립 과정에서 시장 신뢰도가 높아졌다는 점이다. 중국의 공급망과 구매력, 수출과 기술 제재에 대한 대외 방어력이 부각됐다. 글로벌 무역 지형이 변화하는 상황에서 중단기적으로 미중 디커플링 충격을 완화하고 글로벌 영향력을 확대할 것으로 예상된다. 2026년 중화권 증시는 미국 외 지역 수출 증가율과 우회 수출 전략의 초기 성과, 반도체 국산화 기대감을 반영할 전망이다. 2025년 중국 증시에서 테크·미디어·텔레콤(TMT)과 반도체 거래대금 비중이 각각 40%, 10%를 육박한다는 점을 주목해야 한다. 이미 중국의 기술 자립 방향성을 시장이 적극적으로 반영하고 있다는 뜻이다.

둘째, 증시 주도주 변화다. 주도주가 2022년부터 2024년까지 국영기업이었다면, 2025년부터는 민영기업으로 확산하는 분위기다. 향후 2년간 새로운 설비투자가 테크·AI·장비 제조·신흥서비스업 등 민영기업 중심으로 빠른 확장을 예상한다. 민영기업이 성장과 투자를 주도하는 흐름은 5년 만이다. 역대 중화권 증시의 전면적인 강세장은 민영기업이 주도하는 신흥 산업 성장 국면에서 주로 나타났다. 중국 정부는 규제 해제와 민간투자 신용 확장을 지원하고, 미중 기술 패권 경쟁을 위한 빅테크 역할을 지속적으로 강조할 전망이다.

셋째, 거시경제 측면에서 보면 국내총생산(GDP) 성장률 변동성이 줄었다는 점이 긍정적이다. 2024년 하반기 이후 중국 실질 GDP 성장률은 4.5~5.5%대 박스권을 형성한다. 팬데믹 후 지속된 탈부동산과 성장 모델 전환 후유증으로 비관론이 확산하며 성장에 대한 불확실성이 컸다. 비관론 중심에는 가계·디

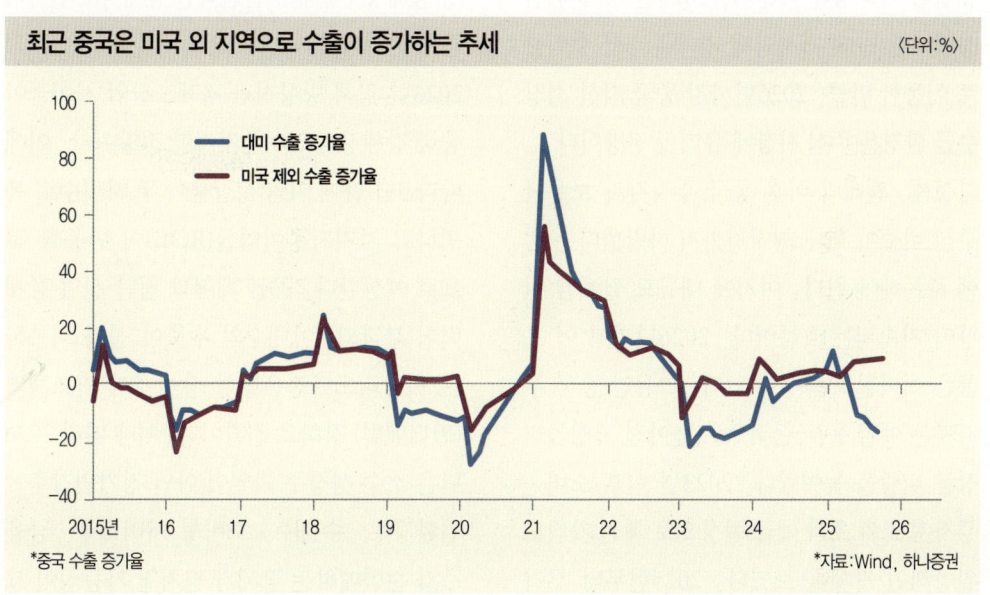

최근 중국은 미국 외 지역으로 수출이 증가하는 추세 〈단위:%〉

*중국 수출 증가율   *자료: Wind, 하나증권

벨로퍼·지방정부 등 부동산 3대 주체가 있었다. 2022년 이후 이들의 경제성장 기여도는 마이너스(-)였지만, 2025년 플러스(+)로 전환했다. 또한 팬데믹 후 디플레이션 국면에서 2026년 이후 완만한 물가 상승을 통한 경기 회복 전환에 대한 기대감이 주식 시장에 유리하게 작용할 전망이다. 2026년까지 수출 가격 → 주가 → 주택 가격 → 근원 물가 순으로 반등 또는 낙폭 축소가 점쳐진다.

넷째, 2025년 중국 경제의 유동성 함정 탈출 신호가 4년 만에 강화됐다. 중국의 협의통화(M1) 증가율이 저점에서 반등하기 시작하면서다. M1은 현금통화·요구불예금·수시입출식 저축성예금을 합한 것으로, 단기금융시장의 유동성을 파악하는 데 유용한 지표다. M1 증가는 확대된 유동성이 실물경제로 유입될 가능성을 키운다. 2025년 투자자 관심이 4년 만에 거시경제 경계론에서 수익률로 이동한 만큼, 2026년까지 중국 자산 시장 수급 환경은 주식 시장에 유리할 전망이다.

다섯째, 팬데믹 이후 중국 투자자가 보유한 주식 비중이 역대 최저치까지 하락했다는 점에 주목해야 한다. 여기에 대규모 탈예금 현상이 지속되는 흐름이다. 2026년까지 이 흐름은 이어질 가능성이 크다. 그동안 중국 투자자는 예금 등 극단적으로 높아진 고정금리 상품 비중을 높여왔다. 2023년 이후 소비·투자 축소와 초과 예금 현상으로 채권 가격도 일방적인 강세를 보였다. 2025년부터 투자자는 주식 비중을 확대하기 시작했다. 특히 중국은 2026년까지 주요국 증시 중 신규 자금 유입 여력이 가장 높은 국가로 평가받는다. 주가와 신흥 산업 생태계 관련 상관계수가 상승한 만큼, 중국 제조업 글로벌 경쟁력과 신흥 산업 성과가 확인된다면 증시 상승폭은 더욱 커질 전망이다.

2026년 중화권 투자 기회 요인
공급 개혁과 전방위적 구조조정

2025년 중화권 증시는 유동성 강세장 특징을 보이며 소수 핵심 성장 산업에 집중했다. 반면 경기민감주와 금융·부동산, 소비·서비스, 헬스케어 분야는 소외됐다. 전면적인 강세장으로 볼 수 없는 이유다. 2026년 이상적인 강세장 시나리오는 2025년 구조적인 유동성 강세장 1막에서 전면적인 강세장 2막 사이클로 진입이다.

2026년 정책 방향성과 경제·산업 사이클이 중국 강세장의 2막을 지지할 전망이다. 이에 따라 5년 만에 이익 성장률이 두 자릿수로 복귀하고 자기자본이익률(ROE)이 반등할 것으로 예상한다. 공급 개혁과 첨단 산업 잠재력이 부각되며, 내수와 수출이 점차 회복하는 시나리오다. 유동성 장세에서 기초체력(펀더멘털) 강화로 전환이다. 이에 따라 2026년은 소수 성장주 과열이 아닌 경기민감주·친환경주·수출주·소비형 서비스주·금융주가 순환매하는 장세가 펼쳐질 가능성이 크다. 2026년 중국 투자 기회 요인은 네 가지를 꼽을 수 있다.

첫째, AI 가치사슬(밸류체인)의 전면적인 확산이다. 2025년 초 딥시크 등장 이후 중국 테크 기업에 관한 시장의 관심이 확대됐다. 미국에 집중된 투자자 시선을 단숨에 전환시켰다. 중국은 AI 밸류체인 전반의 자체 기술력 확보를 목표로 한다. 2025년 하반기 발표한 'AI 플러스(+) 행동 의견'에서 중국의 의지가 드러난다. 2027년까지 6대 분야 심층 융합을 달성하고 2030년까지 전면적인 고품질 발전에 기여한다는 목표다. 이에 따라 2026년 중국 AI 밸류체인은 초기 추론 모델, 연산 능력, 인프라 투자 영역에서 전면적인 응용과 상용화 검증으로 확산할 전망이다. 중국은 빅테크·자율주행·로봇 분야 규제 해제와 민간 장려, 반도체·첨단 산업 분야 선택과 집중, 희토·조선 분야 안보 산업 대형화를 추진한다. 최소 2~3년간 이어질 흐름이다. 2026년 AI와 테크 관련 설비투자 규모는 중국 GDP의 0.5~0.6%로 예상된다.

둘째, 실물경제의 투자자본수익률(ROIC) 반등이다. ROIC는 기업의 자본운용 효율성 수익 창출 능력을 평가하는 지표다. ROIC가 높다면 그만큼 회사가 자본을 효율적으로 운용한다는 뜻이다. 중국 ROIC는 2022년 이후 추세적인 하락세를 보였다. 이 기간 중국 주가와 장기금리가 동반 추락해 유동성 함정을 심화하고, 투자·소비 경기를 얼어붙게 만들

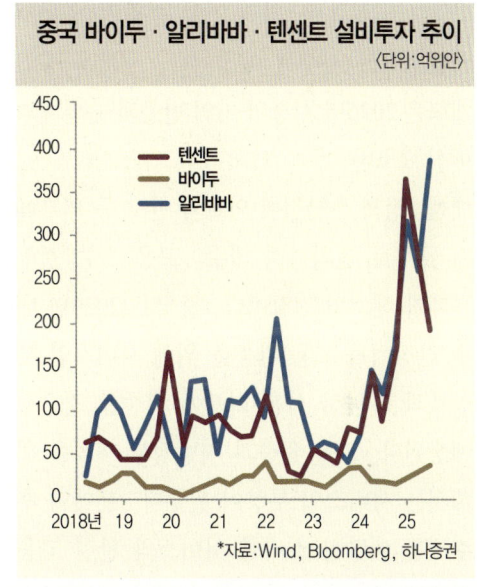

었다. 공급 개혁, 탈부동산 충격 해소, 재정 부양, 해외 진출 성과 등을 통해 2026년 ROIC는 5년 만에 저점에서 반등을 시작할 것으로 예상된다. 2026년부터 가계와 일부 기업에서 부채를 활용한 투자가 재개될 전망이다.

셋째, 공급 과잉 산업과 경기민감 업종에 대한 투자 기회 확대다. 소모적 가격 경쟁 억제 선언으로 2년간 제조업과 일부 플랫폼 등 산업을 중심으로 전방위적인 구조조정과 효율화가 예상된다. 상위 기업 간 경쟁 완화 가능성이 크다. 해당 기업의 재무제표가 개선되고 산업 집중도 강화를 통해 적자생존을 추구할 수 있다. 향후 1년은 지방정부 관료 평가 모델(KPI) 변화, 생산능력 확장 억제, 품목별 퇴출 기준 강화, 신규 투자 프로젝트 제

한, 보조금 축소, 가격 인상 종용 등이 동시 다발적으로 시행될 예정이다. 새로운 공급 개혁은 2026년 시장의 이익 반등과 순환매의 핵심 요소다.

넷째, 정책 주안점이 외교와 안보 등 외부에서 내부로 전환하며 내수·고용·지방정부 문제가 해소될 전망이다. 중국은 2026년 내수 안정성과 고용 완충을 위해 서비스업 부양책과 부동산 신용 회복에 집중할 것으로 예상된다. 고용 완충과 지방정부 재정을 위해서는 서비스업 부양이 필수다. 팬데믹 후 추세를 이탈한 소비형 서비스와 관련 고용 시장 부양에 주목할 필요가 있다. 인프라와 민간건설 등 투자 경기와 지방정부·디벨로퍼 신용은 2026년부터 장기 침체에서 탈출을 꾀한다.

느린 강세장 입증할 2026년
중장기 정책·수혜 산업 주목

2026년에는 15차 5개년 계획에 대한 관심이 본격적으로 고조될 전망이다. 당대회를 통해 확정된 5개년 계획은 2026년 3월 전국인민대표대회를 통해 최종 공개된다. 증시는 주요 내용과 방향성, 수혜 업종을 선제적으로 반영한다. 이번 15차 5개년 계획은 탈부동산과 산업 고도화라는 새로운 성장 모델 적응과 지속성에 대한 시험대다. 중국 낙관론자가 주장하는 느린 강세장을 입증하는 시작점이기도 하다.

중국에 2026~2030년은 중요한 시기다. 중국 수뇌부는 이 기간을 국가 발전 100년 계획의 2단계 목표인 '중국식 사회주의 현대회' 달성과 1인당 GDP 기준 중진국 반열에 오르기

2025년 8월 발표한 중국 국무원 AI+ 행동 의견

연도	종합 목표
2027년	인공지능+ 6대 분야 선행적 심층 융합 달성, 신세대 AI 단말기·지능형 제품 보급률 70%
2030년	AI가 전면적으로 고품질 발전에 기여, 신세대 AI 단말기·지능형 제품 보급률 90% 지능형 경제가 중국 경제의 중요 성장 엔진으로 부상
2035년	지능형 경제·지능형 사회 발전의 신단계 진입, 사회주의 현대화 기본 실현에 AI가 핵심 지원 제공
6대 중점 분야	세부 방안
AI+과학기술	과학 발전 가속화, R&D 모델 혁신·효율 제고, 철학·사회과학 연구 방식 혁신
AI+산업 발전	스마트 제조 신모델 육성, 산업 전반 스마트화 업그레이드, 디지털 전환 가속
AI+소비 품질	서비스 소비 신규 응용 확대, 제품 소비 신업태 육성
AI+민생 복지	스마트하고 효율적인 업무 및 학습 방식 마련, 더 나은 생활 품질 실현
AI+거버넌스	AI 기반 스마트 거버넌스 모델 구축, 합리적 다원 체계 조성, 중국식 현대화
AI+글로벌 협력	인공지능 글로벌 수혜 공유 추진, 글로벌 AI 관리 시스템 공동 구축

*자료: 하나증권 종합

위한 기반을 다지는 시기로 평가한다. 15차 5개년 계획의 양대축은 새로운 질적 생산력을 뜻하는 '신질생산력'과 '내수 확대'다. 제조 대국에서 소비 대국으로 전환, 탄소중립 달성, 고령화 극복이 기본 방향성이다.

또한 2026~2030년은 향후 10년간 평균 4.5% 성장 목표의 시작점이다. 대국 간 경쟁이 심화되는 국면에서 내부적으로 고령화와 도시화율 감속, 신흥 산업 육성이라는 난제도 극복해야 한다. 이를 위해 6대 정책 과제로 신구 성장 엔진 전환, 산업 고도화 전략, 최종 소비와 서비스업 제고, 보조금, 탄소중립, AI 대국 지향 등을 제시할 전망이다.

이번 5개년 계획 목표 성장률 하단은 5년간 평균 4.8~5%로 설정할 가능성이 크다. 지난 14차 5개년 계획의 보강 측면에서 목표치 상향 조정이 예상되는 분야는 혁신 성장, 친환경, 민생복지, 국가 전략 산업에 집중될 전망이다. 소모적 가격 경쟁 억제 관련 목표를 최초로 명시해 정책 집행 의지를 강조하고, '제조업 2035'와 유사한 중장기 고도화 전략의 연장 가능성도 있다.

최근 30년간 중화권 증시는 5개년 계획 전환기에 강세장이 형성된 사례가 많다. 이번 전환기도 추세적인 강세장 조건을 구축하는 시기가 될 전망이다. 15차 5개년 계획은 단기적인 부양 효과보다 중장기 추세 강화 관점에서 주목할 필요가 있다. ■

중국 CSI300 주가는 역대 5개년 계획 전환기에 강세장 시현 〈단위:pt〉

*자료: Wind, 하나증권

지방선거

지방선거, 사실상 정부 중간 평가
정권은 평가받고 보수는 시험받는다

신율 명지대 정치외교학과 교수

미국에서는 대통령에 대한 중간 평가가 반드시 이뤄진다. 중간 평가란 2년마다 실시되는 하원 선거와 상원 선거를 의미한다. 미국 하원의원 임기는 2년이라 대통령 임기 중간에 선거가 치러질 수밖에 없다. 상원의원은 임기가 6년이지만 전체의 3분의 1씩 2년마다 선거를 실시해 정기적으로 평가가 이뤄진다. 이런 시기상의 특성으로 상·하원 선거는 대통령에 대한 중간 평가의 성격을 가질 수밖에 없다. 이는 매우 중요하다. 선거에서 선출된 대통령은 제도적 정통성을 갖지만, 정통성이란 끊임없이 검증받아야 하는 속성을 지니기 때문이다. 이런 맥락에서 중간 평가는 민주적 정통성을 지속적으로 확인하는 중요한 기제로 작용한다.

중간 평가 없는 韓 정치…열쇠는 개헌?

그런데 우리나라는 대통령에 대한 중간 평가를 정기적으로 실시할 수 없는 구조다. 그 이유는 다음과 같다. 우선, 우리나라 정치권은 선거에서도 '효율성'을 중시하는 경향이 있다. 대선과 총선을 동시에 치르는 이른바 '원 포인트' 개헌 주장이 등장했던 것처럼, 선거 비용 절감을 우선시하는 정치 풍토는 민주적 정통성의 빈번한 검증에 걸림돌로 작용한다. 또 다른 이유는 대통령, 국회의원, 지방자치단체장의 임기가 각기 다르다는 점이다. 임기 만료 시점도 다르다. 대통령에 대한 중간 평가 성격을 갖는 선거가 우리나라에 존재하기 매우 어려운 실정이다.

이런 가운데 이재명 대통령이 국정과제 최우선 순위로 제시한 개헌이, 미국처럼 중간 평가 성격을 갖는 선거를 가능하게 하는 토양이 될 수도 있다는 전망이 나온다. 즉, 연임이든 중임이든 대통령 임기를 4년으로 하고 총선을 그 중간에 치르도록 하면, 대통령에 대한 중간 평가가 가능해진다는 것이다. 그런데 이를 위해서는 대통령이든 의원이든 '임기 조정'이 필요한데, 이것이 큰 걸림돌이다. 항상 국민을 운운하는 정치인들이 임기 조정이라는 자신의 '기득권 침해'를 수용하기는 어렵기 때문이다.

어쨌든 중간 평가는 필요한데, 선거 시기의 인위적 조정이 어렵다면 현재 존재하는 선거를 최대한 활용하는 방법밖에 없다. 2026년 지방선거가 중간 평가 역할을 수행할 것으로 보이는 이유다.

지방선거 '정치적 위상' 달라진 이유는

과거 지방선거가 중앙 정치에서 갖는 비중은 크지 않았다. 과거보다는 상황이 나아졌다고 할 수 있지만, 여전히 지방 정치와 중앙 정치 사이의 틈새는 상당하다. 우리나라는 철저한 중앙집권국가기 때문이다. 지방자치단체장이 중앙 정치에 진출하기도 어려웠다. 이런 한계 때문에 과거에는 지방선거에 정치적 의미를 부여하기 어려웠다.

지방선거가 문자 그대로 지역선거에 그쳤던 또 다른 이유도 있었다. SNS가 보편화되기 이전에 어떤 지방자치단체장으로부터 들었던 하소연이 생각난다. 자신이 아무리 열심히 지방 행정을 수행하고 성과를 냈어도, 중

2026년 지방선거가 이재명 대통령에 대한 중간 평가 역할을 수행할 것으로 보인다. 사진은 제44회 국무회의에서 참석자 발언을 듣고 있는 이재명 대통령. (연합뉴스)

앙 언론에서 자신의 노력과 성과에 대한 기사 한 줄 써주지 않는다는 것이었다. 때문에 서울시장을 제외한 나머지 단체장들은 대통령 후보를 비롯한 중앙 정치의 중요한 포스트에 기용되기 힘들었다.

그런데 지금은 상황이 완전히 달라졌다. 서울에서 멀리 떨어진 지자체장들도 SNS를 효과적으로 활용하면 얼마든지 중앙 언론의 주목을 받을 수 있는 시대다. SNS를 통해 중앙 정치에 대한 의견을 제시해 언론의 관심을 끌고, 동시에 지자체를 성공적으로 운영하면, 우리나라 정치에서 중요한 역할을 하는 지역 기반을 다질 수 있다. 요즘 정치인들이 대선과 같은 중앙 정치 무대에 등장하기 위해 지

자체장으로 출마하려는 것은 바로 이런 환경 변화 때문이다.

총선 전초전·李정부 성적표이기도

또한, 지방선거는 총선에 영향을 미칠 수 있는 중요한 선거다. 어떤 지역을 어떤 정당이 장악하는가에 따라, 해당 지역의 당 조직 활성화 여부가 결정되기 때문이다. 특정 지역의 당 조직이 활성화된다는 것은 총선에서도 해당 지역에서 선전할 수 있음을 의미한다.
물론 예외가 존재한다고 주장할 수도 있다. 지난 지방선거는 국민의힘의 압승으로 끝났지만, 그 이후 치러진 총선에서는 국민의힘이 참패했기 때문이다. 하지만 지난 22대 총선 당시 253개 지역구에서 민주당과 국민의힘이 획득한 총득표율 차이가 5.4%포인트에 불과했음을 고려하면, 지난 총선을 단순한 예외로 치부할 수만은 없다.
지난 총선을 돌이켜보면, 당시 윤석열 대통령의 잘못된 판단이 선거 판세에 결정적인 악영향을 미쳤다. 예를 들어, 22대 총선 직전 대통령이 갑자기 의대 증원과 관련한 의사들의 파업에 대해, 장장 55분 넘게 담화를 발표한 직후부터 판세가 완전히 역전됐다. 이는 총선에서 국민의힘 패배가 오로지 당 자체의 문제만은 아닌 이유다. 또한 근소한 격차로 민주당에 패배한 지역이 다수였는데, 윤 전 대통령의 부적절한 담화에도 불구하고 이 정도 선전을 했다는 것은 지방선거와 총선이 무관한 별개의 사안이 아님을 시사한다. 때문에 지방선거는 더 이상 단순히 지자체장과 지방의회 의원을 선출하는 선거가 아니라, 일종의 총선 전초전이자 정권에 대한 중간 평가 성격을 부여할 수 있다. 2026년 지방선거는 이재명정부에 대한 국민적 평가라는 의미를 담을 수 있다는 말이다.

강성 지지층의 덫…정청래의 딜레마

여당이 완전히 승리한다면 모르겠지만, 만일 여당이 일부 핵심 지역, 예를 들어 서울, 부산, 충청 지역의 광역단체장 확보에 실패한다면 이를 여권의 완전한 승리라고 보기는 어렵다. 또한 국민의힘이 확보한 광역단체장 수와 여당이 확보한 단체장 수가 비슷하냐면, 이 역시 여당의 패배다. 어떤 경우든 대통령의 향후 국정 운영은 험난할 수 있다.
이번 지방선거는 이런 의미 외에도 여당 내부의 역학관계를 결정할 수 있는 중요한 선거다. 현재 민주당 대표인 정청래 대표의 임기는 대략 지방선거 시점까지다. 그런데 정청래 대표는 아마도 한 번 더 당대표에 도전할 것이라는 전망이 우세하다. 이런 예측을 하는 이유는, 정 대표가 당내 강성 당원들의 목소리를 충실히 반영하려고 노력하기 때문이다. 강성 당원들의 숫자는 전체 당원에 비해 소수라고 할 수 있지만, 이들은 큰 목소리로 당내 여론을 형성하기 때문에 상당히 영향력 있는 집단이다. 정 대표가 재선에 도전하려면 이

2026년 지방선거는 여당 내부의 역학관계를 결정할 수 있는 중요한 선거다. 정청래 더불어민주당 대표는 2026년 초반 정도부터는 현재의 강성 이미지에서 벗어나기 위해 노력할 것으로 예상된다. 사진은 민주당 최고위원회의에서 발언하고 있는 정청래 대표와 최고위원들 모습. (연합뉴스)

들의 목소리를 무시할 수 없는 이유다. 지난번 특검 활동 기한 연장과 관련한 국민의힘과의 합의를 파기했던 것도, 강성 당원들의 압력 때문이라는 분석이 많다. 이런 사례는 정청래 대표가 얼마나 이들의 목소리에 민감하게 반응하는지를 보여준다.

하지만 지방선거에서 여당이 패배하면 이 모든 노력은 수포가 된다. 선거에서 패배한 당대표가 계속 대표직을 유지하거나 재도전하는 사례는 우리 정당사에서 거의 찾아볼 수 없다. 여기에 정 대표의 딜레마가 있다. 선거에서 승리하려면 침묵하는 다수, 즉 중도층의 지지를 확보해야 하는데, 지금처럼 민주당 강성 지지층의 목소리만 대변하다가는 중도층이 등을 돌릴 가능성이 매우 크다.

때문에 정 대표는 2026년 초반 정도부터는 현재의 강성 이미지에서 벗어나기 위해 노력할 것으로 예상된다. 문제는 그런 노력이 과연 효과를 거둘 수 있는가 하는 점이다. 정치인의 이미지는 단기간에 변하지 않는다.

주요 변수는 '개헌·정당 해산 청구'

이런 노력이 선거의 승리로 이어질 것인가. 이는 정 대표의 노력도 중요하지만, 선거에 어떤 예측 가능한 변수가 존재하며 이런 변수에 성공적으로 대응할 수 있는지 여부와 직결된다. 현 단계에서 예상할 수 있는 변수는 크게 두 가지다. 하나는 개헌, 다른 하나는 민주당이 지속적으로 주장하고 있는 국민의힘에 대한 위헌 정당 해산 청구다.

우선 개헌을 살펴보자. 지난 9월 16일 이재명 정부는 향후 5년간 추진할 국정과제 123건을

민주당이 국민의힘에 대해 위헌 정당 해산 심판을 청구한다면 국민의힘은 지방선거에서 매우 불리한 환경에서 선거를 치르게 된다. 사진은 국민의힘 최고위원회의에서 발언하고 있는 장동혁 국민의힘 대표와 최고위원들 모습. (연합뉴스)

발표했다. 1호 과제는 개헌이었다. 이를 위해 2026년 지방선거나 2028년 총선에서 개헌 찬반 국민투표를 실시하는 방안이 함께 제시됐다.

본래 개헌이라는 것은 다른 모든 정치적 사안을 집어삼키는 일종의 블랙홀이다. 그래서 과거를 보면 정권 말기에 개헌론을 꺼내 들어 레임덕을 극복하려고 시도했다. 또한 대선에서 개헌을 공약으로 제시하는 후보는 일반적으로 열세인 후보였다는 점도 이런 맥락에서 이해할 수 있다. 지금처럼 집권 초기에 개헌 카드를 꺼내든 정권은 과거에 없었다.

그렇다면 왜 개헌 카드를 벌써 꺼내 들었는지, 그 이유가 궁금해진다. 그 이유를 추론하면, 그만큼 국정 운영에 자신감이 있다는 표현일 수도 있고, 개헌을 통해 국정 동력을 더욱 확보하겠다는 전략일 수도 있다. 개헌 관련 국민투표를 지방선거든 총선이든 동시에 실시하게 되면, 선거에서 여당이 승리할 확률이 높아질 것이라는 의미다. 이렇게 판단하는 근거는 다음과 같다.

우리나라 국민 중에 개헌이 필요하지 않다고 생각하는 이들은 많지 않다. 대통령제를 선호하는 우리 국민은 4년 중임이 됐든 4년 연임이 됐든, 현행 5년 단임 대통령제를 바꾸기를 원한다. 여기서 주목할 점은 개헌 국민투표와 지방선거 혹은 총선을 동시에 실시할 경우 개헌을 주도하는 정당의 후보들, 즉 여당 후보들이 약진할 가능성이 매우 커진다는 점이다. 개헌에는 찬성하지만 야당 후보를 선택할 확률은 매우 낮다.

만일 개헌 관련 국민투표를 지방선거와 동시

에 치를 경우에는 지방선거가 여당의 승리로 끝날 가능성이 특히 높아진다. 그 이유는 이렇다. 그동안 여러 차례 지방선거를 치렀지만, 지방선거에서 어김없이 나타나는 투표 행태는 이른바 '줄 투표'다.

'줄 투표'란, 자신이 특정 정당의 지방자치단체장 후보를 선택했다면, 시의원 후보와 구의원 후보를 선택할 때도 자신이 선택한 지자체장 후보와 같은 정당의 후보를 선택한다는 것을 의미한다. '인물 불문'하고 같은 정당 후보들을 줄줄이 선택한다.

이런 식의 투표 행태가 나타나는 것이 지방선거인데, 개헌 국민투표와 함께 지방선거가 실시된다면 지방선거에 대한 관심은 더욱 떨어지고 개헌이라는 거대한 이슈가 지방선거의 후보들에 대한 관심을 압도할 가능성이 크다. 이렇게 되면 개헌을 추진하는 정당의 후보들을 무조건 선택할 가능성이 매우 커져 여당이 유리해질 수밖에 없다.

두 번째 변수는 앞서 언급한 대로 민주당이 국민의힘에 대해 위헌 정당 해산 심판을 청구할 것인가 하는 문제다. 물론 민주당이 이를 실행에 옮긴다고 가정하더라도 지방선거 이전까지 헌법재판소가 정당 해산 여부를 결정하지는 않을 것이다.

그런데 문제는 일단 위헌 정당 해산 심판을 청구한다면, 이는 매우 충격적인 사건으로 국민 뇌리에 깊이 각인될 수 있고, 지방선거에 상당한 영향을 미칠 수 있다. 국민의 '사표 방지 심리'를 자극할 수 있기 때문이다. 유권자들은 해산될 '가능성'이 있는 정당에 투표하지 않을 것이다. 이 경우 국민의힘은 매우 불리한 환경에서 선거를 치르게 된다.

보수, 해체냐 부활이냐

이상의 변수를 국민의힘이 어떻게 극복하는가는 '또 다른 변수'다. 이런 상황이 전개된다면 국민의힘에서 탈당하는 인사들이 생길 수 있다. 즉, 새로운 보수 정당이 탄생할지도 모를 상황이 발생할 수 있다.

일각에서는 신당이 창당돼도 과거 경험을 들어 결코 성공할 수 없을 것이라고 주장할 수 있다. 하지만 만일 위헌 정당 해산 청구가 이루어지는 상황에서는 신당이 과거처럼 선거에서 참패하지 않을 수 있다. 보수층에서조차 사표를 방지하기 위해서라도 보수 신당을 선택할 가능성이 있어서다.

반대의 시나리오도 상정할 수 있다. 위헌 정당 해산 가능성이 불거질 정도의 위기 상황이 조성된다면 보수층이 결집할 수 있다. 다만 중도층 지지 없이는 선거에서 승리하기 어렵다는 점을 고려하면, 보수층이 결집한다고 하더라도 국민의힘이 승리할 가능성은 여전히 크지 않다.

이런 이유에서 이번 지방선거는 흥미진진하다. 향후 이재명 정권의 향방을 결정짓고, 거의 와해 위기에 처한 보수 진영의 재기 가능성을 판가름할 수 있어 결과가 주목된다. ■

코스피지수 4000 넘어 5000으로

눈앞에 다가온 코스피 5000
갈 수는 있지만…선행 조건 있다

김병연 NH투자증권 투자전략총괄부장

한국 자본 시장은 역사적인 변곡점에 서 있다. 단순한 주가지수 상승은 정책당국의 본질적 과제가 아니다. 한국 경제의 구조적 한계를 극복하고 금융 산업, 실물경제, 가계자산이 함께 선순환하는 새로운 성장 패러다임을 구축해야 한다.

우리나라 금융 산업은 여러 가지 구조적 한계를 안고 있다. 국내 금융 산업 규모는 국내총생산(GDP) 대비 5.5% 비중이다. 대만(6.4%), 미국(7.4%)과 비교해 낮은 편에 속한다. 시장은 여전히 규제 중심으로 운영되며 위험 감수 성향이 약해 자본의 효율적 배분이 어렵다.

이로 인해 혁신 산업으로 자금 공급이 원활하지 않고, 신성장 산업 발전을 제약한다. 금융 산업은 단순히 자금 중개 기능을 넘어 경제 성장 동력으로 작용해야 한다. 이를 위해 규제 완화와 자율성 확대, 리스크 관리 체계 고도화가 필수적이다.

중소기업 성장 제약은 한국 경제의 고질적인 문제로 꼽힌다. 중소기업은 전체 고용과 부가가치 창출에서 큰 비중을 차지한다. 그럼에도 한국 중소기업은 자금 조달의 대부분을 은행 대출에 의존한다. 이러한 구조에서는 신사업 투자나 혁신이 제한될 수밖에 없다. 특히 모험자본 부족은 신성장 산업으로 전환을 가로막는 주된 요인이다. 정책금융이 단기 유동성 지원을 넘어 민간투자와 연계된 장기 성장 자본으로 기능할 수 있도록 제도적 개선이 필요하다.

가계자산의 불균형 해소도 시급한 과제다. 한국 가계 순자산 중 약 75%가 부동산에 집중돼 있다. 금융자산은 24%에 불과하다. 자산 포트폴리오 편중은 부동산 경기 변동에 따라 가계자산의 안정성을 훼손한다. 금융소득 분리과세, 세제 인센티브 확대 등을 통해 가계의 금융투자 참여를 촉진하고 자산 구조 다변화를 유도해야 한다.

신경제 분야에 대한 금융투자가 부족하다는 점도 문제다. 미국은 첨단 기술과 혁신 산업에 대한 투자 비중이 GDP의 35%에 달한다. 그러나 한국은 20% 수준에 머무른다. 이는 금융 시장이 미래 산업을 충분히 뒷받침하지 못하고 있다는 점을 의미한다. 인공지능(AI), 반도체, 바이오, 친환경에너지 등 미래 산업으로 전략적 자금 공급과 금융 인프라 개선이 절실하다.

이 같은 맥락에서 코스피 5000은 단순한 지수

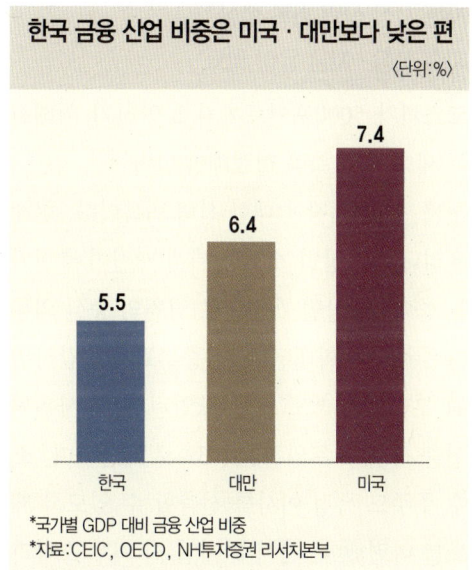

목표가 아니다. 금융 구조 재평가와 신성장 산업 육성, 가계자산 구조 전환을 통한 지속 가능한 성장 모델을 상징한다.

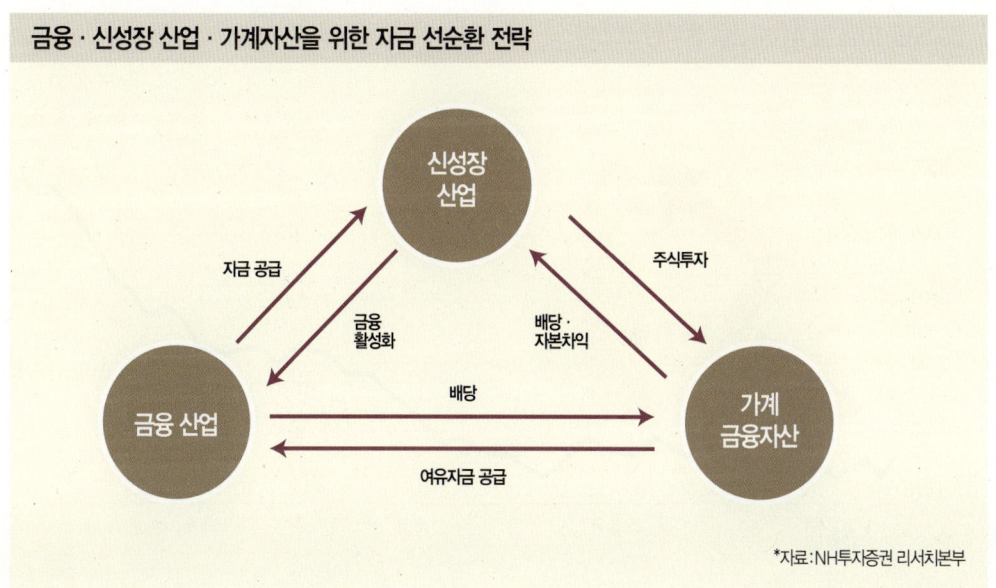

자본 시장 신뢰 회복 절실
지속 성장·자금 유입 필요

코스피가 5000포인트까지 도약하기 위해서는 세 가지 큰 축을 형성해야 한다.

첫째, 자본 시장에 대한 신뢰 회복이다. 현재 우리나라는 상법 개정과 세제 개편이 추진되는 중이다. 상법 개정으로 임원의 충실 의무가 주주까지 확대된다. 집중투표제와 감사위원 분리선출 제도 또한 도입된다. 감사위원 선출 시 대주주 의결권을 3%로 제한하며, 소수 주주도 특정 이사를 선출할 수 있도록 제도를 마련했다. 자사주 매입 시 의무 소각과 전자주주총회 의무화 등은 지배구조 투명성을 높이고, 주주가치 제고에 대한 신뢰를 강화한다.

정부는 배당소득에 대해서는 일정 요건 충족 시 25~35%의 분리과세를 적용해 투자 매력을 높일 계획이다. 상속세와 증여세 개편을 통해 주가순자산비율(PBR) 0.8배 미만인 기업에 대해 비상장 주식과 동일한 평가 방식을 적용한다. 과세 하한선을 순자산가치의 80%로 설정해 상속·증여세 부담을 줄인다. 공개매수 제도와 주주제안권 강화는 기업 지배구조 개선을 가속화할 전망이다. 이러한 제도 개혁은 주당순이익(EPS) 개선, 배당 성향 상승, 투자자 신뢰 회복으로 이어질 것으로 기대한다.

둘째, 기업의 꾸준한 이익 성장이다. 명목 GDP가 매년 4%씩 성장할 경우, 기업 순이익은 연평균 8% 이상 증가한다. 경제성장과 기업 이익이 서로를 뒷받침하는 선순환 구조가 가능하다는 뜻이다.

2025년 10월 말 4100선을 돌파한 코스피

향후 5년간 반도체 업종은 연평균 10% 성장이 예상된다. 인공지능전환(AX)과 고대역폭메모리(HBM) 수요 확대가 반도체 이익 성장을 견인한다. 소프트웨어 산업 또한 매년 10% 내외 성장세를 이어갈 것으로 내다본다. 산업 정책에 따른 수혜도 기대된다. 정부는 150조원 규모 AI 투자와 벤처투자 확대, 300조원 규모 콘텐츠 산업 육성 등을 국정 과제로 추진한다. 특히 AX가 본격화되고 있다는 점을 눈여겨봐야 한다. 정부는 2026년 연구·개발(R&D) 예산 35조원 중 10조원을 AI 분야에 집중 투입할 계획이다. 로봇, 자율주행, 드론, 헬스케어 등 7대 핵심 프로젝트가 추진되며, 공공 부문에서도 AI 전환이 확대된다. 한국은행은 AI의 도입이 생산성을 높이고 고령화로 인한 노동력 감소를 보완하는 역할을 할 것으로 평가한다.

조선업, 방위 산업, 원자력 산업은 지정학적 리스크와 에너지 전환 수요 확대에 힘입어 안정적인 성장세를 나타낼 전망이다. 정부는 녹색전환(GX) 또한 진행 중이다. 유럽연합(EU)의 탄소국경조정제도(CBAM) 시행에 따라 재생에너지 100%(RE100) 산업단지 조성, 초고압직류송전(HVDC) 기반 에너지 고속도로 구축, 녹색국채 발행, 환경·사회·지배구조(ESG) 금융 활성화가 병행되고 있다. 건강관리 산업은 연평균 25%에 달하는 성장 잠재력이 있는 것으로 평가된다. 내수와 관광 산업은 고령화와 가계 소득 증가, 외국인 관광객 확대에 따라 견조한 성장세를 이어갈 가능성이 높다. 반면 자동차 산업 이익은 관세 협상에 따라 달라질 수 있다. 2차전

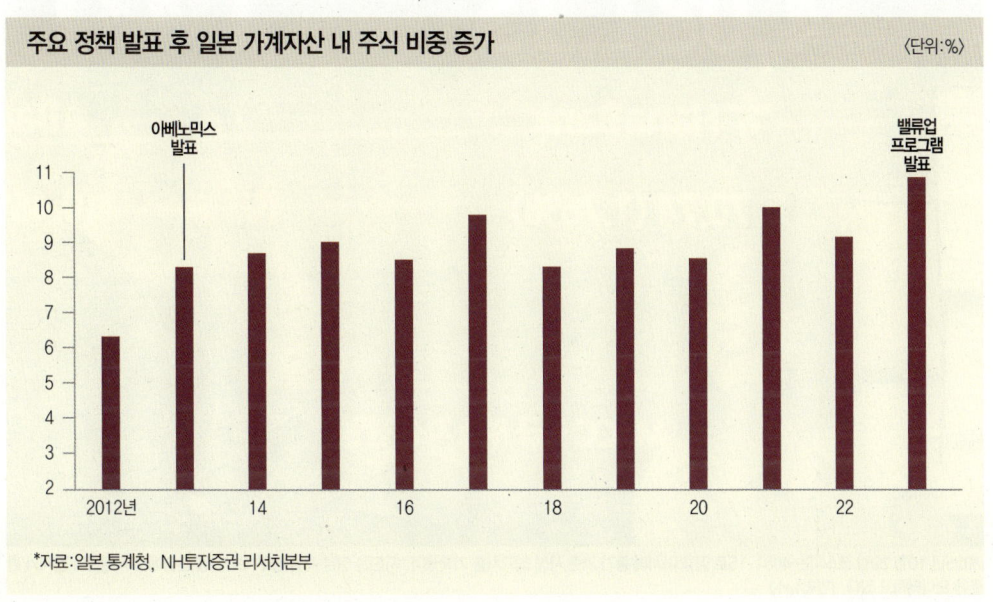

주요 정책 발표 후 일본 가계자산 내 주식 비중 증가 〈단위:%〉

*자료: 일본 통계청, NH투자증권 리서치본부

지는 향후 2년 내 흑자전환이 가능할 것으로 예상한다.

셋째, 꾸준한 투자자금 유입이다. 외환 등 외국인 투자 환경이 개선되면 약 50조원 이상의 외국인 자금이 추가 유입될 것으로 분석된다. 신흥국 내 비중 확대와 모건스탠리캐피털인터내셔널(MSCI) 선진국 시장 진입 가능성 모두 열려 있다.

동시에 국내 가계자금의 주식 시장 유입도 기대할 만하다. 한국의 1인당 평균 금융자산은 약 7만3000달러다. 일본은 1인당 평균 금융자산이 11만8000달러에 달한다. 반면 한국의 1인당 금융부채는 3만1000달러로 일본(2만2000달러)보다 많다. 금융부채 대비 금융자산 비율을 비교하면 한국은 2.3배, 일본은 5.3배다. 전반적으로 한국 가계의 재무건전성이 일본에 비해 열위에 있다고 평가할 수 있다. 가계의 재무건전성 제고를 위한 금융자산 확대가 필수적이다.

이를 위해 개인종합자산관리계좌(ISA), 퇴직연금, 사모대출, 메자닌 투자 등 다양한 금융투자 수단 활성화가 필요하다. 정부는 벤처투자 확대를 통해 제3차 벤처붐 기반을 마련하고 있다. 모태펀드 조성과 함께 퇴직연금과 연기금이 벤처투자에 참여할 수 있는 제도적 기반이 조성되고, 기업성장집합투자기구

2025년 10월 29일 코스피는 4081.15로 장을 마치며 종가 기준 사상 최고치를 기록했다. 사진은 이날 서울 중구 하나은행 본점에서 직원들이 증시와 환율을 모니터하고 있다. (연합뉴스)

(BDC) 도입으로 개인 투자자의 벤처 시장 접근성도 높아지는 분위기다. 이러한 제도적 기반에서 금융, 가계, 산업자금이 원활히 순환하는 구조가 형성될 때 코스피를 향한 구조적 재평가가 본격적으로 시작될 전망이다.

명목 GDP 4% 이상 성장 지속돼야 시가총액 4000조원 규모 확대 가능

코스피가 5000포인트에 도달하기 위해서는 명목 GDP 4% 이상 성장이 지속돼야 한다. 명목 GDP가 4% 이상 성장을 지속하면 기업 순이익은 연평균 8% 이상 증가할 수 있다. 자사주 매입·소각이 병행되면 유통 주식 수가 줄어들어 EPS 성장률은 연평균 9% 이상 상승 가능하다. 향후 이익에서 더 많은 부분이 주주에게 환원돼 배당 성향이 35%까지 높아질 경우, 배당금 규모는 약 100조원에 이를 전망이다.

이 경우 전체 주식 시장의 시가총액은 약 4000조원 규모로 확대된다. 주가수익비율(PER)은 14~15배 수준까지 높아질 수 있다. 이뿐 아니라 PBR은 1.4~1.5배, 자기자본이익률(ROE)은 9~10% 수준으로 개선될 전망이다.

현재 한국 주식 시장 PER은 12배, PBR은 1.2배 수준이다. PER 19.9배, PBR 3.3배에 달하는 선진국 평균과 격차가 크다. 지금까지 한국 주식 시장이 글로벌 평균 대비 얼마나 저평가됐는지 드러나는 대목이다.

자본 시장 선진화는 가계 주식 비중을 높일 전망
〈단위:%〉

Before / After
일본: 6.3 → 10.9 (4.6)
한국: 7.2 → 11.8 (4.6)

*자본 시장 개선 정책 전후 한일 가계의 주식 비중 비교
일본 수치를 적용하면 한국은 7.2에서 11.8%로 확대 전망
*자료:통계청, NH투자증권 리서치본부

결국 코스피 5000포인트 도달은 우리나라 주식 시장의 구조적 변화를 의미한다. 이른바 '코리아 디스카운트'로 불리는 구조적 저평가를 벗어나 성장성과 투명성, 자본 효율성을 갖춘 금융 선진국으로 도약하는 전환점이 '코스피 5000'이다. 고령화 시대의 새로운 자산 전략이자, 한국 경제의 질적 성장과 금융 산업 재편을 상징하는 이정표로서 중요한 의미를 갖는다. 정부가 준비한 내용이 충실히 이행된다면, 충분히 도달 가능한 숫자다. ■

서울 아파트값 고공행진 이어갈까

부동산 규제 계속된다 해도 '1극 체제' 쉽게 안 깨져

함영진 우리은행 부동산리서치랩장

서울 아파트 시장은 '6·27 가계부채 관리 방안(6·27 대책)' 등 강력한 주택담보대출(주담대) 규제로 거래가 위축됐지만, 가격은 쉽게 꺾이지 않는 '규제의 역설'이 두드러졌다. 1분기에는 강남권(잠실·삼성·대치·청담) 토지거래허가구역 해제, 상반기에는 기준금리 인하(2025년 2월 2.75% → 5월 2.5%) 영향으로 3·6월 거래량이 각각 1만건 안팎을 기록했다.

이후 정부가 강남 3구(강남·서초·송파)와 용산구 일대를 토지거래허가구역으로 재지정하고, 수도권·규제지역 주담대 한도를 6억원으로 제한하면서 7~8월 거래량이 월 3000~4000건대로 내려앉는 등 시장은 정책에 따라 크게 요동쳤다.

그럼에도 매매가는 우상향했다. 한국부동산원 9월 22일 조사 기준으로 서초구, 강남구, 송파구, 용산구 아파트값이 누적 10.59%, 10.51%, 13.43%, 7.7%씩 뛰었고 마포구, 성동구, 광진구, 동작구, 강동구도 8.63%, 11.15%, 6.61%, 5.37%, 6.95%씩 뛰는 등 '한강벨트' 가격 상승률이 서울 평균(5.25%)을 크게 웃돌았다. '똘똘한 한 채' 선호와 상급지 갈아타기 수요, 장기 보유에 따른 세 부담 관리가 결합하며 핵심지 주택이 사실상 '안전자산'으로 인식된 결과다.

2026년에도 이 같은 상급지 선호 심리와 공급 절벽이 기준금리 인하 흐름과 맞물려 상승 압력을 이어갈 가능성이 크다. 다만 정부의 고강도 규제 기조가 유지되면서, 상승 동력과 정책 압박이 정면충돌하는 한 해가 될 공산이 크다.

2026년에도 서울은 우상향

2026년 서울 집값 상승을 부추기는 요인은 여럿이다.

첫째, 주택 공급 절벽 현실화다. 전국 아파트 입주(준공) 물량은 2026년 20만9175가구(이하 부동산R114 조사 기준)로 2025년 27만8985가구에 비해 6만9810가구 감소한다. 사실상 전국 17개 광역지자체 중 광주광역시(2025년 5622가구, 2026년 1만1656가구)를 제외한 16개 지자체의 공급이 줄어든다.

특히 서울은 2025년 4만2684가구에서 2026년 2만8984가구로 약 32% 급감할 전망이다. 강남 3구 등 서울 집값 상승을 이끄는 핵심 지역뿐 아니라 경기도(7만4741가구 → 6만7550가구), 인천(2만1414가구 → 1만5161가구)도 10~29% 축소가 예상된다. 원자잿값 급등, PF 시장 냉각 여파로 인허가·착공이 크게 줄며 나타난 구조적 현상이다. 국토교통부 통계 기준 서울 주택(단독·다가구, 연립·다세대, 아파트 등) 인허가는 2021년 8만3260건 → 2023년 2만5567건, 착공은 2021년 6만8619건 → 2023년 2만576건으로 감소했다. 유효 수요가 두터운 서울·수도권일수록 '매매가 고원화'가 불가피한 환경이다.

둘째, 불안정한 전세 시장이다. 아파트 입주 물량이 감소하다보니 전세 매물이 부족해졌다. 이에 전셋값이 상승하고 전세의 월세화까지 가속화했다. 이렇게 뛴 전셋값은 매맷값 하방을 받친다. 전셋값이 오를수록 임차인은 갱신권을 적극 활용해 시장 출회 매물이 줄고, 전세 불안은 아파트 위주로 심화될 공산이 크다.

2026년 서울 아파트 전세 가격 변동률은 2025년 변동률(한국부동산원 2025년 9월 22일 기준 1.75%)보다 더 커질 가능성도 열려 있다. 더욱이 전세의 월세화 현상은 2026년에도 계속될 전망이다. 현재 전국 임대차 거래에서 월세 거래 비중은 이미 61%에 달하며, 아파트 역시 46%로 높다. 또 서울은 '월세 100만원 초과~200만원 이하' 구간 비중이 23%에 달할 정도로 가격대가 높다. 임차비용 부담 증가는 일부 수요를 매매로 전환시킬 수 있다.

셋째, 기준금리(2025년 8월 2.5%) 인하 기조가 2026년에도 이어질 가능성이다. 예금·채권 매력이 낮아지면 부동산이 대체 투자처로 부각되고, 특히 유동성(2025년 6월말 기준 M2 자금 약 4313조원)이 풍부한 시기에는 서울·수도권 인기 지역, 신축 아파트 중심으로 가격 상승에 영향을 준다. 이런 상황에 대출 이자 부담 완화는 매수 심리 개선으로 연결될 여지도 크다. 다만, 저금리 환경이 부동산 시장으로 자금 유입을 가속할 우려 속에 주택 가격 불안이 가중하지 않도록 정부의 부동산 금융 환경 억제를 지속할 가능성이 매우 높다. 서울 부동산 시장은 금리 인하란 호재와 대출 규제란 악재가 서로 상충하는 모양새가 예상된다.

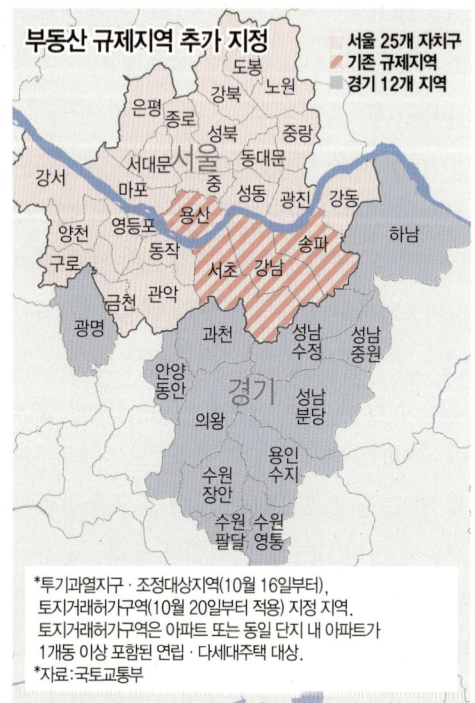

*투기과열지구·조정대상지역(10월 16일부터), 토지거래허가구역(10월 20일부터 적용) 지정 지역.
토지거래허가구역은 아파트 또는 동일 단지 내 아파트가 1개동 이상 포함된 연립·다세대주택 대상.
*자료: 국토교통부

넷째, 서울 아파트 쏠림 현상이다. 서울을 중심으로 한 수요 양극화 '1극 체제'는 2026년에도 이어질 전망이다. 국토교통부 조사 기준 2025년 8월 전국 미분양 아파트 물량은 6만6613가구다. 이 중 78%인 5만1982가구가 지방에서 미분양된 물량이다. 특히 '악성 미분양'으로 꼽히는 준공 후 미분양도 지방에서 2만3147가구로 2024년부터 증가세다. 1주택자의 지방 준공 후 미분양 취득 특례(종부·양도세 주택 수 미포함)가 2026년까지 연장됐지만 소진 속도는 더디다. 반면 서울은 미분양이 극히 적어 청약 쏠림이 심화됐다. 서울 아파트 1·2순위 내 평균 청약 경쟁률은 2024년 103.1 대 1, 2025년 124.7 대 1로 100명 이상과 경쟁을 뚫어야 하는 상황이다. 서울 아파트 분양 시장 청약 열기 이면에는 저조한 공급 진도율이 한몫했다. 2024년 2만6277가구가 공급된 서울은 2025년 들어서는 10월 1일 기준 9209가구밖에 분양하지 못한 상태다. 신규 분양이 적으니 수요는 기존 주택 시장으로 흘러간다. 이른바 '5극3특(수도권 집중을 완화하고 다핵형 국토 구조를 만들기 위한 구상)' 등 국토 균형 발전이나 지방 메가시티 개발엔 많은 시간·인프라가 필요해 2026년 서울 쏠림을 분산시키긴 쉽지 않다.

아파트값 최대 변수, 10·15 대책

한편, 정부는 2025년 10월 15일 '주택 시장 안정화 대책(이하 10·15 대책)'을 내놓으면서 부동산 규제 수위를 더 높였다.

가장 눈길을 끄는 것은 규제지역 범위를 대폭 넓힌 점이다. 서울 25개 자치구 전체가 조정대상지역과 투기과열지구로 묶인다. 경기도 12개 지역(과천시, 광명시, 성남시 분당·수정·중원구, 수원시 영통·장안·팔달구, 안양시 동안구, 용인시 수지구, 의왕시, 하남시) 역시 규제 대상에 포함된다. 현재는 서울 강남 3구(강남, 서초, 송파구)와 용산구만 규제지역으로 지정돼 있다.

규제지역에서는 주택담보대출비율(LTV)이 종전 70%에서 40%로 강화되고, 총부채상환비율(DTI)도 40%로 축소된다. 거액의 대출을 활용한 주택 구입 자금 마련이 어려워진다는 의미다.

규제지역에선 다주택자 취득세와 양도소득세 중과 등 각종 불이익도 받는다. 다주택자 취득세가 2주택은 8%, 3주택은 12%로 강화되고, 1주택자가 집을 팔 때 내는 양도세도 2년 보유뿐 아니라 2년 거주 요건까지 채워야 비과세된다. 다주택자 양도소득세는 2주택이 기본세율(6~45%)에서 20%포인트, 3주택 이상은 30%포인트 중과된다. 다만 2026년 5월까지 양도세 중과 조치가 유예된 상태다. 이외에도 재건축, 재개발 조합원 지위 양도가 제한되고, 재건축 조합원당 주택 공급 수도 1주택으로 제한된다.

이들 규제지역은 동시에 토지거래허가구역으로도 묶인다. 토지거래허가구역에서는 2년 실거주 의무가 부여돼 '갭투자(전세를 끼고 집을 매수하는 것)'가 막힌다. 집을 사기 전 구청에 허가를 받는 절차가 필요해 매수 과정이 복잡해진다.

특히 정부는 토지거래허가구역 대상에 아파트뿐 아니라 '아파트와 혼합된 연립·다세대주택'을 포함시켰다. 같은 단지에서 아파트만 거래 제한을 받고, 용산 한남더힐처럼 연립주택은 규제에서 자유로웠던 걸 막기 위한 조치다. 토지거래허가구역 지정 기간은 2025년 10월 20일부터 2026년 12월 31일까지로, 정부는 시장 상황에 따라 연장 여부를 검토할 계획이다.

정부는 금융 규제도 대폭 강화하기로 했다.

수도권·규제지역 대출 규제 주요 내용

❶ 주택담보대출 한도 차등화

수도권·규제지역 주택가액	기존 한도	개선
15억원 이하	일괄 6억원	6억원
15억원 초과~25억원 이하		4억원
25억원 초과		2억원

*단, 재건축·재개발 '이주비' 대출 한도는 기존(6억원)과 동일

❷ 스트레스 금리 상향

구분			기존	개선
주택담보대출	규제지역		하한 1.5%~상한 3% *지방 주담대는 0.75% 적용	하한 3%~
	비규제지역	수도권		
		지방		기존과 동일
주담대 외 기타대출				

❸ 주택 구입 시 LTV 축소

구분		기존	개선
주택담보대출 담보인정비율 (LTV)	무주택자	70%	40%
	유주택자	40%	0% *사실상 금지

*무주택자는 처분 조건부 일시적 1주택자 포함.
*오피스텔·토지·상가 등 비(非)주택담보대출(가계대출)의 LTV도 70→40%

❹ 1주택자 전세대출 DSR 적용

구분	기존	개선
1주택자 전세대출에 총부채원리금상환비율 (DSR) 적용	적용 제외	전세대출 이자 상환분을 DSR에 반영*

*1주택자 수도권·규제지역에서 임차인으로 전세대출을 받는 경우에 해당. DSR은 전세대출 이자 상환분만 반영하며 원금은 제외.

앞서 6·27 대출 규제를 통해 수도권 주택담보대출 한도를 6억원으로 제한했는데, 이번엔 한도를 더 낮췄다.

수도권·규제지역에서는 15억원 초과~25억원 이하 주택의 주택담보대출 한도가 기존 6억원에서 4억원으로 낮아진다. 25억원 초과 주택은 대출 한도가 2억원으로 막힌다. 15억

원 이하 주택은 지금과 같은 6억원 한도다. 재건축·재개발 이주비 대출은 주택 가격과 상관없이 기존 한도인 6억원을 유지한다.

15억원 초과 주택에 LTV 0%를 적용하는 방안도 거론됐지만, 과거 정부에서 위헌 논란이 있던 점 등을 고려해 절충안을 모색한 것으로 보인다. 주택담보대출 한도를 집값에 관계없이 6억원에서 4억원으로 낮추는 방안 역시 중저가 주택을 구입하려는 실수요자의 자금 수요를 지나치게 제약할 수 있어 제외됐다는 후문이다. 대출을 활용한 고가주택, 상급지 갈아타기 수요를 막기 위한 조치에 방점이 찍혀 있다.

정부는 10·15 대책을 통해 전세대출 규제도 강화했다. 1주택자가 수도권·규제지역에서 전세대출을 받을 경우 총부채원리금상환비율(DSR)에 반영된다. 그동안 전세대출은 서민 주거 안정을 위해 규제 대상에서 제외됐지만, 임대인의 갭투자 수단으로 활용되면서 집값을 자극한다는 지적을 받아왔다. 금융위는 1주택자 전세대출에만 DSR을 적용하고, 향후 시행 결과를 토대로 단계적인 확대 방안을 검토하기로 했다.

또한 차주별 대출 한도를 산정할 때 금리 변동 위험을 반영하는 '스트레스 금리' 하한은 현행 1.5%에서 3%로 높인다. 앞서 지난 9월 발표된 은행권 주택담보대출 위험가중치 하한 상향(15→20%) 조치는 당초 예정된 시행 시기였던 내년 4월에서 앞당겨 내년 1월부터 조기 시행한다.

10·15 대책은 사실상 서울 강남 3구(강남·서초·송파구)뿐 아니라 강북 한강변 일대는 담보 물건의 건전성 가치와 상관없이 주택담보대출을 제한해 고가주택 수요를 억제하는 효과를 냈다. 실제로 강남·서초구는 2025년 거래된 아파트 평균 매매 가격이 25억원을 넘어섰고, 용산구와 성동구, 송파구 등도 평균 매매 가격이 15억~25억원 사이에 형성되며 대출 규제의 직격타를 맞는 대표 지역이 됐다.

10·15 대책을 통해 서울 강남권과 한강벨트의 포모(FOMO·소외에 대한 공포), 패닉바잉 수요는 한동안 숨 고르기에 들어갈 전망이다. 서울 전역을 규제지역으로 묶고 거래 시 허가를 득해야 하는 상황이 되며 2025년 4분기 거래도 현저히 감소할 전망이다. 이외 다주택자와 고가주택 매입 대기자도 규제지역의 세금 부담과 대출 문턱이 높아지며 좁아진 가수요 유입 문턱을 돌파하기 쉽지 않아졌다. 일단 불장이 일시적으로 주춤해질 수 있겠다. 다만 앞서 언급한 대로 4000조원을 넘긴 시중의 풍부한 유동자금(M2)과 기준금리 인하 기대, 전·월세 가격 상승 불안 요인이 겹치며 수요자의 집값 상승 전망과 무주택(또는 1주택 상급지 교체 수요)의 주택 구매까지 완전히 진화할 수 있을지는 좀 더 지켜봐야 한다. 2025년 들어 집값이 많이 오른 주요 지역 대부분이 고가 아파트가 즐비한 강남권 및 한강

벨트였고 이들 지역에서 대출에 구애가 없는 자체 자금을 통한 주택 매수는 통제가 쉽지 않기도 하다.

게다가 끝내 서울 아파트값 상승 속도 제어가 어렵다면 정부는 추가 규제 카드를 꺼낼 가능성이 크다. 세제 측면에서도 공시가격 인상이나 공정시장가액비율(세금을 매길 때 기준으로 삼는 금액) 상향 등으로 고가주택 보유자와 다주택자의 보유세·양도세 부담을 높일 카드가 남아 있다. 2026년 5월 9일까지 유예된 조정대상지역 내 다주택자 양도세 중과도 추가 유예 없이 종료하는 등 정부가 세제 개편 없이 부동산 보유세 부담을 늘릴 방법은 얼마든지 많다.

2026년 실수요자 주택 자산관리 요령

2026년 서울 아파트 시장은 '공급 절벽'이라는 상승 압력과 '고강도 금융 규제'라는 하방 압력이 팽팽하게 맞서는 긴장감 높은 한 해가 될 것이다. 이러한 복잡다단한 환경에서 실수요자는 다음의 원칙을 가지고 현명하게 대응해야 한다.

첫째, '타이밍'보다는 '자금 운용과 조달' '부채 상환 능력'을 최우선으로 해야 한다. 2026년 공급 부족 심화, 전세가 상승 분위기 속에서 서울 아파트값이 내릴 때까지 마냥 기다리는 전략은 바람직하지 않다. 내집마련 계획이 있었다면 주택 구입을 무조건 미루는 것보다는 스트레스 DSR 환경에서도 부담 가능한 범위 내에서 대출을 설계하고 장기 보유하는 편이 낫다. 당분간 '똘똘한 한 채' 선호가 지속할 수 있으므로 경매, 분양, 기존 주택 구입 등 다양한 방법을 동원해 내집마련 계획을 세워야 한다. 이때 무리한 '영끌'보다는 자금 건전성을 확보하는 것이 무엇보다 중요하다.

둘째, 지역별 입지 양극화에 대응해야 한다. 값이 싸도 수요가 약하거나 미분양이 누적된 비선호 지역은 피하는 것이 좋다. 직주근접·학군·대규모 정비사업·역세권·신축 등 핵심 요건에서 벗어나지 않는 것이 안전하다. 상급지 갈아타기를 희망하는 1주택자는 거래 회전율이 낮은 점을 고려해 '기존 주택 매도 후 옮길 집을 구입하는 전략'이 좋다. 향후 규제지역 확대 가능성에 대비해, 이사하고자 하는 지역의 정책 변화를 수시로 점검하라.

셋째, 당장 집을 구입할 수 없는 상황이라면 임대료 상승에 대비한 주거 계획을 세워둬야 한다. 서울 등 수도권은 전세가 상승과 전세 매물 감소, 월세화가 이어질 수 있다. 계약갱신청구권을 적극 활용하고, 단기적으로 입주 물량이 몰리는 지역 매물을 탐색해 임대료 부담을 낮추면 좋다.

결론적으로 2026년 서울 아파트 시장은 구조적 상승 가능성이 높은 가운데, 정부 규제가 단기 상승폭을 얼마나 제어하느냐가 관심사다. 실수요자는 이러한 긴장 관계를 이해하고, 냉정한 자금 계획과 입지 선정으로 대응해야 한다. ■

K컬처

숏폼 드라마·슈퍼 IP…새로운 엔진
플랫폼 종속 넘어…'글로컬'로 진화

노가영 콘텐츠 산업 전문가(저서 '콘텐츠가 전부다' 등)

누가 뭐래도 2025년은 '케이팝 데몬 헌터스(케데헌)'의, '케데헌'에 의한, '케데헌'을 위한 한 해였다. 넷플릭스의 이 애니메이션 영화는 역대 시청 기록을 연이어 경신하며, 2020년 이후 이어진 K팝과 K드라마의 영향력이 강력한 시너지를 일으켰다는 평가를 받았다. 케데헌의 OST 8곡이 빌보드 핫-100에 진입하는 등 그 파급력은 산업의 경계를 넘어섰고, 같은 시기 스트레이 키즈와 블랙핑크 로제의 글로벌 성과 역시 K콘텐츠의 높은 위상을 증명했다.

다만 '케데헌'의 성공을 단순히 'K콘텐츠의 승리'로만 규정하기는 어렵다. 한국 제작사나 자본이 주도하지 않았다는 점에서, '제2의 케데헌'을 찾아야 한다는 주장은 자칫 문제의 본질을 놓칠 수 있다. '케데헌'의 성공은 단순 복제의 대상이 아니라, 국경을 넘나드는 협업과 융합이 K콘텐츠 산업의 패러다임을 어떻게 바꾸고 있는지를 보여주는 미래 예측의 단서다. 2025년의 주요 동향을 기반으로 2026년 콘텐츠 산업을 이끌 다섯 가지 핵심 트렌드를 전망해본다.

1 K콘텐츠 진화…컨버전스

2026년 콘텐츠 시장의 핵심 화두는 '융합'이 될 것으로 예상된다. '케데헌' 돌풍이 던진 메시지는 결국 스토리의 힘과 함께 전통적인 콘텐츠 요소들을 '어떻게 융합하느냐'가 성패를 가른다는 점이다. 애니메이션이라는 표현 방식, 뮤지컬의 서사 구조, K팝의 음악적 감성이 하나로 녹아들며 전에 없던 새로운 콘텐츠가 탄생했다. 특히 K팝 아이돌이 악령을 무찌른다는 이국적인 세계관에 한국의 무속신앙이 서사의 큰 축을 차지했음에도, K팝 문화와 자연스럽게 연결되며 전 세계적인 흥행을 이끌어냈다.

이런 성공은 K콘텐츠의 진화 과정과 밀접한 관련이 있다. 넷플릭스 초창기 '킹덤' '스위트홈' 등 강한 장르물이 K드라마의 존재감을 알렸다면, 이후 '이상한 변호사 우영우' '소년심판'처럼 인간 내면과 사회 시스템을 다룬 작품들이 등장하며 '이야기 자체의 힘'으로 글로벌 시장의 검증을 받기 시작했다.

나아가 극장 개봉작 '미나리', 애플TV의 '파친코', 에미상을 휩쓴 '성난 사람들'의 성공은 중요한 변화를 시사한다. 이제 세계 시청자들은 단순히 '한국 감독의 연출'이나 '한국 제작사 작품'이라는 이유만으로 콘텐츠를 소비하는 단계를 넘어, '한국이라는 문화와 인간, 전통의 결' 자체에 깊은 호기심을 갖게 된 것이다.

바로 이 지점에서 '융합'의 힘이 폭발한다. 글로벌 관객의 이런 깊어진 문화적 호기심과 신뢰는 제작사들이 K팝과 무속신앙 같은, 이전에는 이질적으로 보였을 요소들을 과감하게 융합할 수 있는 토양이 됐다. 즉, 한국 문화에 대한 이해도가 높아진 시장이 있었기에 '케데헌'과 같은 복합적인 융합 콘텐츠가 수용되고 열광적인 반응을 얻을 수 있었던 것으로 분석된다. 결국 축적된 'K프리미엄' 효과가 더욱 대담한 융합을 가능하게 하고, 이것이

케데헌은 누가 만드느냐를 넘어 K컬처 자체가 글로벌 소재가 되고 있음을 입증했다. (매경DB)

성공으로 이어지는 선순환 구조가 2026년에도 K콘텐츠의 핵심 동력이 될 전망이다.

② 글로벌 숏드라마 전쟁

2026년에는 회당 1~2분 분량의 초단편 글로벌 숏드라마가 본격적으로 확산될 전망이다. 이미 2025년 1분기에만 숏폼 드라마 앱의 글로벌 인앱 수익이 7억달러를 돌파했으며, 연간으로는 4조원을 무난히 넘어설 것으로 보인다. 전년 대비 4배 급증한 수치다.

현재 시장을 주도하는 '릴숏(Reelshort)'과 '드라마박스(DramaBox)'의 실제 이용자 중 49%가 미국인이라는 사실은, 숏드라마가 더 이상 아시아 로컬 포맷이 아닌 글로벌 주류 콘텐츠 소비 형태로 자리 잡고 있음을 보여준다. 국내에서도 티빙(TVING)이 숏드라마 섹션을 강화하는 등 대응에 나서고 있다. 소비 패턴 측면에서 숏드라마는 영상의 형식을 띤 웹툰과 유사한 '회차 기반 몰입 구조'를 지닌다. 따라서 향후 웹툰과 숏드라마의 크로스오버 제작과 IP 융합이 본격화될 것으로 예상된다.

③ '한국다움' 품은 현지화

현재 한국 제작사들은 여전히 넷플릭스 같은 글로벌 OTT 플랫폼에 종속된 사업 구조에 머물러 있다. K콘텐츠의 인기가 높아져도 제작사의 수익성 개선이 더딘 이유다. 2026년에는 플랫폼 납품 중심의 구조를 넘어, 직접 해외 시장을 공략하는 '글로컬(Global+Local)' 전략이 더욱 중요해질 전망이다.

이는 각 지역 시청자 정서에 맞춘 현지화 전략을 의미한다. 이슬람권에서 사랑받는 한국의 가족드라마, 태국 시장에서 두각을 나타내는 K-호러, 동남아 팬덤이 열광하는 K-로맨스 등이 그 대표적 사례다.

결국 글로컬 콘텐츠의 핵심은 기획 단계에서부터 현지 시장을 정밀하게 분석하는 것이다. 현지 배우와 감독을 포함한 협업 시스템, 국가별 서사 코드에 대한 리서치 등을 통해 K-IP 스토리는 '한국다움'과 '현지 감각'이 공존하는 글로벌 설계로 진화할 것으로 보인다.

④ 슈퍼 IP가 된 K팝 아티스트

2026년 K팝은 더 이상 '음악 산업'의 범주에 머물지 않을 것이다. K팝 아티스트는 하나의 '슈퍼 IP', 즉 전방위로 확장 가능한 글로벌 브랜드의 중심으로 진화할 전망이다. 신인 그룹들의 등장 방식이 그 변화를 단적으로 보여준다. 2025년 '올데이 프로젝트'는 데뷔와 동시에 글로벌 럭셔리 브랜드 모델로 발탁되며 전통적인 론칭 공식을 뒤집었고, 하이브의 신인 '코르티스' 역시 레드불과 파트너십을 체결하며 데뷔했다.

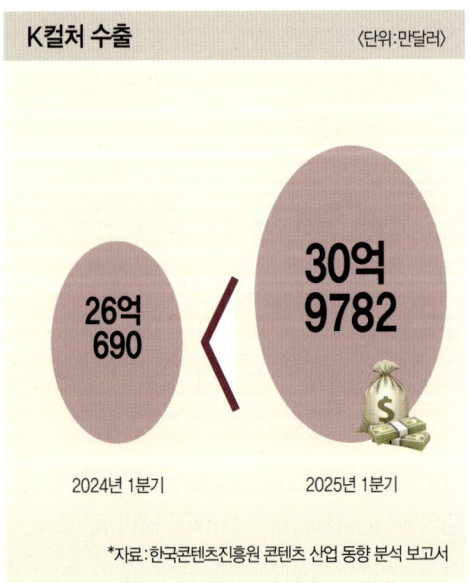

K컬처 수출 〈단위: 만달러〉
26억 690 < 30억 9782
2024년 1분기 / 2025년 1분기
*자료: 한국콘텐츠진흥원 콘텐츠 산업 동향 분석 보고서

기존 아티스트들의 브랜드 진화도 더욱 가속화될 것으로 예상된다. 블랙핑크의 경우 각 멤버가 샤넬(제니), 디올(지수), 셀린느(리사), 생로랑(로제)의 글로벌 앰버서더로 활약하며 '개인 IP가 곧 브랜드'가 되는 현상을 보여줬다. 이로 인해 브랜드 광고 영상이 아티스트의 자체 콘텐츠처럼 소비되고, 소속사들 또한 유튜브 중심의 팬 커뮤니케이션을 넘어 직접 콘텐츠 IP를 제작·운영하는 프로덕션 기업으로 변모하고 있다. 결국 2026년의 K팝은 음악을 기반으로 하되, 패션·뷰티·테크놀로지를 아우르는 복합 브랜드 플랫폼으로 진화할 것이다. 이는 K뷰티, K푸드로 이어지는 'K브랜딩'의 정점이자, 한국 문화 산업이 구축한 '브랜드형 콘텐츠 제국'의 실현으로 평가될 수 있다.

⑤ '포스트 텔레비전' 시대 본격화

2026년에는 '포스트 텔레비전' 시대의 본격화가 더욱 뚜렷해질 전망이다. JTBC 예능 '최강야구' 제작진이 독립해 제작한 '불꽃야구'의 성공은 이런 변화를 알리는 상징적인 사건이 됐다. 이 프로그램은 방송사의 편성 없이 유튜브 채널에서만 공개됐음에도, 경기마다 100만뷰를 넘기며 팬덤을 구축했다.

'불꽃야구'는 단순히 인기 웹예능을 넘어, "방송국이라는 GateKeeper(문지기) 없이도 제작사와 출연진들이 직접 시장을 만든다"는 새로운 흐름을 증명했다는 점에서 그 의미가 크다. 이는 유튜브가 이미 '새로운 텔레비전'으로 진화했다는 현실과 맞물려 있다. 시청자들은 TV보다 느리고 깊은 호흡의 '미드폼(mid-form)' 콘텐츠에 익숙해지고 있으며,

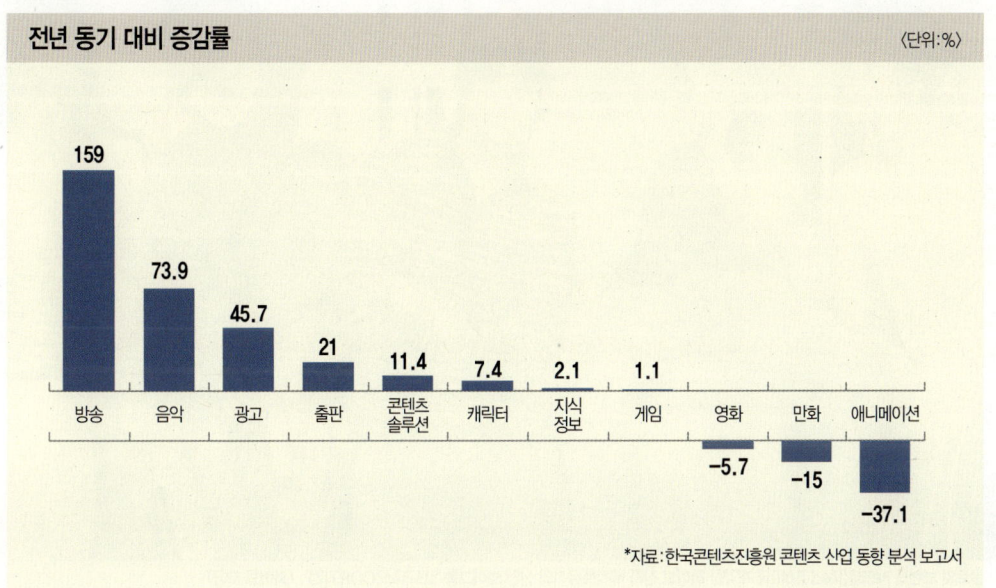

전년 동기 대비 증감률 〈단위:%〉

방송	음악	광고	출판	콘텐츠 솔루션	캐릭터	지식 정보	게임	영화	만화	애니메이션
159	73.9	45.7	21	11.4	7.4	2.1	1.1	-5.7	-15	-37.1

*자료: 한국콘텐츠진흥원 콘텐츠 산업 동향 분석 보고서

유튜브는 전문 제작진과 기업형 콘텐츠가 공존하는 방송 플랫폼으로 진화했다. 따라서 2026년에는 방송사 편성보다 '유튜브 퍼스트' 전략을 우선순위에 두는 기업과 스튜디오들이 눈에 띄게 많아질 것으로 전망된다.

새로운 표준이 될 K콘텐츠 시대

흥미롭게도 2026년 K콘텐츠 산업의 변화를 이끄는 동력은 화려한 성공 이면에 자리한 깊은 '위기의식'에서 비롯될 전망이다. 한국 제작사들은 글로벌 OTT 플랫폼의 하청기지로 전락할 수 있다는 우려 속에서 종속적인 사업 모델을 벗어나려는 절실한 움직임을 보이고 있다. K팝 아티스트들은 기존 유통 플랫폼의 한계를 넘어 직접 브랜드가 되려는 시도를 가속화하고 있으며, 창작자들은 전통적인 장르 구분만으로는 더 이상 글로벌 시청자를 사로잡을 수 없다는 자각에 도달했다.

이런 산업 내부의 절박함과 자각은 이미 2026년 공개될 K콘텐츠 라인업에서 구체적인 결과물로 나타나고 있다. K드라마 부문에서는 넷플릭스의 송혜교 주연작 '천천히 강렬하게', 차은우의 '더 원더풀스', 디즈니플러스의 '킬러들의 쇼핑몰 2'를 비롯해 웹툰 원작의 '재

글로벌 브랜드 레드불(Red Bull)과 계약한 하이브 산하 빅히트뮤직의 신인 보이그룹 '코르티스(CORTIZ)'. (하이브 제공)

2026 10大 이슈

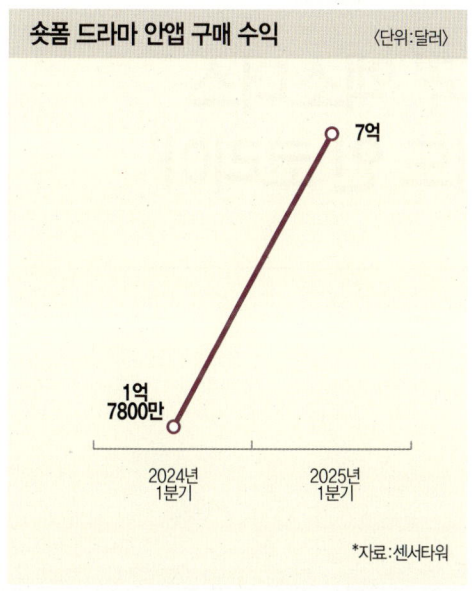

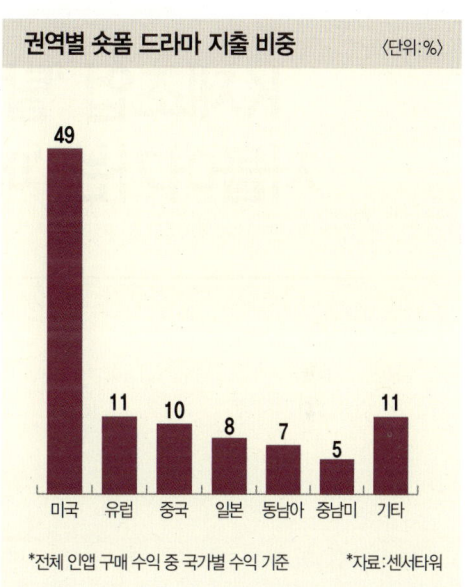

혼 황후', 티빙의 '취사병 전설이 되다' 등 대형 프로젝트들이 출격을 앞두고 있다. 이는 특정 플랫폼에 의존하기보다 다양한 채널과 장르를 통해 IP의 가치를 극대화하려는 전략적 움직임으로 풀이된다.

K예능 역시 확장세를 이어간다. 연말 공개 예정인 '흑백요리사 2'를 시작으로, 2026년에는 '솔로지옥 5' '대환장 기안장 2' '유재석 캠프', '이서진의 달라달라' 등 검증된 IP의 시즌제와 새로운 포맷의 프로그램들이 순차적으로 공개될 예정이다. 이는 안정적인 성공 모델을 확보하는 동시에, 새로운 포맷 실험을 통해 지속 가능한 성장 동력을 찾으려는 산업의 고민이 반영된 결과다.

2026년의 K콘텐츠 산업이 진정으로 지향하는 바는 'K'라는 수식어를 넘어서는 것이다.

이제 더는 'K드라마'나 'K팝'으로 구분하지 않아도, 전 세계 창작자들이 한국의 스토리텔링과 제작 방식을 새로운 표준으로 삼는 시대가 도래할 것으로 보인다. 이는 한국이 단순히 특정 지역의 문화 트렌드를 생산하는 '로컬' 강자를 넘어, 글로벌 콘텐츠 문법 자체를 혁신하고 선도하는 '레퍼런스' 국가가 되고 있음을 의미한다. 위기 속에서 시작된 자생적 변화가 K콘텐츠를 새로운 차원으로 이끌고 있는 것이다. ■

제조업 공동화

K제조업 '탈한국' 엑소더스
저물어가는 '메이드 인 코리아'

배준희 매경이코노미 기자

미국발 관세 전쟁과 중국발 공급 과잉으로 '한국 제조업 공동화(Industrial Hollow-Out)' 우려가 커지고 있다. 2028년까지 미국에 총 210억달러(약 31조원)를 투자하는 현대차그룹뿐 아니라, 앞서 조 바이든 행정부 때도 반도체, 배터리 등 첨단 시설투자가 줄줄이 해외에서 이뤄졌다. 미국과 중국발 공동화 등 외부 요인과 규제를 비롯한 역(逆)인센티브 구조 등 내부 요인이 맞물린 결과다. 개별 기업 입장에선 해외 현지 생산이 수익성 방어를 위한 최적 선택이지만, 국민 경제 관점에선 다르다. 제조업 공동화는 중장기적으로 산업 공동자산 붕괴(Industrial Commons)를 초래하고 고용, 내수·투자, 외환 시장 등에 연쇄 악영향을 끼칠 것이란 우려가 팽배하다. 제조업 공동화는 생산 → 소득 → 소비 → 투자라는 경제 선순환 고리 붕괴를 가속하는 결과를 초래한다고 전문가들은 지적한다.

美·中 '샌드위치' 공동화…줄줄이 해외로

K제조업 탈한국의 이유는 미국과 중국 등 외부 요인에 있다. 미국은 경제 안보 차원에서 반도체·배터리 등 첨단 기술을 중심으로 신공급망 구축에 나서 '당근(IRA·CHIPS법 등)'과 '채찍(관세 부과)'을 앞세워 국내 제조업 공동화를 가속화한다. 중국 역시 전통 산업에서 자국 공급 과잉 물량을 저가에 전 세계로 밀어낸다. 손익분기점이 무너지자 우리 기업은 생산기지 다변화를 명분으로 줄줄이 인도·동남아 등으로 거점을 옮긴다.
중국과 패권 경쟁에 나선 미국은 트럼프 1기 → 바이든정부 → 트럼프 2기로 이어지며 '당근(바이든)'과 '채찍(트럼프)' 양면 전략으로 한국 제조업 공동화를 가속화했다. 트럼프 2기 정부에선 자동차·가전 산업, 바이든정부 때는 반도체·배터리 산업 중심으로 해외 이전에 불이 붙었다. 특히 관세를 '전가의 보도' 삼은 트럼프 2기 정부 들어 공동화 추세는 더 심화했다.

국내 기업 입장에서는 현지화 외 뾰족한 묘수가 없다. 미국 내 설비투자와 생산기지 증설을 결정한 곳이 다수다. 관세 직격탄을 우려한 현대차그룹은 미국에 향후 4년간 31조원을 투자한다. 미국 내 연간 120만대 생산이 목표다. 현대차그룹은 2024년 미국에 170만대를 판매했는데, 이 가운데 100만대는 한국 생산 물량이다. 미국 내 연간 생산량이 120만대로 늘면 한국 생산량은 급감할 가능성이 높다. 정선욱 서강대 경영학부 교수는 "트럼프정부의 채찍 정책으로 미국의 제조업 르네상스 정책이 가속화되고 있다"며 "주요 고객이 해외에 있는 기업 입장에서는 한국을 떠나 해외로 나갈 수밖에 없는 상황"이라고 평가했다.

국내 기업은 중국 물량 공세에 따른 공동화 우려도 마주했다. 내수 부진에 시달리는 중국은 공급 과잉 해소를 위해 자국에서 남아도는 재고를 저가에 전 세계로 밀어낸다.

철강 산업이 직격탄을 맞았다. 2024년 기준 국내에 수입된 중국 철강 물량은 877만t에 달한다. 2017년 이후 7년 만에 최고치다. 국내 철강 업체가 설 자리는 갈수록 좁아진다. 국내 철강 업계 가동률은 60% 수준에 그친다. 이 여파로 포스코와 현대제철은 나란히 인도 시장 공략에 나선다. 인도는 2023년 기준 도시화율이 36.4%로 세계 평균(57.3%) 대비 낮아 향후 인프라 사업이 대대적으로 벌어질 것으로 기대를 모은다. 건설·자동차용 철강 수요가 늘어날 것으로 보고 인도 시장 투자를 늘리는 셈이다.

미국 내 일자리 창출 기여도 한국 1위

구분	창출 일자리
한국	2만360개
중국	1만8440개
일본	1만8192개
독일	1만6174개
영국	1만4739개
캐나다	1만1887개
인도	7305개
싱가포르	5310개
프랑스	4425개
네덜란드	4418개

*2023년 기준 *자료: 리쇼어링 이니셔티브

규제 올가미 벗으려 탈한국

외부 요인뿐 아니라 내부 요인도 있다. 이른바 '역(逆)인센티브' 구조다. 기업 유치를 위해 법인세 인하나 규제 완화 등 인센티브를 제공하는 다른 국가와 달리 한국은 각종 규제로 기업 발목이 잡히는 환경이다. 스위스 국제경영개발대학원(IMD)이 발표한 2023년

정의선 현대자동차그룹 회장이 미국 워싱턴DC 백악관 루스벨트룸에서 도널드 트럼프 미국 대통령, 마이크 존슨 미 하원의장, 제프 랜드리 루이지애나주 지사가 지켜보는 가운데 210억달러(약 31조원) 규모의 대미 투자 계획을 발표하고 있다. (로이터=연합뉴스)

국가 경쟁력 평가 결과를 보면 한국의 기업 여건은 53위에 머물렀다.

무엇보다 경직된 노동 환경이 첫손에 꼽힌다. 한국경영자총협회가 해외 진출 기업 306곳을 대상으로 진행한 설문조사에서도, 국내 리쇼어링 저해 요인 1위로 포괄적인 노동 규제(29.4%)가 지목됐다. 직무·성과 기반 유연한 임금 체계가 아닌 데다 노동 환경 유연성도 낮다는 진단이다. 강성진 고려대 경제학과 교수는 "대외 요인도 있지만 제조업 공동화의 주된 요인 중 하나는 강성 노조와 고용 경직성"이라며 "각종 연구 결과를 보면 한국의 경영 환경은 후진국 수준"이라고 설명했다.

주 52시간 근무제도 풀어야 할 과제다. 글로벌 주요 반도체 기업 중 '9 to 6' 같은 특정 근무 시간을 못 박은 곳은 찾기 힘들다. 이명을 원한 서울 소재 경영학과 교수는 "주 52시간 제도가 존재하는 한 성과주의 정착은 기대하기 힘들다"며 "주 52시간 제도는 또 다른 '삼무원·엘무원(삼성전자·LG전자+공무원)'만 양성할 것"이라고 꼬집었다.

국내 설비투자 감소…'투자 역조' 우려

제조업 공동화는 여러 부작용을 낳는다. 무엇보다 국내 설비투자 감소에 따른 '투자 역조' 심화가 손꼽힌다. 한국경제연구원에 따르면, 2009년부터 2018년까지 10년간 제조업 해외투자 증가율이 국내 설비투자 증가율 2배를 넘는다. 국내 설비투자는 2009년 99조7000억원에서 2018년 156조6000억원으로 연평균 5.1% 증가한 반면, 이 기간 제조업의 해외 직접투자는 51억8000만달러에서 163억6000만달러로 연평균 13.6% 늘어 국내 설비투자 증가율의 2.7배에 달한다.

특히 한국 경제 잠재성장률 하락을 가속화할 가능성을 전문가들은 우려한다. 잠재성장률은 한국 경제가 현재 생산성을 그대로 유지할 경우 물가를 자극하지 않고 달성 가능한 성장률을 뜻한다. 2025년 KDI는 한국 경제 잠재성장률이 2040년 0%로 추락하고 2040년대 후반부턴 마이너스 성장으로 곤두박질칠 것으로 경고했다. 수년 전 KDI는 성장률 0% 시점을 2050년으로 예상했는데 10년이나 앞당겨졌다.

국내 설비투자보다 해외투자가 많은 '투자역조' 고착화 땐 한국 경제 잠재성장률은 악화 일로를 걸을 공산이 높다. 잠재성장률은 ▲노동증가율 ▲자본증가율 ▲총요소생산성(TFP) 등으로 구성된다. 이 가운데 국내 설비투자는 자본 축적(Capital Accumulation)의 핵심 요인이다. 국내 설비투자가 줄면, 자본 축적이 정체되거나 줄어 잠재성장률 하향 조정이 불가피하다. 해외 투자는 타국에 자본이 축적되므로, 한국 GDP에 기여하지 않는다.

제조업 공동화 고착화 땐 TFP 역시 위축될 수밖에 없다. 노동과 자본만으로 설명되지 않는 잔여 성장분이 TFP이다. 여기엔 조직 효율, 제도적 환경, 혁신 전환·흡수력 등이 포함된다. 일반적으로 기술 진보로 해석된다.

OECD에 따르면, 한국의 TFP는 대체로 3% 안팎 증가율을 유지해왔으나 2011년부터 1% 내외로 추락했다. 생산기지 해외 이전 → 국내 생산시설 노후화 → 신기술 도입 지연 → 국내 생산성 저하로 이어진다는 게 전문가의 지적이다.

국내 공장 축소에 따른 직접 고용 감소도 우려된다. 특히 자동차·전자·기계 산업처럼 고용유발계수가 높은 산업에는 직격탄이다. 해외 공장 이전 → 직접 고용 감소 → 공급망 위축 → 지역 경제 공동화 → 실질임금 하락·고용 없는 성장으로 귀결된다는 지적이다.

제조업에 종사하는 취업자 규모도 10년 동안 제자리걸음이다. 통계청 국가통계포털에 따르면, 제조업 종사 인구(2024년 기준)는 445만5000명으로 2014년(445만9000명) 대비

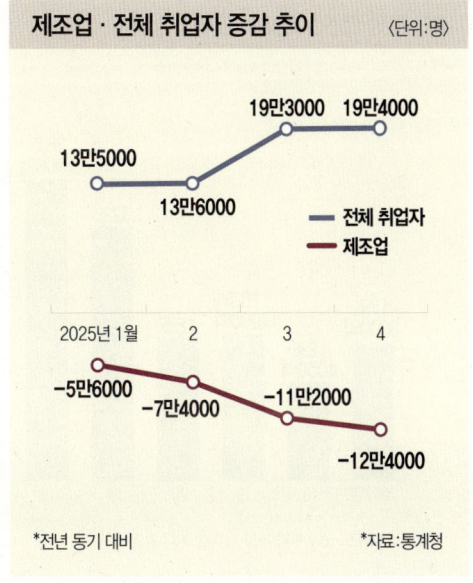

제조업·전체 취업자 증감 추이 (단위:명)

0.1% 줄었다. 지방에서는 제조업 공동화가 실질적인 위협 요인으로 대두된다. 2024년 지방 거주 제조업 취업자는 231만3000명으로 2014년(239만6000명)보다 3.5% 감소했다. 이 기간 수도권 제조업 인구가 214만4000명으로 2014년(206만5000명)보다 3.8% 늘어난 것과 대조적이다.

강병구 인하대 경제학과 교수는 "제조업 공동화가 가속화될 경우 내수 산업 위축으로 고용과 소득 감소, 중소기업과 소상공인 위축, 세수 감소, 잠재성장률 하락, 양극화 등 복합위기가 우려된다"고 말했다.

제조업 정책 접근법부터 바꿔야

전문가들은 제조업 정책 접근법부터 바꿔야 한다는 주장을 편다. 지금처럼 개별 기업 단위로 '리쇼어링(해외 기업 국내 복귀)' 정책을 펼 게 아니라 산업 생태계 단위로 접근해야 한다는 시각이다.

게리 피사노 하버드대 교수 등이 강조한 '산업 공동자산'은 산업 기반이 와해될 경우 혁신 역량도 함께 상실된다는 경고를 담았다. 산업 공동자산은 국가와 지역이 보유한 산업 생태계 전반의 기술, 노하우, 인력, 공급망 등 역량의 총합을 뜻한다. 피사노 교수는 "생산 현장, 엔지니어링, 숙련 노동, 협력 업체, 대학·연구소 등이 지역, 국가 내에 함께 있어야 학습과 혁신의 선순환이 일어난다"고 주장한다. 이에 비춰 국내 지원책 역시 개별 기업을 대상으로 한 세제 감면 정도에 그칠 게 아니라, 전후방 산업이 집적돼 클러스터를 이룰 수 있도록 정책 시각부터 바꿔야 한다는

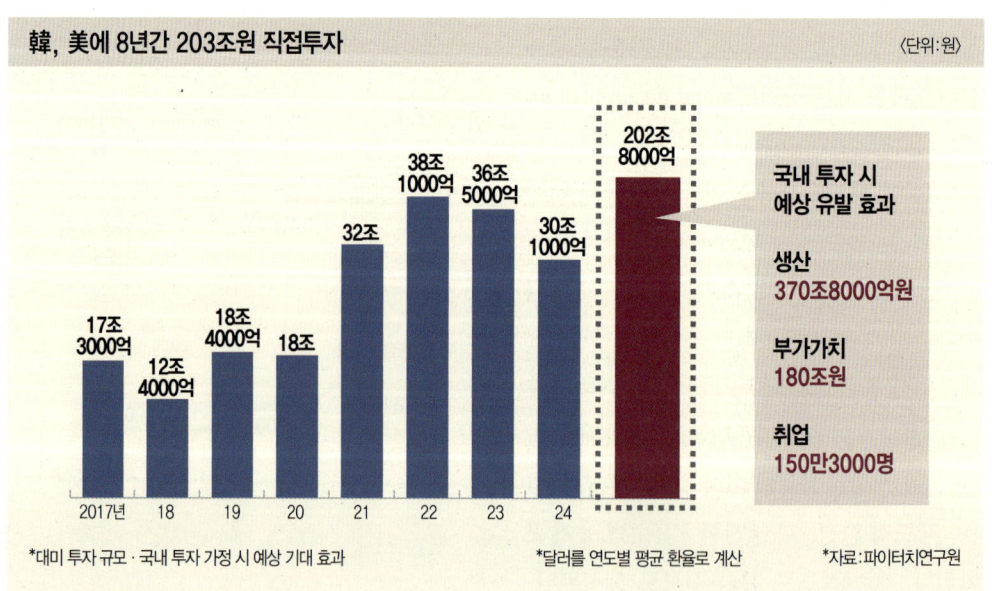

2026 10大 이슈

고율 관세 등으로 철강 업계가 극심한 부진에 시달리고 있다. 사진은 현대제철 인천 철근공장에 근로자 없이 철강 부자재들이 방치돼 있는 모습. (매경DB)

지적이다. 김용진 서강대 경영학과 교수는 "개별 기업 단위가 아닌 생태계 단위 리쇼어링을 추진해야 한다. 필요한 경우 정부가 보조금을 강력하게 지원할 필요가 있다"고 강조했다.

국내 생산기지를 '마더팩토리'로 고도화하는 데 속도를 내야 한다는 주장도 꾸준하다. 마더팩토리는 해외 거점 생산기지의 기술 기준과 품질·공정 표준을 제시하는 '두뇌' 역할을 맡는다. 예컨대, 한국 본사 또는 국내 공장이 연구개발(R&D), 초기 양산, 품질 표준 등을 담당하고 해외 공장은 그 기준에 맞춰 대량생산 기능을 맡는 식이다. 국내 마더팩토리는 기술 집약적 공정, 첨단 장비, 표준 설계 능력 등에 주력해 고비용 구조 아래서도 고부가가치 첨단기지로 국내 존속 가능성을 높일 수 있다. 이를 통해 R&D-생산-공급망으로 이어지는 산업 공동자산 고도화를 촉진할 수 있다는 얘기다.

남상욱 산업연구원 부연구위원은 "국내 공장은 글로벌 생산기지 가운데 중심축 역할을 하는 '마더팩토리'로서 역할을 강화하고 R&D 중심 체계로 대전환을 고려해야 할 것"이라고 말했다.

이를 위해선 고급 인력을 적기에 공급할 수 있는 인프라 조성도 숙제다. 국내 제조 업계는 고급 엔지니어 부족과 청년층 제조업 기피라는 이중 난관에 직면해 있다. 김용진 교수는 "제조업 AI 전환 정책 지원, 보조금과 세제 혜택을 통한 외국인 투자 활성화, 외국인 노동력 확보 관련 정책이 필수"라고 목소리를 높였다. ■

AI 버블론

매년 반복되는 AI 거품론
지나친 과열 vs 열차는 간다

최창원 매경이코노미 기자

인공지능(AI)을 향한 거품론이 또 한 번 불거진다. 2024년 거품론의 출처는 글로벌 투자은행(IB)과 벤처캐피털이었다. 이른바 "매출 발생까지는 시간이 걸리고 감가상각은 곧 다가온다"는 주장이었다. 쉽게 풀면 투자 비용 대비 이렇다 할 성과가 없으니 거품이란 논리였다. 하지만 이는 AI 패러다임을 주도하는 빅테크와 엔비디아 등 주요 인프라 업체의 실적 개선으로 반박됐다. 2025년 역시 비슷하다. 투자는 계속되는데 이렇다 할 실체가 없다는 지적이다.

AI 열풍을 일으킨 오픈AI 최고경영자(CEO) 샘 알트만의 '과열' 발언과 '순환 거래(circular deal)' 우려까지 더해지며 논쟁이 계속되는 분위기다.

치솟는 밸류에 순환 거래 지적까지

거품론 주장의 근거 중 하나는 과열된 주식시장 밸류에이션이다. 빅테크 등 대형주 중심의 스탠더드앤드푸어스(S&P)500지수를 보자. 2025년 10월 10일 기준 S&P500 12개월 예상 주당순이익(EPS) 기준 주가수익비율(PER)은 22.4배다. 닷컴버블 붕괴 직전 형성됐던 25배에 근접한다. PER은 주가를 주당순이익으로 나눈 값이다. 한 회사의 주식이 1년에 얼마를 벌어들이는지 보여준다. 예컨대 주가가 1000원, 주당순이익이 100원이면 PER은 10배가 된다. 선행 PER도 같은 논리다. 현재 주가를 12개월 뒤 주당순이익과 비교하는 형태다.

주요 빅테크를 말하는 M7(마이크로소프트·메타·아마존·알파벳·애플·엔비디아·테슬라) 매출 증가율 둔화도 거품론에 힘을 보탠다. 이익은 양호한 수준이지만 외형 성장의 지표인 '매출 증가율'은 AI 열풍 초기보다 소폭 둔화했다. 2024년 40%를 웃돌던 매출 증가율은 10%대로 떨어졌다. M7의 2025년 3·4분기 매출액 증가율 추정치는 각각 전년 대비 14.5%, 13.6%다.

강현기 DB증권 애널리스트는 "기업이 이익을 내고 있더라도 성장률이 하락하면 밸류에이션은 낮아지기 마련"이라며 "여타 기업들과 크게 다르지 않다"고 설명했다.

상황이 이렇다 보니 일부 전문가들도 부정적 시선을 내비친다. '닷컴버블'을 예견한 하워드 막스 오크트리캐피털 회장은 2025년 8월 투자자에게 보낸 메모에서 "경종을 울리려는 것은 아니다. 그러나 자산 가격이 비싼 것은 분명하다"며 "지금 상황은 1990년대 말 닷컴버블 시기를 떠올리게 한다"고 말했다. 그러면서 "사람들이 시장 조정을 잊고 살고 있다"며 "평균 회귀(reversion to the mean)가 나타날 가능성이 크다"고 경고했다. 평균 회귀란 자산 가격이 역사적 평균 수준에서 지나치게 벗어나면 결국 평균에 수렴하는 현상이다. 현재 급등한 일부 기술주 주가는 장기적으로 제자리를 찾아 내려올 수 있다는 의미다.

순환 거래도 거품론에 불을 지폈다. 순환 거래는 자사 고객사에 직접 투자하거나 대출을 제공하는 방식이다. 인위적으로 수요와 유동성을 조작한다고 볼 만한 여지가 있다. 닷컴버블 당시에도 유사한 방식이 붕괴를 키운 바 있다. 오픈AI는 2025년 9월 22일 엔비디아와 최대 1000억달러 규모의 공급 계약을 맺었다. 당시 계약은 엔비디아가 오픈AI에 1000억달러를 지분 투자하고, 오픈AI는 엔비디아의 칩을 구매하는 형태로 전형적인 순환 거래 구조였다. 제이 골드버그 시포트글로벌증권 애널리스트는 "부모가 주택대출 보증을 서주는 것과 비슷하다"며 순환 금융의 전형이라고 지적했다. 버니스타인리서치의 스테이시 라스곤도 "명백히 순환 구조에 대한 우려를 키울 것"이라고 경고했다. 이후 진행된 오픈AI-AMD의 연간 수백억달러 규모 계약도 마찬가지였다. 오픈AI가 AMD의 칩을 사고, AMD 주가가 오르면 주식을 싼값에 인수해 차익을 얻는 구조였다.

AI 열풍 주인공도 과열된 시장 우려

샘 알트만 오픈AI CEO의 발언도 거품론에 불을 붙였다. 그는 "투자자들이 AI에 대해 지나치게 흥분하고 있냐고 묻는다면 그렇다고 대답할 것"이라며 "20여년 전 닷컴버블과 유사하다"고까지 말했다.

하지만 샘 알트만 발언을 살펴보면 이번 거품론도 "과장된 측면이 있다"는 게 증권가 평가다. 일단 샘 알트만의 경고 대상은 AI 패러다임 전체를 향한 게 아니다. 일부 AI 스타트업의 과도한 밸류에이션(기업가치)을 지적했을 뿐이다. 샘 알트만은 "몇몇 AI 스타트업의 밸류에이션은 말도 안 되고(insane) 비이성적인

샘 알트만 오픈AI 최고경영자(CEO)는 AI 시장 과열을 우려했다. (연합뉴스)

수준"이라며 "2~3명이 모여 하나의 아이디어를 내고 이를 통해 수억달러를 조달하는 현 상황에서 누군가는 크게 다칠 것"이라고 경고했다. 소위 말하는 부실·과대 평가 기업은 걸러내고 경제적 해자를 가진 기업을 선별해야 한다는 취지다.

증권가 일각에선 샘 알트만의 '계산된 발언'이란 분석도 나온다. 한종목 미래에셋증권 애널리스트는 'AI 버블 논쟁' 보고서에서 "샘 알트만의 고백은 패배 선언이 아닌 계산된 선전포고"라고 강조했다. 한종목 애널리스트는 "샘 알트만의 메시지는 명확한 이중 구조"라며 "단기적으로 옥석 가리기가 진행돼 수많은 추격자가 도태될 것이란 의미다. 실제 주요 분석 기관들은 AI 스타트업 80%가 향후 3~5년 내에 사라질 것으로 본다"고 설명했다. 그러면서 "장기적으로 기술의 본질을 거머쥔 오픈AI 같은 절대적 승자는 상상 이상의 가치를 창출할 수 있다"며 "샘 알트만의 발언은 강력한 자신감 표출로 판단한다"고 덧붙였다. 샘 알트만이 AI 거품론을 주장한 동시에 대규모 투자 계획을 밝혔다는 점도 이 같은 주장의 근거다. 샘 알트만은 "오픈AI는 가까운 시일 내에 데이터센터 등 인프라 구축·건설에 수조달러를 투자할 것"이라고 말했다.

자본 시장에서도 계산된 발언이란 판단에 고개를 끄덕인다. 벤처캐피털(VC) 업계 관계자는 "오픈AI 역시 최근에는 스타트업 지분 투자나 인수합병(M&A)에 적극적인 편"이라며 "한국뿐 아니라 전 세계로 봐도 스타트업 시장에서 돈이 몰리는 건 AI 카테고리뿐이다. 이에 전체적으로 밸류에이션에 거품이 씌어 있는 단계"라며 "오픈AI 역시 이 때문에 투자 시 비용 부담이 클 수밖에 없다. 이런 요소들이 복합적으로 작용해 나온 발언이라고 생각한다"고 설명했다. 실제로 최근 오픈AI가 스타트업 인수에 나섰으나 실패했다는 점도 이 같은 분석에 힘을 실어준다. 오픈AI는 지난 4월 AI 코딩 스타트업 윈드서프 M&A를 계획했다. 30억달러 투자 의사를 밝혔지만 가격 차이 등으로 협상은 진전 없이 무산됐다. 결과적으로 윈드서프는 경쟁사 '구글 딥마인드' 품에 안겼다. 딥마인드는 일부 지식재산권(IP)과 핵심 직원만 영입하는 방식을 채택해 윈드서프와 24억달러에 계약을 체결했다.

거품 논하기엔 이제야 3년 차

거품론을 논하기엔 "너무 이르다"는 평가도 있다. 2022년 11월 오픈AI 챗GPT 공개를 AI 패러다임의 시작점이라고 본다면, AI 패러다임은 시동을 건 지 3년이 채 안 된 상태다. 문남중 대신증권 애널리스트는 "과거 인터넷과 모바일 혁명의 지속 기간은 각각 18년과 15년 정도"라며 "현재 3년 정도된 AI 혁명 지속 기간을 감안하면 AI 버블을 논하는 건 시기상조"라고 말했다. 익명을 요구한 AI 스타트업 최고개발책임자(CTO)도 "생성형 AI가 불러온 혁신은 이제 첫발을 내디뎠을 뿐이고, 기술 발전 속도가 워낙 빨라 산업과 사회에 확산될 시간적 여유가 부족했다"고 전했다.

빅테크가 여전히 뭉칫돈을 쏟고 있다는 점도 AI 거품론을 반박하는 근거다. 대부분 빅테크는 2025년 실적 발표 자리에서 설비투자(CAPEX) 가이던스(전망치)를 상향 조정했다. 특히 예년과 달리 실질적 수요 증가로 인한 불가피한 설비투자 확대라는 점이 눈에 띈다.

가장 눈에 띄는 건 메타다. AI 조직 개편 가능성이 전해지며 AI 거품론의 불씨가 됐지만 설비투자 가이던스는 상향했다. 메타는 2025년 2분기 실적 설명회에서 연간 설비투자 가이던스 하단을 기존 640억달러에서 660억달러로 높였다. 메타 최고재무책임자(CFO)인 수잔 리는 "지금은 AI 미래를 위해 본격 투자해야 할 시점이라고 판단한다"며 "이는 우리 핵심 사업을 강화하는 동시에 새로운 기회를 열어줄 것"이라고 밝혔다. 현재 메타는 루이지애나주 지역에 약 290억달러(약 39조원) 규모의 데이터센터 건설 프로젝트를 추진 중이

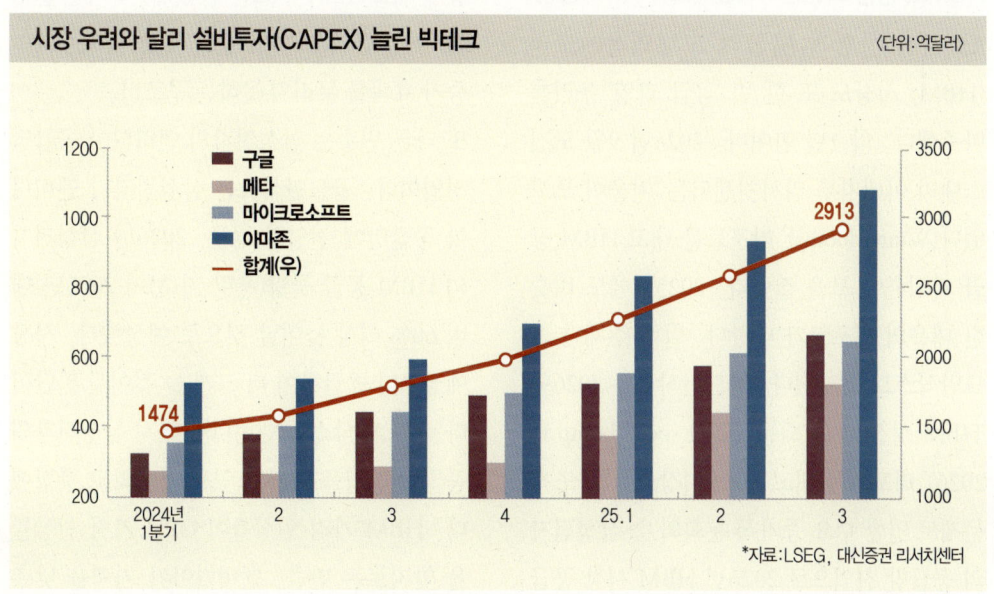

시장 우려와 달리 설비투자(CAPEX) 늘린 빅테크 〈단위:억달러〉

*자료:LSEG, 대신증권 리서치센터

다. 구글 모회사 알파벳도 설비투자 가이던스를 상향했다. 알파벳은 2025년 2분기 실적 발표 자리에서 연간 설비투자 가이던스를 750억달러에서 850억달러로 높였다. 알파벳은 "클라우드 제품과 AI 서비스 관련, 빠르게 늘고 있는 수요에 따른 것"이라고 설명했다. 마이크로소프트도 마찬가지다. 2025년 7~9월 설비투자 가이던스로 300억달러를 제시했다. 시장 컨센서스(237억달러)를 크게 웃도는 규모다. 에이미 후드 마이크로소프트 CFO는 "무작정 집행하는 예산이 아니다"라며 "백로그(backlog · 일종의 수주잔고)를 기반으로 책정된 금액"이라고 설명했다. 수요 증가로 투자 규모를 늘릴 수밖에 없다는 의미다.

HBM도 공급 과잉론…이번에도 '기우' 가능성
AI 시장 상황과 맞물려 고대역폭메모리(HBM) 시장도 또 한 번 '공급 과잉' 우려를 마주했다. 약 1년 만이다. 2024년 9월 모건스탠리 아태지부 리서치센터는 '겨울이 오고 있다(Winter looms)' 리포트를 내고 HBM 공급 과잉론에 불을 질렀다. 2025년에도 비슷한 내용의 리포트가 나왔다. 발행 주체만 골드만삭스로 달라졌다. 골드만삭스는 2026년 'HBM 성장 속도 제동(HBM speed bump in 2026)' 리포트를 내고 AI 칩 시장의 ① 구조적 문제로 인한 수요 증가폭 둔화와 ② 삼성전자의 공급망 진입으로 2026년 HBM 시장 공급 과잉이 예상된다고 밝혔다.

골드만삭스는 2026년 HBM 공급(39억8200만GB)이 수요(37억6400만GB)를 5% 이상 앞설 것으로 봤다. 핵심 근거는 엔비디아 컴퓨터그래픽장치(GPU)의 구조적 변화다. 골드만삭스는 차세대 GPU 루빈 아키텍처(R100)와 현재 블랙웰 아키텍처(B300) HBM 용량이 같다는 점을 지적했다. R100과 B300의 HBM 용량은 288GB로 동일하다. 적용되는 HBM 수도 8개로 변화가 없을 전망이다. 적용 제품만 HBM4와 HBM3E로 구분될 뿐이다. 그동안 GPU의 아키텍처 진화에 따라 HBM 탑재 용량과 개수가 늘어 수요가 자연 증가했다. 예를 들어, 호퍼 아키텍처(H100 · 80GB)에서 B100(192GB)로 진화할 때는 용량 확대가 개수 증가로 이어져 GPU 수요가 동일해도 HBM 수요는 늘었다. 하지만 블랙웰 → 루빈 아키텍처 진화 국면에서는 자연 증가 효과를 누리지 못하는 구조다.

또 다른 변수는 삼성전자의 엔비디아 공급망 진입이다. 골드만삭스는 삼성전자가 엔비디아 공급망에 진입할 경우, 2026년 삼성전자의 HBM 공급 물량(용량 기준)이 2025년 대비 60% 이상 늘어날 것으로 예상했다. 시장 예상보다 공급량이 더 크게 늘 것이란 판단이다. 골드만삭스는 엔비디아 역시 삼성전자의 공급망 진입을 바라고 있을 것이라고 추정했다. HBM 가격 인상률이 GPU 가격 인상률을 앞지르는 만큼, 엔비디아가 가격을 낮추기 위해 추가적인 공급망을 확보하려는 유인은 충분하다는 논리였다.

중국 반도체 굴기도 변수다. 공급 물량이 큰 폭으로 늘어 공급자 주도 환경이 무너질 수 있어서다. 최근 화웨이는 자체 개발 HBM 'HiBL 1.0'을 발표, 2026년 1분기 출시 예정인 AI 칩 '어센드(Ascend) 950PR'에 이를 탑재하겠다고 밝혔다. HiBL 1.0은 128GB 용량과 최대 1.6TB/s의 대역폭을 구현한다고 소개됐다. 업계는 현존 HBM3와 차세대 HBM4 사이 수준으로 보고 있다. 중국 1위 D램 기업 창신메모리테크놀로지(CXMT)도 발 빠르게 움직이고 있다. 이미 HBM3 샘플 개발을 끝냈다. 2026년 양산을 시작해 2027년에는 HBM3E 양산까지 계획 중이다.

최정구 카운터포인트 책임연구원은 "중국은 CXMT를 중심으로 HBM3 개발을 추진하고 있지만, 동작 속도와 발열 등 기술적 문제를 아직 해결하지 못해 올해로 예상됐던 출하는 2026년 하반기에나 가능할 것"이라면서도, "장기적으로 SK하이닉스와 삼성전자가 HBM 시장을 선도하겠지만 마이크론과 중국 물량 공세에 대한 대비가 필요하다"고 조언했다.

다만 반도체 업계와 증권가는 2026년 HBM 공급 부족을 점치는 시각이 지배적이다. 뱅크오브아메리카(BofA)는 신규 GPU와 주문형반도체(ASIC) 출시로 HBM 공급 부족 현상이 지속될 것으로 내다봤다. 국내 증권사 역시 공급 과잉은 과도한 우려라는 쪽이다. 채민숙 한국투자증권 애널리스트는 2025년 6월 '2026년 HBM 수급 점검' 보고서에서 HBM 수요가 공급을 소폭 앞설 것으로 봤다. ■

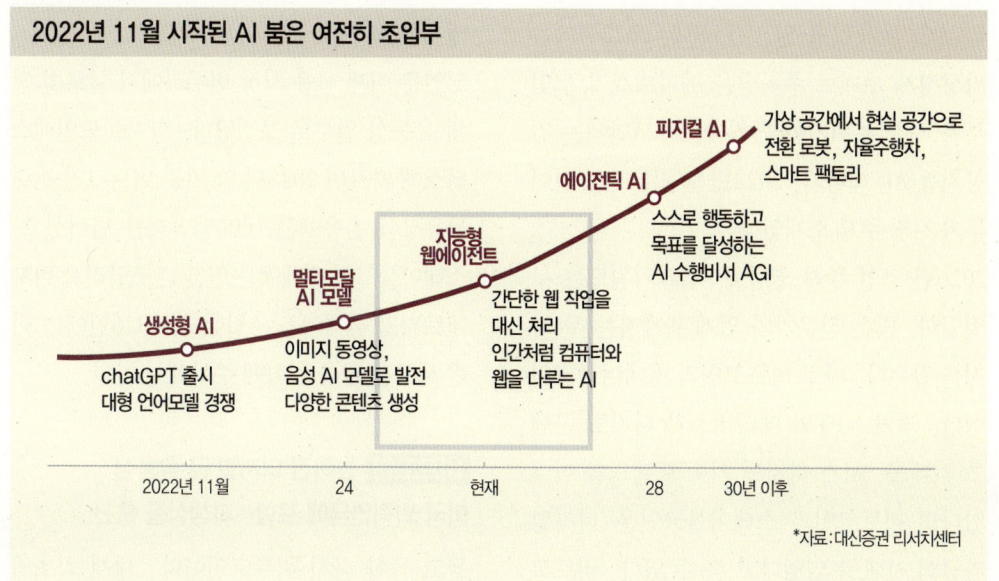

*자료: 대신증권 리서치센터

한국형 스테이블코인과 디지털자산

2021년 NFT·2022년 메타버스… 2026년엔 '스테이블코인' 화두

나건웅 매경이코노미 기자

지금까지 디지털자산(코인) 시장이 뜨거웠던 해를 돌아보면, 투자 열풍을 견인해온 '키워드'가 존재했다. 예를 들어 2021년에는 디지털 예술 투자 붐을 일으킨 NFT, 2022년에는 가상경제 무대로 주목받은 메타버스가 코인 투자 시장 분위기를 띄웠다. 2023년에는 인공지능(AI) 테마가, 2024년 현물 ETF 승인이 투자 시장 주요 소재였다.

2026년 코인 투자 열풍을 이끌 키워드는 무엇일까. 많은 전문가와 업계 관계자는 두 가지를 꼽는다. 바로 비트코인과 스테이블코인이다. 과거 NFT와 메타버스가 디지털 콘텐츠 시대를, AI가 디지털 기술 트렌드를 이끌었다면 비트코인과 스테이블코인은 '디지털 자금의 시대'를 열었다고 볼 수 있다. 비트코인은 글로벌 자금이 직접 매입하는 '디지털 금'으로 스테이블코인은 금융 인프라가 활용하는 '디지털 달러'로 자리 잡은 모습이다. 비트코인은 가치저장 수단으로, 스테이블코인은 교환매체로서 블록체인 위 새로운 금융 생태계를 구성하고 있다.

코인은 이제 금융 시장 변두리에서 글로벌 전체 유동성 일부로 포섭됐다. 파사이드인베스터스에 따르면 2025년 말 기준 비트코인 관련 금융상품 운용액은 1000억달러를 넘어섰고, 스테이블코인 결제액은 연간 15조달러로 비자 네트워크 결제액을 추월했다. 2026년에는 이런 새로운 금융 변화에 주목해야 한다.

비트코인 높아진 디지털 금 활용성
미국 퇴직연금에 포함…파생상품 출현

돌고 돌아 다시 비트코인이다. 세계 최초의

코인이자 시가총액 1위 대장주인 비트코인이 2026년 코인 트렌드 한가운데에 설 전망이다. NFT나 메타버스, 도지코인 같은 비교적 협소한 분야가 시장 전체 분위기를 이끌던 과거와 다른 '근본 트렌드'다.

근래 코인 시장 내 가장 큰 이벤트는 역시 '비트코인 현물 ETF 승인'이었다. 2024년 1월 미국 증권거래위원회(SEC)는 블랙록·피델리티 등 11개 운용사 비트코인 현물 ETF를 일괄 승인했다. 승인 직후 3개월 만에 순유입액은 540억달러를 기록하며, 금 ETF 상장 당시 유입 속도를 뛰어넘었다.

비트코인 ETF가 자리를 잡은 2026년에는 비트코인 시장으로 자금 유입이 더 가속화될 전망이다. 단순히 개인 투자자 진입장벽이 낮아졌기 때문만은 아니다. 미국 퇴직연금과 기관 포트폴리오에 비트코인이 일정 비중 편입하기 시작하면서, 변동성이 완화되고 거래 깊이가 늘었다. 시장 감시와 회계 투명성도 강화됐다. ETF는 매일 순자산가치(NAV) 공시와 외부감사를 거치기 때문에 '신뢰 가능한 디지털자산'이라는 인식이 확산됐다.

장기적으로 가장 큰 호재는 '수급 구조'에 있다. ETF가 매일 매입하는 비트코인 물량은 신규 채굴량 약 3.5배에 달한다. 공급은 한정돼 있고, 반감기(2024년 4월) 이후 채굴 보상이 절반으로 줄면서, 구조적 공급 부족이 가격 상승 압력으로 작용한다. 코인을 생성하면 내다 팔기 바빴던 글로벌 주요 비트코인

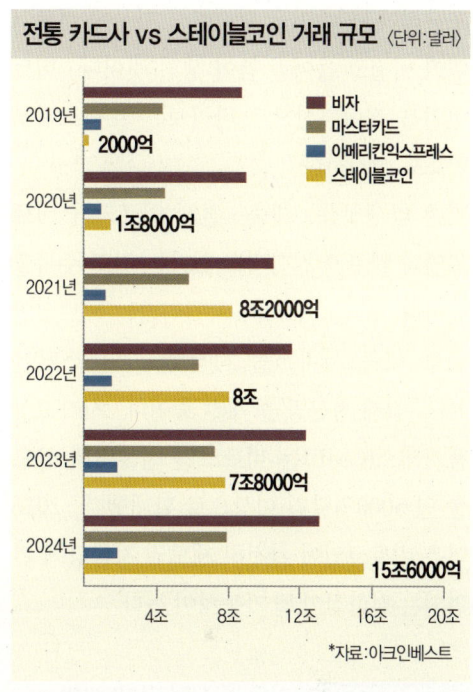

채굴 기업이, 이제는 시장에 내놓기보다 보유량을 늘리는 선택을 하고 있다. 월스트리트 자금이 ETF를 통해 꾸준히 유입되면서, 2025년 말 비트코인 시가총액은 1조8000억달러, 2026년에는 2조5000억달러를 돌파할 것으로 예상된다.

미국 트럼프 행정부가 비트코인에 보여주는 친화 정책이 투자 열풍을 더욱 부채질한다. 트럼프 대통령은 2025년 8월 '401(k) 투자자 대체자산 투자 기회 확대'라는 행정명령에 서명했다. 미국 내 확정기여형 직장 퇴직연금인 401(k) 계좌에 비트코인과 여타 코인을 비롯한 대체자산 투자를 허용하도록 관련 부처에 180일 이내 지침 정비를 명령한 내용이다. 25

조달러가 넘는 미국 퇴직연금 시장에 비트코인이 비집고 들어갈 틈이 생긴 것이다. 비트코인을 전략자산으로 바라보는 트럼프정부 기조도 여전하다.

기존 파생상품·대출·결제 인프라가 비트코인과 빠르게 결합되고 있다는 점도 주목할 만하다. 모건스탠리와 피델리티는 비트코인 담보 대출 서비스를 시작했고, 나스닥은 'BTC 결제 청산망'을 개발 중이다. 시카고상품거래소(CME)는 비트코인 선물거래 규모를 연 5000억달러 이상으로 확대했다. 2026년은 비트코인이 완전히 제도권 자금망에 편입되는 전환점이 될 가능성이 높다.

스테이블코인 다가온 '디지털 달러' 시대
모두가 뛰어든 한국형 스테이블코인 실험

비트코인과 함께 2026년 코인 트렌드 양대축을 형성할 것으로 예상되는 건 '스테이블코인'이다. 스테이블코인은 단어 그대로 '가치가 안정된 코인'이다. 법정화폐, 주로 달러에 가치가 일대일 연동되며, 준비금으로는 보통 국채·현금·예금을 보유한다. 2025년 기준 전 세계 스테이블코인 시가총액은 2500억달러를 넘었고, 거래 비중은 전체 코인 거래 85%를 차지한다. 달러 유동성이 블록체인 생태계로 흘러 들어가며, 스테이블코인은 '디지털 머니'로 자리 잡았다.

스테이블코인 트렌드를 이끄는 건 역시 미국이다. 미국은 스테이블코인을 '민간형 디지털 달러'로 활용하고 있다. 2025년 7월 미 의회를 통과한 '지니어스 법안(Genius Act)'은 발행자 인가, 준비금 요건, 외부 감사 의무 등을 명문화했다. 발행사는 미 연방준비제도 감독을 받으며, 준비금 대부분을 미국 단기 국채로 보유해야 한다.

해당 구조는 미국이 국채 수요를 확보하고 달러 패권을 유지하는 수단으로 기능한다. JP 모건은 "스테이블코인이 사실상 국채에 투자하는 민간형 달러 시스템"이라고 평가했다. 달러가 종이에서 디지털로 옮겨간 셈이다.

스테이블코인이 금융 시장에서 갖는 존재감이 커지면서 '한국형 스테이블코인' 논의도 뜨겁다. 2026년은 한국형 스테이블코인 제도화 원년이 될 가능성이 높다. 금융위원회는 디지털자산기본법 2차안을 통해 '원화 연동형 스테이블코인' 발행 요건과 감독 체계를 명문화할 계획이다. 준비금 보전, 신탁·감사, 자금세탁 방지 등 국제 기준을 반영해 '은행부터 도입, 민간으로 확장'이라는 기본 방향을 정리했다.

이재명정부가 원화 스테이블코인 중요성을 피력하며, 민간 기업도 스테이블코인 실험에 뛰어드는 중이다.

스테이블코인 활용이 늘어나면 당장 타격이 불가피한 은행권에서 특히 예의주시 중이다. 신한·KB·우리·하나·NH농협 등 5대 금융그룹은 2025년부터 스테이블코인 관련 전담 조직을 가동하고 있다. 은행권은 원화 스테이블코인 발행 주체를 '은행 중심 컨소시엄'으로 제한해야 한다는 한국은행 입장을 공유하며 제도권 안착을 꾀하고 있다. 다른 빅테크 시장 진입을 막겠다는 의지다.

은행권이 발행한 스테이블코인 강점은 신뢰다. 이미 고객 예금을 보유하고, 리스크 관리와 회계감사 체계가 갖춰져 있다. 그러나 속도는 느릴 수밖에 없다. 규제 검증 절차가 많고, 내부 IT 거버넌스가 복잡하다.

은행권뿐 아니다. 네이버·카카오·토스 등 빅테크를 비롯해 업비트·빗썸 등 코인 거래소 역시 스테이블코인 발행을 준비 중이다. 은행권에 비해 상대적으로 의사결정이 자유롭고 소비자 접점과 결제 활용 여지가 더 많다는 점이 강점으로 꼽힌다.

2026년 스테이블코인 시장 최고 다크호스로 평가받는 곳은 네이버와 두나무(업비트) 연합이라는 데 이견이 없다. 2025년 두 회사는 결제·투자 통합 생태계 구축을 위한 전략적 합병안을 발표했다. 네이버 금융 자회사 네이버파이낸셜과 두나무가 포괄적 주식교환을 통해 지배구조를 재편하는 방향을 논의 중이다. 4000만명 이용자를 보유한 네이버페이 결제 인프라와 멤버십 플랫폼, 여기에 업비트가 갖고 있는 블록체인·자산 운용 역량과 시장 지배력을 더하면 거대한 시너지를 낼 수 있다는 판단이다. 두 회사가 원화 스테이블코인을 발행한다면 네이버페이 내 결제·송금에 사용되고, 업비트 거래소에서 매입·상환이 가능한 구조가 갖춰진다.

다른 빅테크도 스테이블코인을 준비 중이다. 카카오는 블록체인 자회사 그라운드X를 비롯해 스테이블코인 태스크포스(TF)를 구성했다. 정신아 카카오 대표뿐 아니라 신원근 카카오페이 대표, 윤호영 카카오뱅크 대표가 공동 TF장을 맡았다. 토스도 토스뱅크·토스페이먼츠·토스증권과 TF를 설치했다. 네이버와 달리 카카오와 토스는 은행 계열사를 보유한 덕분에 스테이블코인 발행 주체를 은행으로 제한해도 전 영역을 준비하는 데 무리가 없다는 이점을 갖는다.

이 밖에도 코나아이, 오픈에셋, 래디언트, 헤이비트 같은 기업이 지역화폐·마일리지·정산 시스템에 스테이블코인을 적용하는 실증사업을 진행 중이다. 일부 기업은 지자체와 손잡고 '블록체인형 바우처'를 발행해 정부보조금 디지털화를 시험하고 있다.

거래소 시장에서 가장 주목되는 변화는 글로벌 자본 유입이다. 2025년 글로벌 1위 거래소 바이낸스가 고팍스 인수를 완료하면서, 달러 스테이블코인(USDT·USDC)을 중심으로 한 글로벌 유동성이 국내에 직접 유입될 예정이다. 원화 스테이블코인 vs 달러 스테이블코인 구도가 본격 형성될 수 있다. 지금까지도 '원화 스테이블코인이 과연 실효성이 있는지' 의문이 제기되고 있다. 빠르면 2026년, 코인 거래소 거래량이라는 객관적 지표를 통해 그 결론이 날 수도 있겠다. ■

III

2026
매경 대예측

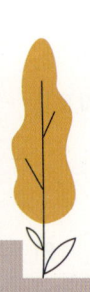

지표로 보는
한국 경제

1. 소비
2. 물가
3. 투자
4. 국내 금리
5. 원화 환율
6. 국제수지
7. 고용
8. 노사 관계
9. 가계부채 · 재정수지
10. 지역 경제
11. 글로벌 교역(FTA)

소비

어두운 터널은 벗어났다
기대·우려 교차 속 기지개

김천구 대한상공회의소 SGI 연구위원

2025년 한국 소비는 1분기 어두운 터널을 지나 서서히 회복세를 보였다. 물가가 완만히 안정되기 시작했고, 기준금리도 낮아지면서 가계의 원리금 상환 부담이 다소 줄었다. 외식, 문화생활 등 여가·체험형 소비가 활발해지고, 높아진 환율 수준에도 불구하고 해외여행 수요는 빠르게 되살아났다. 하지만 가계의 채무 규모가 여전히 크고, 고령화가 빠르게 진행되면서 소비 구조가 장기적으로 위축될 수 있다는 우려도 남았다. 전반적으로 2025년은 소비가 완연히 살아난 해라기보다 조심스러운 개선이라는 말이 더 어울리는 시기였다.

2026년 민간소비 증가율 1.6% 안팎 전망

2026년 소비 전망은 2025년보다 다소 나아질 것으로 보인다. 한국은행과 주요 연구기관들은 민간소비 증가율을 1.6% 안팎으로 예상한다. 우선 물가 상승률이 1%대 후반에서 안정세를 유지할 가능성이 높고, 일부 대기업의 양호한 실적으로 성과급이 늘어나면서 가계의 소득 여건도 이전보다 개선될 것으로 전망된다. 임금 인상폭이 크지 않아도 물가가 안정세를 보이면 실질소득이 증가하는 효과가 나타나며, 이는 소비 여력을 키우는 핵심 요인으로 작용할 것이다. 인공지능과 디지털 기술이 생활 전반에 스며들며 새로운 소비 시장을 열어줄 가능성도 크다.

예를 들어 가정 내 스마트 홈 기기, 인공지능 교육, 헬스케어 서비스, 맞춤형 여행·쇼핑 플랫폼 등이 생활 전반의 지출 패턴을 바꾸며 수요 확대의 새로운 길을 제시한다. 반면 금융 여건은 여전히 불확실하다. 기준금리가 점진적으로 낮아지더라도 누적된 부채와 강화된 대출 심사가 소비 확대를 제약할 수 있다. 여기에 인구구조 변화, 주거비 부담, 청년층 취업 불안 같은 장기적 구조 요인까지 겹치면서 소비가 본격적으로 늘어나기에는 한계가 따른다. 따라서 2026년은 긍정적 요인과 부정적 요인이 맞물리며 점진적 확장세가 나타날 것으로 예상된다.

긍정적인 요인 가운데 가장 먼저 꼽히는 것은 물가 안정이다. 한국은행은 2026년 소비자물가 상승률을 1.9% 수준으로 전망한다. 지난 몇 해 동안 높은 물가로 생활비 부담을 크게 느껴온 가계 입장에서는 숨을 고를 여지가 생긴다. 국제유가가 하향 안정세를 보이고 식료품, 교통비 그리고 공공요금이 완만하게 움직이면 필수 지출이 줄어들어 여가, 교육, 문화 등 선택적 지출을 확대할 수 있다. 계절적 변화에 민감한 농산물과 수산물의 급등세가 잦아들고, 생활필수품의 공급망도 안정되면 중산층과 서민층 소비 여력은 더욱 개선될 것이다. 이러한 변화는 소비 심리를 북돋우며 내수 회복과 서비스업 활력 제고까지 긍정적인 파급 효과를 낳을 것으로 기대된다.

새로운 트렌드도 2026년 소비를 끌어올리는 동력으로 부상한다. 인공지능은 이제 산업 현장을 넘어 가정과 일상으로 깊이 침투하고 있다. 예컨대 집에서는 AI 비서가 일정을 관리하고, 병원에 가지 않고도 원격의료 서비스를 받을 수 있으며, 아이들은 맞춤형 온라인 학습을 즐긴다. 자율주행차, 스마트 가전, 개인화 쇼핑 플랫폼 등은 단순히 제품을 구매하는 차원을 넘어 서비스 소비를 크게 확장할 것이다. 또한 MZ세대를 중심으로 친환경·ESG 소비, 국내 농산물·로컬푸드 선호, 취미·체험형 지출 확대 등이 시장을 다양화하며 새로운 성장 동력이 될 가능성이 크다. 전기차, 고효율 가전, 에너지 절감형 인테리어 등 기후 대응형 제품과 구독·공유 서비스 등은 지출 구조를 재편할 전망이다. 최근 각광받는 친환경·지속가능성 중심의 소비 패턴은 특히 20~30대의 가치 지향적 소비와 맞닿아 있으며, 기업의 제품·서비스 전략에도 변화를 촉발할 것이다.

해외여행의 회복세도 2026년 소비를 견인할 것으로 보인다. 팬데믹으로 중단됐던 국제선 노선은 대부분 정상화되었고, 일부 인기 지역은 증편이 이뤄지고 있다. 항공료 부담이 완화되고 접근성이 높아지면서 해외여행은 다시 대중적인 소비 활동으로 자리 잡았다. 여행은 단순한 이동에 그치지 않고 숙박, 외식 및 쇼핑 등 연계 소비로 이어지며 국내 내수에도 긍정적 파급 효과를 미친다. 더 나아가 지방 중소도시와 농어촌을 찾는 체류형 국내 관광도 활성화돼 지역 경제와 고용을 자극할 수 있을 것이다. 지자체의 문화·스포츠·축제 프로그램과 결합하면 체류 기간과 소비 규모가 더욱 확대될 가능성도 있다.

금리 인하 효과도 빼놓을 수 없다. 변동금리

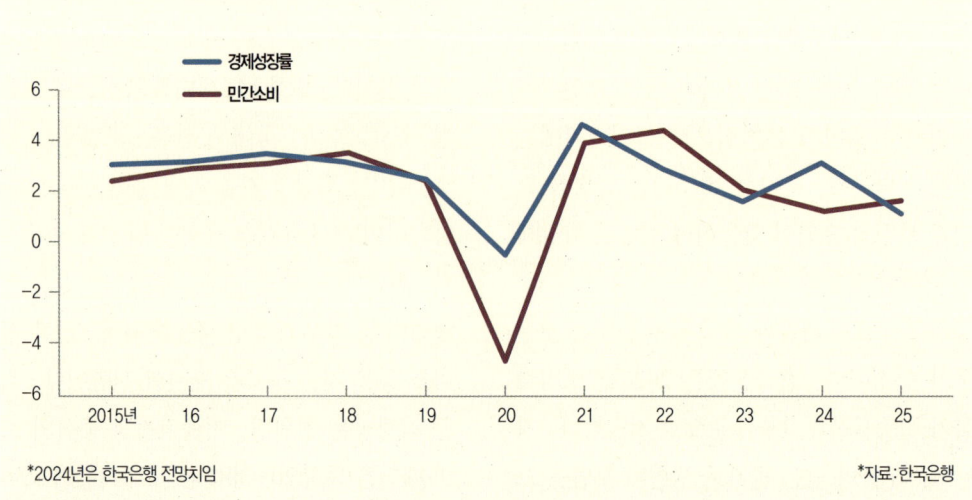

민간소비 증가율 및 경제성장률 〈단위:%〉
*2024년은 한국은행 전망치임
*자료:한국은행

대출 비중이 높은 한국에서 기준금리 인하는 곧바로 가계 이자 비용 절감으로 이어져 가처분소득을 늘리고 소비를 자극한다. 다만 금융 여건이 반드시 호재로만 작용하지는 않는다. 이미 누적된 채무 부담 때문에 은행권은 대출 심사를 더욱 강화하고 있으며, 일부 취약계층은 금리 인하의 혜택을 온전히 누리지 못할 수 있다. 즉, 금융 여건이 완화되는 듯 보이지만 실제 체감은 계층과 소득 수준에 따라 크게 다를 수 있다는 점이 변수다. 특히 전세대출이나 자영업자 대출을 많이 보유한 가계는 금리 하락에도 상환 압박이 상당 기간 지속될 수 있다.

소비 회복 부담 요인도 만만찮아

한편, 인구구조 변화는 소비를 위축시킬 우려가 있다. 2026년에는 인구 다섯 명 중 한 명 이상이 65세 이상 고령자로 채워진다. 고령층은 의료·돌봄 지출은 늘리지만 자동차, 가전 그리고 교육비 등 항목에서는 다른 연령 대비 소비를 적게 하는 경향이 있다. 동시에 30~40대 소비 주력층이 축소되면서 전체 소비 기반도 좁아지고 있다. 이는 단순한 경기 순환이 아니라 장기적 구조 변화이기에 더욱 우려된다. 청년층의 주거 문제와 결혼 지연, 저출생 심화도 미래 소비의 토대를 약화시키는 요인으로 작용한다.

주거비 불안도 여전히 해소되지 않았다. 수도권은 공급 부족과 금융 완화 기대감으로 집값 상승 압력이 살아나고, 비수도권은 미분양 물량이 쌓이며 하락 압력이 공존한다. 전세와 월세 시장의 불안정은 젊은 세대의

// 지표로 보는 한국 경제 //

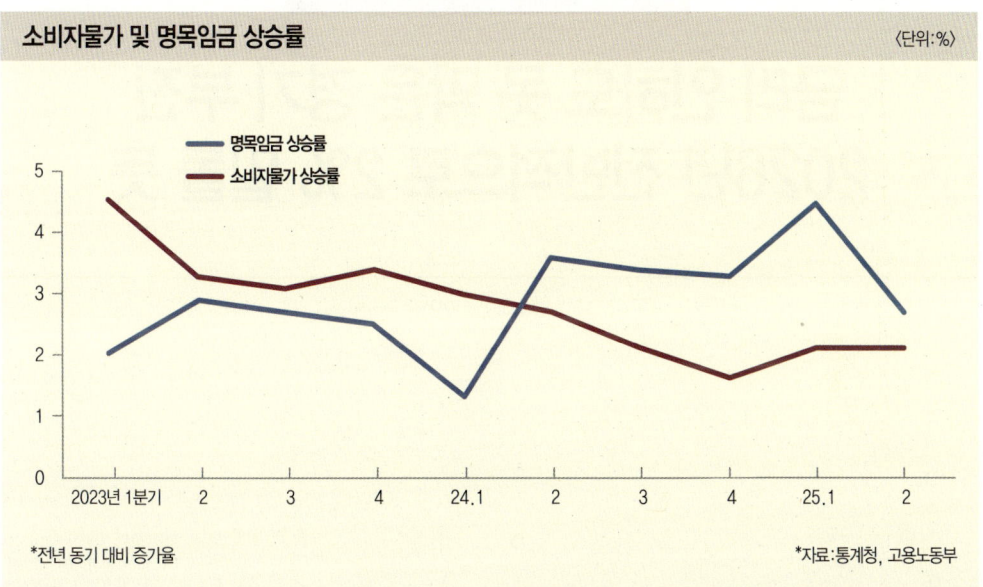

주거비 부담을 키우며, 이는 미래 소비뿐 아니라 결혼·출산과 같은 삶의 선택에도 영향을 준다. 교육비·사교육비 부담까지 겹치면 장기적 소비 잠재력이 위축될 가능성이 크다.

이처럼 소비를 밀어 올리는 힘과 끌어내리는 요인이 공존하는 가운데, 2026년 소비가 안정적 성장세를 보이려면 몇 가지 과제가 있다. 양질의 일자리 확대와 실질임금 제고가 핵심이다. AI·디지털 전환에 대응한 직업훈련과 산학협력 강화가 장기적 소득 기반을 넓히는 열쇠가 될 것이다. 또 채무 조정 프로그램, 취약계층 금융 지원 등 채무 완화 장치를 강화하고, 전·월세 시장 안정을 위한 공급 확대와 세제 개선 등 주거 비용 완화 정책도 필요하다. 지방 소비 인프라 확충과 지역 상권 활성화, 청년층 주거·육아 지원 정책 등도 내수의 지속적 확대를 위해 병행돼야 한다.

마지막으로 소비 심리 회복이 결정적이다. 아무리 소득이 늘고 금리가 내려가도 금융 시장의 불확실성이 해소되지 않으면 소비는 살아나지 않는다. 정책의 일관성과 예측 가능성을 높여 가계가 안심하고 지갑을 열 수 있는 환경을 만드는 것이 무엇보다 중요하다.

한국 경제의 절반을 차지하는 소비가 튼튼해지려면 단기 부양책을 넘어 중장기적 소득 기반 확충과 금융·주거 안정, 소비 친화적 제도 마련이 병행돼야 한다. 가계가 안심하고 지갑을 열 수 있는 환경을 조성하는 것이 2026년 소비의 안정적 성장을 이끄는 핵심 조건이라 할 수 있다. ■

물가

금리 인하도 못 막은 경기 부진
2026년 전반적으로 2% 밑돌 듯

김광석 한국경제산업연구원 경제연구실장

물가는 모든 경제 주체가 민감하게 여기는 지표다. 2025년은 유독 물가가 많은 경제 주체를 괴롭힌 한 해였다. 경기는 부진한데, 체감물가는 계속 올랐다. 특히 임금 근로자가 직격탄을 맞았다. 점심값 오르고, 커피값 오르고, 모든 게 오르는데, 경기 침체로 회사 수익이 줄면서 월급만 안 올랐다. 자영업자도 어쩔 수 없다. 재료비 오르고, 임차료 오르고, 전기요금과 가스요금 다 오르는데, 메뉴 가격을 올리지 않을 수 있으랴. 월급 주는 기업의 사정도 마찬가지다. 기업의 매출도 그렇고, 영업이익도 주는데, 임금 인상 요구를 수용하기도 부담스럽기만 하다. 경기 침체와 물가 인상이 동시에 나오는 이른바 '스태그플레이션'이 덮친 것 같다는 공포가 한국을 휩쓸었다. 2025년, 한국에는 스태그플레이션 현상이 나타났을까. 또 2026년 전망은 어떨까.

경기는 힘든데 체감물가 급등
스태그플레이션 찾아왔나

스태그플레이션의 사전적 정의는 경제 활동의 침체와 함께 물가 상승이 발생하는 현상이다. 불황을 뜻하는 스태그네이션(Stagnation)과 지속적인 물가 상승을 뜻하는 인플레이션(Inflation)의 합성어다. 통상적으로 불황이 오면 물가가 하락하고, 호황이 오면 물가가 상승하는데, 경기와 물가의 안 좋은 것만 함께 찾아온다니 이보다 안 좋을 수 없는 상황이다.

2025년 스태그플레이션이 한국 경제를 덮친 걸까? 한국 경제가 경기 침체와 인플레이션

두 가지 조건에 부합하는지 진단해보자.

첫째, 한국 경제는 이미 경기 침체 상황에 진입했다고 판단한다. 2020년 팬데믹 경제위기를 경험한 이후 한국 경제는 경기 침체에 진입했고, 2025년까지도 벗어나지 못하고 있다. 2020~2025년까지의 경제성장률 평균치가 1.7%다. 한국은행은 지난 2월 2025년 경제성장률을 1.5%로 전망했고, 기존 전망치(2024년 11월)에서 0.4%포인트나 하향 조정했다. 이어 2025년 5월에는 0.8%로 추가 하향 조정했다. 0.7%포인트 추가 하향 조정은 한국은행의 경제 전망 역사상 최대폭이다.

정의가 분분하긴 하나, 경기 침체(Recession)는 경제순환 주기(Economic Cycle)상 확장 국면이 아닌 수축 국면에 놓일 때를 가리킨다. 한국 경제의 잠재성장률이 2% 수준인 것을 고려하면, 최근 6년 동안 잠재성장률을 밑도는 상황에 갇힌 것이다. 트럼프 미국 대통령이 취임한 이후, 대외환경이 매우 녹록지 않고, 대내적으로도 정치적 불확실성으로 불안이 가중되는 형국이다. 2025~2026년 동안에도 경기 침체 국면에서 벗어날 만한 마땅한 돌파구는 보이지 않고 있다. 스태그플레이션의 첫 번째 조건인 경기 침체 상황에 부합한다고 판단된다.

둘째, 한국 경제는 인플레이션 상황에서는 벗어난 것으로 진단된다. 물가 상승률이 2025년 9월 2.1%를 기록하며, 한국은행의 목표 물가인 2%에 부합하는 상황이다. 물가 상승률이 2022년 7월 6.3%를 기록하며 한국도 예외 없이 글로벌 인플레이션 시대에 진입했었고, 이후 기준금리 인상 등의 노력으로 인플레이션에서 빠져나온 것으로 판단된다. 더욱이 근원물가의 경우 2%의 상승률을 기록하는 만큼, 오히려 2017~2020년 동안의 '디플레이션 우려' 상황에 재진입한 것으로 보인다.

2026년 신중한 금리 인하 예상
효과 힘입어 물가 상승률 2% 맴돌 듯

2024년 중반부터 2026년은 '피벗의 시대'다. 피벗(Pivot)은 '방향 전환'을 뜻하는 용어다. 기준금리를 인상하는 긴축적 통화 정책 기조에서 기준금리를 인하하는 완화적 통화 정책 기조로의 전환(혹은 그 반대)을 피벗이라고 한다. 미국은 2024년 9월 4년 반만의 기준금리 인하를 단행했고, 현재 5.5% → 4.25%로

2026년 소비자물가 전망

단위:%

구분	2024년		2025년		2026년	
	상반기	하반기	상반기	하반기(F)	상반기(F)	하반기(F)
물가 상승률	2.8	1.8	2.1	1.9	1.8	1.9

*(F)는 전망치임   *자료:국가데이터처

피벗이 진행 중에 있다. 유로존, 영국, 캐나다, 스위스, 스웨덴 등 주요국들도 이미 미국보다 먼저 피벗을 시작했고, 스위스(1.75% → 0.0%), 스웨덴(4% → 1.75%), 유로존(4.5% → 2.15%)은 금리 인하에 매우 적극적인 행보를 보여왔다. 한국은행도 2024년 10월 11일 기준금리 인하를 단행하여, 현재 3.5% → 2.5%로 피벗의 여정에 있다.

한국은행도 기준금리 인하에 동참할 전망이다. 2026년 내수 진작과 디플레이션 방어 등을 위한 추가적인 기준금리 인하를 단행할 것으로 전망한다. 그로 인한 내수 진작 효과는 더디게 나타날 것으로 판단된다. 수요 부진에 따른 물가 상승률 둔화 흐름은 추가적으로 진전되고, 2025년 하반기부터 시작해 2026년에는 2%를 채 밑도는 수준의 흐름이 전개될 것으로 진단된다.

체감물가는 이렇게 오르는데…
인플레이션 없다고?

물가 상승률 관련 예측을 내리면, 많은 지적이 들어온다. 체감물가에 비해 정부나 전문가가 진단하는 물가 상승률이 너무 낮다는 것이다.

경제 전문가 집단이 말하는 물가와 대중들이 말하는 물가의 개념이 다르다. 한국은행을 비롯한 경제 전문가 집단은 '물가 상승률'을 논하고, 일반 대중은 '물가 수준'을 논한다. 물가 상승률은 잡혔지만, 물가 수준은 잡히지 않은 것이다. 대중은 "물가 언제 잡히나?"라며 고충을 토로한다. 물가 상승률이 마이너스가 아닌 이상, 여전히 물가는 오르는 것

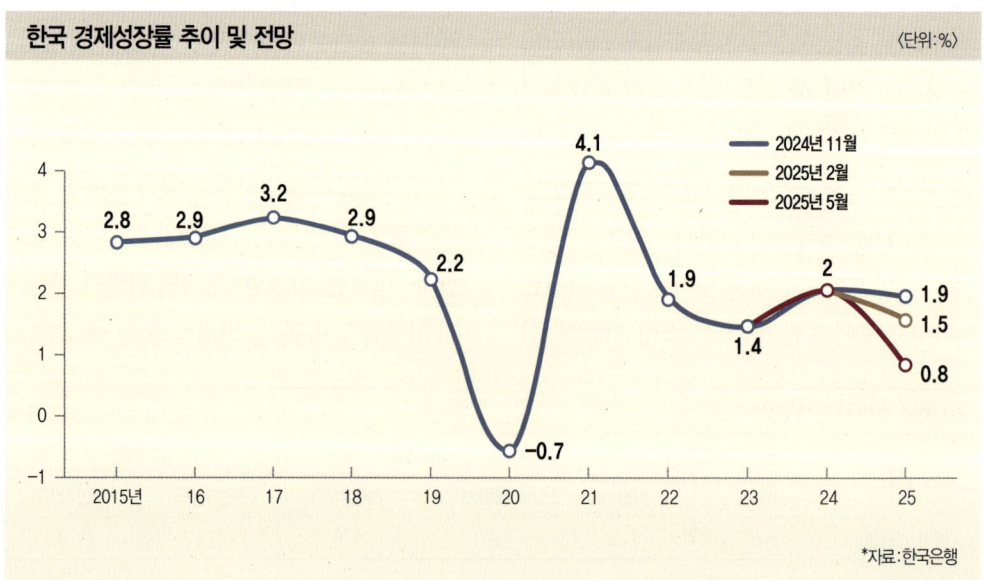

한국 경제성장률 추이 및 전망 〈단위:%〉

*자료: 한국은행

이다. 아직도 2% 물가 상승률을 유지한다는 것은 그동안 가파르게 올라간 물가 수준에서 부담이 가중되고 있다고 해석할 수 있다. 사실상, 한국의 소비자물가 통계를 집계한 이래로 물가 수준이 전년도보다 오르지 않은 적은 한 번도 없다. IMF 외환위기, 글로벌 금융위기, 팬데믹 경제위기가 닥쳐왔는데도 물가는 오르기만 했다.

물건의 가격 그 자체는 떨어지기 쉽지 않다. 가격은 통상 계속 오르기만 하는 것이다. 다만, 물건 가격이 오를지라도 물가 상승률 즉, 물가 상승 속도는 둔화할 수 있는 것이다. 물가 상승률이 떨어지는 것과 물가가 떨어지는 것은 엄연히 다르다. 물건 가격이 100원 → 200원 → 300원으로 올랐다고 가정해보자. 가격은 각각 100원씩 올랐지만, 상승률은 100%에서 50%로 떨어졌다. 즉, 물가 상승률이 2%로 떨어져도, 이미 올라간 가격에서 2% 또 오르니, 실물 경제에서 체감하는 물가는 상당히 부담스러울 수 있다.

서민이 체감하는 물가 수준은 가혹할 만큼 높다. 서민의 체감물가 안정을 위한 노력은 정부가 경주해야 할 부분이다. 체감물가가 높은 이유는 식료품이나 주거비 등의 필수재 성격의 물가 수준이 높고, 그에 상응하는 수준으로 소득이 늘어나지 않아서다. 농·축·수산물 공급망 안정화 방안이나 주거 안정 방안을 마련해야 한다. 저성장 기조가 장기화하는 국면에서 고용 시장이 불안하고, 소득도 불안정한 상황이다. 일자리를 창출할 수 있는 경제 선순환 구조를 고민해야 한다. 취약계층을 위한 식료품 바우처 사업이나 공공근로 사업 등과 같은 안전판도 확대해야 한다. ■

투자

투자 심리는 '냉동고'
AI 반도체는 '용광로'

박용정 현대경제연구원 산업연구실장

투자 지표는 한 나라가 생산 능력을 늘리기 위해 어디에 얼마나 돈을 쓰고 있는지 보여준다. 이 가운데 총고정자본형성(Gross Fixed Capital Formation)은 공장, 기계, 건물, 도로 등 생산 인프라 투자를 뜻한다. 총고정자본형성은 한 나라의 생산 기반과 성장 잠재력을 결정짓는다는 점에서 투자 부문 중 핵심 지표로 평가된다.

2025년 상반기 투자(총고정자본형성)는 전년 동기 대비 3.9% 줄었다. 추세를 보면 2023년 하반기 1.8% 감소로 전환된 이후 감소폭은 최근 확대하는 모습이다. 2025년 상반기 투자 감소의 가장 큰 이유를 꼽자면 미국 트럼프 행정부의 관세 정책이 첫손에 꼽힌다. 관세 협상에 따른 정책 불확실성 확대는 기업투자와 무역 흐름을 위축시키며 투자 하방 리스크로 작용했다.

이에 따라 민간 부문 총투자는 2023년 하반기 이후 2025년 상반기 4.9%까지 큰 폭으로 감소했다. 반면, 정부 부문 투자는 2024년 하반기를 제외하고 2023년 이후 플러스 성장으로 대조를 이룬다. 2025년 하반기 투자의 전반적인 향방은 미국과 무역 협정 체결에도 불구하고 불확실성이 여전하다. 대외 충격에 따른 기업 경영활동 위축은 중장기적인 투자 계획을 크게 저해하고 있다.

美 관세 정책 부작용과 기업소득 부진

세부적으로 보면, 2025년 상반기 설비투자는 전년 동기 대비 4.5% 늘었다. 2024년 상반기 2.4% 감소 대비 큰 폭 증가를 기록했지만, 기저효과 영향이 작용한 측면도 존재한다. 반도체 경기 호조세가 긍정 요인으로 작용하고 있지만, 제조업 경기 위축으로 설비투자 선행 지표인 자본재 수입과 국내 기계 수주액은 하반기 들어 감소세로 돌아섰다. 자본재 수입은 공장 설비나 생산기계처럼 생산에 쓰이는 기계·장비를 해외에서 들여오는 규모를 뜻한다. 국내 기계 수주액은 국내 기업들이 새로운 기계나 설비를 주문한 금액이다. 그만큼 제조업 체감 경기가 나쁘다는 의미다.

그럼에도 불구하고 2026년 설비투자는 반도체 초과 수요 및 자본 조달 금리 하락 등의 영향으로 2025년 1% 후반대 성장에서 1% 중반 정도 완만한 증가세를 유지할 전망이다.

하지만 기업투자 여건은 여느 때보다 불확실성이 높다.

첫째, 세계 경제를 둘러싼 잠재 리스크를 꼽을 수 있다. 미국 관세 정책 영향으로 통상 환경 불확실성이 높아진 상황에서 세계 교역 증가율은 2025년 2.6%에서 2026년 1.9%까지 하락할 전망이다. 다만, 일부 국가 재정 확대 정책, 금융 여건 개선 등은 경제 전반에 긍정 요인으로 작용할 듯 보인다. 국제통화기금(IMF)의 세계경제전망(7월)에 따르면, 세계 경제성장률은 2025년 3%에서 2026년 3.1%로 미약한 증가세가 지속될 전망이다.

향후 관세 부과에 따른 부작용, 미중 무역 갈등 심화, 지정학적 갈등 요인 등이 넘쳐난다. 특정 산업에 높은 의존도를 보이는 국내 경제의 구조적 측면을 고려해볼 때, 부정 요인에 대한 대비가 여전히 필요한 상황으로 판단된다.

다음으로 기업 투자 심리 위축이다. 기업투자 위축은 단기적으로 경제성장에 부정적인 영향을 미칠 뿐 아니라, 중장기적으로 국가 경제 활력을 떨어뜨려 잠재성장률 하락으로 이어질 수밖에 없다. 특히 우려스러운 부분은 국내 기업 성장성과 수익성이 악화일로를 걷는다는 점이다.

한국은행의 지난 2025년 2분기 기업경영분석 결과에 따르면, 매출액 증가율은 2023년 4분기 1.3% 감소 이후 여섯 분기 만에 0.7% 역성장했다. 영업이익률 역시 2024년 2분기 6.2%에서 2025년 2분기 5.1%로 하락했다. 기업소득 감소는 중장기 투자 계획 수립에 어려움을

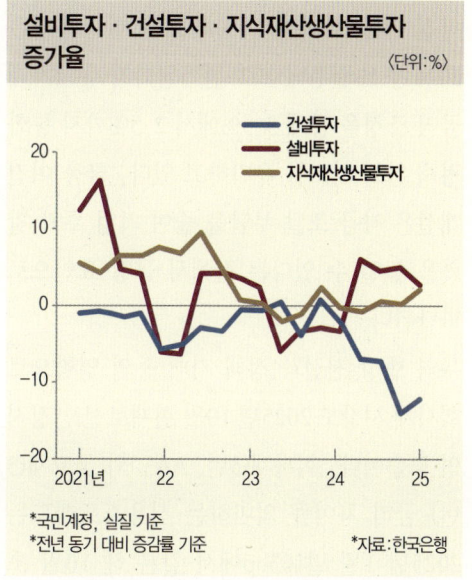

설비투자·건설투자·지식재산생산물투자 증가율 〈단위:%〉

*국민계정, 실질 기준
*전년 동기 대비 증감률 기준
*자료: 한국은행

더할 수밖에 없다. 고관세, 고환율까지 지속돼 기업 투자 심리는 급격히 위축되고 있다. 특히 향후 경기를 바라보는 기업 시각은 여전히 장기 평균 100포인트에 미치지 못하며 부진하다. 우리 경제 근간이 되는 중소기업과 내수기업을 중심으로 비관적인 전망이 높다는 점 또한 부담이다. 한국은행의 전 산업 기업경기실사지수(BSI) 전망은 2025년 초 82.9포인트에서 같은 해 10월 88.5포인트까지 개선됐지만, 전월 대비 3.3포인트 하락해 향후 경기에 대해 부정적 전망이 여전하다.

기업 자금 조달 여건 개선 속 환율 리스크 부담

그렇다고 부정적인 요인만 산적해 있는 것은 아니다.

우선, 자본 조달 비용 하락은 기업 숨통을 다소 틔어줄 전망이다. 2024년 하반기부터 이어진 내수 위축에 대응하고자 한국은행은 2024년 10월부터 2025년 5월까지 총 4차례 금리 조정을 통해 3.5%에서 2.5%까지 통화정책 완화 기조를 유지하고 있다. 금융 여건 개선은 자금 조달 부담을 줄여 기업 투자 활력을 높일 수 있다는 점에서 긍정 요인으로 판단된다.

무역 협상 진전과 정책 기대 등의 영향으로 회사채 시장도 2025년 10월 현재로선 안정적인 모습이다. 회사채(3년, AA-)와 국고채(3년) 금리 차이를 의미하는 신용스프레드는 2025년 1월 말 63bp에서 같은 해 10월 초 44bp까지 낮아졌다. 단기자금 조달 창구인 기업어음(CP) 역시 2025년 초 3.54%에서 같은 해 10월 초 2.73%까지 하락하며 금융 시장에서 기업 자금 조달 형편이 개선됐다.

하지만 최근 관세 협상 장기화와 위험 기피 현상 심화로, 달러 가치가 급등한 점은 기업의 대외부채 리스크 확대 요인으로 작용하고 있다.

환율 상승은 기업에 외채 부담을 가중시킬 수 있어 잠재 위험 요인이다. 국내 민간기업의 대외채무는 코로나19 위기 시기인 2020년 4분기 말 1234억달러에서 2025년 2분기 말 1750억달러까지 42% 이상 증가했다. 환율 상승은 기업의 부채 원리금 상환 부담으로 작용해 투자자금 확보에 어려움을 줄 수 있다.

기술 변화 대응과 첨단 산업 선도 투자

최근 들어 인공지능(Artificial Intelligence · AI) 등 디지털 기술이 접목된 산업 간 융합의 촉발로 기술 기반 산업 패러다임을 주도하기 위한 설비투자가 눈에 띄게 늘고 있는 점은 고무적이다.

고성능 반도체 개발 수요가 확대되면서 고대역폭메모리 반도체 HBM(High Bandwidth Memory), 개별 칩을 이어붙여 고성능 반도체로 만드는 첨단 패키징 칩렛(Chiplet) 등 기술이 각광받는다. 이를 뒷받침할 반도체 첨단공정 투자가 여느 때보다 중요하다. 주요 빅테크 기업(Amazon, Google, Microsoft,

Meta)의 2025년 AI 인프라 투자(CAPEX)는 약 3190억달러(Bloomberg)에 달할 것으로 전망된다. AI 서버용 등 고부가 품목을 중심으로 향후 수요가 지속될 것으로 예상된다.

우려할 만한 점은 최근 주요국 자국 우선주의 정책 강화와 미국 내 투자를 유도하기 위한 통상 압박 등의 영향으로 국내 기업의 해외 직접투자가 가파른 속도로 늘고 있다는 점이다. 2025년 상반기 내국인의 해외 직접투자 규모는 약 298억9000억달러로 외국인의 국내 직접투자(130억9000억달러)의 2배 이상에 달했다.

미국 등 해외 현지투자 확대에 따른 국내 산업 공동화 현상에 대한 우려를 불식시키기 위해서라도 국내외 기업투자 유치를 위한 재정과 세제 지원, 보조금 지원뿐 아니라 첨단 산업 생태계 조성에 필요한 선제적 투자가 무엇보다 중요한 시점이다.

건설투자 침체 속 증가세 전환

이외 건설투자는 2025년 상반기 전년 동기 대비 12.2% 줄었다. 2023년 하반기부터 이어진 감소세가 큰 폭으로 확대됐다. 대규모 토목 공사, 반도체 생산시설 건설 등이 재개되면서 수주 개선이 시차를 두고 반영될 것으로 예상된다.

2026년 건설투자는 증가세로 전환될 전망이다. 건축 부문을 중심으로 착공 면적 반등, 기준금리 하락에 따른 금융 조달 비용 감소

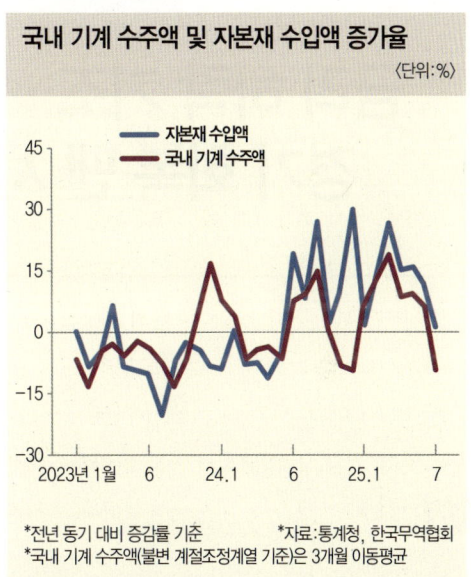

국내 기계 수주액 및 자본재 수입액 증가율
〈단위:%〉
*전년 동기 대비 증감률 기준 *자료:통계청, 한국무역협회
*국내 기계 수주액(불변 계절조정계열 기준은 3개월 이동평균

등은 증가세를 뒷받침할 요인이다. 2026년 정부 사회간접자본(SOC) 예산의 확대 편성(2025년 대비 7.9%)은 토목 부문 증가세를 뒷받침할 전망이다. 다만, 부동산 대출 규제 강화, 부동산 PF 정상화 지연 등은 건설투자 회복을 지연할 수 있는 요인이다. 이를 종합해볼 때 2026년 건설투자는 전년 대비 2%대 증가가 예상된다.

끝으로, 2025년 상반기 지식재산생산물 투자는 전년 동기 대비 1.9% 증가세를 보일 전망이다. 이는 2024년 상반기 1.8%와 비슷한 수준이나 2024년 하반기 0.7%보다는 큰 폭 증가세다. AI 등 신성장 분야에서 기술 경쟁력 강화 노력, 반도체 및 미래차, 로봇 등을 중심으로 첨단 산업 주도권 확보를 위한 연구개발 투자가 지속되고 있는 점은 긍정적이다. ■

국내 금리

금리 하락 기조…'대미투자펀드' 변수
경기 회복 땐 시장금리 상승 반전

허문종 우리금융경영연구소 경영전략연구실 매크로센터장

세계 경제의 성적표를 열어보면 희비가 엇갈리는 모습이 뚜렷하다. 2025년 하반기 들어 반도체를 중심으로 공장들이 다시 활기를 띠며 생산과 신규 주문이 늘어나는 등 회복의 불씨가 살아나는 듯했다. 하지만 중국의 대미 수출이 6개월 연속 뒷걸음질치는 등 아직 마음 놓기엔 이른, 제한적인 개선에 그치고 있다. 반면, 사람들이 지갑을 여는 서비스업은 물가 상승 걱정이 줄고 소비 심리가 살아나면서 완만한 회복세를 이어가고 있다.

그렇다면 2026년 글로벌 경제는 어떤 그림일까? 트럼프 행정부의 관세 인상이라는 큰 파도가 예고돼 있어 전 세계 교역이 위축될 거란 우려가 크다. 그럼에도 주요국들이 시장에 돈을 풀고 정부지출을 늘리는 데다, 인공지능(AI) 투자가 계속 이어지면서 성장률이 3.1%를 기록할 것으로 보인다. 2025년(3.2%)과 비교하면 아주 약간 둔화하는 데 그치는 셈이다. 다만, 미국에 대한 수출 비중이 크고 높은 관세가 적용될 신흥국과 상대적으로 낮은 관세를 적용받을 선진국 사이의 경기 격차는 더 벌어질 전망이다. 다행히 글로벌 물가는 경기가 살짝 주춤하면서 수요가 줄고 국제유가도 안정돼, 2025년 4.2%에서 2026년 3.7%로 점차 안정세를 찾을 것으로 예측된다.

국내 경제로 눈을 돌려보자. IMF를 비롯한 주요 기관들은 우리나라 경제성장률을 2025년 0.8~1% 내외, 2026년에는 1.6~2.2% 사이로 보고 있다. 우리금융경영연구소는 2025년 1%에서 2026년 1.7%로 성장률이 반등할 것으로 예상한다. 2026년 미국의 관세

장벽 때문에 수출은 다소 힘이 빠지겠지만, 정부가 확장적인 재정 및 통화 정책으로 내수 경기를 살리고 지지부진했던 건설투자도 부진에서 벗어나면서 내수가 경제를 이끌 거라는 분석이다. 숫자로 보면, GDP 성장에 대한 순수출의 기여도는 2025년 0.4%포인트에서 2026년 -0.4%포인트로 돌아서지만, 같은 기간 내수의 성장 기여도는 0.7%포인트에서 2.3%포인트로 크게 확대될 전망이다.

반도체 주도 성장…관세가 발목

2026년 우리 경제 앞에는 희망과 우려가 공존한다. 먼저 걱정스러운 점은 미국 관세 충격의 본격화다. 이 충격은 단순히 수출길만 막는 게 아니라 무역, 금융, 그리고 불확실성이라는 세 가지 경로를 통해 우리 경제에 부담을 줄 것이다. 한국은행은 미국의 관세 정책이 2026년 우리 GDP 성장률을 0.6%포인트나 깎아내릴 것으로 추정한다. 구체적으로 보면, 미국 수출품 가격이 올라 수출이 줄고, 다른 나라들의 성장까지 둔화해 전체 수출이 타격을 입는다(무역 경로). 또, 미국이 물가를 잡기 위해 돈줄을 계속 조이면(금융 경로), 기업과 가계는 미래가 불안해져 투자와 소비를 줄이게 된다(불확실성 경로). 다만 국내 물가에는 오히려 하방 압력으로 작용할 수 있다. 유가가 하락하고 값싼 중국산 제품 수입이 늘면서 2026년 소비자물가 상승률을 0.25%포인트 정도 낮추는 요인이 될 것이다.

반면, 국내에는 긍정적인 요인들이 더 많아 보인다. 2025년에 이어 2026년에도 정부와 한국은행은 경기 회복을 돕기 위해 돈을 푸는

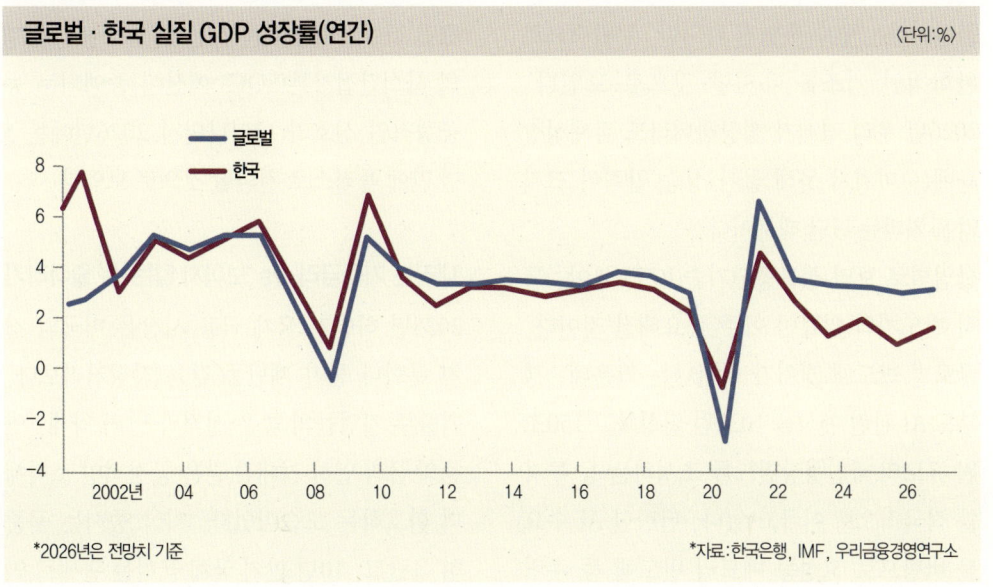

글로벌·한국 실질 GDP 성장률(연간) 〈단위:%〉

*2026년은 전망치 기준 *자료: 한국은행, IMF, 우리금융경영연구소

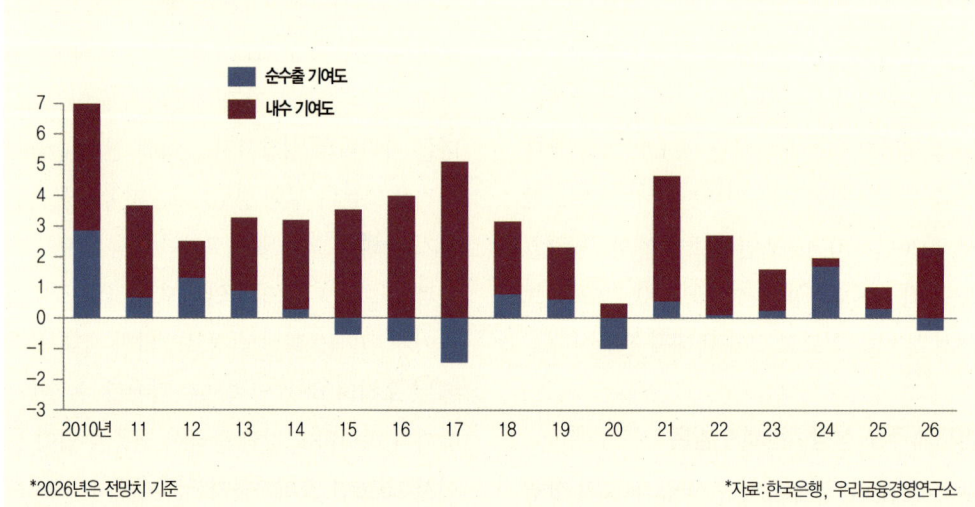

정책 기조를 이어갈 가능성이 크다. 정부는 2026년 예산을 2025년보다 8.1% 늘어난 728조원으로 편성해 적극적으로 경기를 부양할 채비를 마쳤다. 통화 정책 역시 수도권 집값 불안이라는 변수가 있긴 하지만, 전반적으로 완화적인 기조를 유지할 것으로 보인다. 2026년 우리 경제가 성장하더라도 잠재성장률에는 미치지 못해 물가 상승 압력이 크지 않을 거라는 판단 때문이다.

산업별로 보면 정보통신기술(ICT) 분야, 특히 반도체의 역할이 아주 중요해질 것이다. 글로벌 반도체 경기가 살아나는 가운데, 정부도 AI 관련 예산을 10조원 편성하고 150조원 규모의 국민성장펀드를 조성하는 등 투자를 적극적으로 이끌고 있다. 탄탄한 AI 수요를 바탕으로 고성능 메모리 반도체 등 주력 IT 제품의 수출이 크게 늘어날 것으로 기대된다. 오랫동안 우리 경제의 발목을 잡았던 건설투자도 드디어 반등을 준비하고 있다. 2021년 이후 5년 연속 마이너스 성장이 예상됐던 건설투자는 건축 착공 면적이 늘고 정부의 사회간접자본(SOC) 예산이 증액되는 등 긍정적인 신호가 나타나면서 2026년에는 5년 만에 플러스로 전환할 것으로 보인다.

'내리는 기준금리' vs '보이지 않는 손' 줄다리기

2025년 하반기 국제 금융 시장은 미국의 경기 둔화나 물가 재반등 같은 걱정거리보다, 기술주 기업들의 좋은 실적과 달러 약세, 연준의 금리 인하 기대감 같은 긍정적인 소식에 더 환호하는 모습이었다. 미국 증시는 꾸준히 올랐고, 10년 만기 국채 금리는 관세로 인

지표로 보는 한국 경제

한 물가 상승 우려에도 고용 부진 소식에 하락했다. 달러화는 트럼프 행정부의 관세 정책이 미국 경기를 둔화시킬 거라는 우려와 연준의 금리 인하 재개로 약세 압력을 받았다. 하지만 국내 금융 시장은 이런 글로벌 흐름과 다소 다른 길을 걸었다. 원달러 환율은 글로벌 달러 약세에도 불구하고 1420원을 넘어섰고, 국고채 3년물 금리는 수도권 집값 강세 등을 반영하며 2.6%에 육박했다. 특히 9월 이후 국고채 금리가 오른 것은 정부의 잇따른 규제에도 수도권 주택 시장의 과열이 계속되고, 3500억달러 규모의 대미투자펀드 자금 조달을 위한 채권 발행이 늘어날 거라는 우려가 겹친 결과다.

2026년 금융 시장의 금리가 어떻게 될지 좀 더 자세히 들여다보자. 한마디로, 중앙은행이 정하는 '기준금리'와 시장에서 실제 거래되는 '시장금리'의 방향이 항상 같지는 않을 거라는 점이 핵심이다. 먼저 중앙은행의 움직임부터 살펴보자. 한국은행은 우리 경제의 체력을 보강하기 위해 기준금리를 계속 내릴 가능성이 크다. 경기가 살아나고는 있지만 아직 잠재성장률이라는 목표치에는 미치지 못하고 있기 때문이다. 그래서 돈을 빌리는 이자 부담을 낮춰서 기업투자를 유도하고 소비 심리를 살리려는 것이다. 이런 기조에 따라 2025년 말에는 2.25%, 2026년 상반기에는 2%까지 기준금리를 인하한 뒤, 연말까지는 이 수준을 유지할 것으로 보인다. 물론, 가계부채나 부동산 시장 안정이라는 숙제도 있어서 무작정 금리를 내리기는 어려운 상황이다. 미국 중앙은행인 연준 역시 비슷한 흐름으로 2026년 말 3.5%까지 추가로 금리를 내릴 것으로 예상된다.

시장금리는 반대로 갈 수도

그렇다면 시장금리는 어떨까? 기준금리가 내려가니 시장금리의 대표 주자인 국고채 금리도 따라서 점진적으로 내려가는 것이 기본 시나리오다. 2026년 말 국고채 3년물 금리가 2.2% 수준까지 안정될 것으로 보는 이유다. 하지만 시장은 그렇게 단순하지 않다. 두 가지 큰 변수가 시장금리를 흔들 수 있다. 첫 번째는 '대미투자펀드'라는 복병이다. 이 펀드가 자금을 마련하려면 시장에 대규모로 채권을 팔아야 한다. 시장에 채권 공급이 갑자기 늘어나면 채권 가격은 떨어지고, 반대로 채권 금리(시장금리)는 올라가게 된다. 즉, 한국은행은 금리를 내리려 하는데, 시장에서는 채권 물량 부담 때문에 금리가 오히려 오르는 현상이 나타날 수 있다는 뜻이다. 두 번째 변수는 '미래에 대한 시장의 기대'다. 시장은 항상 한 발 앞서 움직인다. 2026년 하반기로 갈수록 사람들이 '2027년에는 경기가 좋아져서 다시 금리를 올릴지도 모른다'고 생각하기 시작하면, 시장금리는 오름세로 돌아설 수 있다. 당장은 금리를 내리는 시기라도, 미래의 인상 가능성을 미리 가격에 반영하는 것이다. ■

> 원화 환율

'상저-중고-하저'…원화 힘 강해진다
미중 갈등 '불똥'…韓 샌드위치 신세

서정훈 하나은행 외환파생상품영업부 박사

트럼프 대통령이 취임하고 그가 공언했던 고율 관세 정책이 현실이 되면서 2025년 외환 시장은 한마디로 '이상한 해'였다. 원달러 환율은 2025년 내내 1450원대를 중심으로 아슬아슬한 줄타기를 했다. 2025년 4월, 미국이 동맹국까지 포함해 전 세계를 상대로 관세 폭탄을 터뜨리자 환율은 장중 1484원까지 치솟으며 당장이라도 1500원을 뚫을 듯한 기세였다.

그런데 흥미로운 현상이 나타났다. 미국의 이런 무차별적인 관세 정책이 되레 달러의 신뢰를 깎아 먹으며 전반적인 달러의 힘(달러인덱스)은 약해진 것이다. 보통 달러가 약해지면 원화는 강해져야 정상이다. 하지만 원화는 달랐다. 국내 정치 불안이라는 내부 문제에 발목이 잡혀 세계적인 달러 약세 흐름에 올라타지 못하고 오히려 가치가 더 떨어지는 기현상을 보였다.

2025년 3분기 들어 분위기가 바뀌는 듯했다. 미국 고용 시장이 연속해서 주춤하자, 물가만 잡겠다던 연준이 고용 걱정으로 방향을 틀었다. 결국 2025년 9월 FOMC에서 전격적으로 금리를 25bp(0.25%포인트) 내렸다. 이런 기대를 미리 반영해온 환율은 2025년 8월 이후 1390원대에서 안정되는 모습을 보였다. 하지만 거기까지였다. 미국 경제는 우리나라를 비롯한 다른 나라들보다 월등히 좋았고, 물가는 쉽게 잡히지 않았다. 여기에 한미 관세 협상마저 삐걱대면서 우리는 다른 수출 경쟁국보다 더 높은 관세를 물게 됐다. 결국 2025년 9월 말, 환율은 다시 1400원 선을 넘어서더니 1430원대까지 올라서며 '고환율의 늪'에 빠지는 것 아니냐는 공포감을 키웠다.

2025년 환율 시장의 가장 큰 특징은 바로 '탈동조화'다. 즉, 글로벌 달러가 약해져도 원화는 제 갈 길을 가며 더 약해지는, 그래서 고환율이 계속되는 현상이 잦았다. 외부 악재에는 과거보다 훨씬 민감하게 반응하며 연간 변동성만 키운 채 고환율이 하나의 '상수'처럼 굳어지는 모습이었다.

2026년 환율의 키 쥔 3대 변수

2026년 환율 수준은 2025년보다는 다소 낮아지겠지만 1400원 안팎의 높은 수준은 계속될 것으로 전망된다. 여전히 곳곳에 숨어 있는 대외 리스크들이 환율의 변동성을 키울 것이기 때문이다. 2025년 초 환율 급등의 배경에는 국내 정치 불안이 내수 부진에 영향을 미친 내부 요인이 컸다. 다행히 2026년에는 이런 국내 정치 리스크는 크게 완화될 것으로 예상된다. 하지만 문제는 여전히 밖이다.

첫째, 미국의 관세 정책 불확실성은 지속될 것으로 분석된다. 2025년 4월 시작된 관세 정책은 2026년에도 이어지며 시장의 예측을 벗어나는 트럼프 행정부의 특성상 그 불확실성은 여전할 전망이다. 2025년 연말 우리나라의 3500억달러 투자 협상은 절충점에서 합의돼 단기적인 원화 강세 요인으로 작용할 가능성이 크다. 하지만 진짜 변수는 미중 무역 합의의 불확실성이다. 2026년 내내 트럼프 1기 때처럼 미중 간의 불협화음이 계속될 가능성이 높으며, 이는 특정 시점에 원화 가치를 급격히 떨어뜨리는 요인으로 작용할 것으로 예상된다.

둘째, 미국의 독보적인 성장세가 전망된다. 2026년 미국 성장률은 주요 기관들이 대체로 1.5~2.2% 수준으로 예측한다. 이는 다른 주요국보다 훨씬 높은 수치로, 달러 강세를 지지하는 강력한 배경이 된다. 여기에 관세 협정의 대가로 유럽, 일본, 우리나라 등이 미국에 직접 투자한 자금이 실제 집행되면 성장 격차는 더 벌어질 수 있다.

셋째, 연준이 생각보다 매파적(긴축 선호) 기조를 유지할 가능성이 있다. 연준이 2025년 후반 점도표를 두 차례 낮추고 2026년에는 한 차례 인하를 전망했지만, 실제로는 점도표만큼 금리를 내리지 못할 것으로 분석된다. 트럼프의 관세 정책이 2026년 2분기부터 본격적으로 미국 물가에 반영돼 다시 물가가 오를 수 있기 때문이다. 이런 상황에서는 아무리 비둘기파(완화 선호) 의장이 와도 쉽사리 금

2026년 원·달러 환율 전망

단위:원

구분	1분기	2분기	3분기	4분기	연간
2025년	1452	1410	1400	1380(F)	1410(F)
2026년	1370(F)	1400(F)	1380(F)	1350(F)	1380(F)

*(F)는 전망치

리 인하 버튼을 누르기 어렵다.

그럼에도 하반기를 기대하는 이유

2025년 내내 우리나라만의 문제로 유독 약세를 보였던 원화는 2026년 강세 흐름을 되찾을 수 있을 것으로 기대된다. 앞서 언급된 대외 악재들은 주로 상반기에 집중될 것으로 예상된다. 하반기로 가면서 우리 경제의 회복 동력이 강화되면 미국과의 성장 격차도 점차 좁혀질 것이다. 물론 내국인의 해외 투자가 계속 늘어나는 것은 부담이다. 하지만 정부의 밸류업 정책에 따른 외국인의 주식 매수세와 더불어 2026년 외환 시장의 안정성을 더해줄 든든한 버팀목이 두 개가 있다. 바로 '세계국채지수(WGBI) 편입'과 'MSCI 선진국 지수 편입' 노력이다.

우선 2026년 4월부터 세계국채지수(World Government Bond Index · WGBI) 편입 효과로 자금 유입이 시작된다. 이 지수는 선진국 국채들만 모아놓은 대표적인 채권 지수로, 여기에 포함된다는 것은 한국 국채가 세계적으로 안전한 투자자산으로 인정받았다는 의미다. 이 지수를 기준으로 투자하는 대규모 글로벌 자금이 꾸준히 한국 채권 시장으로 들어오게 돼, 환율 안정에 큰 도움이 될 것으로 전망된다. 또한 정부가 계속해서 추진 중인 모건스탠리캐피털인터내셔널(MSCI) 선진국 지수 편입 노력도 긍정적이다. 만약 한국

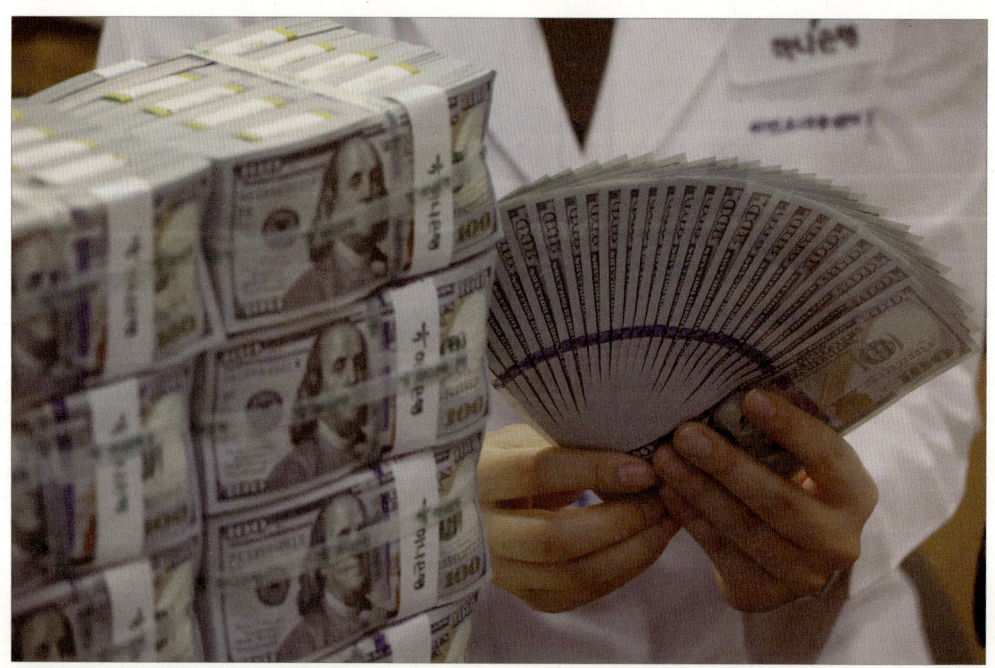

2026년 하반기엔 원화 강세가 예상된다. (매경DB)

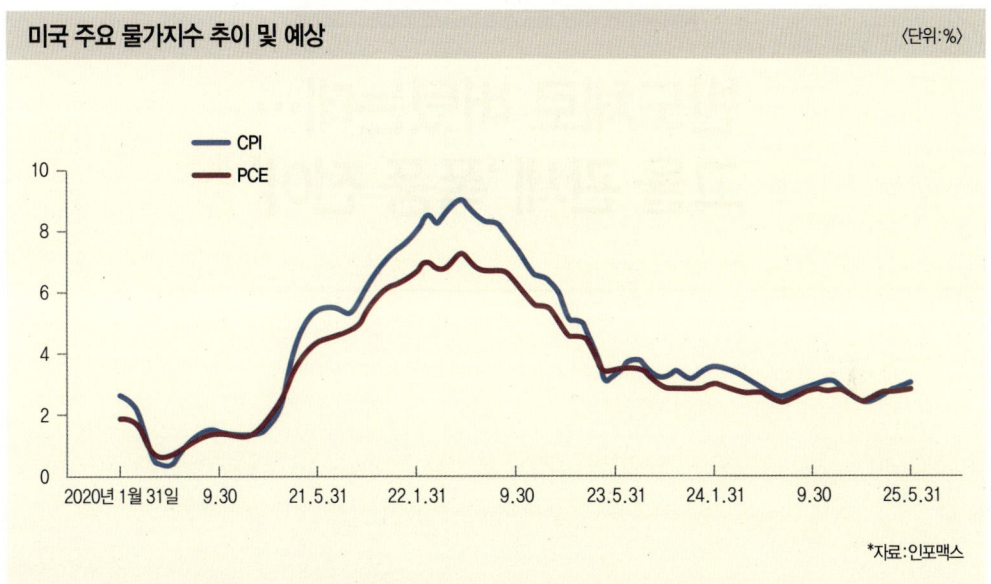

미국 주요 물가지수 추이 및 예상 〈단위:%〉
*자료:인포맥스

증시가 신흥국 시장에서 선진국 시장으로 격상되면, 한국 주식 시장의 위상이 달라져 더 많은 외국인 투자 자금이 유입될 수 있는 길이 열리기 때문이다.

종합적으로 2026년 원달러 환율은 상반기까지는 대내외 여건에 따라 높은 변동성을 보이다가 중반 이후 우리 경제의 체질이 점차 강화되면서 하방 압력을 받는 '상저-중고-하저'의 흐름을 보일 것으로 전망된다. 2026년 상반기까지는 높은 환율 변동성을 피하기 어려운 한 해가 될 것이다. 시장 참여자와 외환당국 모두 각자의 위치에서 선제적인 리스크 관리와 시장 안정을 위한 면밀한 모니터링에 온 신경을 쏟아야 할 때다. ■

국제수지

반도체로 버텼는데…
고율 관세 '폭풍 전야'

신지영 현대경제연구원 연구위원

2025년 8월 기준 국제수지는 경상수지의 대규모 흑자가 이어지고 있다. 2025년 8월까지 누계 기준 693억달러 흑자를 보이며 2024년 같은 기간(559억달러) 대비 흑자 규모가 크게 확대됐다. 이는 경상수지에서 가장 큰 부분을 차지하는 상품수지 호조가 큰 영향을 미친 것으로 판단된다.

상품수지의 경우 반도체 및 IT 경기 호조 지속, 미국 관세 부과 전 조기 선적 등으로 수출 실적이 당초 예상 대비 선방했다. 이런 가운데 저유가와 환율 하락 등에 따른 수입 감소로 흑자폭이 대폭 확대됐다. 2025년 8월까지 누계 기준 상품수지는 약 717억달러 흑자다. 이는 2024년 같은 기간 611억달러 대비 크게 증가한 수치로 나타났다.

서비스수지 측면에서는 적자 규모가 소폭 둔화했다. 운송수지 흑자 규모가 축소되었음에도 불구하고 여행수지 적자가 소폭 개선되면서 전체 서비스수지 적자 규모가 축소된 것으로 보인다. 여행수지의 경우 내국인 해외여행 수요가 꾸준히 이어지고 있으나, 외국인 관광객 유입이 늘어 여행 수입이 증가세를 지속하고 있다. 내국인 해외여행으로 인한 여행지급은 2025년 8월 누계 기준 전년 동기 대비 6.3% 증가에 그쳤으나, 외국인 관광객의 국내 유입에 따른 여행 수입은 22.5%로 크게 증가하면서 여행수지 적자 완화에 기여한 것으로 판단된다.

한편, 운송수지의 경우 2025년 8월 누계 기준 24억달러로, 2024년 같은 기간 31억달러 대비 흑자 규모가 소폭 축소된 것으로 나타났다. 운송수지 흑자 축소 배경에는 미국의 관

지표로 보는 한국 경제

세 리스크 회피 목적으로 선적 물량이 상반기에 집중되며 하반기 해상 물동량이 급감한 점이 작용한 것으로 판단된다. 이에 따라 주요 노선 해운 운임이 큰 폭으로 하락하면서 운송 수입이 감소했고 이에 따라 운송수지 흑자폭이 축소된 것으로 나타났다.

본원소득수지의 경우 내국인의 해외투자 확대에 따라 배당소득을 중심으로 흑자 규모가 크게 확대됐다. 2025년 8월 누계 기준 본원소득수지는 196억달러로, 2024년 같은 기간 130억달러 대비 흑자 규모가 확대된 것으로 나타났다. 마지막으로, 금융계정 측면에서는 대외 순자산 증가세가 이어지고 있다. 직접투자와 증권투자 모두 내국인의 해외투자가 외국인 국내투자 대비 증가하면서 2025년 8월까지 누계 기준 640억달러(순자산) 증가한 것으로 나타났다. 2024년 같은 기간 497억달러 대비 순자산 규모가 크게 늘었다.

美 관세 부과 영향 본격화…국제수지 악영향

2026년 경상수지는 미국 관세 부과 영향이 본격화하면서 상품수지를 중심으로 흑자 규모가 축소될 전망이다. 다만, 미국 관세 정책 자체에 대한 혼란이 지속되고 있고, 한미 관세 협상 후속 합의에 대한 불확실성이 높아 경상수지 전망이 불투명한 상황이다.

먼저, 상품수지의 경우 수출 경기 둔화가 본격화하면서 흑자 규모가 축소될 것으로 전망된다. 2026년 상품수지는 미약한 경기 회복세, 저유가 등 영향으로 상품 수입 증가세가 제한되는 한편, 상품 수출 부진이 이어지며 흑자폭은 다소 축소될 것으로 보인다. 2026

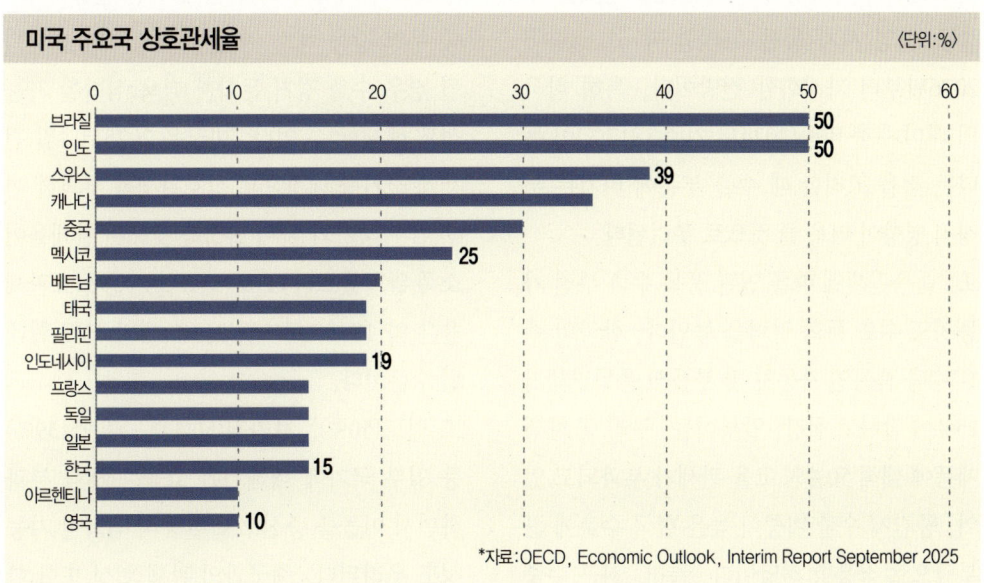

2026 매경대예측 115

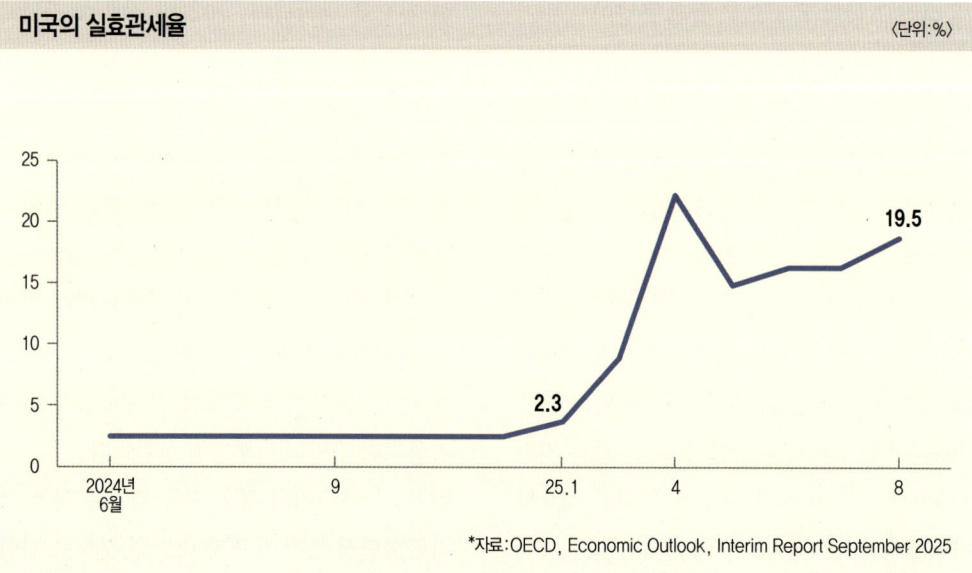

미국의 실효관세율 〈단위:%〉

*자료:OECD, Economic Outlook, Interim Report September 2025

넌 수출은 15%에 이르는 미국의 상호관세 부과 영향이 본격화하면서 대미 수출을 중심으로 감소세가 확대될 것으로 예상된다. 2025년 8월부터 부과되기 시작한 상호관세는 수출품 반영 시차 등을 고려할 때 그 영향이 2026년부터 가시화할 전망이다. 특히 한국의 대미 수출 비중(2024년 기준 18.7%)이 높다는 점을 고려할 때 수출 부문에 미치는 부정적 영향이 더욱 클 것으로 우려된다.

또, 품목관세에 따른 연관 품목 수출 부진 가능성도 수출 둔화 압력을 높인다. 한국의 주요 수출 품목인 자동차 및 부품의 품목관세가 15%에 달하고 철강, 알루미늄, 구리 및 파생제품에 대해 50%의 고율 관세가 부과되고 있어, 중간재 수출 비중이 높은 한국 수출에 큰 부담으로 작용할 전망이다. 특히, 최근 수출 호조를 견인했던 반도체에 대해서도 관세 부과 가능성이 높아 향후 수출 경기 하방 압력을 더욱 확대시킬 것으로 우려된다.

무엇보다 미국과 고율 관세국 간 갈등, 미·중 무역 갈등 해소 지연 등 리스크가 현실화될 경우 수출 경기 둔화가 더욱 심화할 가능성도 배제할 수 없다. 미국은 2025년 4월 전 세계 국가를 대상으로 상호관세를 부과한 이후 일부 국가와 관세 협정을 맺으며 관세율이 소폭 완화됐으나, 2025년 8월 기준 실효관세율은 약 19.5%로 1월 2.3% 대비 크게 확대된 수준이다.

또 인도(50%), 브라질(50%), 스위스(39%) 등 일부 국가에 대해서는 고율 관세를 부과하면서 이들을 중심으로 갈등이 심화할 가능성도 우려된다. 중국과의 관세 협상 또한 합의가 지연되며 수출 경기 불확실성을 더욱 키우고 있다. 미국과 중국은 관세 유예 조치를 연장하며 협상을 지속 중이나, 기술이전, 전략 자원 등 쟁점에 대한 합의에 이르지 못해 여전히 미해결 상태로 남아 있다. 만약, 미국이 추가 관세 강화 방향으로 선회하거나 중국의 보복 조치가 재점화하는 경우 전반적인 무역 환경 악화는 물론, 한국의 가장 큰 수출 대상국인 대중 수출도 부정적인 영향이 불가피하다.

한편, 지정학적 리스크는 2026년에도 여전히 지속될 것으로 우려된다. 최근 트럼프 미 대통령은 네타냐후 이스라엘 총리와 가자지구 전쟁 종식을 위한 평화 구상안에 합의했으나, 하마스 측 무장 해제 등을 포함하고 있어 실질 이행 여부는 불확실하다.

또, 러시아-우크라이나 전쟁 관련 양측 공세 강화, EU의 대러 제재 확대 조치 등이 시행돼 2026년에도 무역 불확실성을 키우는 요인이 될 것으로 보인다.

K콘텐츠 흥행으로 여행수지 적자 규모 줄 듯

서비스수지의 경우, 내국인의 해외여행 수요가 평년 수준을 유지하는 가운데, 외국인 관광객의 국내 여행 증가로 여행수지 적자 규모가 축소될 전망이다. 특히, 전 세계적인 K-콘텐츠 흥행과 한국 문화에 대한 관심 확산으로 방한 수요가 크게 늘어나고 있다. 중국인 관광객에 대해서도 2026년 상반기까지 무비자 입국이 허용돼 외국인 관광객 확대 추세는 상당 기간 지속될 것으로 예상된다. 반면, 운송수지의 경우 해운 운임 하락세가 이어지며 흑자 규모가 큰 폭 축소될 것으로 예상된다. 미국의 관세 부과로 글로벌 교역 둔화가 장기화하면서 물동량 감소세가 지속될 것으로 전망된다. 이에 따라 해운 운임이 단기간 반등하기는 어려울 전망이다.

이외 본원소득수지의 경우 배당소득을 중심으로 높은 수준의 흑자를 이어갈 전망이다. 내국인의 해외증권 투자 기조가 강화됨에 따라 대외투자 증가세가 지속될 것으로 보인다. 다만, 정부의 자본 시장 활성화 정책과 주주친화 정책 기조가 이어지며 외국인 투자자 유입도 확대될 것으로 전망돼 흑자 규모가 다소 축소될 가능성도 상존한다.

금융계정 측면에서도 대외 순자산 증가세가 이어질 것으로 예상된다. 국내 기업의 해외투자 확대 기조가 유지되며 해외증권 및 직접투자 중심으로 대외자산이 증가할 전망이다. 특히, 2026년 미국 금리 인하 재개가 본격화하며 해외투자 유인이 강화될 것으로 보인다. 또, 관세 협상 과정에서 기업의 전략적 대미 투자 확대 가능성이 높아지며, 직접투자 부문을 중심으로 대외투자가 한층 확대될 가능성도 있다. ■

고용

서비스업 '온기'·제조업 '한파'
겉은 맑은데 그 속엔 태풍이…

이진영 강원대 경제·정보통계학부 교수

2026년 한국의 고용 시장을 전망하는 것은 마치 짙은 안갯속을 헤쳐나가는 것과 같다. 각종 지표는 '완만한 개선'이라는 희망적인 신호를 보내지만, 그 이면을 한 꺼풀 벗겨보면 특정 업종에 기댄 위태로운 성장이자, 산업별 양극화가 심화하는 '불편한 진실'과 마주하게 된다. 서비스업이 고군분투하며 일자리를 창출하는 동안, 우리 경제의 허리인 제조업과 건설업의 한파는 장기화하며 '고용 양극화' 현상을 더욱 부채질할 것이란 분석이 지배적이다.

고령화 · 내수 회복…서비스업 독주

2025년 노동 시장은 서비스업이 사실상 홀로 이끌었다고 해도 과언이 아니다. 2025년 상반기 고용률은 1분기 61.8%, 2분기 63.5%를 기록하며 2020년 이후 꾸준한 상승세를 이어갔다. 취업자 수도 2024년 하반기보다 증가폭이 커지며 겉보기에는 양호한 흐름을 보였다. 이 성장의 중심에는 단연 '보건업 및 사회복지 서비스업'이 있었다. 이는 단순히 경기가 좋아 생긴 일시적 현상이 아니다. 우리 사회가 빠르게 늙어가면서 의료 및 복지 수요가 구조적으로, 그리고 폭발적으로 늘어난 덕분이다. 이 업종의 2025년 1월부터 8월까지 월별 취업자 수 증가폭은 최소 12만명에서 최대 30만명에 달했는데, 이는 전년의 5만~12만명 수준을 압도적으로 뛰어넘는 수치다.

여기에 전문, 과학 및 기술 서비스업과 교육 서비스업이 힘을 보태며 서비스업 중심의 고용 개선 흐름을 공고히 했다. 이런 흐름은

2026년에도 이어질 공산이 크다. 얼어붙었던 소비 심리가 풀리면서 나타나는 내수 회복세가 서비스업 고용에는 더없이 좋은 자양분이 되기 때문이다. 더불어, 전 세계적인 인공지능(AI) 인프라 투자 확대는 우리 경제의 핵심 동력인 반도체 경기에 긍정적 신호를 보내고 있다. 반도체 수출이 잘되면 기업 실적이 좋아지고, 이는 투자와 소비로 이어져 경제 전반에 온기를 불어넣는 선순환을 기대할 수 있다. 한국은행 역시 이런 소비 개선세와 양호한 수출을 근거로 2025년 연간 취업자 수와 고용률 전망치를 상향 조정한 바 있다.

식어가는 제조·건설업

하지만 동전의 뒷면은 싸늘하게 식어 있다. 건설업과 제조업, 그리고 농업·임업 및 어업은 2025년 고용 시장의 대표적인 부진 업종으로 꼽혔다. 특히 부동산 경기 침체의 직격탄을 맞은 건설업의 고용 부진은 2023년부터 이어져 더욱 심각해지는 양상이다. 2025년 1월부터 8월까지 건설업의 월평균 취업자 수 감소폭은 무려 14만명으로, 전년 같은 기간 평균 감소폭인 2만명의 7배에 달했다. 이는 단순히 건설 현장 노동자만의 문제가 아니다. 건설 자재를 납품하는 제조 업체부터 인테리어, 중개업에 이르기까지 전후방 산업 생태계 전체가 흔들리고 있다는 위험 신호다.

우리 경제의 뿌리인 제조업 고용 역시 대내외 불확실성의 파고를 넘지 못하고 2024년 3분기 이후 감소폭이 확대되는 추세다. 문제는 이런 산업의 부진이 이제 막 사회에 첫발을 내딛는 청년층의 일자리를 정조준한다는 점이다. 전통적으로 제조업과 건설업은 청년들에게 양질의 일자리를 공급하는 중요한 통로 역할을 해왔다. 하지만 이 통로가 좁아지다

업종별 취업자 수 증감 추이(2025년, 전년 동월 대비) 단위:천명

구분	1월	2월	3월	4월	5월	6월	7월	8월
가. 고용 부진 업종								
건설업(F)	-168	-168	-185	-150	-106	-97	-92	-132
농업, 임업 및 어업(A)	7	-19	-79	-135	-136	-142	-127	-138
제조업(C)	-56	-74	-113	-124	-67	-83	-78	-61
나. 고용 개선 업종								
보건업 및 사회복지 서비스업(Q)	119	193	212	217	232	216	262	303
전문, 과학 및 기술 서비스업(M)	98	79	37	114	117	102	91	31
교육 서비스업(P)	63	34	30	67	70	71	38	48

*2025년 기준 전년 동월 대비 취업자 수 감소폭이 가장 컸던 상위 3개 업종을 고용 부진 업종, 증가폭이 가장 컸던 상위 3개 업종을 고용 개선 업종이라 지칭 (1월부터 8월까지의 자료만 이용하여 산출)
*자료: 경제활동인구조사(통계청), 2025년 8월 고용 동향 보도자료 붙임 통계표

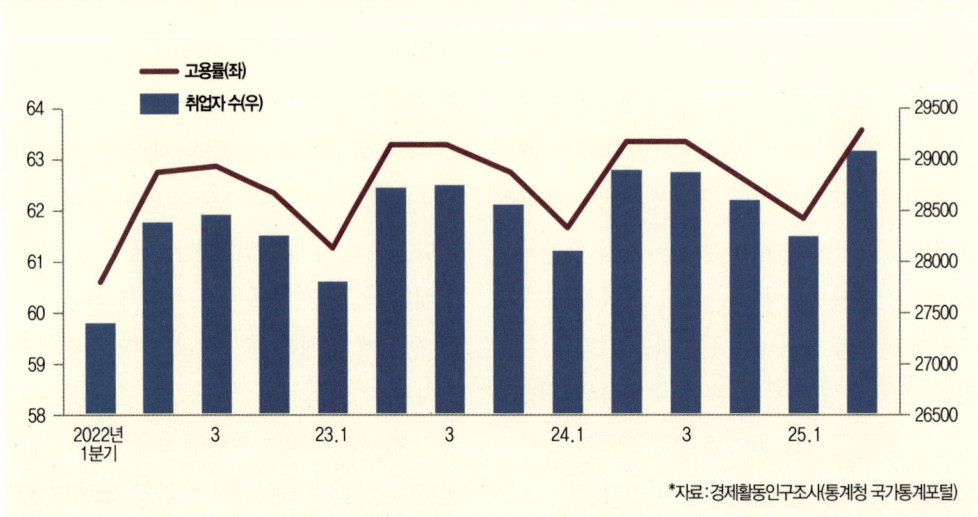

고용률·취업자 수 추이 〈단위:천명, %〉

*자료: 경제활동인구조사(통계청 국가통계포털)

못해 믹혀머리면서 청년들의 한숨은 깊어지고 있다. 실제로 2025년 청년 실업률은 1분기 6.8%, 2분기 6.7%로 모두 전년 동기 대비 상승하며 전체 실업률 지표와는 다른 방향으로 움직였다. 숫자는 괜찮아 보이는데, 청년들이 체감하는 고용 한파는 더 매서웠다는 의미다.

안갯속 2026년, 제한적 개선

이런 대내외 여건을 종합적으로 고려할 때, 2026년 우리 고용 시장은 '제한적인 수준의 개선'에 그칠 전망이다. 한국은행은 2026년 연간 취업자 수가 2025년보다 13만명 증가하고, 연간 고용률은 0.1%포인트 상승한 62.9%를 기록할 것으로 내다봤다. 분명 개선은 개선이지만, 그 폭이 너무 미미해 체감하기는 어려울 수 있다. 심지어 연간 실업률은 오히려 0.1%포인트 오른 2.9%에 이를 것으로 예측돼 고용의 질적 측면에서는 의문 부호가 남는다.

가장 큰 변수는 역시 우리가 통제할 수 없는 대외 리스크, 특히 미국발 통상 압박이다. 미국의 관세 정책으로 촉발된 글로벌 무역 갈등은 수출 의존도가 절대적인 우리 경제에 상당한 부담 요인으로 작용할 수밖에 없다. 국제통화기금(IMF) 역시 2024년 3.3%였던 세계 경제성장률이 2025년과 2026년에는 각각 3%, 3.1%로 둔화할 것으로 예측하며 경고등을 켰다.

결론적으로 2026년 고용 시장은 내수 회복과 반도체 경기라는 햇살과, 글로벌 경제 둔화 및 무역 갈등이라는 먹구름이 공존하는 형국

// 지표로 보는 한국 경제 //

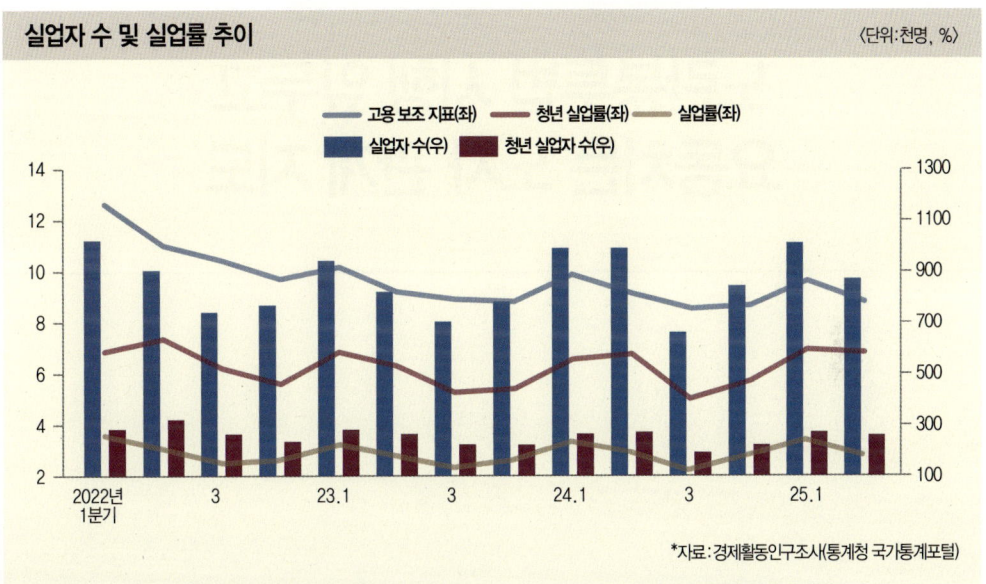

실업자 수 및 실업률 추이 〈단위: 천명, %〉

*자료: 경제활동인구조사(통계청 국가통계포털)

이 될 것이다. 지표상 완만한 회복세 뒤에 가려진 산업 간 불균형이라는 구조적 문제를 직시해야 한다. 서비스업 중심의 성장이 언제까지 이어질 수 있을지 장담할 수 없는 만큼, 제조업 등 주력 산업의 경쟁력을 강화하고 고용 충격을 완화할 근본적인 해법 마련이 그 어느 때보다 시급한 시점이다. ■

노사 관계

노란봉투법 시행 앞두고 요동치는 노사 관계 지도

정흥준 서울과학기술대 경영학과 교수

글로벌 경제위기 당시 정규직과 비정규직, 대기업과 중소기업으로 나뉘어 임금·복지 격차가 벌어질 무렵부터 한국에서는 비정규직 처우 개선과 노동 시장 이중 구조에 따른 차별 완화가 주된 사회적 과제 중 하나로 꼽혀왔다.

그로부터 다시 20년 가까운 세월이 흘렀지만, 아직 노동 시장 차별이 실질적으로 완화됐다고 보기 어렵다. 오히려 노사 간 논리적 공방은 더 치열해졌다. 경영계는 해고를 자유롭게 하고 근무 시간을 유연하게 하는 등 노동 시장 유연화를 통해 이중 구조를 완화하고 기업 경쟁력을 강화해야 한다고 주장하는 반면, 노동계는 노동 존중과 노동기본권 보장을 통해 차별을 줄여야 한다며 상반된 입장을 보이고 있다.

노사 간 이해가 달라 평행선을 유지하는 상황에서 정부가 어떤 태도를 보이느냐가 더욱 중요해졌다. 한국 노사 관계는 역사적으로 어떤 정부가 집권하는지에 따라 큰 변화를 겪기 때문이다.

예를 들어, 2012년 이명박정부와 뒤이은 박근혜정부 등 보수 정권 시기에는 노동이 경제 성장을 위한 '디딤돌'로 여겨졌고, 정부는 노동 시장 유연화 정책을 강조하며 노동권 양보를 요구했다. 2017년 문재인정부에 들어서는 '노동이 존중받는 사회'가 국정 과제로 떠올랐고, 코로나19 팬데믹은 사회 안전망 강화의 계기가 됐다. 그러나 다시 보수 정권인 윤석열정부가 집권하면서 반(反)노동 정책이 추진됐다. 이 시기에는 진보·보수 정권을 막론하고 비교적 안정적으로 유지되던 대통령 직속 사회적 대화기구 '경사노위'마저 제 기능을 상실했다. 윤석열정부가 중도 퇴진하고 이재명정부가 새롭게 출범하면서 '경제와 노동이 분리되거나 경쟁하지 않는다'는 새로운 철학이 실험되고 있다. 노사 간 힘겨루기 속에서 정권 교체 때마다 노동 정책이 한 극단에서 다른 극단으로 출렁인 셈이다.

2025년 노사 관계 평가

2025년 노사는 정치적 격동기를 맞이했고 노사 간 교섭은 크게 주목받지 못했다. 2024년 12월 14일 윤석열 대통령이 국회에서 탄핵돼 2025년 6월 4일 대통령이 정해지기 전까지 민주노총과 한국노총 양 노총은 거리에 천막을 치고 윤석열 대통령 탄핵을 위해 투쟁했다. 2025년 4월 4일 윤석열 대통령이 탄핵되면서 대통령 선거가 시작됐는데, 이때 한국노총은 처음으로 민주당과의 정책연대를 넘어 공동선대본에 참여하는 조직적 선거를 치르게 된다. 6월까지 대통령 선거가 진행되면서 2025년 상반기가 흘러가버렸다.

이재명 대통령 당선 이후 노동 정책은 이전과 확연히 다른 상황을 맞이하고 있다. 새 정부의 노동 정책이 산업 안전이나 임금 체불 등 일하는 국민의 현실 생활에 맞닿아 있는 정책을 강조하면서 노동 기초 질서에 대한 관심이 늘어났다. 안전에 취약하고 임금 체불로 피해받는 노동자가 비정규직이나 하청 또는 소규모 사업장 내 노동자들이기 때문에 그동안 정부도 관심이 적었고, 노동조합도 이들을 조합원으로 조직하지 못해 보호의 사각지대에 놓여 있었는데, 이를 정부의 중심 과제로 세운 것이다. 정부는 근로감독관 대폭 증원 등 인프라 구축과 함께 산업안전 규제를 강화하면서 고용주는 사고를 예방하기 위한 실질적인 노력을 기울이고 있다.

또 다른 큰 변화 중 하나는 노조법 2·3조, 일명 '노란봉투법' 개정이다. 노조법 2조는 원청이 하청이나 1인 도급 노동자의 노동 조건에 실질적인 영향을 미치고 있다면 교섭에 응할 의무를 부여한 것이고, 노조법 3조는 불법파업에 대한 손해배상을 유지하되, 배상 책임을 노조 내 지위, 불법파업에 대한 실질적 관여 정도 등을 객관적으로 평가해 배상해야 한다는 내용이다. 이 법은 윤석열정부 때 국회 본회의를 두 번이나 통과했으나 윤석열 전 대통령이 거부권을 행사해 무력화된 법이었다. 노조법이 개정되고 6개월 경과 기간이 지나 2026년 3월 10일 이후 원청 중 일부는 하도급 관계의 노동조합과 교섭 의무를 가질 수 있게 됐다. 직접 교섭에 대한 부담 없이 하도급을 활용해온 고용주들은 인건비 증가 등을 걱정하는 상황이 됐고, 하청노동자들은 실질적 사용자인 원청과 교섭을 할 수 있어 처우 개선을 기대하는 분위기다.

이재명정부는 집권 이후 노사 간 갈등이 사회적 쟁점으로 부각된 사례는 아직 많지 않다. 보건의료, 공공부문, 현대자동차, 금융노조

2025년 8월 24일 국회 본회의에서 노란봉투법(노동조합 및 노동관계조정법 일부개정법률안)이 통과되는 모습. (연합뉴스)

등이 파업했으나 교섭을 통해 빠르게 합의에 이르렀다. 장기 농성 중이던 한화오션 비정규직과 세계 최장기로 기록된 구미 한국옵티칼하이테크 해고 노동자 농성도 마무리됐다. 이러한 분위기 덕분인지 정부를 상대로 한 노동조합의 비판적 목소리도 다른 정부 때와 비교하면 상대적으로 적은 편이었다. 이에 비해 사용자단체는 노조법 개정에 따른 부담이 크다며 이를 보완하는 입법을 요구했고, 일부 언론도 노란봉투법을 비판적으로 다뤘지만 국민적 반향을 일으키지는 못해 시행이 내년 3월로 확정되는 상황이다.

정부는 노조법 개정 외에도 정년 연장, 주 4.5일제, 5인 미만 사업장 노동자의 노동관계법 적용과 같은 노동 정책을 추진 중이라 이에 대한 새로운 논쟁도 이어지고 있다.

2026년 노사 관계 전망

2026년 노사 관계를 전망해보자.

첫째, 정부나 국회를 중심으로 하는 사회적 대화가 활성화될 전망이다. 2026년 3월이면 노란봉투법이 전면 시행돼 현장 내 다양한 이견이 표출될 것으로 예상되기 때문이다. 국회에서 논의 중인 정년 연장도 사회적 논의가 필요한 사안이다. 정년 연장은 빠르면 2025년 말, 늦어도 2026년에는 방향이 정해질 가능성이 크다. 정년 연장은 정년과 동떨어진 국민연금 수급 연령과 노인 빈곤 등을 고려할 때 도입 필요성이 크지만, 기업 입장에서는 인건비 부담과 생산성에 대한 걱정이 크다. 따라서 정년 연장과 함께 새로운 임금 기준이나 일하는 방식에 대한 사회적 논의를 통한 해법이 필요하다. 최근 민주노총은 국회를 사회적 대화에 참여시키는 결정을 내린 바 있는데, 민주노총의 사회적 대화기구 참여 논의가 활발해질 것으로 보인다.

둘째, 법의 보호를 받지 못하는 특수고용직, 플랫폼 노동자·프리랜서와 같은 새로운 유형의 노동자를 보호하는 다양한 정책이 중심이 될 것이다. 특수고용직의 경우 근로자추정제도가 도입돼 분쟁이 발생할 경우 일단 근로자로 추정하고 반증은 사용자가 해야 한다. 특수고용직, 플랫폼 노동자와 프리랜서의 인권을 보호하기 위한 일터권리보장법도 입법 가능성이 크다. 마지막으로 이들의 사회 안전망을 위해 실업보험과 고용보험이 대폭 확대될 예정이다. 이러한 일련의 정책들은 특수고용직, 플랫폼 노동자, 프리랜서 입장에서는 보호가 두터워지기 때문에 긍정적이지만 기업은 업무 규칙을 준수해야 하고 추가 부담이 발생할 수 있어 기업과 정부 간 적잖은 갈등이 예상된다.

셋째, 사업장 내 노사 갈등보다 노동 정책을 둘러싼 산업 내 갈등이 커질 것이다. 사업장 수준에서 다루게 되는 임금과 정리해고 등은 예년 수준과 크게 차이가 없을 것으로 보인다. 처우 개선을 위해 파업 등이 있을 수 있지만 회사의 지불 능력 등을 고려해 결정될 것으로 보인다. 대신 정부가 새로운 노동 정책들을 추진 중이고, 노사 관계도 초기업 단위 교섭이 활성화되면서 논의 의제 초점이 사회적 노동 의제에 맞춰질 가능성이 크다.

이 경우 정부 역할이 중요한데, 2026년 주목해야 할 정치 일정이 6월 3일 지자체 선거다. 정부는 지자체 선거를 고려해 국민이 체감할 수 있는 노동 정책을 우선 추진할 것으로 보이며, 지자체 선거 결과에 따라 행정부가 지금보다 강력한 추진 동력을 확보할지, 아니면 상승세의 동력이 꺾일지 결정될 것이다.

마지막으로 2026년 노사 관계는 노동 시장 내 격차를 완화하는 계기를 만들 수 있을지 평가받는 해가 될 것이다. 많은 정부 정책이 하청, 소규모 사업장의 노동자, 특수고용직과 플랫폼 노동자, 프리랜서 등 1인 도급 노동자에 초점이 맞춰져 있고, '동일 노동 동일 임금'도 강조하고 있기 때문이다. 정부가 계획한 정책이 2026년 안정적으로 안착한다면 노동 시장 내 불합리한 격차가 완화되는 계기가 될 것이다. 그러나 이는 현재로서는 장담하기가 어려운데 다양한 현실적 어려움이 존재해서다. 예를 들어, 기업은 일상화된 경제위기 상황에서 기업 부담을 하소연할 수 있고, 정부도 막대한 예산이 투입되는 정책이기 때문에 사회 전반에 미치는 효과를 따져 우선순위를 정하다 보면 일부 정책은 애초 의도대로 추진되지 못할 수 있다.

따라서 정부 계획대로 노동 시장 이중 구조를 완화할 수 있을지는 사용자의 반발 정도와 정부의 추진 동력, 그리고 노동조합의 협조 수준까지 노사 관계 행위자들의 전략적 의사 결정에 따라 달라지는 해가 될 것이다. ■

가계부채 · 재정수지

가계부채 얼마나 늘었기에 재정건전성 논란 가열

주원 현대경제연구원 경제연구실장

우리나라 가계부채 규모는 2024년 말 약 1925조9000억원에서 2025년 말에는 전년 대비 약 3%(2025년 상반기 증가율을 적용) 정도 증가해, 2025년 연간 기준으로는 1980조원 내외가 될 것으로 추정된다. 최근 가계부채 증가율을 보면 2022년 0.2%, 2023년 1%, 2024년 2.1%에서 조금씩 높아지는 중이다. 이는 부동산 시장이 강하지는 않지만 회복 조짐을 보이고 있기 때문으로 판단된다. 가계부채 중 주택담보대출은 2024년 말 1123조8000억원에서 2025년 상반기 1148조2000억원으로 크게 증가한 반면, 기타 대출은 같은 기간 681조7000억원에서 684조4000억원으로 소폭 늘어나는 데 그쳤다. 여신전문사나 판매사로부터의 신용구매와 같은 판매신용 부문은 같은 기간 120조4000억원에서 120조2000억원으로 오히려 감소했다.

2025년 재정수지는 2024년보다 크게 악화됐다. 우선 이전 정부에서 만들어진 본예산 규모만으로 볼 때 재정지출은 2024년 656조6000억원에서 2025년 673조3000억원으로 2.5% 증가하는 데 그쳤으나, 재정수입은 2024년 612조2000억원에서 2025년 651조6000억원으로 6.4%나 늘려 잡았다.

이에 따라 이전 정부의 계획대로라면 2025년 통합재정수지는 21조7000억원 적자로 국내총생산(GDP · Gross Domestic Product) 대비 비율은 2024년 ▲1.8%에서 2025년 ▲0.8%로 개선되는 모습이었다. 그러나 2025년 들어 국내 정치 불확실성과 트럼프노믹스로 대변되는 대외 통상 불확실성 급증으로 경제 심리가 위축되면서 내수 침체가 심각한 상황에 처해졌다.

// 지표로 보는 한국 경제 //

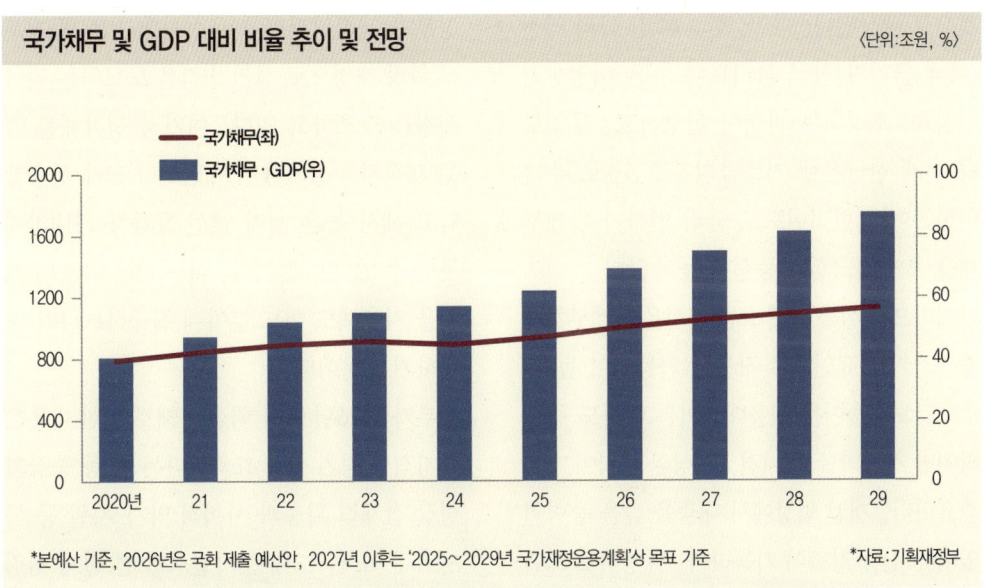

국가채무 및 GDP 대비 비율 추이 및 전망 〈단위:조원, %〉

*본예산 기준, 2026년은 국회 제출 예산안, 2027년 이후는 '2025~2029년 국가재정운용계획'상 목표 기준
*자료: 기획재정부

이에 두 차례에 걸친 추가경정예산이 편성되면서 최종 2025년 재정지출은 703조3000억원으로 전년 대비 7.1% 증가했고 재정수입은 642조4000억원으로 전년 대비 4.9% 증가하는 것으로 수정됐다. 또, 2025년 통합재정수지 적자는 60조8000억원으로 GDP 대비 ▲2.3%로 악화됐고, 국가채무는 본예산 기준 1273조3000억원에서 추경 기준 1301조9000억원으로 늘어 GDP 대비 비율은 49.1%에 달하게 됐다.

2026년 가계부채 핵심 변수는 부동산 시장

2026년 가계부채에 영향을 미치는 가장 큰 변수는 금리보다는 부동산 시장이라고 판단된다. 2020년 1분기부터 2025년 2분기까지 전체 가계부채는 341조원이 증가했는데 이 가운데 주택담보대출은 같은 기간 290조원이 증가해 가계부채 증가 속도의 85%를 주택담보대출이 주도했다. 2025년 상반기 말 기준 주택담보대출은 전체 가계부채의 58.8%를 차지한다. 주택담보대출의 높은 수준이 여전히 부담이기 때문에, 2026년에도 부동산 시장에 대한 대출 규제가 강화되면 강화되었지 완화될 가능성은 높지 않아 보인다. 특히 현 정부는 부동산 시장을 비생산적인 부문으로 규정하고 이에 대한 자본 집중을 막고자 하는 경향이 뚜렷하다. 반면, 금리 인하 기조는 가계부채를 증가시키는 요인으로 작용할 것이다. 미국 중앙은행인 연준(연방준비제도이사회·FED·Board of Governors of the Federal Reserve System)의 통화정책 방향이 보다 완화적으로 전환될 가능성이 높다. 이는 국내 시장 금리 하락을 유발할 것으로 예상된다. 다만, 한·미 간 금리 역전(미국 금리가 한국 금리보다 높은 비정상적 현상)이 조정되는 과정이 필요하고, 무엇보다 현재 한국은행 기준금리가 2.5%로 추가 인하폭이 제한적이므로 금리 인하가 가계부채를 크게 자극할 가능성은 높지 않다.

마지막으로 실물 경제 흐름 개선은 가계부채를 증가시키는 요인으로 작용할 가능성이 높다. 주택담보대출이든 신용대출이든 이자도 중요하지만 자신의 소득 여건, 즉 상환 능력이 가장 중요하다. 개인 입장에서 대출을 갚을 능력이 있어야 신용 창출이 가능하다. 다행히 2026년 한국 경제가 2025년보다는 개선되는 방향일 가능성이 높아 가계의 구매력을 훼손하지 않고도 대출 시장이 활성화될 수 있는 여건은 조성될 것이라 판단된다. 다만, 스트레스 총부채원리금상환비율(DSR·Debt Service Ratio)이 강화되는 추세이기 때문에, 추가적인 신용대출이 크게 일어나기는 어려워 보인다. 반면, 소득 여건 개선과 시장 금리 하락으로 신용카드 사용액이나 할부 금융은 증가폭이 확대될 여지가 있다.

2026년 재정적자 확대로 국가채무도 급증

기획재정부가 국회에 제출한 예산안을 보면 2026년 총지출 규모는 728조원으로, 2025년 본예산 총지출 규모인 673조3000억원 대비 54조7000억원, 8.1% 증가한 규모다. 이는 이전 정부가 전년 대비 2%대 낮은 증가율로 예산을 편성했던 것과 대조적이다. 즉, 이전 정부가 재정건전성을 우선시했다면 새 정부는 확장 재정으로 경기 진작을 도모하는 적극 재정을 강조하고 있다. 여기서 생각해볼 것은 재정지출 증가율이 예년보다 크게 상승했다고 해서 높은 경기 개선 효과를 기대하지 못할 수 있다는 점이다. 이는 같은 규모의 재원을 지출해도 어느 분야에 집중하느냐가 중요하기 때문이다.

정부가 2026년 예산 핵심 과제로 밝힌 내용은 단기적인 경기 진작 효과보다는 AI 등 중장기 성장 잠재력 확충과 사회적 약자 지원 등 복지 부문이다. 12대 분야별로 보면 전체 재정지출 증가율 8.1%보다 높은 증가율을 보이는 분야가 R&D(전년 대비 19.3%), 산업·중소기업·에너지(14.7%) 등이다. 단기 효과가 큰 SOC는 7.9%로 총지출 증가율과 비슷한 확장 수준을 보이고 있으며, 분배 분야로 분류될 수 있는 보건·복지·고용 예산도 전년 대비 8.2%로 총지출 증가율과 비슷하다. 이렇게만 놓고 봤을 때는 성장과 복지 어느 한쪽으로 치우쳤다고 말하기는 어렵다.

한편, 재정수입(총수입)은 2025년 651조6000억원에서 2026년 674조2000억원으로 약 22조6000억원의 세수입이 더 걷히는 것으로 계획하고 있다. 2026년 경제성장률이 2025년보다 크게 반등할 가능성이 높기 때문에 이러한 세수 전망은 무리한 수준은 아니다.

총지출과 총수입 계획대로면 통합재정수지 규모는 2025년 21조7000억원(2차 추정 기준

지표로 보는 한국 경제

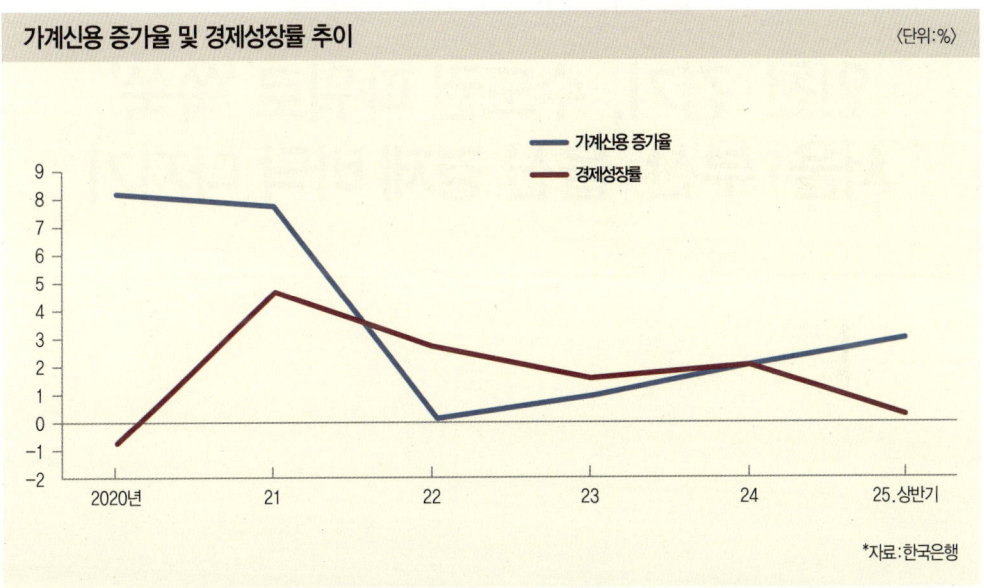

가계신용 증가율 및 경제성장률 추이 〈단위:%〉
*자료: 한국은행

60조8000억원) 적자에서 2026년 53조8000억원 적자로 그 폭이 크게 확대된다. 이에 따라 재정수지의 GDP 대비 비율은 본예산 기준 2025년 ▲0.8%에서 2026년에 ▲2%에 달할 것으로 보인다. 재정 정책에서 재정지출을 크게 늘려 재정수지 적자를 확대하는 것은 경기 친화적으로 평가된다. 반면, 동시에 재정건전성은 악화될 수밖에 없다. 양날의 검이다. 경기를 진작시키려면 건전성을 일정 부분 포기해야 하는 선택의 문제다.

재정적자가 확대되면서 국가채무도 급증한다. 국가채무는 2025년 1273조3000억원(2차 추경 기준 1301조9000억원)에서 2026년 1415조2000억원으로 본예산 기준 141조8000억원이 증가한다. 이에 따라 국가채무 GDP 비율은 본예산 기준 2025년 48.1%에서 2026년 사상 처음 50%를 돌파한 51.6%에 달할 것으로 예상된다. 이는 지난 2020년 국가채무 비율이 5.7%포인트(2019년 35.4%에서 2020년 41.1%) 급증했던 사례 이후 최대폭 상승이다. 2020년은 코로나 팬데믹이라는 매우 특수한 상황이었던 점을 고려한다면, 2026년에 크게 악화되는 건전성은 향후 시장의 치열한 논쟁거리가 될 전망이다. 특히, 정부가 발표한 '2025~2029년 국가재정운용계획'상 국가채무 비율은 2029년 58%까지 올라갈 것을 계획하고 있다. 아직은 70~80% 수준인 선진국 채무비율보다 양호하다. 다만, 대부분 선진국이 기축통화국에 준하는 금융 파워를 가지고 있는 반면, 우리 원화는 아직 국제화가 안 되었다는 점을 고려한다면 어느 선에서 건전성 악화를 막아야 할지 고민해야 할 시점이다. ■

지역 경제

인천·경기, 수도권 파워로 '쑥쑥'
서울·부산·울산 경제 바닥 다지기

이영달 뉴욕시립대 교수(전 한국시도지사협의회 사무총장)

수도권·서울 쏠림 현상이 짙은 가운데 2026년 지역 경제 전망도 녹록지 않을 것으로 전망된다. 다만 모든 지역이 어려움을 겪지는 않을 것으로 보인다. 인천, 경기, 제주, 세종과 같이 전반적으로 호황이 기대되는 지역이 있는가 하면, 지역 내 주력 산업의 쇠퇴로 어려움에서 헤어나오지 못하는 지자체도 여럿이다.

각 지역의 2026년도 전망을 확인하기 위해 지역경제점수와 지역산업점수 지표를 활용했다. 지역경제점수는 한 지역의 소득·고용·인구구조를 중심으로 경제 성과 수준을 종합적으로 나타내는 수치다. 경제활동인구비율, 1인당 지역내총생산(GRDP), 고령인구 비율 등이 주요 구성 요소로, 지역의 '경제적 건강 상태'를 보여주다. 역산업점수는 산업의 성장 속도와 확장성을 나타내는 선행 지표다. 사업체 수와 종사자 수의 증가율, 제조업 생산지수 성장률 등을 바탕으로 지역 산업의 성장동력을 계량화한다.

지역별로 경제성과 산업성 점수를 분석해 크게 4가지로 분류했다. 고경제·고산업형, 고경제·저산업형, 저경제·고산업형, 저경제·저산업형이다.

고경제·고산업형: 인천, 경기
경제 지표, 산업 활동성 모두 양호

고경제·고산업형 지역은 산업 성장과 경제 성과가 동조하는 형태로 가는 지자체다. 산업 기반이 견조해 2026년은 물론 중·장기적으로 안정적 성장세를 유지할 가능성이 높은 유형이다. 반도체, 바이오, IT 등 현재 한국

인천 남동국가산업단지 전경. (한국산업단지공단 제공)

주력 산업 사업장이 위치한 인천과 경기도가 해당했다. 두 지역은 공통적으로 산업 성장의 고도화가 경제 성과로 빠르게 확산되는 '동조형 성장 메커니즘'을 보여준다.

인천은 서울 관문 항구 역할로 전국 최고 수준의 산업 역동성을 유지하고 있다. 제조·물류·첨단서비스 산업의 다핵 구조가 경제 활동 전반에 긍정적 파급효과를 창출할 것으로 보인다. 바이오를 비롯한 유망 산업이 인천 성장을 이끌고 있다. 지역 산업의 활성화는 추후 경제 지표의 추가 상승으로 전이될 가능성이 높다. 2026년에도 높은 성장세를 유지하는 지역이 될 것이다.

경기도는 2023~2024년 주요 경제 지표가 급격히 상승한 이후 2025년 소폭 조정을 거쳤다. 경제 지표 하락은 일시적 하락세다. 2025년 경기도 지역 내 산업이 반등했다. 2026년 경제 지표에 시차적 긍정적인 효과를 가져올 가능성이 높다. 수도권 제조업·IT 산업의 회복세와 서비스업 확장이 결합되면서 지역 경제는 상당히 활성화된 양상을 띨 것으로 예상된다.

고경제·저산업형: 제주, 충남, 충북, 세종

고경제·저산업형은 당장의 경제 수준은 전국 평균을 웃돌지만, 산업 성장의 동력이 상대적으로 약화된 지역이다. 쉽게 말하면 지역 내 주력 산업이 굳건하지만, 미래 먹거리를 아직 제대로 발굴하지 못한 지자체라고 이해하면 쉽다. 주로 관광 소비를 비롯한 서비스업이 발달한 지자체가 이와 같은 형태를 보인다. 서비스업은 첨단 제조업과 달리 탄탄한 성장 기반이 빈약하기 때문에 한계가 있다.

제주도는 2026년 경제성장률 예상치가 높다. 유커 관광객 확대로 도내 카지노, 호텔업 등 관광업이 활기를 띠는 덕분이다. 예상 연 경제성장률이 4.2%에 달한다. 다만 변수가 많다. 제주도 주력 산업인 관광업과 서비스업은 경기에 많은 영향을 받는다. 특히 제주도 관광의 주요 소비자는 중국인 관광객이다. 2025년까지는 제주도만 무비자가 허용돼서 특수를 누렸지만 2025년 하반기부터 무비자가 전국으로 확대됐다. 타 지역과의 경쟁이란 변수를 이겨내야 한다.

충북은 오송, 충주, 청주 등에 위치한 제조업 단지가 지역 경제를 공고히 받친다. 2026년에도 안정적인 성장세를 이어갈 전망이다. 다만, 산업 역동성은 많이 떨어진 상태다. 반도체·2차전지 중심의 첨단 제조업으로 변화를 준비 중이다. 이들 산업 성장의 과실이 경제 수준 상승으로 이어지게 만드는 전략을 짜야 한다.

충남은 2026년 단기적으로 보면 양호한 경제 성장률을 보일 전망이다. 문제는 도내 핵심 산업 상황이 심상찮다는 점이다. 당진의 철강, 대산 석유화학·아산의 디스플레이 등 중심 산업 성장성이 다소 떨어진다. 주력 산업 역동성이 떨어진 가운데 산업 기반 다층화의 필요성이 대두될 해가 될 것이다. 중장기 성장 지속성의 관건이다.

세종시는 행정수도 기능과 공공서비스 중심의 구조로 인해 2026년에도 경제 수준 상단 유지 가능성이 높다. 다만 성장 속도는 완만히 둔화될 가능성이 있다.

저경제·고산업형: 광주, 경남, 대구

저경제·고산업형 도시는 한마디로 말하면 '유망주형' 경제 체제를 갖췄다. 현재 경제 수준은 낮으나 지역 내 주력 산업이 빠르게 성장하는 곳이다. 이러한 지역들은 "산업 성장의 과실이 시차를 두고 경제 회복으로 전이되는 구조"를 가진다.

광주시는 2025년 자동차·에너지·AI 기반 제조 클러스터의 성장세가 뚜렷하다. 2026년 각종 경제 지표 회복 효과가 나타날 것으로 보인다. 오랜 기간 침체를 겪었던 경남 지역의 전망도 밝다. 경남 핵심 산업인 조선업이 2024년부터 수주 랠리를 타고 성장하고 있다. 조선업 지표 개선으로 인한 낙수 효과가 2026년 본격화될 전망이다.

대구는 미래차·의료기기·로봇 등 전략 산업이 성장 궤도에 올라섰다. 지역 경제가 점진적인 경제 개선 국면에 진입한 것으로 보인다. 2026년에는 산업 성장의 후행 효과가 본격적으로 경제 지표에 반영될 가능성이 있다.

세 지역은 산업이 경제를 '끌어올리는 구조적 역전 구간'에 접어들었다. 단기적으로는 경제 지표가 낮은 수준에 머물지만, 산업의

// 지표로 보는 한국 경제 //

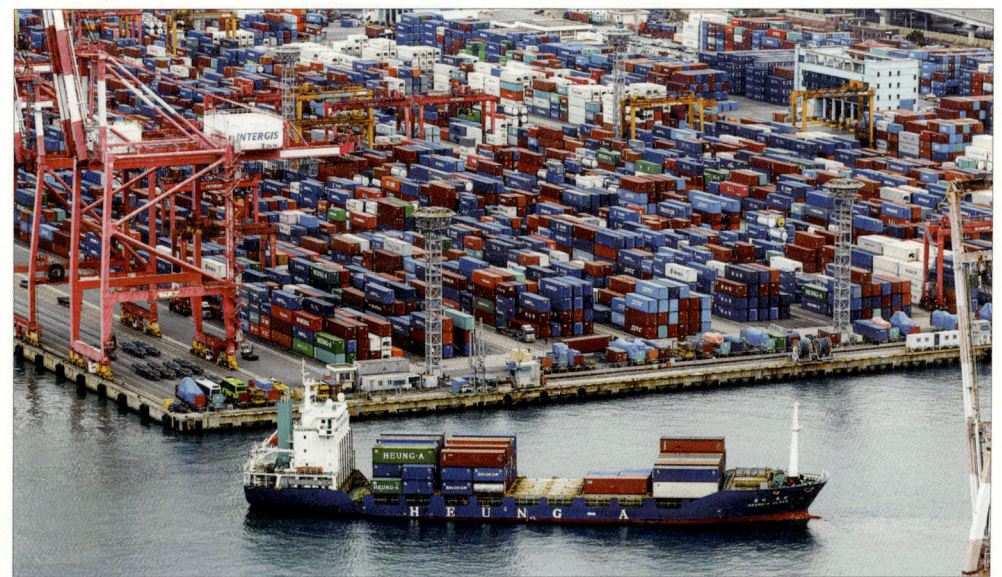

부산은 저산업, 저경제형 지자체로 나타났다. 2026년은 지역 경기 회복을 위해 바닥을 다지는 시간을 보낼 것으로 전망한다. 사진은 부산항 전경.
(매경DB)

성장세가 뚜렷이 관측되므로 "선행적 산업 성장에서 시차적 경제 확장"이라는 전환이 기대된다.

저경제 · 저산업형: 서울, 부산, 울산, 강원, 경북, 전남, 전북, 대전

경제성과 산업활동이 모두 전국 평균을 밑도는 산업 구조를 지닌 도시다. 2026년 경기 침체를 피하기 힘든 도시다. 이들 지역은 구조 전환과 체질 개선이 핵심 과제다. 경제적 활력이 약화되고 산업 동력 또한 제한적인 상황에서, 단기적 경기 부양보다는 산업 구조의 근본적 개편, 혁신 생태계의 재설계, 생산 역량의 재조정이 필요하다. 2026년은 이들 지역이 경기 저점에서 '바닥 다지기' 국면에 진입하는 해로 전망된다.

수도 서울은 경제와 산업이 동시에 하락세를 보인다. 2026년에도 정체 또는 완만한 하락 국면이 이어질 가능성이 있다. 특히 산업점수가 2025년 대비 11% 넘게 하락할 것으로 보인다. 제조업이 부재한 서비스 중심 구조의 한계가 명백하다.

부산 · 울산 · 대전 · 전남 · 전북 · 강원은 2026년 지역 경제 지표와 산업 역동성 모두 2025년 수준을 유지할 것으로 보인다. 이들 지역은 2026년 정체에서 재도약으로 전환하기 위한 '구조 전이의 출발점'에 놓여 있다. 산업의 재구성과 경제 생태계의 재정렬이 이루어진다면, 이들 지역은 2027~2028년 이후 경제가 반등할 확률이 높다. ■

글로벌 교역(FTA)

FTA 정책 내실 다지는 전환기 협력국 확대 전략 변화 없다?

금혜윤 대외경제정책연구원 선임연구원

2025년은 우리나라 통상 정책이 보호무역 기조 확산 속 복합적인 조정기를 맞은 해로 평가할 수 있다. 트럼프 2기 행정부 출범 후 미국 관세 정책 강화와 미·중 기술 패권 경쟁 장기화로 세계 통상 환경은 불확실성이 높아졌다. 이러한 여건 속 우리나라는 자유무역협정(FTA)을 공급망 안정, 자원 확보, 디지털 규범 선도를 위한 핵심 정책 수단으로 활용했다.

다만 FTA 정책의 실질적 성과와 한계가 공존했다. 네트워크는 확대됐지만 새롭게 발효된 협정은 없었다. 디지털 통상협정 타결이라는 성과에도 제도 이행 측면에서 과제를 남겼다. 한미 FTA 실효성은 시험대에 올랐다. 이에 우리나라는 중동과 신흥국 협상을 강화하는 방향으로 중장기적 협력의 토대를 마련했다.

2026년은 FTA 정책 내실을 다지는 전환점이 될 전망이다. 글로벌 보호무역주의가 여전히 강세를 보이는 가운데, 우리나라는 협상 확대보다 이행·활용 중심 전략으로 방향을 조정할 필요가 있다. 특히 이행, 분쟁 대응, 산업 연계 정책 강화가 중요하다. 통상 정책의 외연 확대보다 질적 내실과 정책 일관성에 초점을 맞춰야 한다.

신흥 시장으로 외연 확장 박차
선진국 중심 수출 구조 보완

2025년 우리나라는 FTA 외연을 신흥 시장으로 더욱 넓히며 새로운 돌파구를 모색했다. 정부는 아프리카, 남아시아, 아세안, 중남미를 대상으로 FTA 협상 또는 협의체 구성을 추진했다. 국가별 진전 정도는 차이를 보였다.

지표로 보는 한국 경제

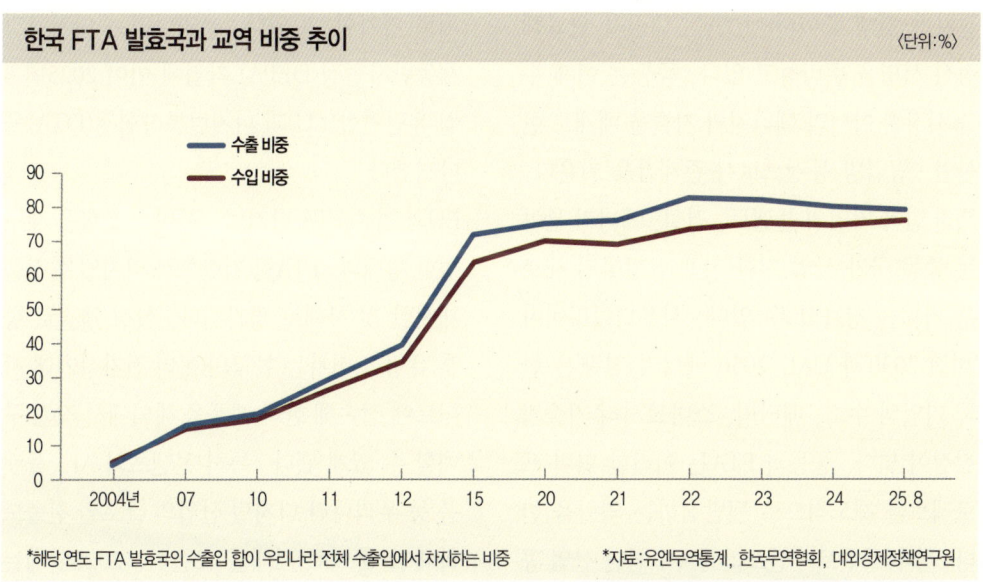

한국 FTA 발효국과 교역 비중 추이 〈단위:%〉

*해당 연도 FTA 발효국의 수출입 합이 우리나라 전체 수출입에서 차지하는 비중
*자료: 유엔무역통계, 한국무역협회, 대외경제정책연구원

아프리카는 2024년 케냐·모로코와 경제동반자협정(EPA) 협상을 시작하기 위한 국회 보고가 있었지만, 2025년 9월까지 실무 협상으로 이어지지 않았다. 남아시아에서는 진전이 뚜렷했다. 2025년 1월 파키스탄과 EPA 협상 개시 선언이 있었다. 같은 해 8월에는 방글라데시와 1차 공식 협상이 서울에서 개최됐다. 동남아시아는 말레이시아와 태국을 중심으로 협상이 추진됐다. 말레이시아는 반도체와 전기·전자 부품의 글로벌 생산 거점으로, 우리나라 첨단 제조 공급망과 긴밀히 연결된 국가다. 태국은 자동차, 기계, 화학 부문에서 산업 구조가 한국과 유사하다. 공급망 상호 보완과 기술협력형 FTA로 발전할 여지가 크다. 중남미에서는 도미니카공화국과 포괄적경제동반자협정(CEPA) 추진을 검토 중이다. 중남미 지역을 활용한 공급망 다변화 필요성이 커지며 협상 추진 명분이 강화됐다. 실질적 협상은 2026년 이후로 예상된다. 이 같은 신흥국과 협상 확대는 선진국 중심의 수출 구조를 보완하고 지정학적 우려를 분산하려는 전략이다. 미래 시장 기반을 선점한다는 점에서 의미가 크다. 협상이 실질적 성과로 이어지기 위해서는 산업 협력 패키지, 제도 정비 지원, 인프라 연계 정책이 함께 추진돼야 한다.

통상 정책 핵심된 중동
공급망 다변화 중심축

2025년 중동 지역은 우리나라 통상 정책 핵심 협력축으로 자리 잡았다. 아랍에미리트(UAE)와 CEPA는 2024년 서명을 거쳐 비준 절차가 진행 중이다. FTA는 협상을 완료해 정식 서명을 준비하고 있다. 중동은 이제 수출 시장뿐 아니라 에너지와 기술을 매개로 한 산업·공급망 동맹으로서 존재감을 키운다. 특히 한국 기업의 플랜트, 건설, 에너지 분야는 중동 국가 산업 전환 정책과 맞물려 새로운 기회를 창출할 수 있다. 사우디아라비아 '비전 2030'과 UAE '2050 에너지 전략'은 한국 기업의 수소, 배터리, 스마트시티 기술과 접점이 넓다. 중동과 FTA는 이러한 협력 프로젝트를 제도적으로 뒷받침하는 역할을 한다. 향후 플랜트·인프라 수주, 첨단 산업 공동투자, 기술이전 협력으로 이어질 가능성이 크다.

2026년 중동과 협정이 본격적으로 발효되며 우리나라 에너지 안보와 공급망 다변화에 실질적인 성과를 가져올 전망이다. 중동은 아프리카·남아시아·유럽을 잇는 교역 중심지다.

이 지역과 통상협정은 우리나라가 추진하는 글로벌 공급망 전략의 중요한 축으로 작용한다. 단, 에너지 가격 변동성과 지역 안보 우려는 불확실성 요인이다. 안정적인 협정 이행과 프로젝트 기반 지속적 교류 체계 구축이 중요하다.

기존 협정 디지털화 본격화
중국과 FTA 후속 협상 주목

2025년은 기존 협정의 디지털화를 본격화한 해로 평가할 수 있다. 우리나라는 디지털경제동반자협정(DEPA) 가입에 이어 2025년 3월 유럽연합(EU)과 디지털통상협정(DTA)을 타결했다.

EU와 기존 FTA 디지털·서비스 조항을 재구성한 형태다. FTA를 기반으로 디지털 협정을 개선한 첫 사례로 평가된다. 협정 체결로 향후 유럽 소비자는 한국의 여러 전자상거래 사이트에 접속해 한국 제품을 해외에서 직접 구매할 수 있게 됐다. 특히 콘텐츠와 AI·플랫폼 등 우리나라 디지털 산업의 글로벌 진출도 확대될 것으로 기대를 모은다. 2026년에는 EU와 DTA가 발효될 가능성이 크다. 이를 기반으로 우리나라는 DEPA 회원국, 아세안, 중남미 국가와 디지털 협정 네트워크를 확대해나갈 전망이다.

영국과 FTA 개선 협상도 진행됐다. 2025년 양국은 브렉시트 이후 통상 환경 변화에 대응하기 위해 디지털 무역, 서비스 시장 접근, 지속가능성 조항을 중심으로 협상 범위를 확대했다. EU 협정과 마찬가지로 이미 발효된 FTA 틀을 현대화하는 과정이다.

FTA의 질적 고도화 측면에서 중국과 FTA 후속 협상을 주목해야 한다. 2025년 세 차례 공식 협상이 개최됐다. 협상은 서비스, 투자, 금융 분야 중심으로 진행됐다. 양국은 제조업 중심의 협정 구조를 넘어 서비스 무역 자유화와 투자 제도 개선 방향을 논의했다. 아직 디지털 통상 조항이 공식 의제로 포함된 것은 아니다. 향후 전자상거래와 데이터 이전 이슈가 논의 대상이 될 가능성이 있다.

양자 협력 강화 흐름
IPEF 영향력 감소

2025년 다자협력 동력은 약화된 반면, 양자 중심 협력이 주된 흐름으로 자리 잡았다. 트럼프 2기 행정부 출범 후 미국이 다자 협정보다 양자 협상 중심 전략을 강화하면서다. 인도·태평양 경제프레임워크(IPEF)는 실질적 영향력을 잃었다. 이는 인도·태평양 지역 새로운 무역 규범 수립과 안정적인 공급망 구축에 초점을 맞춘 협정으로, 미국 바이든 행정부 시절인 2022년 5월 출범했다. 트럼프 미국 대통령은 후보 시절 IPEF로 인해 미국 제조업이 피해를 보고 있다고 주장하며 당선 시 폐기할 것을 언급했다. 향후 IPEF 존속 여부는 불투명하다.

이에 우리나라는 역내포괄적경제동반자협정(RCEP)과 포괄적·점진적 환태평양경제동반자협정(CPTPP)을 양대축으로 삼아 지역 통상 협력을 강화하는 중이다. 발효 4년 차를 맞는 RCEP는 아세안·동북아 지역 교역의 안정성을 높였다.

2025년에는 회원국 확대 움직임이 두드러졌다. 1월 방글라데시는 신규 가입을 공식 신청했다. 이에 앞서 홍콩, 스리랑카, 칠레 또한 가입 의사를 표명했다. RCEP는 원산지 누적 제도와 무역 절차 간소화 등을 통해 공급망

2025년 한국 FTA 추진 현황

구분	내용
타결	한-EU DTA(3월)
협상 진행 중	· 한-파키스탄 EPA(1월 협상 개시) · 한-말레이시아 FTA(5월 9차 공식협상) · 한-태국 EPA(6월 6차 공식협상) · 한-방글라데시 CEPA(8월 1차 공식협상) · 한-중 FTA 서비스·투자 후속 공식협상(6월 12차) · 한-영국 FTA 개선 협상(7월 5차)
여건 조성 중	· 아프리카: 케냐, 모로코, 이집트, 탄자니아 · 카리브해·중남미: 도미니카공화국, 멕시코 · 동남부 유럽: 세르비아

※ 단 멕시코는 협상 재개, 그 외 국가는 최초 개시 여건 조성
*자료: 산업통상자원부

안정과 교역 예측 가능성 제고에 기여한다. 하지만 협정의 규범 수준이 상대적으로 낮은 편이다. 이로 인해 환경·노동·디지털 등 신통상 분야에서 포괄성이 약하다는 평가를 받는다. 우리나라는 보다 높은 규범 수준을 채택한 CPTPP 가입을 고려하고 있다. CPTPP는 영국의 신규 가입 후 영향력이 확대됐다. 우리나라는 2026년 내 가입 여부를 결정할 계획이다. CPTPP에 가입하면 우리나라는 미주·유럽·아시아를 잇는 메가 FTA 네트워크의 핵심 국가로 도약이 가능하다. CPTPP는 각종 비관세 규범을 포괄하는 수준 높은 협정이다. 우리나라는 해당 협정에 참여해 글로벌 통상 규범 형성 과정에서 영향력을 확대할 수 있다. 다만 CPTPP 추진 과정에서는 농축산물과 중소기업 등 민감 산업 조정이 불가피하다. 산업별 보완 대책과 공급망 피해 대응이 필요하다. ■

IV

2026 매경 대예측

세계 경제 어디로

1. 국제환율
2. 국제금리
3. 미국
4. 중국
5. 일본
6. 유럽연합
7. 인도
8. 브라질
9. 러시아·동유럽
10. 동남아시아
11. 중동·중앙아시아
12. 중남미
13. 오세아니아
14. 아프리카

국제환율

트럼프발 인플레이션 가시화 극심한 변동성 이어진다

오건영 신한은행 WM추진부 단장

2025년 외환 시장은 극심한 변동성으로 요약되는 한 해였다. 롤러코스터처럼 급등락을 반복하는 환율에 많은 투자자가 잠 못 이뤘다. 2026년은 안정을 찾을 수 있을까? 안타깝게도 그럴 가능성은 희박해 보인다. 2025년의 거친 파도는 2026년에도 이어질 것이며, 그 예측 불가능성의 중심에는 트럼프 2기 행정부의 모순적인 달러 정책이 깊숙이 자리 잡고 있다.

때는 2024년 11월로 거슬러 올라간다. 트럼프 당선 직후 글로벌 금융 시장은 '미국 예외주의(American Exceptionalism)'라는 강력한 서사에 열광했다. 강력한 관세 장벽, 대규모 감세, 파격적인 규제 완화가 미국 경제를 나 홀로 질주하게 만들 것이라는 기대감이었다.

이런 믿음은 전 세계 자본을 미국으로 빨아들이는 거대한 자석 역할을 했다. 그 덕에 달러는 초강세 기조를 보이며 그 가치가 천정부지로 치솟았다.

'강한 미국'과 '무역적자 축소'의 딜레마

뜨거운 잔치는 2025년 4월 2일, 전 세계를 상대로 한 관세 폭탄이 터지면서 급격히 냉각됐다. 이 조치는 미국에 대한 국제 사회의 신뢰에 깊은 균열을 냈고, 투자자들은 주식, 채권은 물론 달러마저 가리지 않고 내던지는 '셀 아메리카(Sell America)' 현상을 촉발했다. 이는 달러의 '궁극의 안전자산' 지위에 대한 근본적인 의문을 제기한 사건이었다. 시장은 이후 빠르게 안정을 되찾았지만, 달러의 위상은 트럼프 당선 직후의 압도적인 수준에는 미치지 못했다.

// 세계 경제 어디로 //

미국 자국우선주의 여파로 글로벌 인플레이션 현상이 빚어질 수 있다. (AP=연합뉴스)

바로 이 지점에서 트럼프 행정부가 가진 근본적인 딜레마가 선명하게 드러난다. 그들은 한편으로 미국의 압도적인 성장을 원한다. 이는 필연적으로 강달러를 동반한다. 하지만 다른 한편으로, 미국의 성장은 강력한 소비에 기반하는데, 소비 증가는 수입 확대로 이어져 트럼프가 그토록 혐오하는 무역적자를 키운다. 강달러는 미국산 수출품의 가격 경쟁력을 떨어뜨리고 수입품 가격을 낮춰 무역적자를 더욱 심화시키는 주범이다.

강한 미국을 위해 강달러가 필요하지만, 무역적자를 줄이려면 약달러가 필요하다는 이 명백한 모순. 이는 마치 가속 페달과 브레이크를 동시에 밟으려는 것과 같다. 실제로 트럼프 1기 행정부 시절에도 달러는 강세와 약세를 반복하며 극심한 변동성을 보였다. 따라서 2026년에도 이 패턴은 반복될 것이다. 달러가 과도하게 강해지면 '플라자 합의 시즌 2'를 연상시키는 인위적인 약세 압력을 가하고, 반대로 달러가 너무 약해져 미국의 위상이 흔들리면 언제 그랬냐는 듯 투자를 유치하는 강달러 정책을 펼 가능성이 매우 크다.

달러 빈틈 노리는 유로·위안화

달러가 이렇게 방향을 잃고 흔들리는 틈을 유로화와 위안화가 집요하게 파고들고 있다.

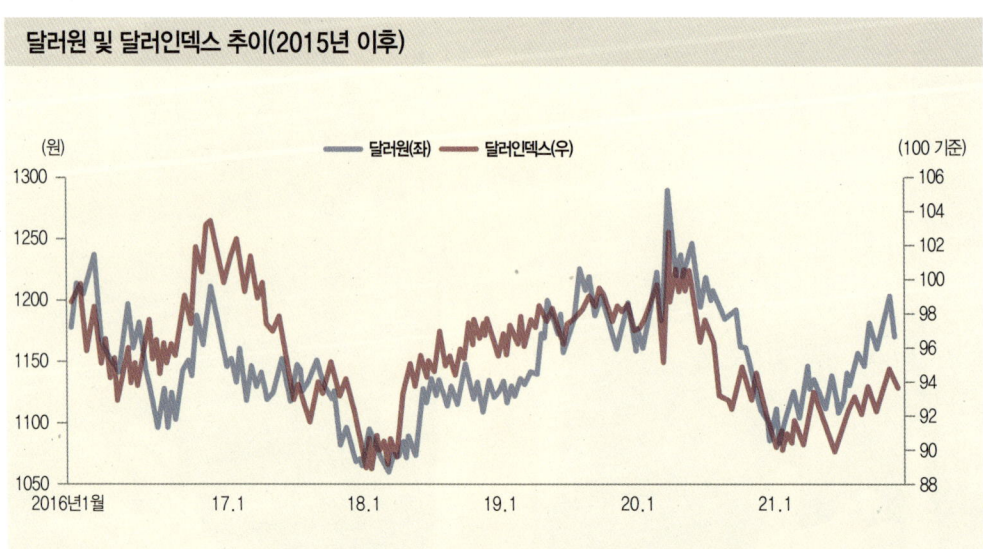

달러원 및 달러인덱스 추이(2015년 이후)

시난 '셀 아메리카' 국면에서 유로화는 달러의 유력한 대안으로 부상하며 초강세를 보였다. 유럽중앙은행(ECB)은 달러의 안전자산 지위에 균열이 생겼다며, 그 빈자리를 유로화가 채울 역사적 기회임을 강조하고 있다.

특히 미국의 고립주의적 외교 정책은 유럽 국가들이 '전략적 자율성'을 강화하고 유로존의 결속을 다지는 계기가 될 수 있으며, 이는 유로화의 구조적 강세 요인으로 작용할 수 있다.

중국 역시 마찬가지다. 장기 침체 탈출을 위해 금융 시장 개방에 속도를 내고 있으며, 디지털 위안화(e-CNY)와 같은 새로운 무기를 장착하고 기술 패권을 앞세워 위안화의 국제적 위상을 높이는 데 총력을 기울일 것이다. 일대일로 프로젝트에서의 위안화 결제 확대, 그리고 사우디아라비아 등 산유국과의 '페트로위안' 결제 시스템 구축 시도 등이 이런 맥락이다. 2026년은 흔들리는 달러 패권에 대한 유로와 위안화의 조직적인 도전이 본격화되는 해가 될 것이다.

일본의 변수 또한 시장의 복잡성을 더한다. '여자 아베'로 불리는 다카이치 사나에 총리의 등장은 엔화에 새로운 불확실성을 주입했다. 그는 아베노믹스를 계승한 공격적인 재정지출을 공언하고 있다. 이는 국가부채 부담을 키워 일본은행(BOJ)의 금리 인상을 제약하는 요인으로 작용한다. 하지만 다른 한편에서는 고질적인 인플레이션 압력으로 인해 금리 인상이 불가피하다는 목소리도 높다. 돈을 풀어 경기를 부양하려는 정부와 인플레이션을 잡기 위해 금리를 올려야 하는 중앙은행의 정

세계 경제 어디로

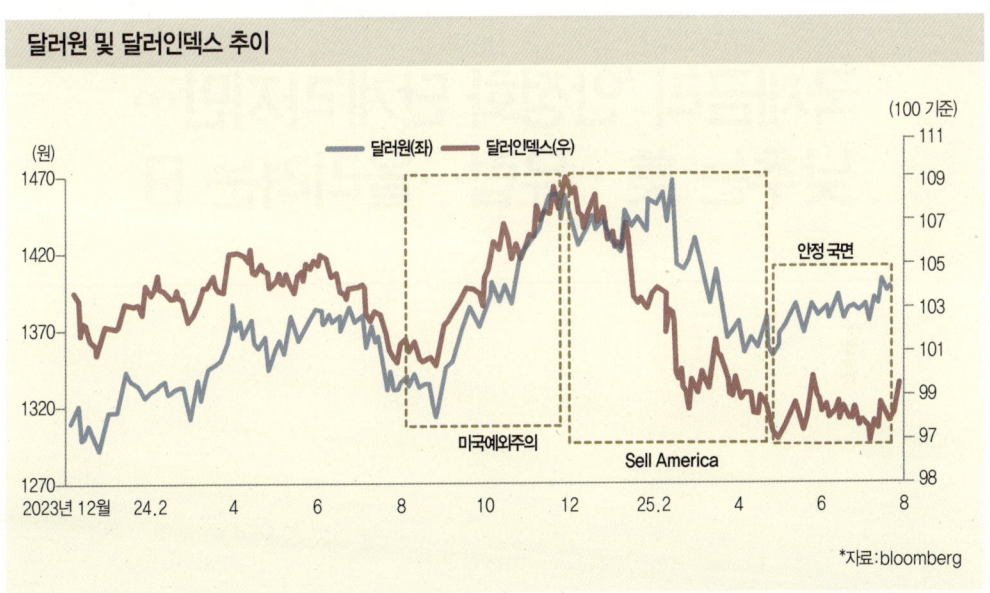

달러원 및 달러인덱스 추이
*자료: bloomberg

면충돌은 엔화 환율을 한 치 앞도 내다볼 수 없는 안갯속으로 몰아넣을 수 있다.

미국의 금리 인하와 맞물려 진행되는 일본의 금리 인상은 다카이치 총리의 등장과 함께 외환 시장에 상당히 많은 변수를 가져다 줄 것으로 예상된다. 이는 엔화가 전통적인 안전자산의 지위를 잃고, 예측 불가능한 투기적 통화로 전락할 수 있는 위험을 내포한다.

마지막으로, 주요 교역국들이 자국 수출 경쟁력을 지키기 위해 자국 통화 가치를 경쟁적으로 낮추려는 '환율 전쟁'의 재발 가능성도 무시할 수 없다. 미국의 예측 불가능한 정책은 각국으로 하여금 보호무역주의적 통화 정책을 펼 유인을 제공하며, 이는 앞서 언급한 주요 통화들의 변동성을 한층 더 증폭시키는 위험한 촉매제가 될 것이다.

미국의 보호무역주의가 글로벌 공조 체제를 약화시키면서, 각국이 자국의 이익만을 추구하는 '죄수의 딜레마' 상황으로 치닫게 될 수 있다. 이는 결국 '치킨 게임' 양상의 통화가치 절하 경쟁으로 이어져 글로벌 금융 시스템 전체를 불안정하게 만들 수 있다.

결론적으로 2025년이 달러 강세의 거대한 '변곡점'을 만들어낸 해였다면, 2026년은 그보다 훨씬 더 큰 '변동성'의 파고에 직면하는 해가 될 것이다.

단기적인 환율 예측에 매달리기보다는, 그 기저에 깔린 구조적 변화의 거대한 흐름을 읽어내는 지혜가 필요한 때다. 이러한 환경에서 글로벌 기업과 투자자들에게 환율 리스크 관리는 선택이 아닌 생존의 필수 조건이 될 것이다. ■

국제금리

국제금리 '안정화 단계'라지만…
낮추는 美·유럽…올리려는 日

허지수 우리금융경영연구소 경영전략연구실 책임연구원

2026년 글로벌 금리 키워드는 '안정화 단계'다. 팬데믹 이후 금리 인상 사이클을 마무리하고 완화 기조로 전환한 이후여서다. 국가별 차이는 있지만 2025년 주요국 인플레이션 둔화로 각국은 기준금리 인하를 단행했다. 국채 금리도 안정화를 예상해본다. 국채 금리는 통화 정책 외에도 국가 재정 여건이나 실물 경기 상황 영향을 받는다는 점은 고려해야 하지만, 전반적으로 세계 국채 시장은 안정화되는 모습을 보여줄 것으로 예상된다.

미국: 3.5% 수준까지 인하 전망

먼저 미국부터 살펴보자. 2024년에 비해 둔화된 성장률이 2025년과 2026년 지속될 것으로 보인다. 이는 트럼프정부 출범 이후 정책 불확실성과 무역 장벽이 심화되고 고용이 부진한 탓이다. 트럼프 정부는 2025년 4월 일방적인 상호관세 부과 이후 각국과 협상을 이어가고 있다. 2025년 10월에는 중국과의 무역 갈등 우려도 부각됐다. 중국이 2025년 12월부터 시행될 희토류 광물 관련 기술에 대한 새로운 수출 통제를 발표한 것에 맞서, 트럼프 대통령이 11월부터 중국산 수입품 전면에 100% 관세를 부과하겠다고 밝혔다. 양국 간 긴장이 고조되는 가운데 베센트 재무장관은 글로벌 차원에서 중국과의 디커플링을 언급하기도 했다.

노동 시장도 분위기가 좋지 않다. 9월 고용지표 발표가 연방정부 셧다운으로 연기됐지만, 관세 충격에 대응한 기업의 투자, 채용 축소로 고용 증가는 둔화했을 가능성이 높다. 이런 상황에서 물가 상승 압력은 장기적인 관점에서 연준 목표치에 근접하며 안정화

// 세계 경제 어디로 //

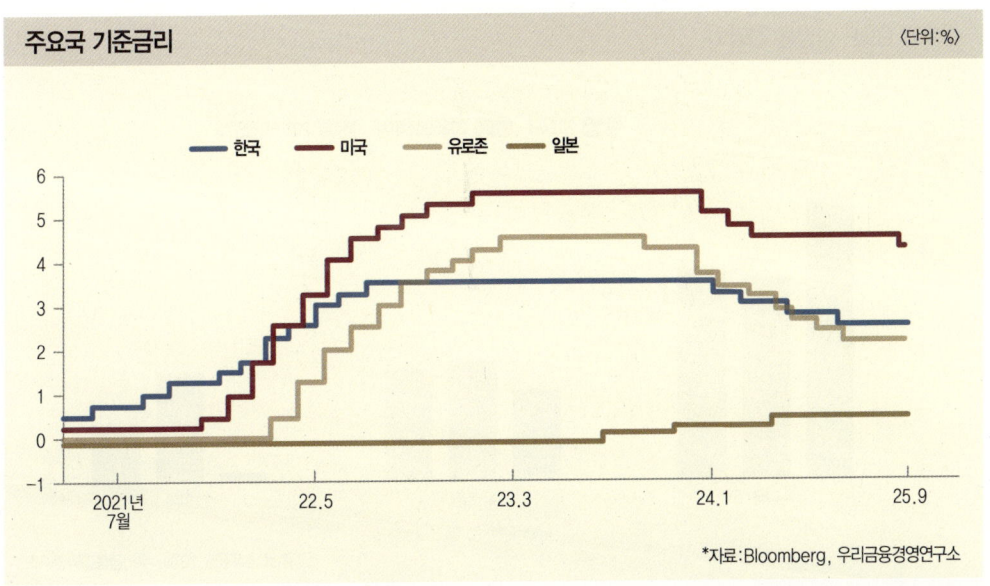

주요국 기준금리 〈단위:%〉
*자료:Bloomberg, 우리금융경영연구소

되겠으나, 당장은 관세로 인해 수입비 상승분이 소비자에게 전가될 가능성이 높다. 최근 공개된 연준 베이지북에 따르면 관세에 따른 비용을 부담하는 것은 소비자뿐 아니다. 기업들의 수입 비용과 보험·의료 등 서비스 비용이 확대되면서 생산비 부담도 늘어났다. 하지만 관세발 인플레이션 우려에도 연준은 2025년 말까지 추가 금리 인하를 단행할 확률이 높아 보인다. 시장에서는 2025년 남은 두 번의 FOMC 회의에서 각각 25bp씩 금리 인하를 단행할 확률이 90%가 넘는 것으로 보고 있다. 다만 연속적인 금리 인하 후 2026년에는 3.5%까지 한 차례 인하에 그칠 것으로 예상된다. 물론 2026년 파월 의장 임기 만료 후 FOMC위원회 구성 변화 등에 따라 금리 인하폭이 확대될 가능성도 있다.

ECB: 추가 금리 인하 가능성 배제 못해

유로 지역(독일)은 미국보다 빠르게 경기 둔화와 물가 안정을 겪었다. 팬데믹 당시 물가 상승 압력이 미국을 넘어설 정도였으나, 이후 경기 부진이 심화되며 물가와 경기가 일제히 약화됐다. 유로 지역 핵심인 독일은 2023년 1분기부터 (전년 동기 대비 기준) 실질 성장률이 마이너스를 기록하다 2025년 들어서야 플러스 전환에 성공했다. 유로 지역 전체 소매 매출 역시 2022년부터 2024년 초까지 역성장을 지속하다 2024년 하반기 이후부터 2% 안팎의 성장에 도달했다. 하지만 2025년에는 고관세 영향으로 수출이 타격을 입기 시작했다. 그러나 2026년부터는 주요국인 독일의 실질임금 상승과 재정 완화에 힘입어 민간소비가 소폭 회복되면서 유로 지역 전체는 잠재 수준

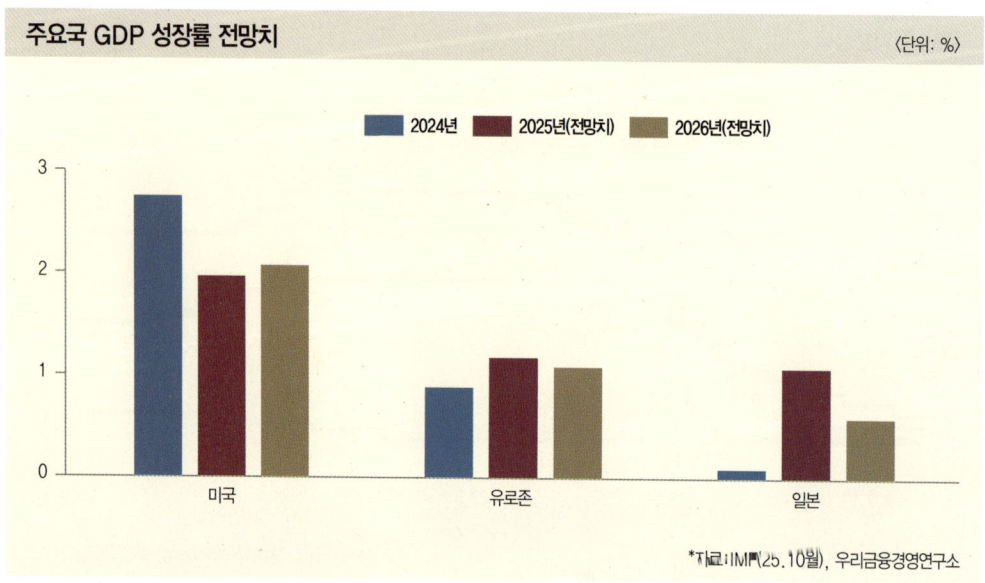

의 성장세를 보일 것으로 예상된다.

유럽중앙은행(ECB)은 2024년 6월 금리 인하를 개시한 뒤 여덟 차례에 걸쳐 2.15%까지 금리 인하를 단행했다. 2025년 10월 중순까지 해당 금리 수준을 유지 중이다. 시장에서는 ECB의 추가 인하 가능성에 대해 회의적인 입장을 보이지만 최근 크리스틴 라가르드 ECB 총재 발언은 유의할 필요가 있다. 그는 "2025년 10월 기준 유로존의 인플레이션은 안정돼 있지만 금리 인하가 종료됐다고 단정 지을 수 없다"고 강조했다. 유로존의 물가 상승세가 둔화된 것은 ECB의 금리 인하 필요성을 줄이지만, 향후 통상 관련 불확실성이 부정적으로 나타날 경우 경기 부진에 대한 대응으로 금리를 추가 인하할 가능성을 배제할 수 없다.

독일을 기준으로 국채 금리를 살펴보면 장·단기 금리 모두 주요국 중 낮은 수준에 형성돼 있음을 알 수 있다. 10년물 국채 금리의 경우 유로존의 낮은 중립 금리와 물가 기대 등을 반영해 현재(2025년 10월 중순 기준 2.6% 내외) 수준보다 하락할 것으로 보인다. 다만 독일의 경우 유럽의 재정 취약성에 대한 우려가 부각된다는 점은 유의해야 한다. 전 세계가 글로벌 인하 사이클에 진입했음에도, 미국을 제외한 주요국 국채 금리는 2025년 초 대비 상승하는 모습을 보였는데, 유럽의 경우 방위비 증액과 일부 국가(프랑스, 벨기에 등) 신용등급 강등, 프랑스의 2026년도 예산 처리를 둘러싼 총리 불신임 사태 등으로 정부부채에 대한 경계감이 크게 확대된 탓이다. 물론 2012년 유럽 재정위기와 비교하면 감내할 수 있는 수준이지만, 정치 불안이 장기화될 경우 단기적 변동성이 심화될 우려가 있는 점을 유념해야 한다.

일본: 나 홀로 '금리 인상' 가능성 높아

마지막으로 일본은 여타국과 차별화된 금리 움직임을 나타낸다. 일본의 금리 흐름을 이해하려면 우선 거시경제 상황에 대한 역사적 이해가 필요하다. 일본은 1980년대 고도성장기에 형성된 버블이 1990년 붕괴한 후로 장기 침체 늪에 빠진 바 있다. 버블이 붕괴되면서 부채 부실화가 심화되고 1997년에는 은행 위기가 발생해 경제 주체들 사이에 저성장, 저물가 기대가 고착화됐다. 정책당국은 잃어버린 20년을 만회하고자 2012년부터 아베노믹스라는 이름으로 노동 시장 구조 개혁과 더불어 대규모 금융 완화 정책을 단행한다. 하지만 이러한 노력에도 소비세 인상의 여파로 물가가 올랐던 2014년을 제외하고 팬데믹 이전까지 대부분의 기간 물가 상승률은 0~1% 범위에 머물렀다. 경제 내 디플레이션 심리가 뿌리 깊게 자리 잡은 결과였다.

하지만 팬데믹 시기를 거치면서 유가 상승, 엔저에 따른 인플레이션 등이 일시적 요인에 그치지 않고 지속됨에 따라 일본 경제에도 활력이 돌기 시작했다. 장기 침체기를 겪으며 임금 인상에 대한 기업들의 보수적인 태도도 달라졌다. 매년 실시되는 봄철 임금협상인 춘투에서 평균 임금인상률이 2025년 5.25%로 2년 연속 5%대를 기록하면서, 2025년 가을 이후에는 실질임금이 플러스로 돌아설 것이라는 기대가 만연하다. 한국을 비롯한 여타국처럼 높은 물가를 억제하기 위해 금리를 인상하는 것이 아닌, 임금을 지속적으로 올릴 수 있는 구조를 만들어 2% 물가와 함께 실질임금을 정상화하는 것이 일본의 목표라는 점을 이해하면, 일본의 금리 움직임에서 임금이 왜 중요한 역할을 하는지 알 수 있다.

이 가운데 우에다 총재는 성장과 물가가 전망치에 부합할 경우 기준금리를 인상하겠다는 의사를 꾸준히 내비치며 추가 금리 인상 가능성을 시사하고 있다. 최근 아베노믹스를 계승한 것으로 알려진 다카이치 사나에가 자민당 총재에 선출되면서 미 달러화 대비 엔화 가치가 큰 폭 하락하고 2025년 10월 금리 인상 기대가 축소됐지만, 우에다 총재는 G20 재무장관·중앙은행 총재 회의에서 여전히 금리 인상 가능성을 열어두었음을 암시했다.

2025년 10월 중순 기준 일본의 기준금리는 0.5%다. 이는 1995년 9월 이후 처음 도달하는 수치다. 비록 다카이치 총재의 연정 추진을 둘러싼 정치적 불확실성과 트럼프 행정부의 관세라는 리스크 요인이 상존해 있지만, 일본은행은 여기에서 그치지 않고 2025년 말까지 한 차례 더 금리 인상을 단행할 것으로 예상된다. 시장에서는 2026년까지 추가 25bp 인상 전망이 우세하다. 시장금리는 2%대 물가 지속과 일본은행의 추가적 정상화 시도 등으로 현재 수준보다 소폭 상승하겠으나, 재정 부담으로 속도는 조절될 것으로 보인다. ■

미국

예상보다 심각한 스태그플레이션 가능성
AI 버블 붕괴·증시 부진 땐 답 없어

홍춘욱 프리즘투자자문 대표

2026년 미국 경제 전망은 그다지 밝지 않다. 경기 둔화와 물가 상승이 동시에 나타나는 스태그플레이션이 심화될 전망이다. 문제는 강도다. 트럼프 2기 행정부가 추진하는 대규모 감세 정책과 금리 인하 조치는 경제 전반에 강력한 유동성 증가 효과를 유발한다. 유동성 확대는 화폐 가치 하락과 물가 상승(인플레이션)으로 이어질 우려가 있다. 물가 상승에 따른 실질소득 감소는 소비 부진 가능성을 키운다. 물가는 올라가고 경기는 부진한 최악의 상황이 미국 경제 앞에 놓였다.

근원 PCE 물가 상승세 꾸준
관세·환율·체감 인건비 영향

최근 미국 경제는 완만한 인플레이션을 경험하고 있다. 2025년 8월 '근원 개인소비지출 물가지수(Core PCE Price Index)'는 전년 동기 대비 2.9% 상승한 것으로 나타났다. 강력한 상승으로 보기는 어렵다. 문제는 2025년 4월 2.6%를 저점으로 지속적인 상승세가 이어진다는 점이다. 근원 PCE는 변동성이 큰 식품·에너지 가격을 제외한 PCE 물가지수로 연방준비제도(연준·Fed)가 선호하는 지표 중 하나다.

저유가 환경이 펼쳐지고 있지만 인플레이션 압력이 높아지는 이유는 크게 세 가지로 해석된다.

첫째, 미국의 강도 높은 관세 부과 영향이다. 다수의 블룸버그 경제학자는 평균 25% 관세 부과가 향후 1년간 미국 인플레이션을 0.6% 포인트 높일 것으로 분석한다. 이미 미국 서비스 업체 10곳 중 7곳은 인플레이션을 체감 중인 것으로 나타났다. 주요 기업 구매 담당자에게 "지난달보다 가격이 인상됐는가"라고 물은 결과, 69.4%가 "그렇다"고 답했다.

인플레이션을 가속화하는 두 번째 요인은 달러 약세다. 2025년 10월 기획재정부와 미국 재무부가 맺은 합의문에서 알 수 있듯이 트럼프정부의 달러 약세 의지는 강력하다. 합의문 주요 내용을 살펴보면, '양국은 국제수지 조정을 저해하거나 부당한 경쟁 우위를 확보하기 위한 목적으로 자국 통화 가치를 조작하지 않는다'는 내용이 포함돼 있다. 우리나라 입장에서 대미 무역흑자를 늘릴 목적으로 원화 가치 절하를 유도하지 않겠다는 약속을 한 셈이다.

미국은 한국뿐 아니라 전 세계 각국을 대상으로 달러 약세를 유도하는 중이다. 그 결과 2025년 1월 109.5포인트였던 달러인덱스는 같은 해 9월 96포인트까지 떨어졌다. 달러인덱스는 주요 6개국 통화 대비 달러 가치를 보여주는 지표다. 이 같은 달러 약세는 미국 기업의 경쟁력을 강화하지만, 수입품 가격을 높이는 결과를 초래한다.

세 번째 요인은 단위노동비용 상승이다. 단위노동비용이란 근로자 생산성 대비 임금 수준을 측정한 일종의 '체감 인건비' 지표다. 인공지능(AI) 혁명에 대한 기대가 높지만, 아직 극적인 생산성 개선 효과는 나타나지 않고 있다.

과거와 같은 인건비를 투입해도 생산성이 기대에 미치지 못하기 때문에 기업이 체감하는 부담은 더욱 클 수밖에 없다. 외국인 추방으로 시간당 임금 상승률이 꾸준히 높아진 점

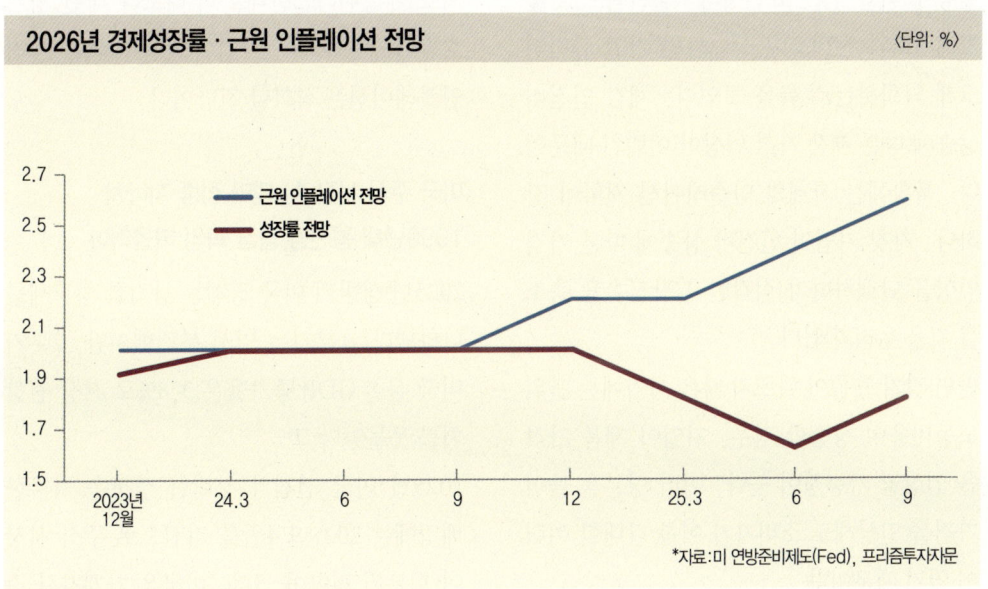

2026년 경제성장률·근원 인플레이션 전망 〈단위: %〉

*자료: 미 연방준비제도(Fed), 프리즘투자자문

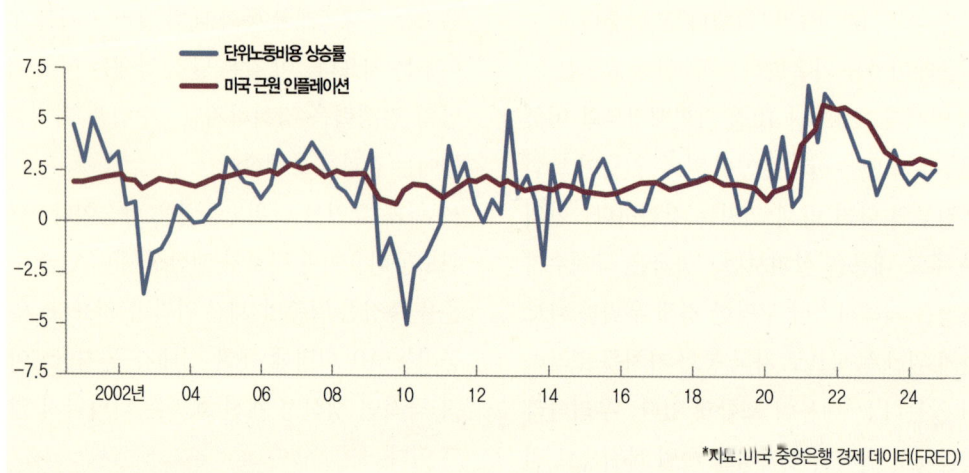

단위노동비용 상승률 vs 미국 근원 인플레이션 〈단위:%〉

*자료: 미국 중앙은행 경제 데이터(FRED)

또한 단위노동비용 상승을 이끈 요인으로 지목된다.

특히 단위노동비용 상승은 스태그플레이션 전망에 힘을 싣는 요인이다. 일반적으로 불황에 단위노동비용이 상승하면 기업 실적이 크게 악화하는 흐름을 보인다. 체감 인건비 상승에 따른 제품 가격 인상이 어렵기 때문이다. 불황에는 가계의 인플레이션 저항이 강하다. 자칫 기업이 인건비 상승에 따른 가격 인상을 단행하다가 심각한 시장점유율 축소를 겪을 우려가 있다.

반면 경기 흐름이 나쁘지 않은 시기에는 단위노동비용이 상승할 경우, 기업이 제품 가격을 인상할 가능성이 높다. 여러 명분을 들어 가격을 인상해도 소비자가 이를 감내할 여력이 있기 때문이다.

즉, 경기가 좋든 나쁘든 단위노동비용이 상승하면 스태그플레이션 우려는 커진다. 경기가 좋지 않다면 기업 경기는 더욱 악화될 것으로 예상된다. 반대로 우려보다 내년 경기 흐름이 좋을 경우, 기업이 제품 가격을 올려 인플레이션은 심화할 전망이다.

미국 주식 시장 AI 테마 집중 지나쳐
1990년대 통신망 공급 과잉 떠올려야

2025년 상반기 미국 경제는 강력한 성장세를 나타냈다. 1분기는 일시 부진했지만, 2분기 미국 실질 GDP 증가율은 3.8%로 시장 전망치를 웃돌았다.

2025년 미국 경제가 강력한 성장을 기록한 배경에는 2025년 4월을 기점으로 주식 시장이 회복된 영향이 크다. 미국은 가계자산 중

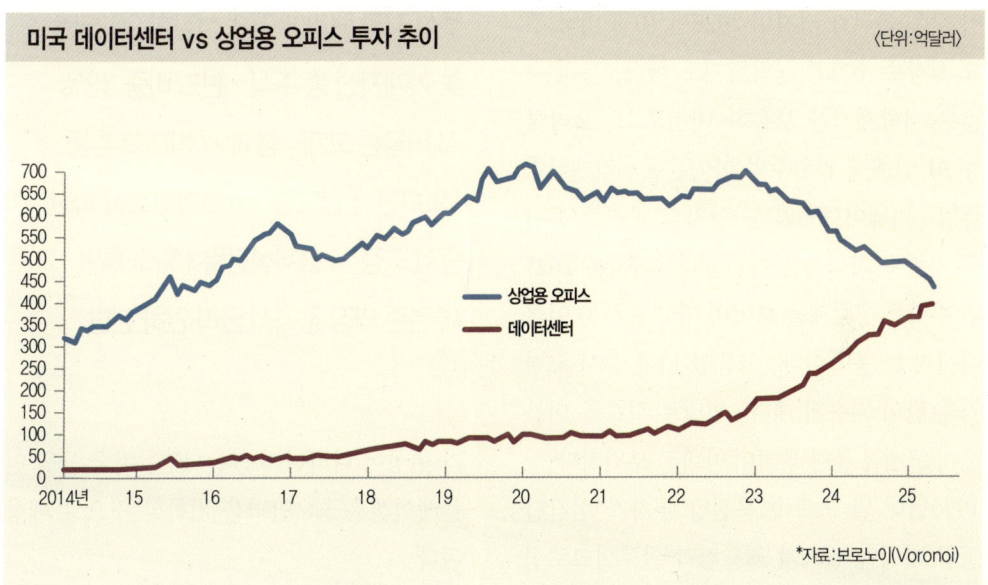

주식 비중이 다른 나라에 비해 압도적으로 높은 편이다. 미국의 가계자산 중 주식·펀드 비중은 32%에 이른다. 반면 영국과 한국은 이 비중이 7%에 불과하다. 미국에서 주식 가격 상승은 강력한 부(富)의 효과를 일으킨다. 문제는 미국 주식 시장이 AI 테마에 지나치게 의존하고 있다는 점이다.
'매그니피센트7(M7)'으로 대표되는 일부 종목이 주식 가격 상승을 주도한다. 이 현상은 2022년 겨울부터 3년간 이어지고 있다. 이에 경제성을 고려하지 않고 AI 관련 투자가 진행되는 것 아니냐는 비판적 목소리가 갈수록 커진다.
상업용 오피스 건물과 데이터센터 투자 흐름을 비교하면 이해가 쉽다. 미국 내 상업용 오피스 건물 투자는 지속적으로 줄어드는 반

트럼프 감세·금리 인하에 물가 상승
실질소득 감소해 소비 부진 가능성
높은 관세에 美 기업 수입 비용 부담
달러인덱스, 8개월 사이 109 → 96
AI 생산성 "글쎄"…체감 인건비 상승
물가 오르고 경기 부진한 최악 상황

면, 데이터센터 투자 규모는 갈수록 확대되고 있다.
사무직 근로자의 근무 공간보다 컴퓨터를 위한 설비에 더 많은 비용을 투입하고 있다는 뜻이다. 이를 두고 우려하는 목소리가 크다. 자칫 AI 관련 과도한 투자가 빅테크 몰락을 유발할 수 있다는 경고다.

이 같은 우려가 커지며 2025년 10월 미국 주요 성장주 주가가 급락하기도 했다. 특히 수많은 서학개미가 보유한 네비우스·오라클 등 AI 인프라 관련주와 아이온큐·리게티컴퓨팅·디웨이브퀀텀 등 양자컴 관련주 등이 두 자릿수 하락폭을 나타냈다. 이들은 2025년 가파른 상승세를 보이며 미국 증시를 이끌다시피 한 종목이다. 그동안 미국 증시 고평가 논란이 지속된 데다, 연말로 갈수록 버블론이 고개를 들며 투심이 악화된 분위기다.

1990년대 말 초고속 통신망 투자가 심각한 공급 과잉을 일으켜 월드컴과 글로벌크로싱 같은 거대 기업이 연쇄 파산으로 이어졌다는 점을 기억할 필요가 있다.

이는 고용과 연관이 깊다. 마이크로소프트와 메타 등 M7 기업은 지속적으로 대량 해고를 단행한다.

인건비를 아껴 데이터센터 투자에 활용하는 중이다. 물론 AI 혁명이 새로운 일자리를 창출할 것이라는 기대감은 유효하다. 특히 변화에 대한 적응력이 뛰어난 젊은 근로자가 최대 수혜자로 예상된다. 다만 먼 훗날 얘기다. 당장 일자리를 늘리기는 힘들다.

2026년 초 증시 조정 가능성
새 연준 의장 방향성 주목

2026년까지 미국 인플레이션은 진정되기 쉽지 않은 국면이다. 지난 2014년처럼 국제유가가 배럴당 40달러를 밑도는 극단적인 저유

주식 시장 랠리에 경제 성장한 2025년
美 가계자산 중 주식·펀드 비중 32%
AI 버블론 고개…붕괴 시 빅테크 흔들
1990년대 월드컴·글로벌크로싱 파산
증시 조정 시 경제성장률 1%대 후반
새 연준 의장 공격적 금리 인하 전망

가 현상이 나타나지 않는다면, 미국 근원 인플레이션은 3% 안팎을 기록할 것으로 예상된다.

외국인 추방에 따른 단위노동비 상승과 관세 정책, 자산 가격 상승에 편승한 고소득층의 과시적 소비가 인플레이션을 유발할 가능성이 크다.

경제성장 또한 불확실하다. 주식 시장이 2025년 말부터 2026년 초 사이 조정 국면에 진입한다면 미국 경제성장률은 1%대 후반에 형성될 전망이다. 주식 시장 조정을 예상하는 이유는 AI 버블론이 힘을 얻고 있는 데다, 시장 금리 상승 압력은 갈수록 커질 것으로 내다보기 때문이다. 특히 인플레이션에 따른 실질임금 상승 흐름이 둔화하는 부분도 경제성장률을 점진적으로 떨어뜨릴 요인으로 꼽힌다. 2026년 미국 경제가 약한 스태그플레이션을 맞이하는 시나리오다.

이보다 부정적인 시나리오도 충분히 가능하다는 판단이다. 만약 주식 시장이 1999년과

// 세계 경제 어디로 //

2026년 새로운 연방준비제도(연준·Fed) 의장에 친(親)트럼프 성향 인사가 임명될 가능성이 높다. 2025년 8월 새 연준 이사로 지명된 스티븐 미런 전 미국 백악관 경제자문위원장은 2025년 말까지 추가 1.25%포인트 금리 인하를 주장했다. 사진은 2025년 2월 미국 워싱턴DC 국회의사당 상원 임명 청문회에 참석해 증언하고 있는 스티븐 미런. (로이터연합)

같은 버블 붕괴 국면에 진입한다면 2026년 하반기 심각한 스태그플레이션을 경험할 수 있다.

주가 하락은 기업의 자금 조달 능력을 떨어뜨리고, 이는 투자와 고용 등 전반적인 경제지표를 둔화하는 요인으로 작용한다.

약한 스태그플레이션보다 심각한 스태그플레이션 가능성을 더 높다고 전망한다. 2026년 5월 새로운 연준 의장에 친(親)트럼프 성향 인사가 임명될 것으로 예상하기 때문이다. 지난 2025년 9월 연방공개시장위원회(FOMC)에 참석한 스티븐 미런 이사가 2025년 말까지 추가 1.25%포인트 금리 인하를 주장했던 점을 기억해야 한다. 새로운 연준 의장은 인플레이션 압력을 무시하고 공격적인 금리 인하를 단행할 가능성이 높다.

심각한 스태그플레이션 시나리오가 현실화될 경우, 미국 경제는 2026년 상반기 3% 전후 성장을 기록한 뒤 급격히 둔화할 것으로 예상한다. 물론 예상보다 AI가 이끄는 강세장이 훨씬 오래 지속될 가능성도 있다. 다만 100년에 걸친 미국 주식 시장 역사를 비춰볼 때, 미국 경제를 향한 부정적인 전망에 무게를 둔다. ■

중국

과도기 지나 '질적 전환' 새로운 도전
창군 백년 앞두고 '전방위 드라이브'

전병서 중국경제금융연구소장

2026년 중국 경제는 코로나19 이후 성장 둔화와 구조적 조정이라는 과도기를 지나, 질적 전환이라는 새로운 도전에 직면해 있다. 2025년 3분기까지 중국은 정부가 제시한 연간 5% 성장률을 달성했지만, 그 내실은 취약했다. 소비는 계절적 요인에 따라 일시적 회복세를 보였으나 3분기 들어 다시 둔화하며 구조적인 소비 위축 문제가 부각됐다. 특히 1~2선 도시에서는 소비가 상대적으로 안정적이었지만, 3~4선 도시와 농촌 지역의 소비력은 여전히 회복되지 못했다.

부동산 시장 역시 신규 착공 면적과 거래량이 저조하고, 부동산 개발 업체들의 재무 건전성도 불안정한 상태다. 반면, 전기차, 배터리, AI 반도체, 휴머노이드 로봇 등 '신질생산력(新质生产力)' 관련 산업은 수출과 투자의 가파른 성장세를 보이며 성세 구소 전환의 가능성을 보여주고 있다.

2025년에도 미·중 관계는 관세 전쟁과 반도체 수출 통제로 긴장이 지속됐고, 이는 중국 첨단 산업에 중대한 도전 요인으로 작용했다. 2026년은 중국 경제가 이러한 대내외 도전 속에서 질적 전환을 이룰 수 있는지 판가름나는 분수령이 될 전망이다.

'5% 성장' 속 구조개혁 승부수

2026년 중국 경제의 정책 방향은 2025년 12월 중앙경제공작회의에서 결정될 예정이다. 정책 방향은 '경제 안정화'와 '신질생산력(새로운 생산력) 육성'이 핵심 기조로 설정될 가능성이 크다. 성장률 목표는 2025년과 유사하게 5% 전후로 유지될 것으로 보이나, 숫자

그 자체보다는 고용 안정, 물가 안정, 산업구조 고도화 등 성장의 '질'에 방점이 찍힐 전망이다.

2026년 주요 정책 방향은 다음과 같이 예상된다. 내수 확대를 위해 소비 보조금 확대, 전기차·가전제품 구매 보조금 연장, 서비스업 세제 혜택 강화 등으로 소비 심리를 자극할 것으로 보인다. 중소도시와 농촌 지역 소비 활성화를 위한 지역별 맞춤형 정책도 병행될 가능성이 크다.

부동산 연착륙을 위해서는 지방정부 주도의 주택 재고 매입을 확대하고, 부동산 개발 업체의 부실채권 정리를 위한 대출 만기 연장과 이자 감면 정책을 지속할 전망이다. 신질생산력 육성을 위한 투자는 한층 강화될 것으로 보인다. 반도체, AI, 양자컴퓨팅, 항공우주, 생명공학 등 첨단 산업에 대한 국가기금 투자가 강화될 것이다. 특히 국산 기술 개발과 상용화를 위한 산업 클러스터 조성에 속도가 붙을 것이다.

재정 확장 정책도 추진될 전망이다. 정부는 특별 국채 발행과 지방정부 부채 재조정을 통해 재정건전성을 확보하고, 경제 활성화를 위한 공공투자도 확대할 것이다. 금융 안정을 위해서는 부동산 관련 부실채권 리스크를 관리하고, 증시 안정화를 위한 외자 유치와 공매도 규제 강화 등의 조치도 병행될 것이다. 이러한 정책들은 2027년 시진핑 4기 정부 출범과 인민해방군 창군 100주년이라는 정치적 마일스톤을 앞두고, 경제와 정치 양 측면에서 안정성을 동시에 확보하려는 전략적 포석으로 해석된다.

핵심은 '내수·부동산·첨단 산업·글로벌'

2026년 중국 경제는 네 가지 주요 이슈가 핵심이 될 것이다. 첫째, 내수 부진과 소비 회

중국 경제 5가지 관전 포인트·전망

핵심 관점	주요 관찰 포인트	2026년 전망
❶ 내수 주도 성장 구조 안정화 여부	대중 소비 및 서비스업 비중·1, 2선 도시를 넘어선 전국적 소비 활성화	단기적 회복세 이후 구조적 둔화 지속. 소비 심리 회복이 가장 큰 과제
❷ 신질생산력의 실질적 기여도	첨단 제조업(EV, 배터리, AI) 투자·부가가치·전통산업 부진을 상쇄할 성장 동력 여부	첨단 산업의 가파른 성장이 지속되나, 경제 전반을 견인하기에는 아직 역부족
❸ 부동산 시장 연착륙 및 지방재정 안정화	주택 가격 및 거래량 안정화·부실 개발업체 정리 및 지방정부 재정 건전성	정부의 적극적 개입으로 '연착륙'을 시도하나, 지방정부 재정 부담이 심화될 전망
❹ 인구 구조 변화의 경제적 영향 본격화	생산가능인구 감소 속도·고령화에 따른 복지 부담 증가	노동력 감소와 고령화가 잠재성장률을 낮추는 구조적 제약으로 작용할 전망
❺ 대외관계(지정학적 리스크)와 글로벌 공급망 재편	미중 기술 갈등 및 통상 규제·글로벌 기업의 '중국+1' 전략 동향	미국과의 기술 갈등이 심화되며 수출에 부정적 영향을 미칠 것이고, '국내 대순환' 전략의 중요성이 커질 전망

*자료:중국경제금융연구소

복 전략이다. 내수 부진의 핵심 원인은 소득 불안정과 자산 가치 하락에 따른 소비 심리 위축이다. 청년 실업률이 15% 이상 높은 수준을 유지하고 있어 소비 기반을 약화하고 있으며, 주택 가격 하락으로 인한 역자산 효과(negative wealth effect)는 가계 소비를 더욱 억제하고 있다.

정부는 2026년에 다음과 같은 정책을 통해 소비 회복을 유도할 것이다. 먼저 소득 보장 정책으로 일부 도시에서 기본소득 시범 사업을 확대하고, 저소득층을 위한 현금 지급·세제 혜택을 강화할 것으로 예상된다. 또한 지방정부가 매입한 주택을 저렴한 임대주택으로 전환하여 주거 안정성을 높이고, 이를 통해 소비 여력을 확보하려는 정책도 병행될 전망이다.

서비스업 일자리 창출을 위해 관광, 헬스케어, 디지털 서비스 등 고용 창출 효과가 높은 산업에 대한 지원도 확대될 가능성이 크다. 다만 이러한 단기적 대책만으로는 소비 심리의 근본적인 회복을 이루기 어렵다. 때문에 장기적으로는 소득 격차 해소와 사회 안전망 강화를 통해 소비 기반을 다져야 할 것이다.

둘째, 부동산 시장의 연착륙과 지방재정 문제다. 부동산 시장은 정부의 적극적 개입으로 일시적 안정세를 보이고 있으나, 신규 착공과 거래량은 여전히 저조하다. 주요 대책으로는 재고 주택 매입을 통해 지방정부가 미분양 주택을 매입해 임대주택으로 전환, 주거 안정성을 확보할 것으로 보인다. 부동산 업체 지원을 통해 부실 개발 업체의 대출 만기 연장과 이자 감면을 통해 파산 리스크를

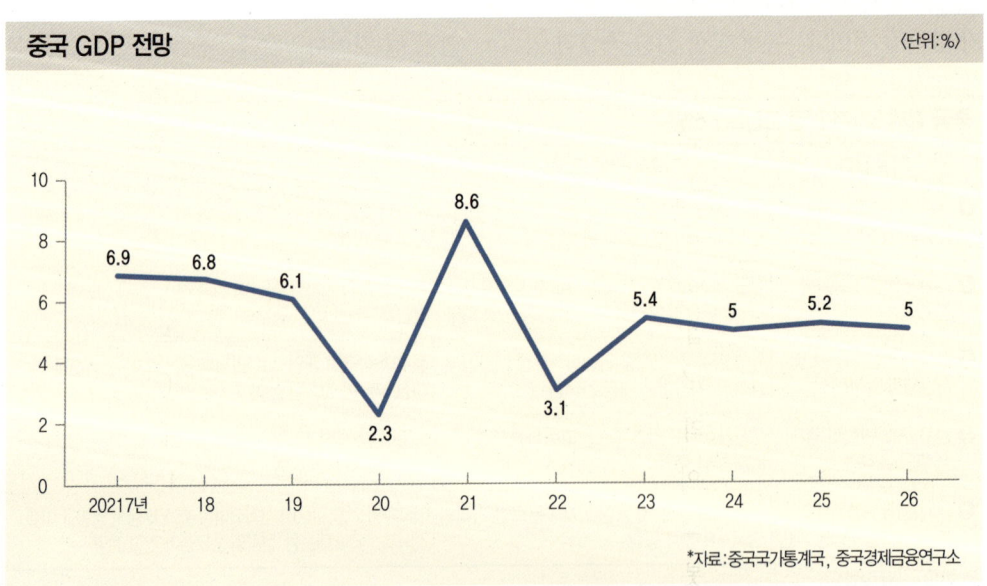

중국 GDP 전망 〈단위:%〉

*자료:중국국가통계국, 중국경제금융연구소

완화하는 방식이 적용될 것이다. 또한 현물 판매 확대를 통해 분양 전 단계에서의 계약을 줄이고 완공된 주택 판매를 확대해 투자자 신뢰를 회복할 전망이다. 하지만 이 같은 정책은 단기적으로 시장 안정에는 이바지할 수 있으나, 지방정부의 재정 부담 증가와 시장 왜곡 가능성도 동시에 내포한다. 장기적으로는 주택 공급 구조의 재편과 새로운 세원 확보가 필수적이다.

셋째, 증시 회복과 투자자 신뢰다. 2026년 중국 증시는 정부의 강력한 안정화 정책, 신질생산력 관련 기업의 실적 개선, 미국의 금리 인하에 따른 자본 유입 기대 등으로 상승세를 지속할 가능성이 높다. 그러나 개인 투자자들의 신뢰 회복은 여전히 더디며, 구조적 개혁과 기업 투명성 강화 없이는 지속 가능한 상승장 형성은 어려울 수 있다.

넷째, 신질생산력의 산업별 전망이다. 반도체 분야에서는 SMIC가 7㎚ 공정 양산을 확대하고 5㎚ 공정 개발을 가속화하고 있다. 다만 EUV 리소그래피 장비의 제한적 접근은 여전히 기술적 병목 요인으로 작용한다. AI 분야에서는 무어스레드(Moore Threads)와 바이런(Biren) 등 중국 AI 기업의 기술 발전이 주목된다. 스마트 제조, 헬스케어, 금융 등 다양한 분야에서 AI 대모델의 산업 적용이 본격화될 전망이다. 로봇 분야에서는 인간형 로봇의 제조업, 물류, 서비스업 도입이 가속화되고 있으며, 정부의 '로봇+' 전략에 따라

2027년은 시진핑 4기 정부 출범과 인민 해방군 창군 100주년이라는 중대한 정치적 이벤트를 앞두고 있다. 사진은 시진핑 중국 국가주석이 제20기 중앙위원회 제3차 전체회의(3중전회)에서 연설하고 있는 모습. (신화연합뉴스)

산업 클러스터 확장 조성이 예상된다.

다섯째, 미·중 갈등과 기술 자립이다. 2026년에도 미·중 간 기술 전쟁은 지속될 가능성이 크다. 미국은 AI 반도체, 양자컴퓨팅, 항공우주 등 첨단 기술 분야에서 수출 통제를 강화하며 중국을 견제할 것으로 보인다. 이에 맞서 중국은 '국산 대체' 정책을 통해 자립형 생태계 구축을 가속화하고 있지만, EUV 장비와 고급 소프트웨어의 기술 격차는 여전히 존재한다. 향후 동남아, 중동, 아프리카 등 제3국 시장에서의 영향력 확대는 중국의 대외 전략에서 중요한 변수가 될 것이다.

15차 계획, 기술·안보 대전환 예고도

2026년은 '14차 5개년 계획(2021~2025년)'의 마무리이자 '15차 5개년 계획(2026~2030년)'의 시작점이다. 중국은 15차 5개년 계획에서 다음과 같은 전략적 방향을 제시할 것으로 예상된다.

먼저 신질생산력 국가 전략화를 통해 반도체, AI, 양자컴퓨팅, 항공우주, 생명공학을 국가 핵심 산업으로 격상시키고, R&D 투자와 산업 클러스터 조성에 집중한다. 내수 중심 성장을 통해 소비가 GDP의 60% 이상을 차지하도록 유도하며, 서비스업과 디지털 경제를 성장 동력으로 삼을 것이다. 또 지속 가능한 도시화를 위해 저공 경제(드론, 에어택시), 스마트시티, 디지털 트윈 기술을 통해 도시 경쟁력을 강화하고 에너지 전환을 위해 재생에너지와 수소 경제 투자를 확대할 것으로 보인다. 국가 안보 강화를 위해서는 사이버 보안, 공급망 안보, 식량·에너지 안보를 위한 정책을 강화할 선망이다. 이 계획은 중국이 "중등 소득 함정"을 극복하고 선진국 대열에 진입하기 위한 마지막 도약의 기반을 마련하기 위함이다.

특히 2027년은 시진핑 4기 정부 출범과 인민해방군 창군 100주년이라는 중대한 정치적 이벤트를 앞두고 있다. 2026년은 그 준비 시기다. 시진핑 주석의 4기 연임은 정치적 안정성을 보장하지만, 개혁 동력 약화 우려도 제기된다. 창군 100주년을 계기로 군사 현대화와 첨단 무기 개발은 더 가속화될 것이다.

2026년, 5가지 관전 포인트는

2026년 중국 경제를 전망하는 데 있어 단순한 성장률 숫자보다는 경제 구조의 근본적인 변화와 대내외 도전 요인을 종합적으로 평가하는 것이 중요하다. 2026년 중국 경제를 조망하는 5가지 핵심 관전 포인트는 다음과 같다.

첫째, 내수 주도 성장 구조의 안정화 여부다. 기존의 투자와 수출 중심 성장 모델에서 소비와 내수가 주도하는 구조로의 전환이 어느 정도 안착했는지가 핵심이다. 이를 평가하는 주요 지표는 ▲소비 심리의 지속적 회복 여부 ▲고급 소비보다 대중 소비의 활성화 여부 ▲서비스업의 비중과 성장률 ▲1~2선 도시를 넘어선 전국적인 소비 시장의 활성화 정도다. 이는 내수가 견고해야 수출 부진과 같은 외부 환경의 불확실성으로부터 경제를 안정시킬 수 있는 버팀목이 되기 때문이다.

둘째, 신질생산력의 실질적 기여도다. 중국 정부가 집중적으로 강조하는 '신질생산력'이 실제 성장 동력으로 자리 잡았는지가 핵심이다. 이는 첨단 기술을 기반으로 한 새로운 산업 생태계를 의미한다. 관찰 포인트는 전기차, 배터리, 재생에너지, AI 칩

2026년 중국 경제의 정책 방향은 2025년 12월 중앙경제공작회의에서 결정될 예정이다. 사진은 중국공산당 제20기 중앙위원회 제4차 전체회의. (신화연합뉴스)

등 첨단 제조업과 AI, 빅데이터, 클라우드 컴퓨팅 등 디지털 경제 분야의 투자·부가가치 창출 규모다. 이러한 산업이 전통 산업의 부진을 상쇄할 만한 성장 동력이 되었는지가 중요하다. 기술 자립과 산업 고도화를 통한 '중등 소득 함정' 극복의 핵심 축이기 때문이다.

셋째, 부동산 시장의 연착륙 및 지방재정 안정화다. 부동산 시장의 조정은 2026년까지도 중국 경제의 가장 큰 불확실성 요인으로 남아 있을 것이다. 관찰 포인트는 주택 가격과 거래량의 안정화 여부, 부실 개발 업체들의 정리 상황, 그리고 가장 중요한 지방정부의 재정 건전성이다. 부동산 관련 수입에 의존하던 지방재정이 토지 매각이 아닌 다른 세원으로 전환되는 속도가 관건이다. 부동산 위기가 금융 시스템으로 전이되거나 사회적 불안으로 이어지지 않도록 하는 '연착륙'이 성공해야 경제 전반의 안정을 기대할 수 있다.

넷째, 인구 구조 변화의 경제적 영향 본격화다. 인구 감소와 고령화가 본격적으로 경제성장의 제약 요인으로 부상할 시기다. 주목할 점은 생산가능인구의 감소 속도가 노동력 공급과 임금에 미치는 영향, 고령화에 따른 의료·복지 부담 증가가 재정에 미치는 압박, 그리고 이에 대응한 출산 장려, 은퇴 연령 조정 등 정부 정책의 실효성이다. 이는 잠재성장률을 둔화시키는 구조적 요인으로, 이에 대한 대응 능력이 장기 경제 활력의 열쇠를 쥔다.

다섯째, 대외관계와 글로벌 공급망 재편 영향이다. 미국을 비롯한 서방 국가들과의 관계, 그리고 글로벌 공급망의 '디-리스킹(De-risking)'과 '우호국 내 공급망(Friend-shoring) 구축' 추세가 중국 경제에 미치는 영향이 더욱 명확해질 것이다. 주목할 요소는 미국, EU 등 주요 수출 시장의 경기와 통상 규제 동향, '중국+1(China Plus One)' 전략을 추진하는 글로벌 기업들의 동향과 중국이 첨단 산업에서 겪는 기술 제한의 심화 여부다. 수출이라는 성장 동력이 약화하고 기술 발전에 제약받을 수 있기 때문이다. 이에 대한 대응으로 '국내 대순환'의 중요성이 더욱 부각된다.

'느린 성장' 속 질적 전환 시험대

2026년 중국 경제는 5%대의 '안정적이지만 느린 성장' 궤도에 진입할 전망이다. 과거의 고속 성장에서 질적 성장으로의 전환을 모색할 것이다. 성공 여부는 부동산 위기관리, 신질생산력의 확대, 내수 회복의 지속성에 달려 있다. 특히 2027년의 정치적 마일스톤을 앞두고 경제 안정과 국가 안보를 동시에 추구하는 중국의 전략은 대외 긴장을 고조시킬 가능성이 크다. 2026년 중국 경제는 단순한 성장률 숫자보다는, 경제 구조의 근본적 변화와 대내외 도전을 중국이 어떻게 대응하고 극복하는지에 달려 있다. 세계의 공장이자 시장이 된 2026년 중국 경제의 향방은 이제 중국뿐 아니라 전 세계 경제의 방향도 결정짓는 중대한 분기점이 될 것이다. ■

일본

'디플레 탈출' 확실해진 日
소비·수출·설비투자 반등세

이지평 한국외대 특임교수

일본 경제는 물가상승률이 0% 내지 마이너스를 기록했던 디플레이션 경제에서 벗어나 완만한 인플레이션 기조를 보인다. 일본의 소비자물가 상승률이 2022년 이후 3년 연속으로 2%를 초과하고, 2025년의 경우 7월 3%를 넘었다. 일본 정부는 아직 디플레이션 탈출 선언을 하지 않았으나 서민들은 각종 물가 상승이 오히려 부담되고 있다. 2025년 10월 4일의 자민당 총재선거에서는 각 후보들이 서민층을 위한 고물가 대책의 중요성을 강조하기도 했다.

일본 경제의 총수요에서 총공급을 뺀 '수급 갭'은 일본 정부 내각부의 통계 기준으로 수요 초과 상태다. 2025년 4~6월 수급 갭은 연이율 기준 0.3% 플러스로 돌아섰으며, 약 2조 엔의 수요 초과가 발생했다고 내각부가 발표했다. 이는 2019년 이후 가장 높은 수준이다. 일본의 민간연구소 등에서는 정부 추정치보다 먼저 수요 초과 상태가 되고 있다는 지적도 나왔으나, 이번에 정부 통계에서도 일본 경제의 수요 초과 상태가 확인된 것이다.

이와 함께 그동안 회복세를 보였던 부동산 가격의 상승세가 도쿄 등 도시에서 심해지고 있다. 2025년 7월 1일 기준 기준지가는 주택지, 상업지 등 전체 분류 기준 7.7% 상승했으나 외국인 관광객도 많은 아사쿠사, 긴자, 시부야, 신주쿠 등의 상업지의 경우 20%를 넘는 상승률을 기록한 지역도 나오고 있다. 닛케이 지수도 2025년 9월에도 23~25일까지 3일 연속 사상 최고치를 경신하는 등 상승세를 보인다. 일본은행의 금리 인상에도 불구하고 소비자물가보다 낮은 마이너스 금리 상태가 지속되며 자산가들이 예금에서 주식으로 자금을 옮겨 인플레이션에 대응하고 있는 것으로 보인다.

일본 정부 내각부가 발표한 2025년도 경제재정보고(경제재정백서)도 임금과 물가가 동반 상승하는 순환구조가 정착돼 디플레이션에서 착실히 탈출하는 흐름이라는 인식을 나타냈다. 현재 상황이 과거의 경기순환 패턴과 달리 서비스업 중심의 경기 회복이 나타나며 확장 국면이 5년을 넘어서는 긴 회복기로 분석됐다. 인건비 비중이 높은 서비스 분야에서는 물가 상승이 두드러졌다. 명목임금이 상승 중이나 고물가의 영향을 제한 실질임금은 2025년 들어서 계속 하락세를 보이다가 2025년 8월에는 플러스로 돌아섰다. 이러한 실질임금의 상승세가 앞으로 이어질 것인지 불확실한 측면도 있으나 상대적으로 부진했던 소비지출은 회복세를 보였다. 특히 2025년 여름에는 더위가 길어지면서 여름 성수기와 관련된 소비재의 매출이 호조를 나타냈다.

소비 회복이 이끈 경기 반등

2025년 4~6월 일본 국내총생산(GDP)의 실질 성장률(전 분기 대비 연이율)이 애초 발표된 1%에서 2.2%로 크게 상향 수정된 데에는 부진했던 소비지출이 회복된 영향이 컸다. 이에 따라서 일본 경제는 5분기 연속으로 플러스 성장을 기록한 셈이다. 4~6월 GDP의

일본 주요 연구기관 담당자의 일본 경제 전망치 단위:%, %포인트

구분	2025년 회계연도	2026년 회계연도
실질 GDP 성장률	0.82(1.09, 0.63)	0.7(0.94, 0.48)
내수 기여도	0.9(1.2, 0.7)	0.8(1.1, 0.5)
민간 수요 기여도	0.9(1.2, 0.8)	0.6(0.9, 0.4)
공공 수요 기여도	0(0.1, -0.1)	0.2(0.3, 0.1)
순수출 기여도	-0.1(0.1, -0.3)	-0.1(0.1, -0.4)

*표의 각 항목은, 전체 평균(고위평균, 저위평균)으로 표시한 것임. 주요 연구기관 담당자 37명의 응답, 조사 기간은 2025년 9월 2일에서 9월 9일. 회계연도 기준.
*자료:일본경제연구센터

수요 항목별 실질 성장 기여도(연이율)를 보면 개인소비가 0.9%포인트, 설비투자가 0.5%포인트를 기록하는 한편, 정부 공공 수요는 -0.3%포인트에 그쳤다. 순수출(수출-수입)은 1.2%포인트로, 트럼프 고관세의 여파에도 불구하고 호조를 보였다. 물론 미국의 고관세 정책은 일본 경제에 대한 하방 리스크로서 경계가 필요하다.

일본 경제는 4~6월 성장 호조에 따른 반작용의 여파도 예상된다. 7~9월의 일본 경제는 조정 양상을 보일 것이다. 트럼프 고관세에 따른 수출 경기 악화 등으로 7~9월에는 실질 GDP 성장률은 전 분기 대비 마이너스가 될 가능성도 있다. 주요 연구기관들 전망치의 평균치를 보면(ESP Forecast, 2025년 9월) 7~9월 성장률은 -1.11%에 그칠 것으로 예상됐다. 미국의 상호관세, 자동차 관세가 15%로 확정되고 불확실성이 완화됐으나, 일본의 주력 산업인 자동차의 대미 수출이 계속 악영향을 받게 될 것으로 보인다. 이는 산업 생산에 부담이 돼 4~6월 선방한 순수출이 마

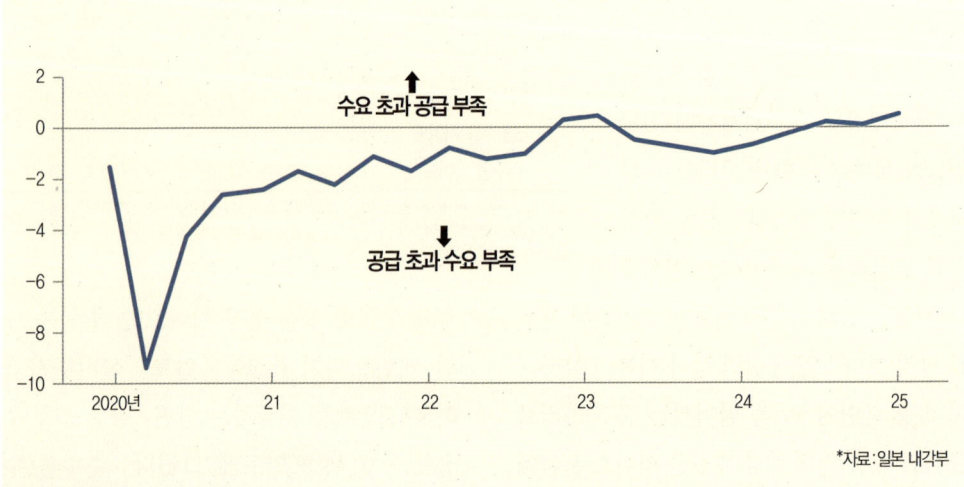

이너스로 돌아설 가능성도 있다.
다만, 소비의 완만한 회복세나 일본 기업의 투자 확대 추세에 힘입은 내수 성장 사이클이 지속되고 있다. 7~9월 성장세 하락은 일시적인 조정에 그칠 것이다. 불확실성은 있지만 물가 상승세는 향후 둔화할 전망이다. 임금 상승세는 지속되고 소비와 함께 설비투자의 완만한 확대 기조가 유지될 것이다. 이에 따라 10~12월에는 일본 경제가 다시 플러스 성장을 회복할 것으로 예상된다.

'트럼프 관세 완화·엔화 약세' 관건

2026년의 일본 경제는 트럼프 고관세의 영향이 점차 완화되고 소비지출, 설비투자 등 내수 경기가 견실한 확대 기조를 이어갈 것인지가 관건이다. 트럼프 관세의 영향과 수출 경기에 관해서는 2025년 그 영향이 집중될 것이다. 2026년에는 추가적인 트럼프 관세의 인상 등이 한정된 수준에 그친다면 수출에 대한 악영향은 상반기 중에는 완화될 수 있다. 특히 자동차, 정밀기기, 전자부품, 특수소재 등 세계 시장점유율이 높은 일본의 주력 수출 품목에 관해서는 미국에 대한 수출 감소 압력이 둔화할 전망이다. 일본과 세계 각국을 비교할 때 트럼프 관세는 중국이나 기타 개도국 등에 비해 일본이 낮아 유리하게 작용하고 있다. 이에 따라 일본 제품은 미국 시장에서 가격 경쟁력이 상대적으로 높아지는 측면도 있다. 더불어 엔화 약세가 지속될 전망이다. 일본 정부가 미국과의 통상 협상에서 자국 자동차 산업을 보호하기 위해 5500억달러 규모의 대미 투자 협력에 상당 부분 양보한 것으로 나타났다. 이 같은 결정은 일본에서 미국으로의 지속적인 자금 이동을 유도해 결과적으로 엔화 가치에 하방 압력으로 작용할 가능성이 크다. 세계적으로 달러화 약세가 지속되는 가운데 엔화가 약세를 나타내며 2026년 일본의 수출 경기 회복에 긍정적으로 작용할 것이다.

'CPTPP' 맹주 도모…임금 상승세 지속

일본 기업은 트럼프 관세에 대응하기 위한 원가 절감, 수출선 다변화 등에 주력할 것이다. 일본은 아시아 등 신흥 국가들과의 경제 협력을 강화하며 수출 여건의 개선에 주력하고 있다. 동남아시아 등의 경우도 트럼프 관세의 영향을 받겠지만 인프라 투자와 소비 진작에 나설 것이다. 미국을 제외한 아시아 역내에서의 자율적인 분업과 경제 협력도 확대될 것으로 보여, 일본 기업도 아시아 시장 개척에 한층 주력할 전망이다. 또한 일본 정부는 아시아 역내 각국이나 유럽 등과의 통상협력을 강화하며 포괄적·점진적 환태평양경제동반자협정(CPTPP)의 '맹주'로서 자유무역을 수호하는 세력의 확장과 강화에 주력할 것이다. 이러한 일본의 자유무역권 강화와 확장 노력은 중국이 주도하고 있는 자유무역 체제의 복원 노력과 경합이 연계돼 일본 기업의 수출 환경 개선에 일정한 효과를 낼 수 있다.

한편, 내수 측면에서는 소비지출은 꾸준한 확대 기조가 이어질 것이다. 인력 부족을 반영한 임금 상승세가 2026년에도 지속될 가능성이 크다. 물론 춘투 임금 인상률이 2024, 2025년 연속으로 5%를 넘었던 호조세에 비해 2026년은 다소 둔화하고 4%대에 머물 가능성은 있다. 하지만 극심한 인력 부족으로 인해 상대적으로 높은 수준의 임금 상승세는 지속될 것이다.

대기업에 비해 중소기업이나 지방기업의 임금 인상 여력은 약화하고 있다. 그러나 이들이 대기업에 비해 인력 확보에 어려움을 겪고 있고 인력 부족 도산도 피해야 하므로, 임금 인상과 함께 복리후생의 개선에도 주력해야 할 입장이다. 자동차 산업의 이익이 급감하고 있으나 일본 기업의 수익은 전반적으로 견실한 추이가 2026년에도 이어질 전망이다. 이러한 가운데 중소기업에서도 노동분배율(부가가치에 대한 인건비의 비율)이 낮은 수준에 머물고 있어서 높은 임금 인상이 가능할 것이다.

2025년 4~6월 기준으로 노동분배율은 그동안의 하락세가 멈추는 움직임을 보였으나 대기업의 경우 4분기 이동평균치로 45%, 중소기업도 74.3%에 그친다. 이는 역사적으로 낮은 수준으로, 임금 인상 여력이 있는 것이다.

2025년 7월에 플러스로 돌아선 실질임금은 지난해 같은 달 대비 상승·하락을 반복하는 일진일퇴 양상을 보이며 실질임금의 증가세가 확실하게 정착되는 데에는 시간이 소요될 가능성도 있다. 단, 2026년의 경우 주요 연

2026년 일본 경제는 트럼프 고관세 영향이 점차 완화되고 소비지출, 설비투자 등 내수 경기가 견실한 확대 기조를 이어간 것인지가 관건이다. 사진은 다카이치 사나에 신임 자민당 총재가 2025년 10월 4일 토요일 도쿄에서 열린 자민당 총재 선거 직후 당대표실을 나서며 손짓하고 있는 모습. (AP=연합뉴스)

구기관이나 일본은행이 소비자물가 상승률이 1%대 후반 정도로 안착할 것으로 예상된다. 2026년 상반기 중에는 실질임금의 상승세가 정착되어 소비를 뒷받침할 것이다.

'AI 시대' 대응 탈탄소화 투자 주력

일본 기업의 설비투자의 경우 트럼프 관세로 인한 제조업의 수익 악화가 부담되고 있다. 자동차 산업에서는 닛산자동차가 가나가와현의 주력 2개 공장의 생산을 종료해 협력사의 경영에도 악영향을 주는 측면이 있다. 철강 산업의 위축도 우려되지만 비제조업을 포함한 일본 기업 전체적으로는 수익 증가세가 이어질 전망이다. 재무성의 법인 기업 경기 예측 조사로는 대기업의 체감 경기는 7~9월 개선됐다. 이에 따라 일본 정책투자 은행의 조사(2025년 8월 4일)에서도, 2022년 이후 2024년까지 3년 연속 확대된 일본 기업의 설비투자는 2025년 계획에서도 14.3%의 증가율을 기록했다. 일본 기업도 AI 혁명에 대응한 정보통신 기반의 구축, 자동차의 전동화 대응, 소재 산업을 중심으로 한 탈탄소화 투자에 주력할 것이다.

이에 따라 2026년에도 AI 혁명을 뒷받침하는 일본의 반도체와 관련 소재, 장비 분야의 투자 확대가 예상된다. 또한 수익 악화가 우려되는 철강 산업의 경우도 경쟁력 만회를 위한 첨단 분야 개척이 모색되고 있으며, 고부가가치 전기강판, 전기로 등 설비 확충이 계획되고 있다. 석유 분야에서는 친환경항공유(SAF), 차세대 연료 증산 등 탈탄소 관련 분야에서의 고도화와 고부가가치화 투자도 이루어질 전망이다. AI 수요 증가에 따라 데이터센터를 위한 투자가 확대되며, 이를 위한 전선 등 다양한 산업 분야에서 수요 확대와 인력 부족에 대응하기 위한 자동화 투자도 예상된다. 한편, 비제조업에서는 운송업을 중심으로 외국인 여행객 유치 확대를 위한 공항 확충 투자, 신형 항공기·차량 구매가 증가하며 역 주변과 도심에서의 재개발도 지속되고 있다. 이러한 관광 인프라 확충 정책이 지방으로도 확산해 일본 정부의 지방 창생 정책과 연계되는 흐름을 보인다.

2026년, 완만한 성장세 지속 전망

일본 경제는 트럼프 정책의 각종 불확실성이 있다. 하지만 일본 경제는 임금 상승세 지속과 소비자물가의 둔화에 따른 소비의 견실한 확대 기조, 일본 기업 설비투자의 확대, 수출 수요 감소세의 완화 등에 힘입어 2025년과 2026년 실질 경제성장률은 0.8% 내외에 달할 것으로 보인다. 주요 연구기관들 전망치의 평균치를 보면(ESP Forecast, 2025년 9월) 2025년도 성장률은 0.8%, 2026년도는 0.7%로 집계된다. 물론, 트럼프 고관세의 영향으로 인한 수출 경기 둔화 압력이 2025년 후반 각 산업에서 강해질 것이다. 하지만 소비와 설비투자를 중심으로 한 내수 경기의 견실한 확대로 일본 경기의 후퇴는 억제될 것이다. 그리고 수출 경기의 악화가 2026년 상반기 중에 완화하고 실질임금의 증가세도 보다 뚜렷해지며 일본 경제의 성장을 뒷받침하게 될 전망이다.

일본 경기의 회복세 지속과 함께 2022년 이후 2026년까지 5년 연속 일본의 소비자물가가 일본은행의 목표치인 2%를 초과하게 될 것이다. 따라서 일본은행의 금리 정상화 정책, 완만하고 신중한 금리 인상 정책은 지속될 전망이다. 일본은행이 중시하는 확실한 디플레이션 탈출, 2% 물가 상승에 대한 사회적 통념의 변화를 바탕으로 한 물가 상승률이 2%에 도달한 것이다. 이에 따라 일본은행은 트럼프 고관세의 영향에 따른 경기 둔화 압력과 일본 경기의 완만한 회복세를 확인하며 단계적으로 금리를 인상할 수 있다. 주요 연구기관들의 전망에서는 2025년 9월 기준 0.5%의 정책금리가 2026년 6월 말까지 0.7~0.8%, 12월 말까지 1~1.1%에 달할 것으로 전망하는 전문가가 가장 많았다. 2026년 말까지 일본의 정책금리가 1% 정도로 상승해도 2% 정도의 소비자물가 상승률을 고려하면 여전히 마이너스 금리가 지속될 것이다. 미국의 금리인하에도 불구하고 엔화가 급격한 강세를 보일 수 있을 것인지는 불확실하다. ■

> 유럽연합

회복세 보이지만…국가별 희비 엇갈려
제조업 → 관광 서비스…'경제 축' 이동

강유덕 한국외국어대 Language&Trade학부 교수 · EU 연구소장

2025년 유럽 경제는 안정된 물가를 바탕으로 소비 회복과 완만한 성장세를 이어갔다. 유럽연합(EU) 전체 경제성장률은 1%를 소폭 웃돌았다. 2024년에 이어 경기 회복세 지속이다. 그러나 회복 속도와 범위는 국가별로 엇갈렸다. EU 경제의 22%를 차지하는 독일은 3년째 0%대 성장에 머물러 경기 부진에 시달렸다. 프랑스 역시 성장률이 하락했다. 이탈리아도 기존의 저성장 기조를 유지했다. 반면 스페인·그리스·포르투갈 등 남유럽 국가들은 상대적으로 견조한 성장세를 보였다. 폴란드·체코를 비롯한 중동부유럽 국가들 역시 비교적 안정적인 성장 흐름을 유지했다. 과거 경기 회복기에는 독일 등 제조업·수출 중심 국가의 회복이 유럽 전체 경제를 견인하는 양상이었으나, 이번에는 내수 중심국과 서비스 산업의 호조가 성장을 이끄는 새로운 국면이다. 2026년도 비슷한 양상일 가능성이 높은 가운데, 유럽 경제 회복의 키는 독일 등 제조업 국가 회복에 달렸다.

흔들리는 독일·프랑스…저성장 기조 고착

그간 유럽 경제를 이끌어온 독일과 프랑스 경제 상황이 심상치 않다.

독일 경제는 2023년 -0.3%, 2024년 -0.2%의 역성장에 이어 2025년에도 사실상 제로성장을 기록했다. 3년째 침체 국면이다. 이 같은 부진은 ① 러시아-우크라이나 전쟁에 따른 에너지 조달 비용 구조 악화 ② 고금리 잔존 효과(고금리로 인해 발생한 문제들이 금리가 내려가도 한동안 지속되거나 남아 있는

현상) ③ 대중국 교역 둔화 ④ 자본재(공장, 기계 등 다른 재화를 생산하기 위해 사용되는 재화) 수요 약세가 복합적으로 작용한 결과다. 2025년 상반기 독일 수출은 2024년 같은 기간과 비교해 0.6~0.7% 증가에 그쳤다. 사실상 정체된 모습을 보인 것이다. 특히 대중국 수출은 약 7.3%, 대미 수출은 7.9% 감소해 주요 교역국 시장에서의 교역 여건 악화가 두드러졌다. 제조업 설비투자는 높은 불확실성과 긴축적 금융 여건 속에서 위축됐고, 민간소비 또한 낮은 소비 심리와 높은 저축률로 인해 성장 기여가 제한적이었다.

독일의 국민총생산(GDP)은 EU의 22%, 유로 지역의 27%를 차지한다. 또 독일 경제는 유럽 제조업의 공급망 허브 역할을 지니고 있다. 이를 고려하면 유럽 경제 전반에 미치는 독일 영향력은 상당하다. 2026년 유럽 경제가 살아나기 위한 전제 조건 중 하나가 독일 제조업의 부활이다. 독일의 설비투자와 중간재 수요 회복은 중동부유럽을 비롯한 역내 가치사슬 전반으로 파급될 수 있다. 독일 산업·상공회의소연합(DIHK)에 따르면, 현재 독일 내 기업들이 가장 리스크로 꼽는 건 경제 정책 환경이다. 조세와 규제, 복잡하고 지연되는 인허가 절차가 투자 결정을 어렵게 한다는 지적이다. 단기적 부양책보다는 복잡한 행정 절차 개선, 규제 완화, 세제 구조 개선 등이 우선돼야 하는 것이다. 결국 2026년 가파른 회복을 기대하기란 쉽지 않다.

프랑스는 상황이 더 안 좋다. 프랑스 경제는 2025년 성장률이 0.6% 수준으로 둔화됐다. 경기 동력 약화가 뚜렷하다. 물가 상승률 둔

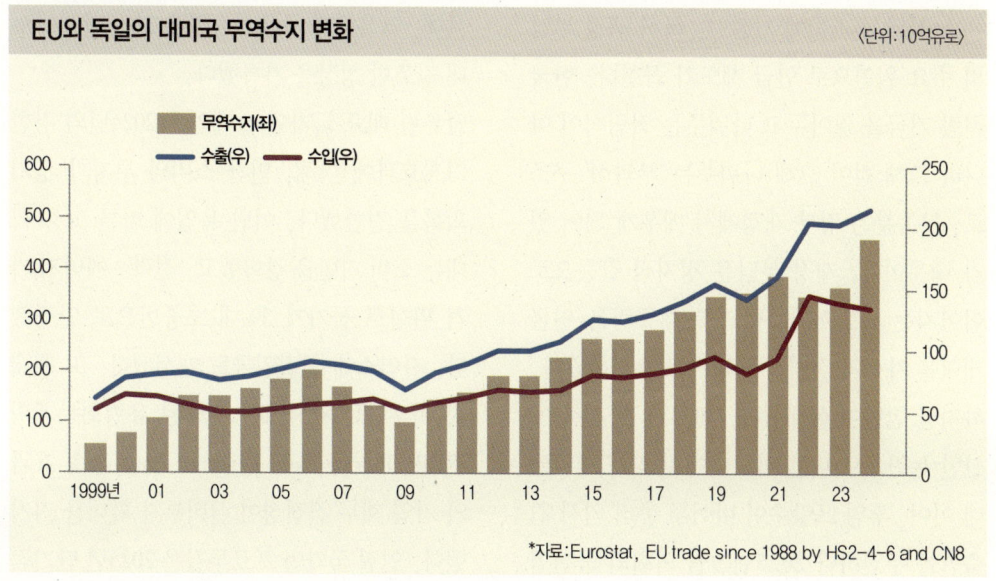

EU와 독일의 대미국 무역수지 변화
〈단위:10억유로〉
*자료:Eurostat, EU trade since 1988 by HS2-4-6 and CN8

화에 따른 실질임금 상승으로 민간 소비가 일정 부분 뒷받침됐지만, 전체적인 소비 심리는 여전히 위축된 상태다. 재정 긴축 기조와 더불어 국내외 정책 불확실성이 투자 여건을 제약 중이라는 게 걸림돌이다. 실제 민간투자는 부진한 흐름을 보인다. 또 글로벌 수요 둔화와 무역 긴장이 지속되면서 수출의 성장 기여도 역시 제한적 수준에 머물렀다. 독일과 달리 고용 시장 지표도 썩 좋지 않다. 실업률은 소폭 상승해 7% 중반을 기록했다. 엎친 데 덮친 격이다.

프랑스 경제가 흔들리는 건 공공재정 때문이다. 2025년 재정적자는 GDP 대비 5.6%, 국가채무는 116%로 확대됐다. 이세는 '재정 지속가능성'에 대한 우려가 나올 정도다. 코로나19 팬데믹과 러시아-우크라이나 전쟁 등 외부 요인도 있었지만, 프랑스의 재정 부담은 누적된 결과물에 가깝다. 특히 재정 부담의 주요 원인으로 연금 제도가 꼽힌다. 한국처럼 기금을 쌓아두고 나눠주는 적립식이 아니라 그해 걷어 그해 나눠주는 '부과식' 구조로, 부족분은 정부 재정에서 메우게 되어 있기 때문이다. 재정 부담은 정치적 갈등으로 이어지는 모습이다. 마크롱 대통령은 연금 개혁을 자신의 정치적 사명으로 추진해왔다. 하지만 번번이 실패했다. 2024년 말 긴축 예산안 논란으로 미셸 바르니에 총리가 해임된 데 이어, 후임 프랑수아 바이루 총리 역시 긴축안을 추진하다 2025년 9월 의회의 불신임을 받았다.

정치적 갈등과 재정 불안은 금융 시장 혼란으로 이어지고 있다. 2025년 9월 신용평가사 피치(Fitch)는 프랑스의 신용등급을 AA-에서 A+로 하향 조정했다. 이어 프랑스 10년물 국채 금리가 스페인·그리스 등 남유럽 국채 금리를 웃도는 현상이 지속됐다. 마크롱 대통령의 통치력이 크게 약화됐다는 점을 고려하면 단기간에 해법을 찾기란 쉽지 않을 전망이다. 정년을 기존 62세에서 64세로 연장하고 완전 연금 수령 기여 기간을 42년에서 43년으로 늘리겠다는 마크롱의 연금 개혁 향방이나 방향성이 2026년 프랑스 경제를 좌우할 가능성이 높다.

'문제아' 환골탈태…남유럽·중동부유럽 주목

독일과 프랑스 경제가 둔화 국면을 보이는 가운데, 남유럽과 중동부유럽은 2025년 2~3%대 견조한 성장을 기록했다.

남유럽 대표 국가인 스페인은 2024년의 강한 기저효과에 더해, 민간 소비와 투자가 경기 회복을 견인했다. 이민 유입에 따른 고용 확대는 소비 기반을 강화했고, 전력·에너지 가격 완화로 물가가 2%대 초중반으로 안정됐다. 자연스레 실질임금도 개선됐다. 또 팬데믹 이후 EU 차원에서 추진된 유럽회복계획(RRP · Recovery and Resilience Plan) 후속 효과와 기업 재무 건전성이 설비투자 확대를 지지했다. 인접 국가인 포르투갈은 2025년 단기적인 조정 국면에도 불구하고 서비스 중심의 내수가 경제 완충 역할을 했다. RRP 관련 프로젝트의 집행과 자동차 등 민간의 대형 프로젝트가 설비투자를 견인했다. 물가 상승률 둔화와 순자산 개선도 민간 소비 여력을 뒷받침한 것으로 평가된다.

그리스도 성장세를 보였다. EU 자금이 뒷받침하는 공공·민간투자 확대와 견조한 소비가 성장의 양대축이다. 관광과 서비스 수요도 고용을 지지했다. 이로 인해 실업률이 하락하고 재정수지 흑자를 유지하면서 신뢰를 회복했다.

중동부유럽에서는 폴란드가 민간 소비에 더해 EU 재정자금 유입과 공공지출 확대에 따른 투자 촉진으로 3%대의 성장률을 이어갔다. 다만 높은 재정적자와 부채비율 상승은 중기 거시건전성 리스크다. 체코는 실질임금 회복에 힘입어 소비가 반등하고, EU 자금 유입 확대와 주택 경기 회복으로 투자가 재개 중이다. 실업률은 2% 중반으로 EU 최저 수준을 유지했다. 슬로바키아는 방위비 및 EU 자금 투자가 경제 성장의 하방 리스크를 완충하고 있으나, 대독일 자동차 부품 산업 의존도와 대외 무역 제약이 수출 회복을 제한하는 제약 요인으로 작용할 전망이다.

이처럼 남유럽은 관광·서비스 회복과 RRP 투자, 중동부유럽은 임금·고용 개선에 기반한 소비와 EU 자금 투자가 성장의 원동력으로 작용해 저성장을 보이는 독일·프랑스·

우르줄라 폰데어라이엔 유럽연합(EU) 집행위원장(왼쪽 셋째)이 도날드 투스크 폴란드 총리(왼쪽 넷째)와 함께 러시아 동맹국인 벨라루스와 맞닿은 폴란드 접경지대를 방문해 러시아 억제를 강조하는 모습. (AFP=연합뉴스)

이탈리아와 대조를 보이고 있다. 2026년 역시 이들의 성장세를 지켜볼 필요가 있다.

'남유럽 효과'로 2026년 EU 성장률 1.5%

남유럽과 중동부유럽의 선전으로 덕분에 유럽 경제는 물가 안정과 완만한 내수 회복, 그리고 EU 차원의 기금이 뒷받침하는 프로젝트 효과 등은 경제 회복의 기반을 마련한 것으로 보인다. 이러한 흐름을 바탕으로 2026년에는 완만한 회복세가 이어지며, 성장률은 EU 1.5%, 유로 지역 1.4%에 달할 것으로 예상된다.

물가는 EU 1.9%, 유로 지역 1.7% 수준으로 안정돼 목표에 근접할 가능성이 높다. 완화된 통화 여건의 시차 효과가 본격적으로 확산돼 가계 이자 부담이 줄고, 소비는 점진적으로 확대될 것이다. 기업 차입 여건 개선은 설비·디지털 전환·인프라 투자 등 선별적 투자 재개의 촉매로 작용할 전망이다. 2024년과 2025년에 위축됐던 설비투자는 여전히 더디지만, 주택 건설은 바닥을 통과하며 회복세를 기대해볼 수 있다. 비주거·인프라·R&D 투자는 경제 구조 전환에 따른 투자 수요에 힘입어 상대적으로 견조할 것으로 보인다.

대외 여건은 무역 긴장과 세계 수요 둔화의 영향이 지속되고, 이에 순수출의 성장 기여도는 제한적일 것으로 예상된다. 다만 에너지 가격 하락과 교역 조건의 개선이 이러한 영향을 일부 상쇄할 가능성이 있다. 고용은 완만히 증가하고, EU 내 실업률은 2026년에 5.7% 내외로 낮아지며 최근 들어 가장 낮은 수준을 기록할 것으로 보인다. 임금은 완만한 상승세를 이어가, 실질임금의 회복이 점진적으로 소비를 뒷받침할 것으로 예상된다. 재정 기조는 대체로 중립적일 것으로 예상된다. 다만 관세 변동, 금융 여건의 불확실성, 비은행 금융 부문의 스트레스 등은 하방 요인이다. 반대로 미·중 통상 갈등이 완화되고, EU 차원의 유럽 단일 시장 개혁, 성장 중심의 그린딜이 추진된다면 상방 요인으로 작용할 것이다.

결과적으로 2026년의 유럽 경제는 회복세를 이어갈 전망이다. 동시에 EU 내 회원국 간 성장률 격차가 완화되는 방향으로 전개될 것으로 보인다.

독일, 프랑스, 이탈리아 등 주요 경제권의 성장률이 점진적으로 개선되고, 남유럽 국가들의 성장세는 소폭 낮아지는 가운데 중동부유럽 국가들의 성장률은 2025년 수준을 보일 것으로 예상된다.

EU-미국 통상 관계는 2026년 변수

트럼프 2기 행정부 출범 이후 미국의 보호무역 기조가 강화되면서 EU-미국 간 통상 관계는 다시 긴장 국면에 접어들었다. 양측은 2025년 7월 말, 상호관세 부과 문제를 둘러싼 협상을 거쳐 주요 원칙에 합의했다. 이에 따라 EU의 대미 수출품에는 평균 15% 수준의 관세가 적용된다. EU는 동시에 7500억달러 규모의 미국산 에너지 구매와 6000억달러 규모의 대미투자 확대에 합의했다. 이러한 조치는 단기적으로 불확실성을 완화하는 효과가 있지만, EU 경제 전반에는 부정적인 요인으로 작용할 소지가 크다. 실제로 대유럽 평균 관세율은 13.1%로 상승했고, 철강·알루미늄 등 산업재에 대해서는 최대 50%까지 인상될 가능성이 높다. EU는 미국에 대해 대규모의 무역흑자를 유지해왔으나, 향후 흑자폭이 축소될 가능성이 높다.

이러한 대외환경 속에서 EU는 여전히 중국에 대한 의존도를 줄이는 위험 완화(de-risking) 전략을 유지하고 있다. 다만 이 정책은 구조적 전환을 목표로 하는 중장기 전략이다. 단기적으로는 공급망 재편과 시장 다변화에 따른 비용 부담이 불가피하다.

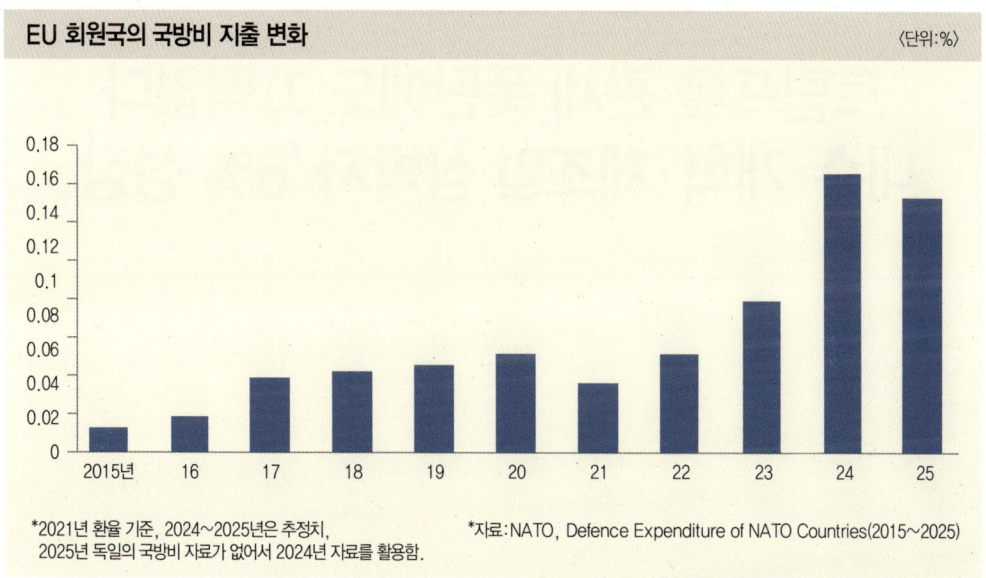

EU 회원국의 국방비 지출 변화 〈단위:%〉

*2021년 환율 기준, 2024~2025년은 추정치,
2025년 독일의 국방비 자료가 없어서 2024년 자료를 활용함.
*자료: NATO, Defence Expenditure of NATO Countries(2015~2025)

EU 차원 '방위비 확대'도 리스크 요인

EU는 2025년 4월 '유럽 방위백서'를 통해 2030년까지 총 8000억유로 규모의 국방비 증액 계획을 제시했다. 이 중 1500억유로는 EU 공동방위기금(EDF)을 통해, 나머지는 회원국 재정 확충을 통해 조달될 예정이다. EU 집행위원회는 안정성장협약(SGP)의 면책조항을 확대 적용해 국방비 지출을 예외 항목으로 인정했다. 이에 따라 회원국들은 GDP의 최대 1.5%까지 국방비를 추가로 인상할 수 있다.

현재는 16개국이 면책조항 적용을 요청한 상태다. 독일은 2025년 5000억유로 규모의 인프라·국방 특별기금을 신설하고, '부채상한제' 완화를 통해 국방 및 안보 관련 지출의 재정적 제약을 완화했다. 프랑스와 폴란드 등도 재정특례를 활용해 국방 예산을 확대하고 있다.

이러한 방위비 증액 결정은 단순한 군사력 강화 차원을 넘어, 경제적 파급 효과를 유도하려는 목적도 내포하고 있다. 방위 산업 투자 확대는 이미 일부 회원국에서 성장률을 일정 부분 견인한 바 있으며, 중기적으로도 성장 제고 효과가 기대된다. 그러나 국방지출의 재정 승수 효과는 인프라 투자 등에 비해 낮은 편으로, 효과가 장기간 지속될지는 불확실하다.

또 국방지출 확대는 재정건전성 측면에서 부담으로 작용할 가능성도 있다. 국방 예산 증액은 다른 정책 분야의 재정 여력을 제약하고, 별도 기금 조성 역시 국가채무 증가로 이어질 수 있다. ■

인도

트럼프發 관세 폭탄에도 끄떡없다
내수·개혁·제조업 삼박자 '6% 성장'

김경훈 대외경제정책연구원 인도남아시아팀 팀장

2025년 8월 7일 미국 정부는 인도에 25%의 상호관세를 부과했다. 이후 8월 27일 인도의 러시아산 원유 수입을 문제 삼으며 25%의 추가 관세를 부과했다. 트럼프 2기 초기인 2025년 2월 모디 인도 총리가 트럼프 대통령과 정상회담을 가진 이후 양국의 관계가 심화될 것이라는 예상에 찬물을 끼얹었다. 50%에 달하는 미국의 관세 부과 이후에도 양국은 무역 협상을 진행하고 있으나 단기간 내 큰 진전을 기대하기는 힘들다. 농산물·유제품 관세 인하가 미국의 핵심 요구사항인데, 인도 고용자의 절반이 1차 산업에 종사하는 점을 고려하면, 인도 정부가 시장을 대대적으로 개방하기에는 정치적 어려움이 크다.

모디 정부는 미국의 관세 적용 이후 "인도는 농민, 축산업자, 어민과 관련해 어떠한 타협도 절대 수용하지 않을 것이다"라고 밝혔다. 또한 미국은 인도가 러시아산 원유 수입을 축소할 것을 요구하고 있으나, 인도는 물가 안정을 위해 시장에서 가장 낮은 가격의 원유 수입을 지속할 것이라는 의지를 여러 차례 강조한 바 있다.

인도에 대한 관세율은 미국이 중국을 제외한 주요국에 적용한 관세율 중 가장 높다. 미국 관세가 인도 경제에 부정적인 영향을 미칠 것은 당연하다. 특히 수출 중심의 중소기업이 큰 타격을 받을 것으로 예상되며, 기업들의 투자 심리도 악화할 것으로 보인다. 따라서 인도 경제성장률 전망치의 하향 조정이 불가피하다. 하지만 하향폭이 크지는 않다. 인도 경제는 내년에도 6%대 성장을 이어가며, 주요국 중 가장 빠른 성장세를 유지할 것으로

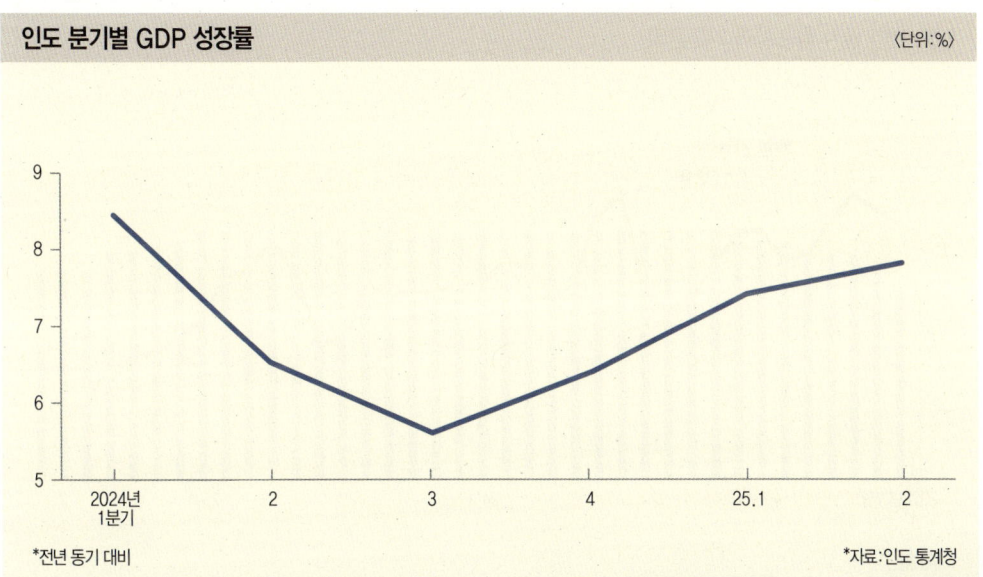

보인다. 고성장세에 힘입어 인도는 일본과 독일을 제치고 2028년, 세계 3위 경제로 도약할 전망이다.

최근 이러한 긍정적인 전망을 뒷받침하는 여러 지표가 발표됐다. 인도는 2025년 4~6월 7.8%의 국내총생산(GDP) 성장률을 기록했다. 이는 지난 5분기 동안 가장 높은 수치다. 또한 2025년 8월 인도의 예비 구매자 관리지수는 통계 집계를 시작한 2005년 12월 이후 가장 높은 65.2를, 예비 제조업 구매자 관리지수는 2008년 1월 이후 가장 높은 59.8이다.

통상 악화에도 '다변화'로 버틴다

대외 통상환경 악화에도 불구하고 인도가 내수 중심 경제를 바탕으로 고성장세를 이어갈 것으로 예상된다. 2024년 기준 미국은 인도 전체 재화 수출의 18%를 차지하는 인도의 최대 수출 대상국이다. 하지만 인도의 GDP 대비 재화 수출 비율이 11% 수준으로, 인도의 GDP 대비 미국 수출 비율은 2%에 불과하다. 이 비율은 베트남(27%), 태국, 말레이시아, 대만(각 10%), 한국(7%) 등 주요 아시아 국가에 비해 현저히 낮다. 또한 미국 고관세의 대상 범위는 인도 수출액의 70% 수준이며, 인도의 주요 대미국 수출 품목인 의약품, 전자제품 등은 아직 고관세 적용을 받지 않는다. 따라서 미국 고관세의 영향이 당장 크지 않을 것으로 전망되는 가운데, 인도 정부는 중장기적 시각을 갖고 다양한 국가와 경제협력 관계를 강화하기 위해 노력 중이다. 인도 정부는 2010년대 초 한국, 아세안, 일본 등 아시아 주요국과 자유무역협정을 체결한 후 추가

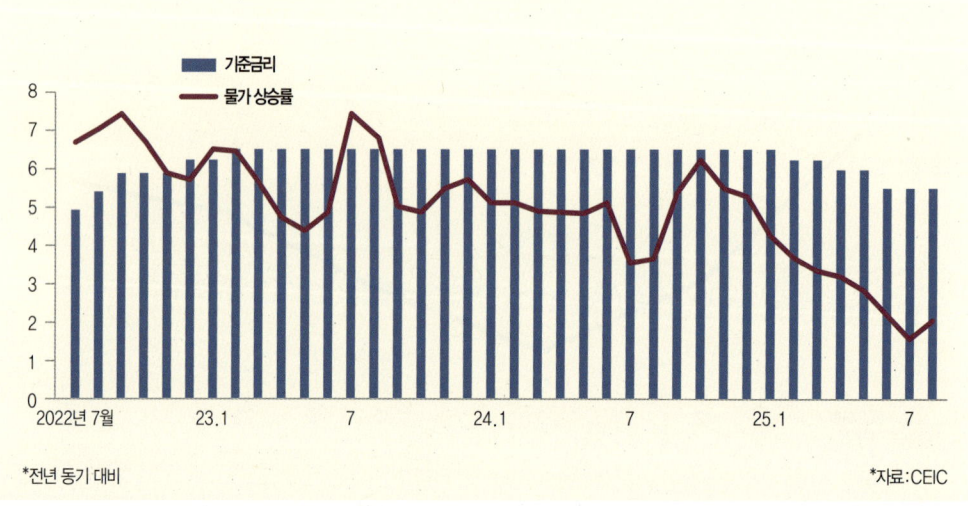

적인 시장 개방에 다소 무성석인 모습을 보였다. 그러나 2020년대 초 인도는 다시 무역협정 체결에 속도를 내기 시작했다. 2021년 모리셔스, 2022년 UAE와 호주, 2025년 유럽자유무역연합과의 자유무역협정이 발효됐고, 2025년 영국과 자유무역협정을 체결했다. 2025년 10월 현재 인도는 유럽연합과 자유무역협정 체결을 위한 협상에 적극적이다. 더불어 인도 정부는 적극적으로 경제외교를 추진하고 있다. 모디 총리는 2025년 7월 BRICS 정상회담, 8~9월 상하이협력기구 정상회담에 참여하며 남-남 경제협력 강화를 위한 방안을 논의했다. 8월 모디 총리의 일본 방문 기간 양국은 경제 안보, 인프라, 산업 인재, 첨단기술 등 다양한 분야에서의 협력 전략을 담은 '향후 10년을 위한 인도-일본 공동 비전'에 합의했다. 일본 정부는 인도에 대한 중기 투자 목표를 10조엔으로 설정했다. 미국 관세 발표 이후 인도 총리는 유럽연합, 프랑스, 이탈리아, 러시아 등 주요 경제국과 방위, 우주, 원자력 등 첨단 산업에서 협력 관계를 강화하는 계획을 논의했다. 이에 화답하듯 2025년 9월 유럽연합은 '유럽연합-인도 신전략 어젠다'를 발표하며 광범위한 경제협력 기회를 제시했다.

미국의 관세 부과에 앞서 2025년 7월 인도 정부는 수출 신용 접근성 제고, 국경 간 팩토링 활성화, 중소기업의 비관세장벽 극복을 지원하는 정책을 포함한 '수출진흥미션'을 발표했다. 이어 인도 정부는 2025년 9월 말 종료 예정이었던 수출 품목 세금 환급 제도를 연장하는 계획을 발표했다. 이 제도는 수출 제품의

// 세계 경제 어디로 //

미국은 인도가 러시아산 원유 수입을 축소할 것을 요구하고 있으나 인도는 물가 안정을 위해 시장에서 가장 낮은 가격의 원유 수입을 지속할 것이라는 의지를 강조한 바 있다. 사진은 도널드 트럼프 미 대통령과 나렌드라 모디 인도 총리가 2025년 2월 13일(현지 시간) 미국 백악관에서 정상회담을 하고 있는 모습. (로이터=연합뉴스)

생산·유통과정에서 발생하나 타 세제를 통해 환급되지 않는 중앙·주·지방정부 차원의 세금을 환급해주는 제도로, 현재 농산물·섬유·공산품 등 1만여개 품목에 적용되며 상품 가치의 1~4%의 인센티브를 제공한다.

물가 잡고, 금리 낮추고, 외환 넉넉

인도 정부는 견고한 경제 기초체력을 유지하기 위해 경제 안정화에도 총력을 다하고 있다. 인도 중앙은행은 글로벌 공급망 불안으로 물가 상승 압력이 높아지자 2022년 기준금리를 꾸준히 인상했다. 2023년 2월부터 2025년 2월까지 6.5%로 유지했다. 그 결과 물가 상승률은 중앙은행의 목표 범위(4±2%) 안에 머물렀으며, 2023~2025년 평균 5% 안팎의 안정세를 보였다.

인도의 물가 구성 중 식료품이 중요한 비중을 차지하는 가운데, 2025년 몬순 우기 중 풍부한 강수량 덕분에 인도가 풍작을 경험하며 식료품 상승률이 낮은 수준으로 유지되고 있다. 이에 따라 소비자물가 상승률이 2024년 10월 6.2%에서 매달 낮아지며 2025년 7월 1.6%를 기록했다. 탄탄한 경제 성장세에도 불구하고 2025년 물가 상승률이 지난 40여년간 가장 낮은 수준인 3.2%를 기록할 것으로 전망된다. 인도가 고성장에도 불구하고 물가 상승 압력이 없는 상태인 '골디락스 구간'에 진입했다는 분석도 나오고 있다.

물가 하락세에 힘입어 인도 중앙정부는 사전에 기준금리 완화 기조에 돌입할 수 있었다. 중앙은행은 기준금리를 2025년 2월과 4월 각각 0.25%포인트, 6월 0.5%포인트 인하했다. 통화 정책 기조 전환은 미국의 관세 부과가 인도의 소비와 투자에 미칠 수 있는 부정적 영향을 완화해 인도 경제가 성장세를 이어가는 데 기여했다. 기준금리는 2025년 10월 현재 5.5%로, 중앙은행이 앞으로도 성장세 둔화에 대응해 통화 완화 기조를 이어갈 여력을 갖고 있다.

더불어 인도는 금융 불안에 대응할 수 있는 여력도 확보하고 있다. 2025년 9월 말 기준 인도의 외환보유고는 7002억달러로 세계 5위 규모다. 인도의 11개월치 재화 수입대금과 비슷한 규모, 적정성을 평가하는 단순 기준인 3개월치 수입대금을 크게 웃돈다. 2025년 4월 기준 IMF가 발표한 인도의 외환보유고 적정성 평가지수는 1.11로 적정 기준인 1~1.5를 충족하고 있다. 인도 루피화 가치가 점진적으로 절하되고 있는 가운데, 자금 유출 사태 발생 시 중앙은행이 외환 시장을 안정시킬 수 있는 여력을 보유하고 있는 것이다.

'세제 혁신'으로 기업 부담 낮춰

2017년 인도 정부는 세제 통합·간소화를 위해 간접세인 상품서비스세 제도를 도입했다. 상품서비스세 도입과 함께 다양한 세제 효율화 방안을 추진한 결과, 기업의 행정 부담이 줄었고 투명성이 강화됐다. 이어 2025년 9월 인도 정부는 '차세대 상품서비스세 개혁안'을 발표했다. 이를 통해 세율 체계가 4단계(5%, 12%, 18%, 28%)에서 2단계(5%, 18%)로 간소화됐고, 주요 품목에 대한 관세가 크게 낮아졌다. 예를 들어 텔레비전(32인치 이상), 이륜자동차(350cc 이하), 사륜자동차(가솔린 1200cc 미만, 경유 1500cc 미만), 자동차 부품, 시멘트에 대한 세율이 28%에서 18%로 인하됐다. 트랙터, 수확용 기계, 점적 관개 시스템, 바이오 농약에 대한 세율은 12%에서 5%로 인하됐다. 33개 필수 의약품의 세율은 12%에서 면세로 전환됐다.

인도 정부는 세제 개혁을 통해 소비재 가격은 낮춰 수요를 활성화하고 중간재 가격을 낮춰 기업 부담을 줄여주려 한다. 2025년 9월 가전제품·자동차 판매가 늘어나는 추세가 목격됐으며, 10월 인도의 주요 축제인 디왈리 기간에 소비가 폭발적으로 늘었다.

'스마트폰·반도체·조선' 산업 고도화

인도 정부의 경제 활성화 전략의 정점은 제조업 보조금 정책이다. 2020년 인도 정부는 220억달러 규모의 다년도 보조금을 포함한 '생산연계인센티브(PLI)' 제도를 발표했다. 14개 제조업 분야가 보조금 지급 대상이며, 분야마다 지급 기간·조건이 다르다.
가장 큰 성과를 보이는 부문은 전체 배정 예산의 5분의 1을 차지하는 '휴대전화·특정 전

세계 경제 어디로

자 부품 제조업'이다. 인도 휴대전화 산업은 지난 10년간 생산 규모가 30배 이상 늘어 600억달러 수준에 이르렀다. 수출은 1억7000만달러에서 226억달러로 133배 이상 증가했다. 인도 내 휴대전화 관련 생산 시설은 2곳에서 300곳으로 늘었고, 생산 대수 기준 인도의 휴대전화 수입 의존도는 수요의 75%에서 0.02%로 줄었다. 가장 눈에 띄는 성과는 애플 스마트폰 제조사의 인도 진출이다. 전 세계 아이폰 생산 대수에서 인도 내 생산 비중이 2021년 1%에서 2024년 14%로 증가한 것으로 추정되며 곧 20%대를 기록할 전망이다. 휴대전화 산업이 성장 궤도에 오른 가운데 2026년 인도 정부는 휴대전화 등 전자제품 부품 분야에서 투자를 유치해 공급망을 확장·심화하는 정책을 추진할 것으로 예상된다.

'생산 연계 인센티브'와 별개로, 인도 정부는 2021년 '인디아 반도체 미션'을 발표하면서 90억달러 규모의 반도체 산업 보조금을 제시했다. 인도에 상업용 반도체 공장이 없는 상황에서 2023년 미국 마이크론테크놀로지의 사업을 시작으로 2024년 4건, 2025년 5건의 사업이 승인받으며, 현재 총 10건의 반도체 공장 설립이 진행 중이다. 2026년 마이크론테크놀로지의 후공정 공장과 타타일렉트로닉스의 팹이 상업 생산을 시작할 것으로 예상된다. 사업 10건에 대한 승인으로 기존 보조금이 전부 배정된 것으로 추정되는 가운데,

인도는 2025년 영국과 자유무역협정을 체결했다. 사진은 키어 스타머 영국 총리(왼쪽)와 나렌드라 모디 인도 총리가 인도 뭄바이 라지바반에서 열린 정상회담에 앞서 인사를 나누고 있는 모습. (AP=연합뉴스)

인도 정부는 추가 투자 유치를 위한 새로운 보조금 제도 도입을 검토하고 있다.

인도 정부는 다음으로 집중 육성할 제조업 분야로 조선업을 선정했다. 인도의 조선업은 2020~2024년 누계 기준 시장점유율이 0.07%로 세계 18위에 불과한 가운데, 정부는 인도를 2030년 10대, 2047년 5대 조선 강국으로 만들기 위한 목표를 설정했다. 이를 달성하기 위해 2025년 9월 인도 정부는 80억달러 규모의 보조금 정책을 발표했다. 조선업 금융 지원 정책, 해양개발 투자기금, 이자 지원기금, 조선 산업 육성 제도, 조선 기술센터 등을 통해 보조금이 집행될 예정이다. 2026년부터 사업에 지원금 배정이 본격적으로 시작될 것으로 보인다. 종합하면, 인도 경제가 미국의 관세 부과로 적지 않은 타격을 받을 것으로 예상된다. 하지만, 경제협력 다변화, 수출 활성화, 거시경제 안정화, 경제개혁 본격화, 제조업 지원을 통해 내년에도 6%대의 높은 성장률을 기록할 것으로 전망된다. ■

브라질

'세제 개혁' 성장·신뢰 두 마리 토끼
금리 인하 저울질…물가 안정 '열쇠'

오성주 포스코경영연구원 수석연구원

브라질은 지난 몇 년 동안 시장 기대를 넘어서는 강한 성장세를 보였다. 룰라정부의 확장 재정 정책이 고용 시장 회복과 실질임금 개선으로 이어져 소비가 살아난 덕분이다. 대외 무역 환경도 나쁘지 않았다. 2025년 하반기 시작된 미국의 고율 관세 부과로 대미 수출이 빠르게 감소했지만 대중국 수요는 증대됐다. 미국산 농산물을 대신해 브라질산 대두 등을 대량으로 비축하면서다. 또 멕시코와 아르헨티나 등으로 무역 전환 효과가 발생해 구조적으로 견조한 흑자 기조가 이어졌다. 2025년 무역흑자는 625억달러로 나타났다. 2026년에도 무역흑자는 개선될 가능성이 높다. 원자재 가격이 안정적인 데다 중국 경기가 크게 악화할 가능성이 낮다는 판단에서다. 브라질의 무역흑자는 720억달러 수준까지 확대될 수 있다.

다만 성장세만 놓고 보면 다소 둔화할 전망이다. 워낙 대내외 불확실성이 큰 탓이다. 미국이 전 세계를 상대로 벌이는 관세 전쟁의 후폭풍으로 브라질 국내 투자도 크게 위축됐다. 또 2025년부터 물가 상승 압력으로 중앙은행의 고금리 기조가 계속되면서 간신히 회복됐던 국내 소비도 주춤한 상태다. 2025년 국내총생산(GDP) 성장률은 2.2%, 2026년은 2% 성장이 예상된다.

'내수 회복' 반전 노리지만…

2025년 6월 브라질 중앙은행(BCB·Banco Central do Brasil)은 정책 금리(Selic Rate)를 15%까지 인상했다. 이후 이를 유지하면서 시장에 매파적 신호(금리를 높은 수준으로 유지하는 현상)를 보내고 있다. 특히 2025년 7월과 9월 통화 정책 관련 회의에서 "현 금리 수준이 매우 장기간 유지된다면 인플레이션이 목표치로 수렴할 수 있을지 여부를 평가하겠다"고 밝혔다. 이는 인플레이션이 명확히 앵커링(안정화)되고 국내 수요 과열이 완화돼야 금리 인하도 가능하다는 의미로 해석된다. 당분간 고금리 기조가 유지될 가능성이 높고 전 세계 주요 국가보다 다소 늦은 2026년 하반기에야 인하 여지가 생길 수 있다. 반대로 인플레이션이 빠르게 안정화 국면에 접어들면, 2026년 말에는 기준금리가 12.25%까지 내려갈 수 있을 것으로 기대된다.

환율은 룰라정부의 확장 재정 정책에 대한 우려와 앞선 미국의 금리 인상 여파로 큰 폭의 절하 압력을 받고 있다. 브라질 헤알화는 2024년 말 달러당 6.1헤알화까지 떨어지면서 사상 최저치를 기록했다. 이후 중앙은행이 "외환 보유고를 최대 10%까지 활용할 수 있다"며 적극적 개입 의지를 표현했고 5헤알화 중반대를 유지 중이다. 미국 달러화 약세가 지속되고 있다는 점도 안정화에 영향을 주고 있지만, 달러화가 재차 강세를 보이고 브라질이 재정 리스크를 해소하지 못하면 2026년에도 헤알화의 약세는 이어질 가능성이 높다.

룰라, 대선 재출마 가능…재정 유혹 떨쳐낼까

국제통화기금(IMF) 등 국제금융기구는 브라질 공공부채가 2025년 말 GDP 대비 90% 수준에 육박할 수 있다고 우려한다. 신흥국 중에서도 높은 편이다. 정부의 추가적인 재정 건전화 노력이 없다면 2030년 이전 100% 도

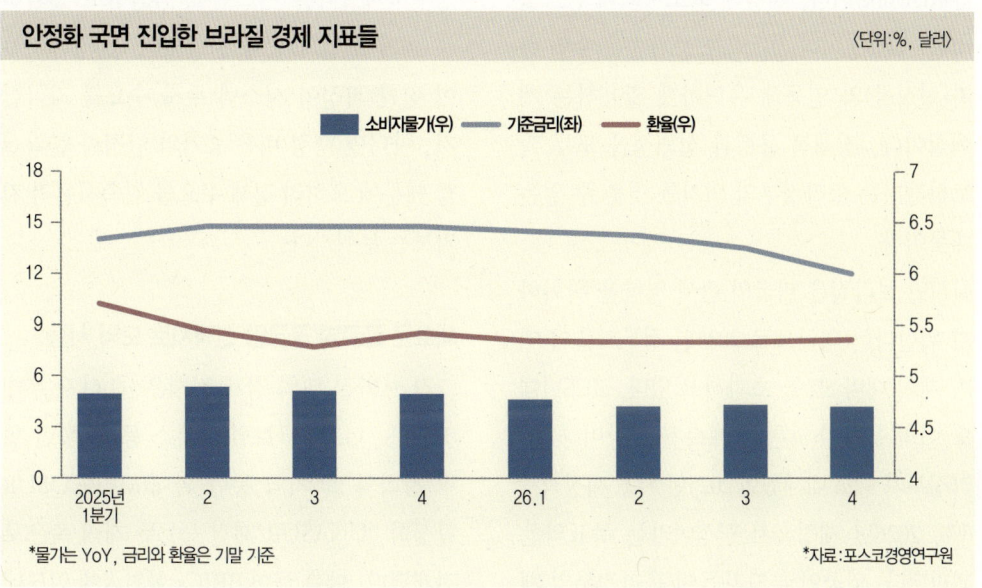

브라질 경제 주요 지표 전망

구분	2024년	2025(e)	2026(f)
GDP(%, YoY)	3	2.2	2
민간소비(%, YoY)	4.8	1.8	2.1
산업생산(%, YoY)	2.6	0.7	1.2
실업률(%, 연평균)	6.9	6.5	6.9
외환 보유액(U$10억, 연말)	319	335	360

*자료: 포스코경영연구원 정리

달 가능성도 있다. IMF 지표는 국제 비교가 가능하도록 하는 방법론적 차이로 인해 소폭 높게 책정되는 경우는 있지만, 주의해야 할 경고인 건 분명하다.

브라질 정부도 심각성을 인지 중이다. 새로운 재정 준칙(NAF · Novo arcabouço fiscal)을 만들어 의회 승인을 받고 2024년부터 적용한 배경이다. 새로운 방식은 '지출 상한제'를 탄력적으로 대체하는 재정 규율(Fiscal Framework)이다. 지출의 최소·최대 한도를 정한 게 특징이다. 또 지출 증가율을 수입 증가(성장률)와 연동해 유연하게 활용하는 게 핵심이다. 경제적 균형과 신뢰성을 모두 확보하겠다는 룰라정부의 의지를 엿볼 수 있는 대목이다.

하지만 브라질은 미국의 관세 영향을 완화하기 위한다는 명분으로 2025년 정부지출이 이미 계획 대비 8%를 초과하고 있다. 2026년에도 이와 유사한 흐름은 계속될 전망이다. 룰라정부가 당초 내세웠던 2025년 기초 재정적자 0%, 2026년 재정흑자 달성이라는 목표와는 괴리된다. 외국인 투자자들이 룰라정부의 재정 정책에 막대한 관심을 갖고 있다는 점을 고려하면 이 같은 '괴리 리스크'는 국가신인도 하락이나 헤알화 가치 하락으로 이어질 수 있다. 룰라정부는 연금과 법정 지출 등 잠재적 재정 압박이 큰 상황에서 당분간 부채 안정화에 주력할 것으로 보인다. 다만 변수는 있다. 2026년 대선이다. 룰라는 재선 출마가 가능한데, 재정지출 유혹을 떨쳐낼 수 있을지 관심 가질 필요가 있다.

관전 포인트는 또 있다. 룰라정부의 핵심 성과인 간접세(소비세 등) 개혁 법안이 통과돼 2026년부터 새로운 제도가 시행될 예정이다. 이 개혁은 복잡한 세금 제도를 단순화하고 투명성을 높이며, 중복 과세를 없애고 중앙·지방정부 간 세수 배분 구조를 조정하는 것이 주요 목표다. 2026년은 실제로 세금을 징수하기보다는 시스템을 점검하고 전환하는 초기 도입기가 될 전망이다. 시장에서는 이 전환 과정이 시스템 투자 수요를 자극할지, 아니면 행정 비용 증가와 안정화 불확실성 때문에 오히려 경제 수요를 위축시킬지 지켜보는 분위기다.

새로운 글로벌 공급망 선택지로 도약 시동

그간 브라질 대외 경제 정책은 ① 다자 무대(BRICs, G20, 글로벌 사우스 등)를 통한 협력 강화와 ② 지역 통합 확대(MERCOSUR 활성화, UNASUR 재건 등) 두 개의 축으로 전개됐다. 예를 들어 BRICs 회원국에 인도네

세계 경제 어디로

시아와 사우디아라비아(가입 보류) 등을 초대해 BRICS+ 확대 방안을 논의하고 브릭스개발은행(NDB)을 통한 인프라 투자와 금융협력을 주도했다. 또 국제 무역 차원에서는 달러 의존도를 낮추기 위해 자국 통화 결제 시스템을 만들어 위안화-헤알화 직거래 결제를 도입했다.

하지만 2025년 1월 미국 도널드 트럼프 행정부 출범 이후 고심이 깊어진 상태다. 미중 전략 경쟁이 다시 재점화하고 미국이 다자 협력 기구의 영향력 확대에 제동을 걸면서다. 경제 안보 환경 변화에 따라 브라질 대외 정책에도 변화가 불가피한 상태다. 특히 트럼프 행정부는 브라질에 총 50% 관세 부과를 외치고 있어 룰라정부 입장에선 머리가 아픈 상황이다.

브라질의 최대 교역 대상국은 중국이지만, 미국은 여전히 두 번째로 큰 교역국이다. 특히 외국인 직접투자(FDI)의 경우 미국이 최대 투자국이다. 미국 영향력을 벗어나기란 쉽지 않다. 룰라정부는 언론을 통해 미국을 향한 비판적인 스탠스를 보이고 있지만, 현실적으로 맞불성 보복 관세보다는 신중한 접근을 취할 가능성이 높다.

대안으로 내놓은 '주권 브라질 계획(Plano Brasil Soberano)'을 통해서도 이 같은 스탠스를 읽을 수 있다. 미국의 관세 압박으로 타격을 받는 커피, 육류, 과일 등 주요 농축산품과 수출 기업에 대해 정부 보조금을 지급해

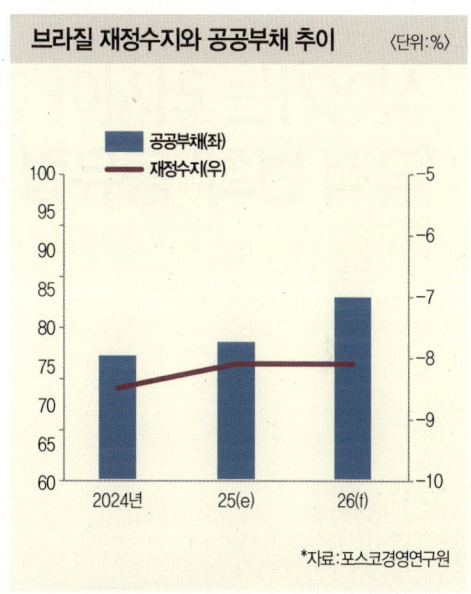

각 주체들이 새로운 대안을 마련할 때까지 버틸 수 있는 여력을 제공한다는 내용이다. 동시에 세계무역기구(WTO) 절차 활용 등 국제 기구에 부당성을 호소하면서 미국 정부와는 건설적인 대화를 통해 관세 철회를 요구하고 있다.

2026년에는 브라질 정부의 수출 시장 다변화도 속도감 있게 추진될 가능성이 있다. 오랜 기간 공들여온 유럽연합(EU) 지역과 함께 동아시아를 주목하는 분위기가 감지된다. 이 과정에서 한국도 관심을 가질 가능성이 높다. 한국 역시 브라질이 주도하는 MERCOSUR와 무역 협상 타결을 통한 남미 시장 개척을 위해 노력해왔다는 점을 고려하면 서로에게 윈-윈 구조다. 새로운 시장과 산업 협력의 기회를 만드는 토대가 될 수 있지 않을까 기대한다. ■

러시아 · 동유럽

식어가는 러시아 경제…장기 둔화 초입
'극적 변화' 동유럽…주요국 2.5% 성장

러시아

이종문 부산외대 러시아학과 교수 · 러시아 경제학 박사

2025년 러시아 경제 기상도는 '계속 흐림'이었다. 대내외 제약 요인과 전쟁 비용 부담, 서방 지역의 제재로 심각한 성장 둔화를 경험했다. 당초 2025년 국내총생산(GDP) 성장률은 2.5% 정도로 예상됐지만 상반기 GDP 성장률은 전년 동기와 비교해 1.2% 성장에 그쳤다. 하반기에도 부진한 경기 흐름이 계속돼 연간 성장률은 1% 이하를 기록할 것으로 예상된다. 방위 산업이 인위적으로 경제 성장을 떠받치는 가운데 재정 부양책의 효과가 대부분 소진됐고 긴축 통화 정책 강화로 민간 소비가 둔화했다. 엎친 데 덮친 격으로 유가 하락까지 동반돼 에너지 수출이 감소, 경상수지 흑자가 대폭 축소됐다.

비용 측면에서도 걱정거리가 많다. 군비 지출이 사상 최고 수준에 달한 가운데 석유-가스 부문의 재정 수입이 22% 감소하면서 연방 재정적자는 GDP의 2.6%로 확대될 전망이다.

**러시아 정부는 1.3% 성장 예고
지표들 고려하면 설득력 떨어져**

2026년 상황도 좋지 않다. 2026년은 러시아 경제가 2025년과 같은 낮은 성장률과 재정 압박에 시달리며 "인내하고 견뎌내야 하는 한 해"가 될 것으로 전망된다. 상승 여력은 매우 제한적이며 성장률은 1%대 초반 수준으로 점쳐진다. 사실상 경기가 정체에 빠질 가능성이 높다. 구체적 지표들을 예상해보면, 소매 매출은 급격히 둔화해 1% 상승에 그치고 고정자본투자는 0.5% 마이너스(-)로 전환될 것으로 보인다. 실질소득과 임금 상승률도

각각 2.1%, 2.4%에 머물며, 역사적 최저 수준(2.3%)이던 실업률은 2.6%로 상승할 것으로 예측된다.

국제통화기금(IMF)은 2026년 러시아의 GDP 성장률을 1%로 전망했고, 세계은행은 0.8%로 예상한다. 러시아 경제발전부는 이보다 높은 수준인 1.3% GDP 성장률을 제시했다. 민간 소비 확대 등으로 경제가 소폭 회복될 것이란 판단이다.

그러나 2025년 투자와 소매 매출이 각각 1.7%, 2.5% 증가율을 기록했음에도 경제성장률이 1%에 그쳤다는 점을 고려해야 한다. 2026년 상황은 2025년보다 더 좋지 않다. 재정 부양책은 축소되고 투자율은 마이너스(−)인 상황에서 2026년 경제성장률이 1.3%까지 오를 것이란 러시아 경제개발부의 예상은 설득력이 부족하다.

경제 둔화 요인 4가지
물가·전쟁·유가·기업부채

2026년 러시아 경제의 둔화와 성장 여력을 제약하는 요인은 다음과 같다. 먼저 ① 물가 통제와 기초 재정수지 균형을 위한 긴축 정책 기조의 유지다. 중앙은행은 2026년 연간 인플레이션을 목표치인 4% 수준으로 복귀하기 위한 긴축적인 통화 정책을 지속 추진할 것이다. 정부 예산 기조가 2026년에도 전력, 방위, 안보 지출 비중을 계속 높여 전시 재정 주도로 운영되고, 민간 부문에서 재정 부양책을 축소하는 방향으로 조정될 것이다. 2026년 예산안이 국방 분야의 재정적 수요를 충당하기 위한 세수 확대(8.6%)를 전제로 하고 있어 부가가치세 인상, 면세 제도 조정 등의 조세 수단이 사용될 가능성이 매우 높다.

② 국제유가의 하방 압력과 수출 조건 악화다. 이는 러시아 세수 기반과 외환수지에 타격을 줄 것이다. 러시아의 재정과 대외 무역 구조는 에너지 부문에 높은 의존도를 지닌다. 유가 하락은 재정과 무역수지 약화를 초래할 것이다.

③ 내수 소비와 투자 수요 등에서 확실한 둔화 흐름이 포착된다. 산업 생산의 감소와 성장 회복의 발목을 잡을 것이다. 특히 투자의 역성장은 곧 건설업, 제철업, 건설기계와 설비 제조,

러시아 주요 거시경제 지표 현황
단위: %

구분		2023년	2024년	2025년(e)	2026년(f)	2027년(f)
경제 성장률	러시아 경제발전부	4.1	4.3	1	1.3	2.8
	IMF	4.1	4.3	0.6	1	1.1
	세계은행	4.1	4.3	0.9	0.8	1
인플레이션	러시아중앙은행	7.4	9.5	6.4	4.7	4
	IMF	7.4	9.5	7.6	4.4	4
	세계은행	7.4	9.5	7.5	4.5	4
재정수지(GDP)	러시아재무부	−1.8	−1.7	−2.6	−1.6	−1.2
소매매출	러시아 경제발전부	8	7.7	2.5	1.1	3.9
고정자본투자	러시아 경제발전부	9.8	7.4	1.7	−0.5	3.8

*(e)는 추정치, (f)는 전망치
*자료: 국제통화기금(IMF), 세계은행, 러시아 경제개발부, 러시아중앙은행, 러시아재무부

기계 산업뿐 아니라 연관된 석탄 산업, 에너지 부문 등 여러 산업이 사실상 2026년 한 해 동안 침체 상태에 놓일 것을 의미한다. ④ 기업부채의 증가와 수익성 하락이다. 파산 위험 수준이 매우 높은 기업들이 러시아 경제 전체 매출의 거의 25%가량을 차지하고 있다. 2026년에는 이 비중이 역대 최고치인 33% 수준까지 상승할 것으로 예측된다.

결론적으로 우크라이나 전쟁 이후 지속된 서방의 강도 높은 제재와 지정학적 리스크를 극복하기 위한 러시아 정부의 내생적 대응의 효과는 마침내 한계를 맞고 있다. 지속된 서방의 제재가 외국인투자, 금융 조달, 기술 수입, 일부 원재료 수급에 제약을 초래했다. 인플레이션 억제를 위해 중앙은행이 고금리 정책을 유지하면서 차입 비용이 상승하고 민간 투자·소비 여력이 제약됐다. 국방·안보 지출이 증가하고 세수 기반이 압박받는 가운데, 정부의 지출 여력 유지가 점점 더 어려워지고 있다. 러시아 경제는 점진적으로 식어가는 냉각 과정이다.

동유럽

조양현 연세대 동서문제연구원 객원교수

동유럽 주요국(체코·폴란드·헝가리)의 평균 경제성장률은 2025년 2%에서 2026년에는 2.5% 수준으로 전망된다. 또 동유럽 주요국의 평균 소비자물가 상승률은 2025년 3.3%(2.3%)에서 2026년에는 2.7%(1.9%) 수준으로 예상된다.

주요국 중에선 체코가 가장 눈에 띈다. 체코 경제성장률은 2025년 1.9%에서 2026년에는 2.1% 수준으로 오를 것으로 보인다. 2025년에는 무역 분쟁(수입관세 인상), 주요 무역 파트너의 경기 침체에 따른 수출 부진에도 불구하고, 실질임금 상승에 따른 가계소비 재개로 인해 전반적으로 내수가 호전됨에 따라 경제성장 추세가 지속된 영향이다. 2026년에는 유럽연합의 기금 유입, 외국인직접투자(반도체 제조설비) 증가, 주택건설 회복 등에 따른 투자활동 증가로 경제의 성장 추세가 지속될 것으로 예상된다.

2025년 주거비용(주택·호텔), 서비스 요금(전기·수도)과 식품 가격(농산물)의 상승으로 2.2%로 추정되는 소비자물가 상승률은 2026년 안정세에 접어들 전망이다. 인플레이션 상승 압박이 광범위하게 진정돼 2% 수준까지 떨어질 전망이다.

폴란드 경제성장률은 다소 둔화할 전망이다. 2025년에는 수출이 부진했으나 실질가처분소득 증가에 따른 가계소비의 지속적인 증가, 유럽연합의 기금 유입 재개에 따른 공공투자 증가 등으로 인해 3.3% 추정치를 보였다. 하지만 2026년에는 가계소비 증가 지속, 유럽연합의 기금과 연계된 투자 프로젝트 시행 등으로 3% 수준의 경제성장률이 예상된다.

폴란드의 소비자물가 상승률은 2025년에 임금 상승 압박과 에너지 지원 정책의 중단 등으로 3.6%로 유지되었으나, 2026년에는 에너지(연료)와 수입 상품의 가격 상승이 둔화됨에 따라 2.8% 수준으로 예상된다.

가장 극적인 변화를 보일 국가로는 헝가리가 꼽힌다. 헝가리는 실질임금 상승과 개인소득세 면세범위 확대(세액공제) 등에 따른 가계소비 증가에도 불구하고 유럽연합의 기금 유입 지연과 기업투자 감소, 수출 부진 등으로 2025년 경제성장률이 0.8%로 저조했다. 그러나 2026년에는 내수(가계소비)의 지속적인 증가, 공공투자(건설)와 외국인직접투자(전기자동차·배터리 생산설비)가 연계된 수출의 점진적 회복 등으로 2.5% 수준까지 경제성장률을 끌어올릴 전망이다.

소비자물가 상승률도 다소 안정될 전망이다. 헝가리는 소비세 인상과 식품 가격 상승, 서비스 요금의 지속적인 인상 등으로 물가 상승 압박이 지속 중이다. 2025년 소비자물가 상승률은 4.1%로 추정된다. 하지만 2026년에는 임금 상승 압박 완화, 소비재·에너지 가격의 하락 등이 예상돼 3.3% 수준으로 안정될 전망이다.

동유럽 주요국의 거시경제 지표 추이 비교
단위:%

구분		2024년	2025년(e)	2026년(f)
경제 성장률	체코	1.1	1.9	2.1
	폴란드	2.9	3.3	3
	헝가리	0.5	0.8	2.5
소비자물가 상승률	체코	2.7	2.2	2
	폴란드	3.7	3.6	2.8
	헝가리	3.7	4.1	3.3
재정수지/ GDP	체코	-2.2	-2.3	-2.2
	폴란드	-6.6	-6.4	-6.1
	헝가리	-4.9	-4.6	-4.7

*(e)는 추정치, (f)는 전망치
*자료:European Commission, European Economic Forecast, 2025

2025년 동유럽 주요국의 재정수지는 좋지 않았던 게 사실이다. 2026년에도 큰 변화는 없을 전망이다. 체코는 공공부문의 임금 인상, 신재생에너지 지원과 총선에 따른 재정지출 지속, 소득세와 재산세 인하와 사회보장부담금 증가 등이 복합적으로 작용해 국내총생산 대비 재정수지(수입에서 지출을 뺀 금액) 비중은 2025년 -2.3%로 추정된다. 2026년에도 긴축 재정 정책 기조가 유지될 가능성이 높은 만큼 -2.2% 수준이 예상된다.

폴란드도 마찬가지다. 2025년 재정구조조정 계획(소비세·개인소득세 인상) 조치에도 불구하고, 국방비(군사 장비), 사회보장(연금·의료), 공적채무의 이자 지급, 교통·에너지 인프라스트럭처 투자지출의 증가 등으로 국내총생산 대비 재정수지는 -6.4% 수준으로, 유럽연합의 재정 준칙 권고 기준(-3% 이내)을 웃도는 것으로 분석된다. 2026년도 큰 변화는 없을 것으로 보이는데, -6.1% 수준으로 예상된다. 헝가리는 국내총생산 대비 재정수지가 2025년 -4.6%, 2026년 -4.7%로 전망된다. ■

동남아시아

내수·물가 안정 반갑지만…
상호관세·미얀마 내전 불안

정재완 대외경제정책연구원(KIEP) 선임연구원

2025년 동남아 경제는 글로벌 긴축 완화 흐름에도 불구하고 성장세가 오히려 둔화됐다. 아시아개발은행(ADB)은 2025년 동남아 전체 성장률을 4.3%로 전망했다. 이는 2024년(4.8%)보다 0.5%포인트 낮은 수치다. 미중 전략경쟁 장기화, 미국 상호관세 부과, 세계 교역 둔화, 보호무역주의 확산 등이 주요 제약 요인으로 꼽힌다.

그럼에도 불구하고 동남아는 인구 6억8000만명에 달하는 방대한 내수 시장과 확대되는 중산층을 기반으로 선진국 대비 높은 성장세를 유지하고 있다. 인도네시아·필리핀·베트남은 고용·임금 증가가 소비를 견인했고, 정부의 사회보장 지출 확대가 소비 회복에 기여했다. 특히 인도네시아는 연료보조금 확대, 공무원 임금 인상, 대형 인프라 프로젝트 가속화로 내수가 전체 성장의 60% 이상을 차지했다.

국가별로 보면 베트남은 외국인직접투자(FDI) 유입과 수출 호조로 6.7% 성장을 기록하며 역내 최고 수준 성장률을 보였다. 필리핀은 가계소비 회복에 힘입어 5.6%, 캄보디아·말레이시아·인도네시아는 4%대 중반 성장을 이어갔다. 반면 미얀마는 내전 장기화와 제재 확대로 3% 역성장을 기록했다. 태국과 싱가포르는 관광 산업 회복에도 불구하고 수출 부진과 정치 불안으로 성장률이 기대치에 미치지 못했다.

물가는 점차 안정되는 추세다. 주요국 평균 소비자물가 상승률은 3.1%로, 2023년의 5.4%에서 크게 낮아졌다. 그러나 식품·연료 가격이 여전히 높은 캄보디아·미얀마·

베트남은 4~5%대의 고물가가 지속되고 있다. 통화 정책은 대체로 완화 기조로 전환됐다. 인도네시아와 필리핀 중앙은행은 금리를 각각 25bp 인하하며 경기 부양 신호를 보냈고, 베트남은 이미 2024년부터 세 차례 금리를 내렸다.

베트남·인니가 주도하는 2026년 4%대 안정 성장…내수·투자 중심

2026년 동남아 경제는 4.2~4.5% 성장이 예상된다. 선진국과 중국 경기 둔화에도 불구하고 내수·투자 중심으로 성장세를 유지할 것으로 보인다.

베트남은 FDI 유입과 전자·반도체 수출 확대로 7%대 성장이 예상된다. 베트남 정부는 산업 전환을 위해 북부 지역에 반도체 클러스터 구축을 추진 중이며, 삼성전자·인텔·폭스콘 등 글로벌 기업의 추가 투자가 이어지고 있다. 인도네시아는 니켈·코발트 등 전략광물 기반의 2차전지 밸류체인 투자가 활발하다. 현대자동차·LG에너지솔루션의 합작 배터리 공장이 본격 가동되며 수출 증가세가 예상된다.

필리핀은 해외송금과 소비 증가로 5%대 중반 성장을 이어갈 것으로 보인다. 말레이시아와 태국은 관광 회복과 전자 산업 수요 개선이 긍정적 요인이다. 싱가포르는 글로벌 교역 둔화로 성장률이 2%대에 머물겠지만, 핀테크·바이오헬스·데이터센터 등 신성장 산업 중심으로 구조 전환이 진행 중이다. 미얀마는 내전이 완화될 경우 2~3%대 플러스 성장 전환이 가능하다.

투자 측면에서는 역내 인프라 수요 확대가 성장 안정판으로 작용한다. 아세안인프라기금(AIF)과 아시아인프라투자은행(AIIB)은 2026년까지 약 850억달러 규모의 공동 프로젝트를 추진 중이다. 인도네시아 수도 이전(누산타라 프로젝트), 태국 동부경제회랑(EEC), 베트남 북남고속철도, 필리핀 메트로마닐라 수송 인프라 등이 대표 사례다. 이들 프로젝트는 2026년 이후에도 지속적인 내수·고용 효과를 낼 전망이다.

동남아 주요국 경제성장률과 소비자물가 상승률

단위:%

구분 국가	경제성장률			소비자물가 상승률(평균)		
	2024년	2025년	2026년	2024년	2025년	2026년
브루나이	4.2	1	1.5	−0.4	−0.3	0.5
캄보디아	6	4.9	5	0.8	2	2
인도네시아	5	4.9	5	2.3	1.7	2
라오스	4	3.7	3.8	23.3	9.5	8.5
말레이시아	5.1	4.3	4.2	1.8	1.8	2.2
미얀마	−0.7	−3	2	27.8	30	23
필리핀	5.7	5.6	5.7	3.2	1.8	3
싱가포르	4.4	2.5	1.4	2.4	1	1.2
태국	2.5	2	1.6	0.4	0.5	0.8
동티모르	4.1	3.8	3.4	2.1	1.2	1.9
베트남	7.1	6.7	6	3.7	3.9	3.8
동남아 전체	**4.8**	**4.3**	**3.8**	**3**	**2.5**	**2.7**

*자료:아시아개발은행(ADB)

미국의 동남아 주요국에 대한 관세 부과 현황
단위:%

구분 국가	당초 세율 2025년 4월	수정세율 2025년 7월	최종세율 2025년 9월	실효관세율 2025년 8월
브루나이	24	25	25	N.A
캄보디아	49	36	19	20
인도네시아	32	32	19	18
라오스	48	40	40	39
말레이시아	24	25	19	15
미얀마	44	40	40	n.a
필리핀	17	20	19	14
싱가포르	10	10	10	7.8
태국	36	36	19	16
베트남	46	–	20	15

*자료: 필자 작성

물가는 안정세를 이어가겠지만, 일부 국가는 환율·식품 가격 불안이 남아 있다. 베트남·캄보디아·필리핀의 인플레이션은 3% 중후반, 인도네시아·말레이시아는 2%대가 예상된다. 전반적으로 실질금리 여력이 커지면서 통화 정책 완화 기조는 이어질 것으로 보인다.

리스크: 상호관세와 중국 의존
미얀마 내전, 필리핀 영유권 분쟁도

2025년 트럼프 행정부가 시행한 상호관세 조치는 동남아 경제의 가장 큰 불확실성이다. 싱가포르와 필리핀을 제외한 대부분의 국가가 평균 24~49% 고율 관세 대상에 포함됐다. 이후 2025년 9월 최종 조정으로 다수 국가의 세율은 20%대 초반으로 낮아졌지만, 라오스와 미얀마는 여전히 40% 이상을 유지 중이다. 유엔개발계획(UNDP)은 이 조치로 인해 동남아 대미 수출이 최대 9.7% 감소할 수 있다고 분석했다. 특히 섬유·의류 중심의 캄보디아(-23.9%), 전자·기계 중심의 베트남(-19.2%), 부품 수출 중심의 필리핀(-13.1%)이 직접적 타격을 받을 것으로 보인다.

이러한 대외 충격 속에서 중국 의존도는 더 높아지고 있다. 미중 갈등 장기화로 '중국+아세안' 모델이 강화되는 모양새다. 중국 기업은 베트남·태국·인도네시아에 전기차, 배터리, 태양광 산업 투자를 확대하며 공급망을 다변화하고 있다. 2025년 중국의 동남아 직접투자액은 전년 대비 42% 증가해 역대 최대를 기록했다. 다만 이러한 의존 심화는 장기적으로 기술 자립성과 산업 경쟁력을 약화시킬 수 있다는 지적이 나온다. 중국의 '디플레이션 수출'도 리스크다. 생산과잉에 따른 저가 공세로 동남아 제조업 가격 경쟁력이 훼손되고 있다. 베트남의 가전·전자, 말레이시아의 반도체, 태국의 자동차 부품 산업이 직격탄을 맞았다. 동남아 각국은 반덤핑 관세·세이프가드 조치를 시행 중이지만, 중국산 중간재 의존이 높아 근본적 해결이 쉽지 않다.

동남아는 외부 충격에 대응하기 위해 경제통합 강화에 속도를 내고 있다. 2025년 발표된 '아세안 공동체 비전 2045'는 '회복력 있고 혁신적인 사람 중심의 아세안'을 목표로 삼았다. 이어

2025년 9월 23일 말레이시아 쿠알라룸푸르에서 열린 제57차 동남아시아국가연합(ASEAN) 경제장관회의 개회식. (EPA=연합)

2026~2030년 전략계획에서는 '디지털 전환' '공급망 다변화' '탄소중립 협력'이 핵심 과제로 제시됐다. 특히 역내 전자상거래 시장을 통합하는 '아세안 디지털경제프레임워크(DEF)'가 2026년 2월 공식 발효된다. 이는 동남아 디지털 경제의 성장(2023년 2350억달러 → 2030년 1조달러)을 가속화할 전망이다.

한편 정치적 불확실성은 여전히 지역 리스크로 남아 있다. 미얀마 내전은 난민 문제를 확대시키며 인근 태국·말레이시아에 부담을 주고 있다. 인도네시아는 새 수도 이전과 총선을 앞두고 재정지출이 늘어나지만 정치 안정성은 유지될 것으로 보인다. 필리핀은 남중국해 영유권 문제를 둘러싼 중국과의 긴장이 재점화되고 있고, 태국은 군·민 권력 갈등이 완전히 해소되지 않았다. 이런 불확실성은 외국인투자 확대에 제동을 걸 수 있다.

아세안은 향후 10년간 세계 교역·투자 허브로 도약할 잠재력을 갖췄지만, 공급망 다변화와 기술 자립이 수반되지 않는다면 성장의 질은 한계에 부딪힐 수 있다. 동남아가 안정적 4% 성장을 유지하려면 정치 안정과 제도 개혁, 산업 고도화의 세 축이 균형을 이뤄야 한다. ■

동남아 주요국 산업별 대중국 수입 영향도

구분	인도네시아	말레이시아	필리핀	태국	베트남
식품 음료 담배	0.01	0.15	0.08	0.2	0.08
섬유 의류	0.03	4.53	3.93	0.95	0.32
피혁 신발	0.28	9.89	23.01	1.85	0.2
고무 플라스틱	0	0.01	0.22	0.01	0.01
비금속광물	0.01	0.19	0.12	0.05	0.23
기계류	0.33	2.48	5.84	2.68	10.52
전기 광학기기	0.42	0.42	0.67	5.48	0.72
수송기기	0.02	0.26	1.39	0.18	0.25
기타 제조업	0.23	8.5	5.69	2.58	1.02

*2023년 시점의 다지역산업연관모형(MRIO)을 기반으로 대중국 수입 증가분을 각국의 대중 수입에서 차지하는 각 산업의 비율로 나누어 각 산업의 산출액에 대한 영향도를 산출한 것으로, 숫자가 높을수록 영향도가 큼을 의미함.
*자료: 福地亜希

중동·중앙아시아

전쟁·유가 파고…희비 교차 '중동'
'신도시·ICT'로 새 길 여는 '중앙亞'

중동

이스라엘·하마스 戰 장기화
산유국은 안정 성장 유지

유광호 대외경제정책연구원 아프리카중동팀 전문연구원

중동 내 가장 큰 이슈를 꼽으라고 한다면 무엇보다 이스라엘-하마스 전쟁을 중심으로 한 지정학적 혼란이다. 2024년에 이어 2025년에도 역내 지정학적 긴장은 계속됐다. 이스라엘·하마스 전쟁이 장기화 양상을 보이는 가운데 2025년 6월 이스라엘과 이란 사이에 '12일 전쟁'이 발생하며 분쟁의 강도가 크게 높아졌다. 바브엘만데브 해협과 호르무즈 해협에서는 선박 피격과 봉쇄에 대한 위협이 이어지며 역내 해상 운송과 원유 수출 차질에 대한 불안도 지속됐다. 다만 분쟁의 경제적 충격은 2024년에 비해 상대적으로 제한적이었다. 일부 분쟁 당사국을 제외하고는 오히려 성장 흐름이 확대되는 모습을 보였다. 2026년 중동 지역 경제는 지정학적 긴장이 더 악화되지 않는 한 2025년의 성장 흐름을 어느 정도 유지할 것이다.

산유국 상황을 먼저 살펴보자. 2026년 지역 내 산유국은 국제유가 하락에도 불구하고 원유 생산량 확대와 이에 따른 정부지출 증가에 힘입어 탄탄한 성장세를 유지할 전망이다. 기관에 따라 차이가 있지만, IMF, JP모건 등은 2026년 국제유가가 배럴당 58~62달러 수준으로 하락할 것이라고 예상한다. 보통 역내 산유국 경제는 국제유가 추세와 밀접하게 맞물려 움직이지만, 2026년에는 OPEC+ 감산 완화 정책이 지속되며 각국 생산량 증가에 따른 이익이 유가 하락으로 인한 피해를 상쇄

할 것이다. 원유 생산량과 수출량 증가에 따른 정부 수입 확대는 각국 거시경제에 긍정적으로 작용할 전망이다. 사우디아라비아는 '사우디 비전 2030(Saudi Vision 2030)' 추진을 위한 인프라 투자 확대로, UAE는 비석유 부문 개발로 이어지며 양국 모두 4% 내외의 안정적 성장세를 보일 것이다. 2019년 OPEC에서 탈퇴한 카타르는 OPEC+ 감산 여부와 무관하게 북부 가스전(North Field) 확장에 따른 천연가스 증산으로 성장률이 6%대까지 치솟을 전망이다. 다만 미국의 원유 생산 및 OPEC+ 감산 완화 속도 등에 따라 국제유가 변동성이 크게 확대될 수 있다는 점은 염두에 둘 필요가 있다.

지정학 불안 속 비산유국 '엇갈린 회복'

비산유국의 경우 국가별로 성장 추세가 다르게 나타날 것이다. 이스라엘은 국방지출 확대로 정부 재정이 크게 압박받고 있지만, 2025년의 급격한 경제 위축에 따른 기저효과로 성장폭이 확대될 수 있다. 주변 국가들과의 군사적 충돌에도 불구하고 미국의 재정 지원이 이어지고 있다. 이런 가운데 국내 주요 산업과 인프라에는 직접적인 피해가 없어 단기적 회복이 가능하다는 평가가 나온다.

이란은 이스라엘과의 갈등 지속, 미국발 제재 등 여러 가지 성장 제약 요인이 있다. 화폐가치 하락과 물가 상승은 실물경제 악재다. 하지만 중국 원유 판매가 꾸준히 이어지고 있

중동 주요국 경제성장률 추이·전망 (단위:%)

구분		2024년	2025년	2026년
산유국	사우디	2	4.4	4
	UAE	4	4	4.1
	카타르	2.4	2.7	6
비산유국	이스라엘	0.6	2.7	4
	이란	3.7	-0.6	1
	이집트	2.4	4.1	4.4

*2025년은 추정치, 2026년은 전망치
*자료:IMF, EIU 등 참고해 저자 작성

어 마이너스 성장에서 벗어날 수 있다.

홍해 교역에서 차질을 빚는 이집트는 IMF 개혁 프로그램 이행과 환율 정상화 조치의 효과가 나타나면서 4%대 성장률을 유지할 듯 보인다. 레바논과 예멘은 사회적 혼란과 인프라 붕괴로 경제 회복이 사실상 요원하다. 요르단 역시 높은 실업률 등의 구조적 문제와 난민 유입 등이 맞물리며 회복에 어려움을 겪을 전망이다.

요약하면, 2026년 중동 지역 경제는 국제유가 하락과 지정학적 긴장 지속에도 불구하고 레바논, 예멘, 요르단 등 일부 국가를 제외하고는 대부분 현 성장 추세가 유지 또는 확대될 것이다. 다만 새로운 지정학적 충격 발생 가능성을 반드시 고려해야 한다. 이란과 이스라엘 간 전면전 발발이나 호르무즈 해협 봉쇄와 같은 지정학적 리스크가 현실화한다면 역내 전체 경제 상황이 급격히 악화할 수 있다. 이에 탄탄한 성장세를 이어가고 있는 산유국조차 타격을 피하기 어려울 것이다. 최근 이스라엘은

팔레스타인에 대한 고강도 군사 작전을 지속하고 있으며, 내부에서는 서안지구 합병 추진에 관한 얘기도 나오고 있다. 지역 내에서는 베냐민 네타냐후 이스라엘 총리의 강경 노선을 고려할 때 이란과의 추가 무력 충돌 가능성도 적지 않다는 우려가 제기되고 있다. 이렇듯 중동 지역 경제는 여전히 역내 지정학적 갈등에 따른 높은 불확실성이 내재해 있다.

중앙아시아

중앙亞 5개국 성장률 하락세 '스마트 신도시' 도약 꿈꾼다

조영관 한국수출입은행 해외경제연구소 선임연구원

2025년 중앙아시아 5개국의 평균 경제성장률은 2024년 6.2%에서 5.3%로 하락했다. 이는 러시아 경기 둔화와 에너지 가격 하락의 영향 때문이다. 최근 3년간 8% 이상의 성장을 보이던 타지키스탄과 키르기즈공화국은 6%대로 둔화했고, 우즈베키스탄도 소폭 하락했다. 러시아 경기 악화는 송금 감소, 투자 축소, 교역 위축을 통해 부정적 영향을 미쳤다. 반면 카자흐스탄은 텡기즈 유전 확대와 건설투자 증가로 4.9%의 성장을 유지했으며, 투르크메니스탄은 천연가스 가격 약세로 2%대 저성장이 지속됐다.

2025년 중앙아시아 5개국은 모두 재정수지 적자를 기록했다. 정부투자가 확대되는 가운데 취약한 세입 기반이 개선되지 못한 데 따른 것이다. 평균 물가 상승률은 2024년 6.3%에서 2025년 7.4%로 상승했다. 카자흐스탄(9.9%)과 우즈베키스탄(8.8%)은 공공요금과 식품 가격 상승이 주요 요인으로 작용했다. 투르크메니스탄의 물가 상승률도 4.8%에서 7%로 높아졌다.

2026년에는 글로벌 저성장 기조와 러시아의 경기 둔화 등으로 중앙아시아 5개국의 평균 성장률이 2025년 5.3%에서 4.5%로 추가 하락할 것이다. 재정수지는 인프라 투자 확대와 공공 부문 임금 인상 등의 영향으로 적자를 기록할 전망이다. 또한, 수입 식품 가격 상승과 공공요금 인상 등으로 물가 상승률은 2025년 7.4%와 유사한 7.2% 수준의 높은 수준을 유지할 것이다. 중장기적으로는 에너지 자원이 풍부한 카자흐스탄, 우즈베키스탄, 투르크메니스탄이 성장 잠재력을 보유하고 있는 반면, 에너지 수입 의존도가 높고 제조업 기반이 취약한 키르기즈공화국과 타지키스탄은 경제 하방 위험이 확대될 가능성이 있다.

성장 둔화의 돌파구 '신도시·ICT'

현재 중앙아시아 5개국에서 주목되는 주요 이슈로는 대규모 신도시 건설 정책과 ICT(정보통신기술) 발전 정책이 있다. 중앙아시아 각국은 대도시 인구 증가에 대응하고 첨단 주거지역을 조성하기 위해 신도시 개발을 추진하고 있다.

세계 경제 어디로

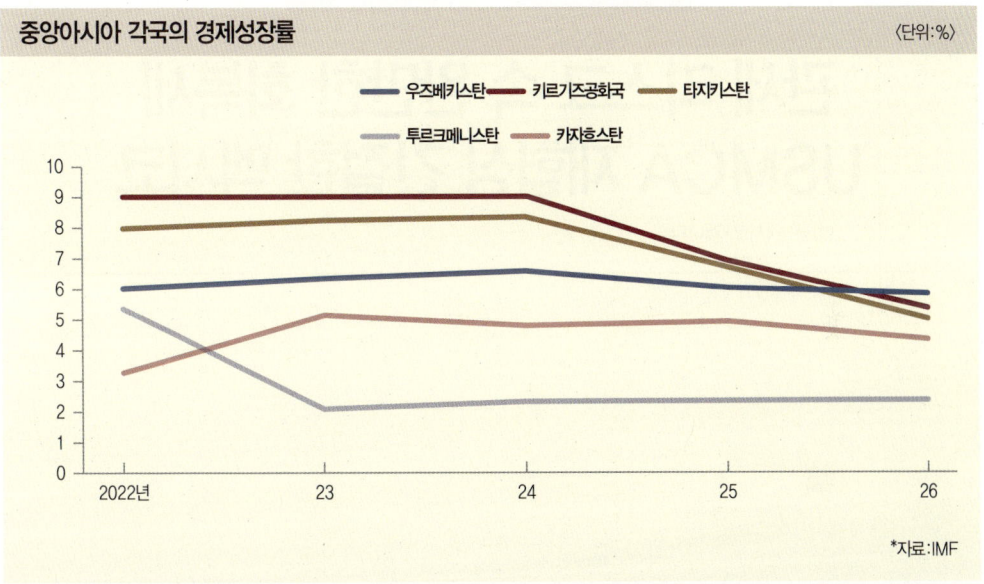

중앙아시아 각국의 경제성장률 〈단위:%〉
*자료:IMF

우즈베키스탄은 타슈켄트 외곽에 신도시를 건설해 2041년까지 인구 515만명을 수용하고, 신기술·IT 단지와 교육·의료 클러스터를 통해 약 20만개 일자리를 창출할 계획이다. 향후 정부 부처와 공공기관을 이전해 첨단행정 중심지로 육성할 계획이다. 카자흐스탄은 알마티 인근에 880㎢ 규모의 '알라타우 신도시'를 조성 중이다. UAM(도심 항공 모빌리티)·ITS(지능형 교통체계)·친환경에너지·첨단 의료·교육시설을 갖춘 미래형 도시를 구축할 예정이다. 투르크메니스탄도 아쉬하바드 남서쪽에 10㎢ 규모의 스마트 신도시를 건설 중이다. 이 도시는 첨단 IT 인프라와 친환경 시스템을 갖춘 지속 가능한 도시로 설계되고 있다. 향후 중앙아시아 각국에서는 이러한 스마트 신도시 건설 추진이 활발해질 것이다.

또한 각국은 에너지 의존 구조에서 벗어나 ICT 산업을 신성장동력으로 육성하고 있다. 카자흐스탄은 전자정부 강화, AI·디지털 의료, 5G 기술 도입을 추진하며, '2024~2029년 인공지능 개발 전략'을 통해 데이터 관리·인프라·인적 자본 등 5대 분야를 집중 육성 중이다. 우즈베키스탄은 'Digital Uzbekistan 2030' 전략에 따라 2026년까지 공공서비스의 70%를 디지털화하고, IT 산업 규모를 100조숨(약 80억달러)으로 확대할 계획이다. 이를 위해 2019년 설립된 IT 파크에는 2025년 7월 기준 752개의 외국 기업이 입주해 있다.

향후 중앙아시아의 신도시와 ICT 발전 정책은 주거 환경뿐만 아니라 사회·경제 구조 전반을 변화하며 정부 행정과 국민 생활 방식에도 중대한 영향을 미칠 것으로 전망된다.■

중남미

관세 리스크 속 완만한 회복세
USMCA 재협상 간절한 멕시코

(미국·멕시코·캐나다)

김지섭 코트라 중남미지역본부장

중남미는 지리적으로는 한국과 멀리 떨어져 있지만, 글로벌 공급망 측면에서는 아주 긴밀히 연결된 핵심 지역이다. 한국 주력 산업인 석유화학·자동차·조선·전기전자 분야에 필요한 원자재 대부분을 중남미로부터 공급받고 있기 때문이다. 석유·철강·구리·아연·리튬 등 주요 광물뿐 아니라 축산 사료용 농산물 의존도도 높다. 일본과 중국도 중남미 원자재 수입 비중이 높아, 글로벌 제조업 가치사슬에서 중남미 중요성은 꾸준히 커지고 있다.

하지만 중남미가 당장 처한 상황은 녹록지만은 않다. 국제통화기금(IMF)은 2026년 중남미 지역 경제성장률을 2.3%로 전망했다. 이는 2025년(2.4%)보다 0.1%포인트 낮은 수준이다. 2025년 전망치가 이전 대비 상향된 반면 2026년은 소폭 하향 조정됐다. 요약하자면 '완만한 성장세 속 지속되는 불확실성'이 기본 시나리오다.

주요 국가별 경제성장률 전망을 살펴보면 멕시코(1→1.5%)와 칠레(2.5→2%) 외에도 우루과이(2.5→2.4%)와 파라과이(4.4→3.7%)가 2025년 대비 2026년 안정적 흐름을 이어갈 것으로 전망된다. 아르헨티나 역시 2025년 -1.3%를 기록한 후 2026년에는 4.5%로 반등이 예상된다.

중남미 경제 주요 변수는 역시 미국 통상 정책 변화다. 미국의 대중(對中) 고관세와 주요국 무역 분쟁으로 중국 생산이 위축되며 원자재 수요가 둔화됐다. 동시에 미국은 공급망 다변화 차원에서 중남미를 대체 수입처로 활용하려는 움직임을 보이고 있다. 2025년 하반기 미국 관세 인상 정책에 따른 직접 충격은 제한적이지만, 향후 불확실성을 높이는 요인으로 작용할 전망이다.

멕시코: 美 기업 현지 투자 확대
USMCA 재협상 결과 지켜봐야

우리 기업 중남미 교역 중심은 멕시코다. 미국 시장 수출용 제품 상당량이 멕시코 현지 조립을 통해 생산되기 때문이다. 1995년 북미자유무역협정(NAFTA) 출범 이후, 미국과 글로벌 기업은 멕시코를 거점으로 북미 공급망을 구축해왔다. 2020년 미국·멕시코·캐나다협정(USMCA)으로 체제가 개편된 이후에도 이러한 지리적 중요성은 유지되고 있다. 한국·일본·유럽·중국 모두 멕시코를 니어쇼어링(근거리 이전) 생산기지로 활용 중이다.

미국과 중국 간 패권 경쟁 속에서 북미 공급망 재편 최대 수혜국으로 꼽혀온 멕시코는 2025년 관세 정책 여파로 일시적인 둔화 우려가 있었다. 그러나 관세 부과 시기 연기와 USMCA 예외 인정, 미국 기업 현지 투자 확대 덕분에 단기 충격은 피한 모습이다.

지리적 근접성과 낮은 임금, 여기에 안정된 인프라 덕에 멕시코는 여전히 미국 기업 최우선 대체 생산기지로 꼽힌다. 멕시코 경제부에 따르면, 2025년 7월 기준 대미 수출품 전체 84.4%가 USMCA 원산지 기준을 충족해 무관세 혜택을 받았다. IMF 전망도 나쁘지

중남미 주요국 경제성장률 전망 (단위: %)

국가	2025년	2026년
중남미 평균	2.4	2.3
멕시코	1	1.5
브라질	2.4	1.9
아르헨티나	-1.3	4.5
칠레	2.5	2
페루	2.9	2.7
콜롬비아	2.5	2.3
에콰도르	3.2	2
파라과이	4.4	3.7
우루과이	2.5	2.4
베네수엘라	0.5	-3
코스타리카	3.6	3.3

*자료: IMF

않다. 2025년 멕시코 경제성장률은 1%, 2026년은 1.5%로 USMCA 활용과 북미 공급망 투자 확대로 개선세가 이어질 수 있다고 내다봤다.

다만 2026년 USMCA 연장 협상 성공 여부는 핵심 리스크다. 당장은 미국 시장에서 중국산 컴퓨터 제품의 빈자리를 멕시코 제품이 채우는 반사이익을 보고 있기는 하다. 다만 USMCA 협상 합의에 실패해 자동차·전자·배터리 등 역내 부품 의무 비율이 사라질 경우, 미국은 멕시코산 완성품에 재관세를 부과할 수 있다. 미국은 멕시코에 투자한 미국 기업 성과를 극대화하는 방향으로 협상을 이끌려고 할 것이다. 이는 멕시코 제조업 수출 경쟁력을 약화시키고 중남미 전체 교역 네

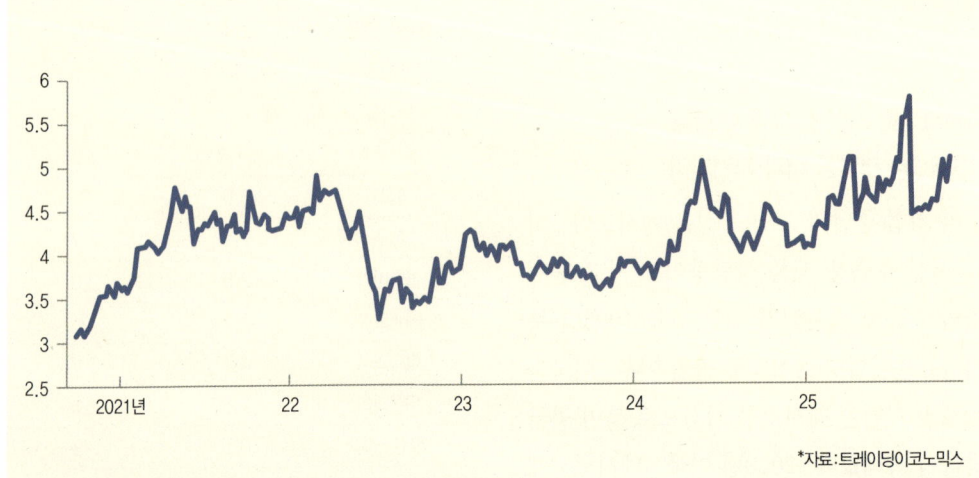

지난 5년간 구리 가격 추이 〈단위:USD/Lbs〉
*자료:트레이딩이코노믹스

트워크에 하방 압력으로 작용할 기능성이 있다. 역내 생산품 인정비율과 원산지 규정 완화 여부에 따라 멕시코 무역 환경이 급변할 전망이다.

메르코수르: 아르헨·우루과이 등
美 관세 제한적…대체 시장 모색 중

1991년 브라질·아르헨티나·우루과이·파라과이가 결성한 역내 관세동맹 '남미공동시장(메르코수르)'은 자유무역보다는 보호관세와 내수 산업 육성에 초점을 맞추고 있어, 미국 관세 정책의 직접적인 피해는 제한적이다. 역외교역 비중 역시 상대적으로 낮다. 그러나 대중 수출 의존도가 높은 만큼 중국 경기 둔화로 원자재 수요가 감소하면 수출과 외환 수입이 동시에 줄어들 수 있다. 외환 부족이 심화되면 환율 상승과 물가 상승이 맞물려 실실 구매려이 약화될 가능성이 있다.

메르코수르는 대체 시장을 적극 모색 중이다. 인도·멕시코와 FTA 확대 협상에 이어 중국·베트남·인도네시아·캐나다 등과 협상 추진 계획을 밝힌 바 있다. 한-메르코수르 FTA 협상은 2021년 7차 회의 이후 중단됐는데, 우리로서는 협상 재개 여부가 향후 교역 확대 관건이 될 전망이다.

태평양동맹: 칠레·페루 등
자원 수출과 인프라 투자 확대

칠레·페루·콜롬비아 등 안데스 지역 자원 부국은 2026년 중남미 회복세의 핵심축으로 꼽힌다. 구리·금·리튬 등 주요 광물 수출 의존도가 높아 원자재 가격 반등의 직접 수혜가 예상된다.

2025년 10월 기준 구리 가격은 파운드당 5달러 수준으로 2021년 대비 약 60% 상승했다. 전 세계적인 전력 수요 증가에 힘입은 결과다. 금 가격은 온스당 4000달러를 돌파해 사상 최고치를 기록 중이다. 리튬은 전기차 수요 둔화를 딛고 신재생에너지 전환 확대로 장기 회복세가 전망된다.

이에 따라 대형 광업 투자 프로젝트가 재개되면서 외국인 직접투자(FDI)가 확대 중이다. 도로·항만·전력망 등 인프라 확충도 병행되며 경기 부양 효과가 기대된다. 다만 여타 중남미 지역과 마찬가지로 중국 수요 감소에 따른 원자재 가격 변동성, 또 2026년 예정된 칠레·페루·콜롬비아 대선 등 정치적 이벤트는 리스크 요인이다.

요약하자면 2026년 중남미 경제는 '저성장 속 안정적 회복'이다. 미국 통상 정책과 원자재 가격 변동, 일부 국가의 정치 불확실성이 하방 리스크로 남아 있지만 글로벌 공급망 재편, 신재생에너지 전환, 인공지능(AI)과 정보화 기술 확산은 새로운 성장동력으로 작용할 수 있다.

한국 기업 입장에서는 위기와 기회가 공존하는 한 해가 될 전망이다. 자원 협력과 첨단 산업 투자 확대, 코리아 브랜드파워를 활용한 소비재 수출 강화가 주요 대응 방향으로 제시된다. ■

멕시코 누에보레온주 몬테레이 인근 페스께리아 지역에 소재한 기아자동차 멕시코 몬테레이 공장(KMM) 전경. (기아 제공)

미국의 주요 대중남미 국가 관세 현황
단위:%

국가	합계	상호관세	국가별 관세	실효세율*
멕시코**	25	협의 중	25	5.2
아르헨티나	10	-	-	6.4
콜롬비아	10	-	-	6.5
파나마	10	-	-	7
에콰도르	15	15	-	8.2
칠레	10	-	-	9
페루	10	-	-	9.7
쿠바	10	-	-	9.9
과테말라	10	-	-	10.6
도미니카공화국	10	-	-	10.7
파라과이	10	-	-	14.5
브라질***	50	10	40	26.9
(참고)대한민국	15	15	-	17.3

*해당국이 미국에 납부한 수입관세 총액 / 미국의 對해당국 수입 총액 *자료:백악관
**멕시코는 펜타닐 유입과 불법 이민에 대한 정치적 대응으로 과세
***브라질은 보우소나루 전 대통령 기소에 대한 정치적 대응

오세아니아

호주 펀더멘털 튼튼하나 부동산 뇌관
뉴질랜드 인구 대탈출 2026년도 고난

반진욱 매경이코노미 기자

2025년 4월, IMF는 2025년 호주 예상 연간 경제 성장률을 2.1%에서 1.6%로 낮췄다. 트럼프 미국 대통령이 일으킨 관세 충격 여파를 호주 역시 피하기 어렵다는 이유에서였다. 다만, 성장률이 일시적으로 소폭 둔화되더라도, 호주 경제 회복에 큰 악영향은 미치지 않을 전망이다. 호주 현지에서는 2026년 경제성장률, 세수, 실업률 등 주요 지표가 다소 긍정적인 흐름으로 이어갈 것이라 내다본다.

호주 정부는 '2025~2026년 호주 연방예산안'을 발표하는 동시에 2026년 호주 경제 전망을 내놨다. 호주 실질 GDP 성장률은 2025~2026년(회계연도 기준) 2.3%, 2026~2027년은 2.5%로 소폭 상승할 것으로 나타났다. 소비자물가 안정과 내수 회복이 맞물리는 결과다. 가계 소비는 2024년까지 고물가와 고금리의 영향으로 위축된 흐름을 보였으나, 2025년 하반기 들어 물가 안정, 기준금리 인하(및 유지), 임금 상승 등 긍정적인 요인이 겹치면서 점차 회복세를 보이는 모습이다. 가계 소비를 포함해 기업투자와 소비자물가와 임금 인상률 모두 2025년보다 개선될 전망이다. 2026년 실업률 전망치는 4.3%로 역대 최저 수준이다.

다만, 호주 경제에 장밋빛 전망만 펼쳐져 있지는 않다. 시장을 흔들 불안 요소가 있다. 바로 부동산 시장이다. 시드니, 멜버른, 브리즈번, 골드코스트 등 주요 도시들의 부동산 가격은 2025년 현재 절정에 달해 있다. 부동산 가격이 좀처럼 진정될 기미를 보이지 않자 2025년 2월 호주 정부는 외국인 부동산 구입을 2년 동안 금지시키기도 했다. KPMG는

세계 경제 어디로

호주는 부동산 경제가 뇌관으로 작용할 수 있지만, 경제 펀더멘털 자체는 튼튼하다는 평가다. 사진은 호주 거리 풍경. (호주관광청 제공)

2026년 호주 평균 주택 가격이 전년 대비 6% 증가할 것이라 내다본다.

33년 만 최악의 경기 침체…
"키위 엑소더스 막아라" 특명

뉴질랜드는 기나긴 경기 침체에 시달리고 있다. 2022년, 2023년 연속 마이너스 성장을 거뒀고 2024년도 연간 성장률은 −0.5%를 기록, 마이너스 추세를 벗어나지 못했다. 2025년 들어서도 고전을 면치 못하는 모습이다. 1분기 때 반짝 회복했지만, 2분기 때 GDP 성장률 −0.9%로 다시 무너졌다. 실업률을 비롯한 다른 경제 지표도 상황이 좋지 않다. 정부 여력은 더욱 없다. 2028년까지 뉴질랜드 정부는 적자재정이 예상된다. 돈을 풀어 회사를 살려야 하는데, 국가의 곳간 여력이 버텨주지 못하는 모습이다.

치솟는 실업률, 오랜 경기 침체를 견디지 못하는 청년층이 국가를 탈출하는 현상까지 나타났다. 2024년 뉴질랜드를 떠난 순출국자는 4만7002명으로 사상 최고치를 찍었다. 국가를 떠난 이 대부분이 청년층이었고, 이들 중 56%는 이웃 국가인 호주로 향했다. 뉴질랜드인을 뜻하는 애칭과 합쳐져 '키위 엑소더스' 란 용어까지 등장했다.

현지 전문가들은 인구 유출 현상을 막지 못하면 2026년 뉴질랜드 경제도 어려움을 극복하지 못할 것이라 전망한다. 뉴질랜드 정부는 현재 인구 유출 현상을 막기 위해 고심 중이다. 세금 감면, 주거 지원, 임금 인상 등 대책을 제시하고 있지만 뚜렷한 효과는 아직 못 보고 있다. ■

아프리카

민간투자·온라인 쇼핑 급증
미국 특혜관세 만료는 '악재'

장충식 코트라 아프리카지역본부장

사하라 이남 아프리카(SSA·Sub-Saharan Africa) 경제는 완만한 회복세를 보여주는 중이다. 경제성장률 전망치가 해를 거듭할수록 오른다. 세계은행에 따르면, SSA 경제성장률은 2024년 3.5%에서 2025년 3.7%로 오르고, 2026년과 2027년에는 평균 4.2% 성장이 전망된다. 물가와 환율 안정세가 이어지며 아프리카 각국이 통화 정책을 완화하기 시작했다. 그 결과 투자와 민간 소비가 늘어나며 성장의 직접 동력으로 작용한다는 분석이다. 투자 부문에서는 외국인직접투자(FDI)가 크게 늘었다. 2025년 FDI는 전년 대비 약 75%나 증가한 970억달러를 기록했다. 팬데믹 이후 멈췄던 프로젝트 파이프라인이 재가동되는 중이다.

통화 완화로 조달 금리가 낮아지며 민관합작투자사업(PPP·Public Private Partnership) 역시 속도를 내고 있다. 남아프리카공화국 재생에너지 민간발전사업(REIPPPP·Renewable Energy Independent Power Producer Procurement Programme)은 수천㎿ 규모의 계약을 체결하며, 전력 도매단가 인하와 민간투자 유치 효과를 입증했다. 코트디부아르 역시 전력·항만·도로·디지털 인프라 중심으로 PPP를 확대 중이다. 2030년 재생에너지 비중 42% 목표 아래 다자개발은행 보증이 결합된 사업도 늘고 있다. PPP 확산은 전력·물류 등 구조적 병목을 완화하고 제조·가공 수출 회복으로 이어질 전망이다.

소비 측면에서는 '저물가·디지털화·도시청년층'이 결합한 수요가 두드러진다. 남아프리카공화국 2024년 온라인 쇼핑 거래액은 전년 대비 35% 증가했고, 2025년 상반기 주요 유통사의 온라인·모바일 매출은 37~60% 늘었다.

다만 SSA 48개국이 각기 다른 여건을 지닌 만큼 국가별 회복 속도는 다를 수 있다. 에너지 자원 수출 의존도가 높은 아프리카 지역 특성상 원자재 가격 변화가 가장 큰 변수다. 세계은행에 따르면, 브렌트유 가격은 2025년 배럴당 평균 64달러, 2026년 60달러로 하락이 예상된다. 금속·광물 가격도 완만한 하향 안정이 기본 시나리오다. 이는 케냐·탄자니아·에티오피아·코트디부아르 등 에너지 수입국에는 물가 안정과 경상수지 개선 요인으로 작용한다. 반대로 나이지리아·모잠비크·남아공·가나 등 자원 수출 의존국에는 재정 악화와 수익성 둔화 요인이 될 수 있다.

악재도 있다. 주요 변수는 정부부채 증가, 그리고 '아프리카성장기회법(AGOA·African Growth and Opportunity Act)' 만료다.

현재 SSA의 국제개발협회(IDA) 국가 중 53%가 '대외부채 고위험'이거나 이미 '채무불이행' 상태로 분류된다. 이로 인해 이자 지출이 늘고 공공투자 여력이 줄어드는 등 조달 비용 부담이 지속되고 있다. 다만 2024~2025년 IMF 프로그램을 충실히 이행한 일부 국가는 점진적 개선에 성공했다. 예를 들어 가나는 2025년 7월 IMF 확장신용기금(ECF) 4차 평가를 통과하며 3억6700만달러 추가 집행이 승인됐다.

아프리카 주요국 경제성장률
단위:%

국가	2024년	2025년	2026년
아프리카 평균	4.1	4.1	4.4
나이지리아	4.1	3.9	4.2
남아공	0.5	1.1	1.2
이집트	2.4	4.3	4.5
카메룬	3.5	3.8	4.1
케냐	4.7	4.8	4.9
리비아	1.9	15.6	4.2
앙골라	4.4	2.1	2.1

*자료:IMF

통상 측면에서는 AGOA 만료에 따른 비용 부담이 크다. 미국 특혜관세 제도인 AGOA는 2025년 9월 30일 기한 내 재승인 불발로 효력을 상실했다. 이후 섬유·자동차 산업을 중심으로 미국 시장 관세 부담이 커지며 불확실성이 확대됐다.

2026년 SSA 예상 시나리오를 요약하자면 소비·투자 선순환이다. 물가 둔화, 통화 완화, PPP 재가동, '아프리카자유무역지대(AfCFTA·African Continental Free Trade Area)'를 매개로 한 교역 확대가 이를 이끌 전망이다. 반면 높은 부채 부담과 AGOA 공백이 남긴 불확실성은 회복 속도를 제약할 가능성이 있다. 우리 기업에는 저물가·디지털 확산 분위기에 대응한 소비재·유통·결제 솔루션 시장 공략, 전력·물류·데이터 인프라 등 PPP 참여, AfCFTA의 원산지·통관 규범을 활용한 역내 허브 전략이 유효한 대응책으로 꼽힌다. ■

V

2026
매경 대예측

원자재 가격

1. 원유
2. 농산물
3. 금
4. 철강
5. 비철금속
6. 희유금속

원유

공급 늘어도 수요 지속 감소
배럴당 50~65달러 오르락내리락

최예찬 상상인증권 애널리스트

2025년 국제 원유 시장을 한마디로 정리하면 '공급 과잉 속의 균형'이었다. 서부텍사스중질유(WTI) 가격은 배럴당 60달러대에서 큰 변동 없이 안정적으로 움직였다. 시장 상황을 생각하면 다소 흥미롭다.

2025년 원유 공급이 수요를 크게 웃돌았다. 수요 공급 원칙에 따르면 가격은 지속적으로 하락해야 하는데, 배럴당 60달러대에서 유가는 무너지지 않았다. 원유 가격이 무너지지 않은 이유는 유가를 결정짓은 요소와 관련 깊다. 현재 가격은 수급의 균형보다는 주요 산유국인 중동과 러시아의 지정학적 리스크에 기인한다. 즉, 공급 과잉이 유가를 끌어내리는 힘으로 작용했다면, 언제 터질지 모르는 지정학적 리스크가 유가 하단을 지지하는 안전판 역할을 한 셈이다.

2026년 경기 회복으로 원유 수요 증가

2026년 전 세계 원유 수요는 2025년보다 하루 130만배럴 늘어날 것으로 예상된다. 이는 2025년의 증가폭인 90만배럴보다 40만배럴 많은 수치다. 수요가 늘어날 것이란 긍정적 전망의 근거는 경기와 관련이 깊다. 경기가 좋아 경제가 활발히 돌아갈수록, 원유 사용량은 늘어난다. 원유는 각종 석유화학 제품의 원료이자 배, 자동차, 항공기 등 물류 수단을 움직이는 연료다. 물건이 많이 팔리고 물류 이동량이 활발할수록 원유 수요는 크게 증가한다.

세계 주요 경제국들의 경기는 회복세를 보이고 있다. 경제 전문가들이 미래 경기를 예측할 때 사용하는 주요 20개국(G20) 경기선행

원자재 가격

지수가 기준선인 100을 넘어서며 상승하는 중이다. 흥미롭게도 원유 수요는 이 지수를 약 3개월 정도 뒤따라가는 경향이 있다. 2000년부터 2025년 8월까지의 데이터를 분석해보면 상관계수가 0.63에 달할 정도로 밀접한 관계를 보인다. 따라서 경기 회복이 원유 수요 증가로 이어질 전망이다.

다만, 무작정 긍정적인 전망만 가득하다고 보긴 어렵다. 원유 수요가 예상대로 증가하려면 넘어야 할 산이 많다. 가장 큰 변수는 글로벌 원유 수요 1위인 미국의 전기차 보급 확대다. 미국은 전 세계에서 자동차를 가장 많이 타는 나라다. 2024년 미국인들이 자동차로 이동한 거리는 무려 3조2700마일이다. 한국의 15배가 넘는다. 미국 내 석유 수요의 40% 이상이 자동차 휘발유고, 에탄올을 섞은 휘발유까지 포함하면 전체 석유 수요의 절반이 자동차 연료다.

문제는 2021년부터 변화가 시작되었다는 점이다. 미국인들의 자동차 주행 거리는 계속 늘고 있는데 원유 수요는 제자리걸음을 하고 있다. 이유는 간단하다. 하이브리드차와 전기차가 빠르게 늘어나면서 연비가 급격히 개선되고 있어서다. 2024년 미국 차량 평균 연비는 갤런당 28마일로, 매년 3.2%씩 좋아지고 있다. 같은 거리를 가는 데 들어가는 기름(연료)이 매년 3% 줄어든다는 얘기다. 주행 거리가 연평균 1.3% 늘어나도 연비가 3.6% 개선되면, 결과적으로 휘발유 사용량은 줄어들 수밖에 없다. 전기차의 보급과 기술 발전으로 2026년에도 이러한 추세는 계속될 것으로 보인다.

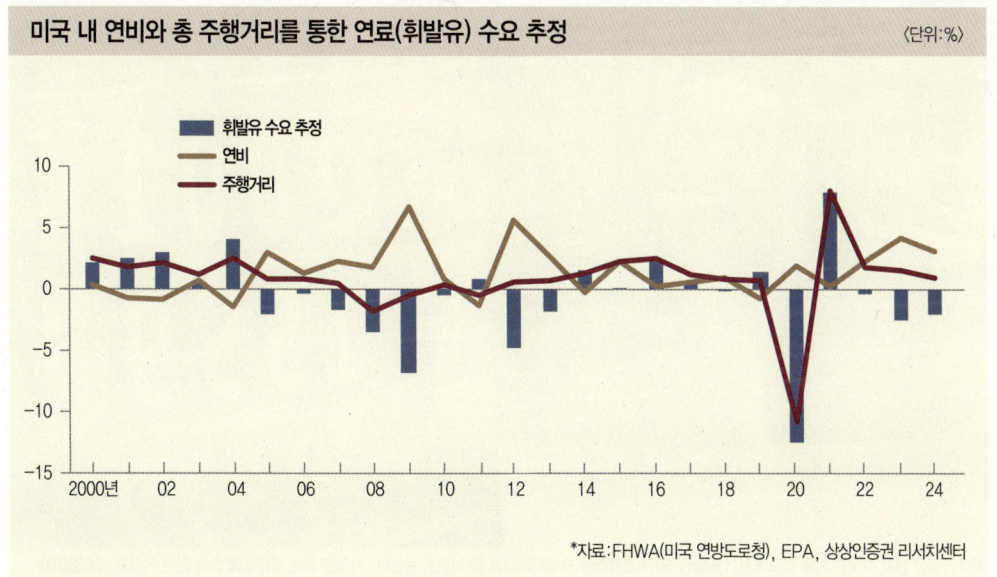

미국 내 연비와 총 주행거리를 통한 연료(휘발유) 수요 추정 〈단위:%〉

*자료:FHWA(미국 연방도로청), EPA, 상상인증권 리서치센터

글로벌 원유 수요 2위인 중국의 상황도 변수다. 중국 경제는 회복세에 접어들고 있다지만, 2025년 대비 2026년, 경기가 크게 나아지기 어려워 보인다. 2026년 중국 경제는 4.8% 성장할 것으로 예상되지만, 주요국 중에서 중국만 경기선행지수가 하락하고 있다. 게다가 미국과의 무역 갈등이 계속되는 상황에서 과거처럼 수출 주도로 성장하면서 원유를 대량으로 소비하기는 어려운 구조다.

과거 데이터를 살펴보면 더욱 흥미로운 패턴이 발견된다. 중국의 석유제품 수요가 회복세로 돌아선 시점부터 1년 동안은 오히려 유가가 하락하는 경향을 보였다. 이는 중국 수요 회복이 실제 유가 상승으로 이어지기까지 상당한 시차가 있다는 것을 의미한다.

공급량 증가하지만 OPEC+가 변수

2026년 원유 공급은 2025년 대비 하루 110만 배럴 증가할 것으로 예상된다. 수요 증가 예상치인 130만배럴보다는 작지만, 여전히 160만배럴(글로벌 수요의 1.6%) 공급 과잉 국면이 지속될 전망이다. 재고가 계속 쌓인다는 의미로, 가격 상승을 기대하기 어려운 환경이 이어진다.

가장 중요한 변수는 OPEC+ 국가 선택이다. OPEC+ 국가들이 어떤 선택을 할지는 OPEC의 대장 격인 사우디아라비아의 재정 상황과 밀접히 관련 있다. 중동 대표 산유

원유 공급은 늘고 수요는 지속 감소하면서 배럴당 50~65달러를 오르락내리락 할 것으로 보인다. 사진은 국내 주유소에 걸려 있는 가격표. (매경DB)

국인 사우디는 국가 재정의 상당 부분을 원유 수출에 의존한다.

2020년대 들어 각종 국가적 사업을 벌이고 있는 사우디 재정은 장기간 감산으로 인한 수입 감소를 더 이상 감당하기 어렵다. 따라서 가격이 다소 하락하더라도 판매량을 늘려 총수입을 유지하려는 전략을 선택할 가능성이 높다.

중동 외 변수는 미국이다. 공급을 늘리려는 중동과 달리 미국은 원유 공급이 감소할 확률이 크다. 셰일오일 생산은 브레이크가 걸릴 것으로 보인다. 새로운 유정을 뚫으려면 각종 장비와 강관이 필요한데, 이들 가격이 계속 오르고 있다. 2026년 신규 시추를 위한 손익분기점 가격은 배럴당 67달러 이상 상승할 것으로 예상된다. 여기서 중요한 점은 미국 원유 생산의 40%가 생산을 시작한 지 1년 미만의 신규 유정에서 나온다는 사실이다. 따라서 신규 시추가 줄어들면 전체 생산량도 빠르게 감소할 수밖에 없다. 수익성이 악화되며 석유 시추 장비(Oil Rig) 개수가 300개 후반대로 줄어들 것으로 예상된다. 이는 미국 원유 생산량 정체 또는 감소로 이어진다.

2026년 원유 배럴당 50~65달러 선 유지할 듯

2026년 WTI 원유 가격은 구조적인 공급 과잉이 지속되는 가운데, 배럴당 50달러에서 65달러 사이를 오르내릴 것으로 보인다. 상반기에는 OPEC+ 국가들의 증산이 본격화되고 재고가 쌓이면서 배럴당 50달러 부근까지 떨어질 가능성도 있다. 하지만 하반기로 가면서 미국 생산량 감소가 나타나고, 휴가철 계절적인 원유 수요 증가의 영향으로 60달러 부근까지 상승할 수 있을 전망이다.

2026년 유가 전망의 주요 리스크는 주요 분쟁 지역의 지정학적 갈등과 OPEC+의 변심이다. 주요 산유국인 중동 지역의 긴장, 러시아-우크라이나 전쟁의 향방, 이란 핵 협상 등은 언제든 원유 공급에 충격을 줄 수 있는 요인이다. 다만 현재 공급 과잉 상황에서는 일시적 공급 차질이 발생하더라도 가격 급등보다는 제한적 상승에 그칠 가능성이 높다.

예상보다 유가를 더 떨어뜨릴 요인은 3가지다. 1) OPEC+가 시장점유율 확보를 위해 공격적으로 증산하면 공급량이 예상치를 웃돌 수 있다. 2) 글로벌 경기가 예상외로 침체에 빠지거나 3) 전기차 보급이 예상보다 빨라진다면 수요가 더 빠르게 줄어든다. 이 경우 WTI는 50달러 이하로 하락할 가능성이 있다.

2026년 원유 시장은 단기적인 수급 불균형을 넘어 구조적인 전환기에 접어드는 한 해가 될 것이다. 공급 과잉이라는 큰 흐름 속에서도 지정학적 리스크, 계절적 요인, 정책 변화 등에 따른 단기 변동성은 오히려 확대될 가능성이 높다. 그러나 근본적인 유가의 결정 요인인 수요와 공급을 고려하면, 2026년 유가 방향성은 저유가로 수렴하게 될 것으로 보인다. ■

농산물

치솟던 애그플레이션 '하향 안정'
'남반구 라니냐' 발생한다면…

김민수 애그스카우터 대표

애그플레이션(Agflation). 곡물 가격 상승으로 인한 물가 상승을 의미한다. 2022년 정점을 찍었던 애그플레이션은 점차 완화 국면을 보였다. 2025년에도 마찬가지였다. 미국 시카고상품거래소(CME)의 곡물 가격 추세를 살펴보면, 2021년 1월부터 2023년 8월까지 급등했던 시기와 비교해 가격이 큰 폭으로 내려갔다. 밀 가격은 2019년 수준까지 떨어졌고 옥수수와 콩 가격은 2020년보다 높은 가격을 유지했다. 실질적인 지표를 보면 명확하게 드러난다. 국제연합식량농업기구(FAO)가 발표하는 세계곡물가격지수는 2022년 5월 173.5포인트까지 치솟았으나 2025년 9월 105포인트까지 하락했다. 2020년 9월 이후 가장 낮은 수치다. 2026년에도 몇 가지 이유를 근거로 상승세는 제한적일 전망이다. 곡물 가격은 하향 안정화 국면을 이어나갈 것으로 예상된다.

이례적 '가격 하락세' 지속된 2025년

2025년 각각의 곡물 가격 변화를 살펴보자. 2025년 1월 1일부터 8월 31일까지 곡물 가격의 변동성을 보면 전반적으로 상고하저의 패턴을 보였다. 밀 가격은 2월 부셸당 5.7달러까지 상승했으나 8월 5.1달러로 11.8% 하락했다. 2024년에 비해 낮은 가격이다. 옥수수 가격은 2월 부셸당 4.8달러까지 올랐지만 8월 3.8달러로 21.1% 떨어졌다. 2024년과 비교하면 전반적으로 높은 가격이다. 콩 가격은 5월 부셸당 10.5달러까지 상승했다가 7월 10.1달러로 4.3% 하락했다. 2024년 대비 가격 변동폭이 크게 줄어 최고가는 내려가고 최저가는 올라가는 흐름을 보였다.

원자재 가격

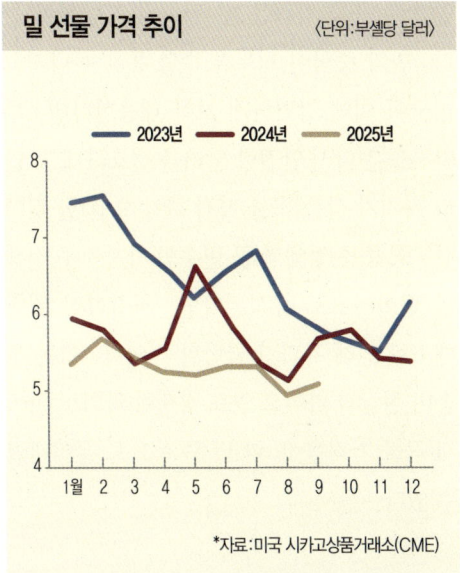

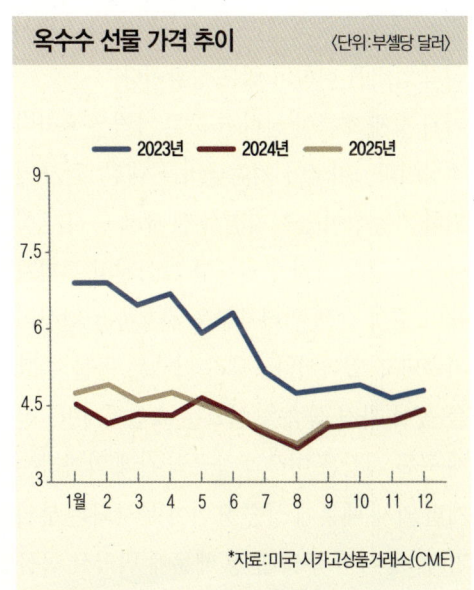

물론 2025년 곡물 가격엔 변수가 많았다. 2025년 1월 트럼프 2기 행정부가 출범하면서 캐나다, 멕시코에 대한 관세 부과-유예 조치, 중국에 대한 추가 관세 부과와 중국의 보복관세 대응 등으로 인해 글로벌 증시는 물론 환율과 유가 등이 들썩거렸다. 이는 곡물 시장에도 영향을 미쳤다. 전 세계를 대상으로 한 미국의 상호관세 부과 예고는 곡물 가격 상승을 제어하는 요소다.

이유는 간단하다. 무역 위축 우려가 글로벌 수요 감소 예상으로 이어져, 곡물 가격의 상승 탄력을 둔화시키기 때문이다. 다만, 달러 가치 하락이 상반기 곡물 가격의 상승에 힘을 실어줬다. 일반적으로 달러 가치가 떨어지면 국제 구매력이 강화돼 곡물 수요가 늘어난다. 결과적으로 곡물 가격의 상승세가 강해진다.

다만 이후 상호관세 부과로 인한 글로벌 무역 전쟁 위험에 세계 증시는 하락하고 달러 가치가 상승하자 재차 곡물 가격은 큰 폭으로 내렸다. 유가 가격 하락도 곡물 가격에 영향을 미쳤다. 우크라이나 전쟁 휴전을 위한 미국의 러시아 제재 압박으로 유가는 상승하는 흐름을 보였다가, 원유 산유국들의 증산 움직임에 급격히 떨어졌다. 이 점 역시 곡물 가격의 하락 요인으로 작용했다. 유가 하락은 곡물 운송비를 절감하는 요소라서다.

2025년 10월 기준 곡물 시장은 여전히 하락세다. 이 하락의 가장 큰 원인은 공급 측면에 있다. 우선 세계 주요 곡창지대인 북반구의 수확 시즌이 본격화되면서 시장에 물량이 쏟아져나와 가격을 끌어내리고 있다. 게다가 남미의 주요 생산국들 역시 기상 여건이 매우 좋아 생산량 증가에 대한 기대감이 커지면서 하락 압력을 더하고 있는 상황이다.

거시 경제 흐름만 본다면 곡물 가격은 올라야 정상이다. 미국이 기준금리를 내린 후 추가 인하 가능성이 높아지면서 전 세계 증시가 살아나고 달러 가치가 약세를 보이면서 투자자들이 주식 같은 위험자산을 선호하는 현상이 지속되고 있어서다. 달러 약세는 곡물 수요를 높여 가격 상승을 이끄는 요인이지만, 현재 곡물 시장은 미국과 중국의 관계 악화라는 개별 악재 때문에 상승 요인이 무시되는 분위기다. 중국이 무역 분쟁 때문에 미국산 곡물 수입을 배제할 경우 대규모 물량을 소화할 곳이 사라지기 때문이다. 이런 상황에서 남미 국가들의 공급까지 늘고 있어 시장에 강한 하락 압력을 주고 있는 것이다.

앞으로 곡물 가격은 더 떨어질 가능성이 높다. 만약 중국이 희토류 수출 통제에 나서고 미국이 이에 강력하게 보복 대응한다면, 투자자들은 다시 안전한 달러를 선호하게 돼 달러 가치가 상승(곡물 가격 하락 요인)할 것이다. 또 중동 정세의 큰 변수인 가자지구 전쟁이 평화적으로 종식된다면, 지정학적 위험 해소로 인해 유가가 급락할 것이다. 이는 운송비 절감과 바이오 연료 경쟁력 약화로 이어져 곡물 가격을 또 한 번 큰 폭으로 끌어내릴 수 있다.

2026년 곡물 가격 남반구 생산량에 달려

2026년 상반기 곡물 시장의 관심은 남반구(브라질, 아르헨티나)의 작황에 집중될 전망이다. 이 시기 남미의 생산량이 2026년 곡물

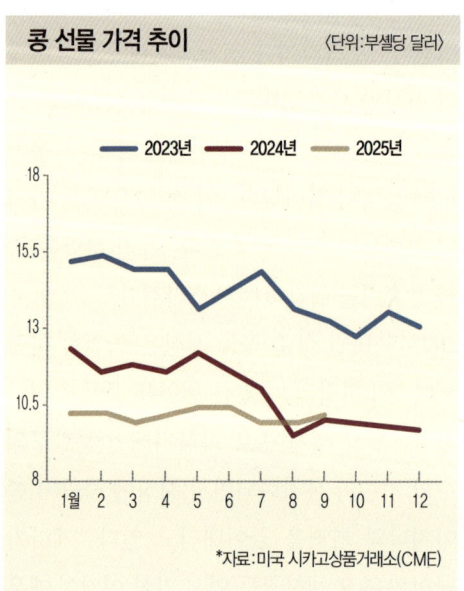

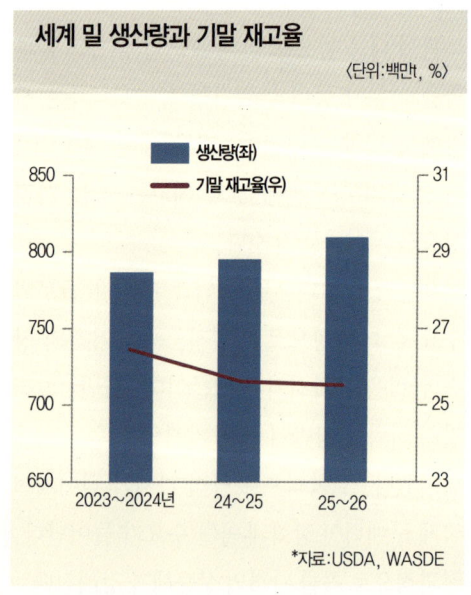

원자재 가격

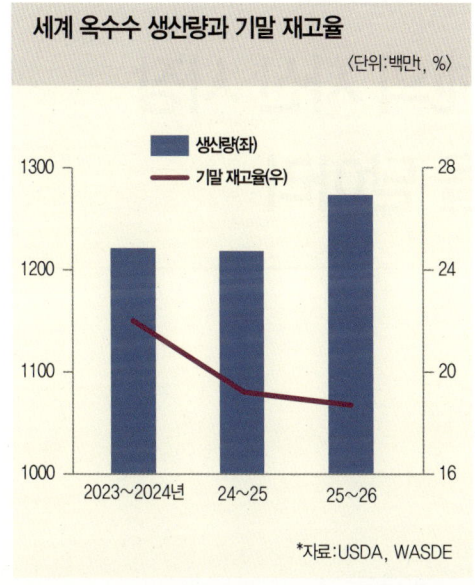

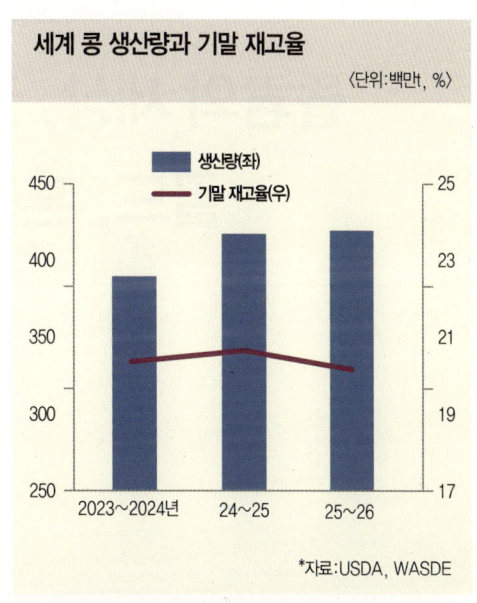

가격 방향을 결정할 것으로 판단된다.
현재 미국 농무부(USDA)의 전망을 보면, 남미 주요국 간에 작물 생산량은 엇갈릴 것으로 예상된다. 브라질은 옥수수 생산량이 소폭(3%) 줄어드는 대신 콩 생산량이 늘어날(3.6%) 전망이다. 반면 아르헨티나는 옥수수 생산량이 크게 늘고(6%) 콩 생산량은 약 4.7% 줄어들 것으로 보인다.

물론 변수는 있다. 남미 지역의 기상 조건과 작물 생육 상태다. 특히 엘니뇨나 라니냐 같은 이상 기온 발생 여부가 큰 영향을 미친다. 세계기상기구(WMO)는 2025년 말 라니냐 현상이 발생할 확률을 60%로 예상했다. 하지만 그 강도가 약할 것으로 보여 남미 생산 전망에 큰 타격을 주지는 않을 것으로 예측된다.

곡물별로 살펴보면 옥수수 생산량 자체는 양호할 전망이다. 세계 최대 생산국인 미국은 2025~2026 생산연도에 괜찮은 기상 상태가 예상된다. 이 경우 옥수수 생산량은 크게 증가(13.1%)한다. 다만 콩 생산량은 소폭 감소(1.5%)할 것으로 보인다. 단위면적당 옥수수 수익이 높은 만큼 옥수수 재배면적은 늘고 콩 재배면적은 줄어들 수 있어서다. 이러한 추세는 2026~2027 생산연도에도 이어질 가능성이 높다. 2025~2026 생산연도의 밀 생산량은 전년 대비 약 1.9% 증가한 8억1620만t으로 전망되지만, 과거 재고량이 줄고 소비량과 교역량이 늘어날 것으로 예상된다. 결과적으로 기말 재고율은 소폭 하락(25.7%)할 것으로 보인다. 약간의 가격 상승 압박은 있을 수 있겠지만 재고율이 안정적인 만큼 가격 폭등보다는 점진적인 상승 흐름이 전망된다. ■

금

昏君의 세상, 混沌의 자산 시장
(혼군) (혼돈)
골드, 혼문을 닫아라
(GOLD) (昏門)

이석진 인지제헤의투자연구소 소장

전 세계 경제가 불확실투성이가 되고 있다. 한국과 미국의 차이가 있다면 한국은 혼군(昏君)이 자리에서 물러났지만 미국은 혼군의 시대가 시작되었다는 것 정도일 테다. 혼군은 사리와 도리에 어긋나는 어리석은 군주를 일컫는데, 트럼프의 관세 정책과 전략, 동맹인 한국과의 협상 과정을 지켜보면서 혼군의 의미를 제대로 배우는 중이다.

혼군의 시대, 혼문(昏門)이 열렸다. 혼군의 세상이 오면 공공의 가치에도 혼란이 찾아온다. 글로벌 시민으로서 응당 지켜야 할 보편적 가치들이 힘을 잃어간다. 그 빈자리를 차지하는 것은 개인들의 사사로운 부(富)에 대한 욕망과 탐욕이다. 개인의 탐욕이 천민 자본주의와 합쳐지면 자산 가격을 밀어 올려 분출시키는 용암이 된다.

모든 위험자산들이 날아오르는 시대라면 금은 별 매력이 없어 보여야 한다. 위험자산의 시대에 안전자산 대명사가 힘을 잃는 것은 어쩌면 당연한 결과일 것이다. 그런데 여기 큰 반전이 있다. 2025년 어떤 위험자산보다 많이 오른 자산이 귀금속이기 때문이다. 2025년 연초 대비 금은 53% 급등하며 온스당 3000달러를 넘어 아무도 예상치 못했던 4000달러를 돌파하고 있다. 동생 귀금속이라 할 수 있는 은 가격은 무려 70% 이상 날아올랐다. 같은 귀금속 계열인 플래티넘은 목하 85%를 돌파 중이다. 안전자산이 1년도 안 되는 기간 동안 이렇게 오른 것은 전례가 없다. 무엇이 귀금속 가격을 이토록 미치게 하고 있는 것인가?

흥미로운 지점은 주식 시장과의 비교다. 해

당 귀금속들(금 제외)과 증시의 2025년 저점이 정확히 일치하고 있다. 그리고 해당 저점은 트럼프의 관세 발표가 루머에서 뉴스로 전환된 날이기도 하다. 사실상 전체 금융 시장이 관세 발표를 악재의 소멸로 인식했다는 것이다. 또한 위험자산과 안전자산 투자자 모두가 같은 판단을 하고 있다는 것을 시사한다. 더 아이러니한 것은 트럼프정부와의 투자 대가로 관세 인하 또는 관세 부과 유예 뉴스가 나오면 커다란 호재가 돼 시장을 끌어올린다는 점이다. 혼군의 시대가 어떤 식으로든 자산 시장에 뛰어든 투자자들의 욕망에 불을 지른 도화선 역할을 하지 않고서는 설명할 수 없는 현상이다.

부(富)에 대한 욕망이 어떤 선을 넘으면 시장 참여자들은 어떤 뉴스든 좋은 쪽으로 해석한다. 자산 가격을 끌어올리려 혈안이 된다. 하나의 사례를 보자. 2025년 9월 하순 미국 정부와 의회는 셧다운(예산안 합의 실패) 리스크를 높이고 있었다. 셧다운이 벌어지면 미국 경제 지표는 나오지 않고 연방 인력은 무급 휴직 상태로 전환된다. 당연히 금융 시장에는 전형적인 악재로 받아들여진다. 그러나 주식 시장 참여자들은 셧다운은 과거에 오래 가지 않았다는 점과 오히려 연준의 금리 인하 재료로 작동할 것이라는 호재로 해석했고 증시는 사상 최고치 행진을 멈추지 않았다. 글로벌 증시도 마찬가지였다. 금 시장 반응은 어땠을까? 금 시장 참여자들은 셧다운이 금융 시장의 불확실성을 증가시킬 거라 해석하면서 공격적인 귀금속 투자에 나서며 역시 사상 최고치 행진을 이끌었다. 셧다운 뉴스가 주식과 귀금속 모두에 호재로 인식되는 현상은 정상적 상황 판단이라 볼 수 없지만 현실적 결과는 동반 상승이었다. 혼돈의 금융 시장의 한 단면이다.

솟구치는 인플레이션 시대
돈이 가치를 잃고 있다

비정상적으로 높아진 투자자들의 욕망은 주식 시장 투자자들의 위험 감수 정도로도 알 수 있다. 소위 베타는 시장지수 대비 개별 종목의 민감도를 보여주는 지표(시장지수의 베타는 1)로서 분산투자로 위험을 낮출 수 없는 시장 위험을 나타낸다. 자발적으로 투자자가 감수하는 위험 정도를 판단하는 데 유용하다. 미국 개인투자자들이 주로 투자하는 10대 주식들의 베타가 1.5를 넘어서고 있는데 글로벌 금융위기 직후인 2009년 수치인 0.75와 비교하면 두 배를 넘어선 셈이다. 이른바 고위험 고수익 주식 투자를 즐기고 있는 것이다.

높은 베타가 특징인 IT 기업의 질주로 주가가 계속 올라가는데 누가 베타 따위에 위험 신호를 느끼겠는가? 상대적으로 주식 대비 돈의 가치가 떨어지면서 '현금 거지'가 될 우려가 새로운 주식투자자들을 양산하고 그렇게 주식 시장의 베타는 더 높아진다.

다른 의미의 부에 대한 욕망, 즉 부를 지키려는 욕망이 수요를 창출한다는 점에서 2025년 금 시장도 자유롭지 않다. 금은 '최후의 기축통화'라는 별칭에서 유추할 수 있듯이 가치 보존의 수단이다. 다시 말해 어떤 국가 국민들일지라도 자국 통화 가치 하락 시에 구매력 보존을 위해 금에 집착하게 된다. 지난 10여년간 달러를 제외하면 대부분 국가 통화의 가치가 하락했는데 특히 신흥국이 그 정도가 심했다. 이들 국가 시민들이 구매력 보존 욕망으로 금 투자 수요를 늘렸음은 당연한 결과이다.

통계(2007~2025년, Money Metals Exchange 자료)를 보면 고작 20년도 안 되는 기간 동안 주요국 통화 가치가 금 대비 얼마나 많이 떨어졌는지 알 수 있다. 그나마 가치를 유지한 스위스 프랑이 70% 하락했지만 영국 파운드화는 무려 87%의 가치가 사라졌다. 인플레이션으로 인한 구매력 하락을 보상받으려 금 투자에 몰리면서 금값 상승이 정상 범위를 넘어서는 결과로 이어졌다는 해석이 가능하다. 그런데 2025년에는 가장 큰 투자자인 미국인들마저 달러 약세 탓에 금 투자를 늘리고 있으니 수요 측면에서 금에는 금상첨화인 상황이다.

대체로 달러 약세 시대에 가장 많이 오르는 자산이 금이었다는 것은 지난 50여년간의 통계(1971~2025년)에서 증명되고 있다. 달러 약세기 금은 약 26% 상승, 신흥 증시 18.4%

국제 금값과 은값이 연일 사상 최고치를 경신하는 가운데, 서울 종로구 한국금거래소 앞을 시민이 지나가고 있다. 2025년 들어 금 가격은 54%, 은 가격은 70% 넘게 급등하며 금은 온스당 4000달러, 은은 온스당 50달러를 돌파했다. (매경DB)

상승, 미국 증시 10.8% 상승했다.

부에 대한 욕망에 끝은 없는가? 하늘 높은 줄 모르는 자산 시장에 이카루스가 주는 교훈은 없을까? 뭐라도 하지 않으면 부의 사다리에서 완전히 배제될 것 같은 공포가 일반 시민들의 가슴을 짓누르며 허겁지겁 자산 시장 막차에 매달리게 만들고 있다.

트럼프와 머스크의 영향력만 믿고 가상자산에 뛰어드는 중노년 투자자가 급증한다. 금융시장에 이해도가 아직 낮은 사회초년생이 이런저런 뉴스들에 휘둘리며 엔비디아와 금을 사겠다고 뛰어드는 현실이다. 모든 자산 가격이 오르면 자산이 없는 사람은 자본주의 세상의 하위계층으로 전락한다. 그렇다면 자산을 갖고 있는 사람들은 상류층이 되는가? 그렇지도 않다. 내 집값이 올라도 다른 집값이 더 오른다면 결과는 뻔하다. 가치가 상승한 집을 처분하여 살 수 있는 주식이나 금의 양이 줄었다면 이 역시 즐겁지 않은 스토리다. 항상 그렇듯이 자산 인플레이션은 일부 상류층에게 달콤한 과실이 몰리는 결과를 가져온다. 작금의 자산 인플레이션이 달갑지 않은 이유이다.

금은 죄가 없다. 트럼프라는 혼군이 문제다. 이렇게 자산 가격이 오르는데, 관세 이슈로 인해 미국 소비자물가가 다시 꿈틀거리는데, 금리 인하를 하지 않는다고 선동질을 하며 연준 이사를 갈아치우고 압력을 가하고 있다. 안 그래도 돈의 가치가 떨어지는데 금리가 계속 떨어지면 결과는 명약관화다. 돈의 가치를 보존하려는 사람들이 금을 모으려 혈안이 된다. 그렇게 금값은 오르고 있다.

다만 2026년 금 투자자는 조심해야 한다. 산이 있으면 골이 있는 법이다. 모든 것이 불확실했던 팬데믹 창궐기에도 금값은 50% 이상 오르지 못했다.

안전자산이 이렇게 짧은 기간에 이렇게 많이 오른다면 뭔가 파국적 결말을 예상하고 있다는 이야기다. 인플레이션 와중에 금리 인하는 파국적인 조합일 수밖에 없다. 금에 유리할 것이다. 평상시라면 금 투자를 늘리라고 조언해야 하지만 현시대는 금 시장이 위험자산 시장과 한 몸이 되어버린 이상한 세상이다. 서로 비교하며 비싸지 않다고 큰소리치는 시기이기에 주식을 비롯한 위험자산 가격에 거품이 터진다면 금 시장에도 유리하지 않을 것이다.

금 투자자들에게 당부드리고 싶은 말이 있다. 혹시 금 투자를 고수익 주식 투자처럼 하고 있지 않는가 스스로에게 물어봐야 한다. 금은 세상이 혼란스러울 때 균형추 역할을 하는 자산이다. 기축통화의 가치가 떨어지고 있음을 외치는 탄광의 파랑새이기도 하다. 투자자에게는 소중한 보험자산의 쓰임새이다. 냉철한 금 투자자는 세상이 무너져 금으로 부자가 되는 것이 목적이 아닌, 세상에 뭔가 잘못되고 있다고 외치는 '경제 파수꾼'이다. 냉정하게 금 시장에 접근한다면 '혼군'이 만든 '혼돈'을 담을 수 있다. ■

철강

중국은 가격 추락, 미국은 고공행진
빠져나올 수 없는 '과잉 설비의 덫'

정은미 산업연구원 신임연구위원

국제 철강 가격은 수급 요인보다는 지역별 여건에 의해 결정된다. 중국은 2023년부터 수요 부진과 공급 과잉 우려가 이어지며 철강 가격이 하락세를 지속하고 있다. 상하이 지역 철근 내수 가격은 2025년 10월 전년 동기 대비 6.3% 떨어졌다. 2017년 이후 중국의 철강 가격은 계속 낮은 수준을 경신했다.

반면 미국은 국내 수요가 물량 면에서 감소했지만, 관세 장벽으로 수입이 제한되자 철강 가격이 상대적으로 높은 수준을 유지하고 있다. 철강 수요가 저점을 보인 2025년 10월 열연강판 가격은 전년 동기 대비 15.5% 상승했다. 무역 규제 조치와 철강 제품·파생상품에 대한 관세 인상으로 연초보다 다소 안정됐지만, 여전히 양호한 가격 수준을 유지하고 있다.

신흥국 견인 속 철강 수요 반등 기대

국제철강협회는 2026년 세계 철강 수요가 17억7300만t으로 전년 대비 1.3% 반등할 것으로 전망한다. 세계 교역의 불확실성이 여전하지만, 2025년을 저점으로 소폭 반등이 가능하다고 보는 것은 공공 인프라 투자와 자금 조달 여건 완화를 전제로 한다. 이집트·사우디아라비아 같은 신흥국에서는 강력한 성장세가 이어지고, 오랫동안 침체했던 유럽의 철강 수요도 2026년에는 회복될 것으로 보인다.

중국의 철강 내수는 계속 줄어들 전망이다. 수요 회복 기대는 높았지만 2025년에도 중국 주택 부문 철강 수요는 감소했다. 2026년에는 감소세가 다소 완화되겠지만 제조업 부진이 이어지며 2025년에 비해 철강 수요가 다시

// 원자재 가격 //

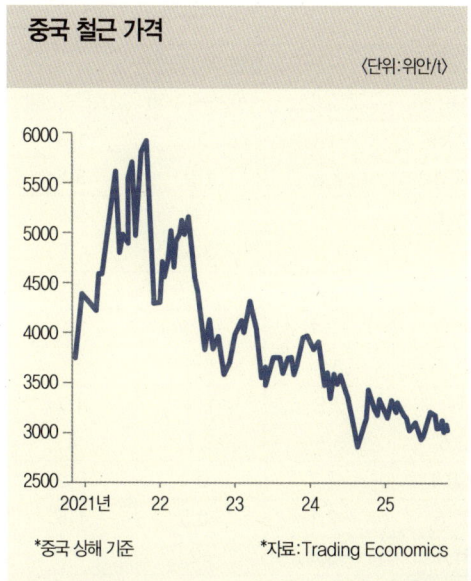

중국 철근 가격 ⟨단위:위안/t⟩
*중국 상해 기준 *자료:Trading Economics

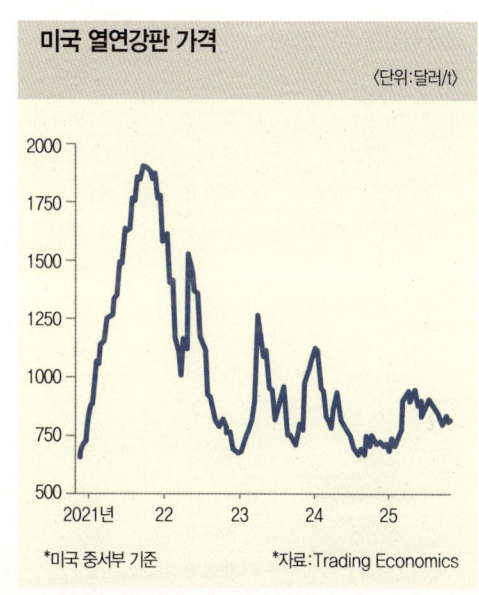

미국 열연강판 가격 ⟨단위:달러/t⟩
*미국 중서부 기준 *자료:Trading Economics

1% 감소할 것이다.

중국을 제외한 신흥국 철강 수요는 2025년 1.4% 증가에 이어 2026년에 3% 성장세를 이어갈 전망이다. 인도의 철강 수요는 2025년에 이어 2026년에도 9.1% 늘어날 것이다. 이 추세라면 인도의 2025년 철강 수요는 2020년보다 7500만t 증가하게 된다.

아프리카의 철강 수요는 오랫동안 3500만~4000만t 수준에서 정체돼 있었으나, 건설부문 철강 소비 증가로 최근 3년간 연평균 5.5% 늘었다. 특히 북부와 동부 지역의 산업 활동이 활발해지며 2025년 4100만t, 2026년에는 4300만t으로 증가할 전망이다.

신흥국 중 중남미 국가들의 철강 수요도 아르헨티나·브라질의 정부 주도 사회주택 사업 영향을 받아 양호하게 증가할 것이다. 단, 중

중국 철강 수요 부진에 가격 하락 지속
미국, 관세 효과로 가격 고공 유지
신흥국 중심 수요 반등세 전망
철강 설비 과잉은 회복에 걸림돌
중국 철강 수출 급증, 무역 갈등 격화
글로벌 가동률 하락으로 수익성 악화돼

남미 철강 수요는 여전히 2013년 소비보다 200만t 적은 수준으로, 2000년대 초 기대를 모았던 성장세를 완전히 되살리기엔 부족하다. 선진국 철강 수요는 2025년에도 줄어 2021년 이후 4년 연속 감소세를 기록했다. EU와 미국의 철강 수요가 늘어날 것이란 애초 기대와 달리 2025년 다시 바닥을 쳤지만, 2026년에

세계 철강재 수요 전망

단위: 백만t, %

구분	수요량			전년 대비 증감률		
	2024년	2025년(추정)	2026년(전망)	2024년	2025년(추정)	2026년(전망)
세계 전체	1749.4	1749.2	1772.5	-1.6	0.	1.3
세계(중국 제외)	892.8	909.7	941.4	2.3	1.9	3.5
EU(27)+영국	140.3	142	146.6	2	1.3	3.2
기타 유럽	45.3	46.9	47.7	1.5	3.4	1.8
CIS+우크라이나	59.2	56.1	55.2	-1.9	-5.2	-1.7
USMCA	129.7	128.1	130.9	-2.1	-1.2	2.2
중남미	46.8	49.4	50.4	2.2	5.5	2.2
아프리카	40.1	41.1	43	5.8	2.4	4.7
중동	57.9	60.1	62.5	5.5	3.7	4
아시아-대양주	1230	1225.5	1236.1	-2.7	-0.4	0.9
선진권	348.9	347.2	352.5	-2.1	-0.5	1.5
중국	856.6	839.5	831.1	-5.4	-2	-1
인도	147.9	161.1	175.7	11.4	8.9	9.1
신흥권(중국, 인도 제외)	395.9	401.4	413.3	3.4	1.4	3
ASEAN(5)	78.5	80.8	84.1	8.4	3	4
MENA	74.5	76.9	80.2	8.1	3.2	4.4

*자료: 국제철강협회

는 소폭 회복세가 예상된다. 단, EU는 인프라·국방지출 증가와 거시경제 여건 개선을 전제로 수요가 늘어날 것으로 보이지만 여전히 낙관적 전망에 가깝다.

미국은 2025년에 관세 인상에 앞서 가수요가 있었다. 인프라 지출 확대 영향으로 철강 수요가 1.7% 늘었다. 그러나 인접국 멕시코·캐나다의 철강 수요가 줄면서 USMCA 전체로는 전년 대비 1.2% 감소했다. 미국은 2026년에도 주택건설·민간투자 확대와 경기 부양책 효과로 철강 수요가 전년 대비 1.8% 늘어날 전망이다.

과잉 설비 확대, 철강 가격 회복 '걸림돌'

국제개발기구(OECD) 산하 '철강 공급 과잉에 대한 국제포럼(GFSEC Ministerial Meeting of the Global Forum on Steel Excess Capacity)'을 중심으로 철강 과잉 생산능력이 문제로 지적돼왔다. 그러나 2025년에도 전 세계 철강 설비는 계속 늘어났다. GFSEC에 따르면 세계 철강 생산능력은 2019~2024년에 3.4% 증가했고, 현재 추진 중인 신규 프로젝트가 차질 없이 진행된다면 2027년에는 2024년보다 5.9% 늘어날 전망이다.

2025년 상반기 중국·이란·이집트에서 신

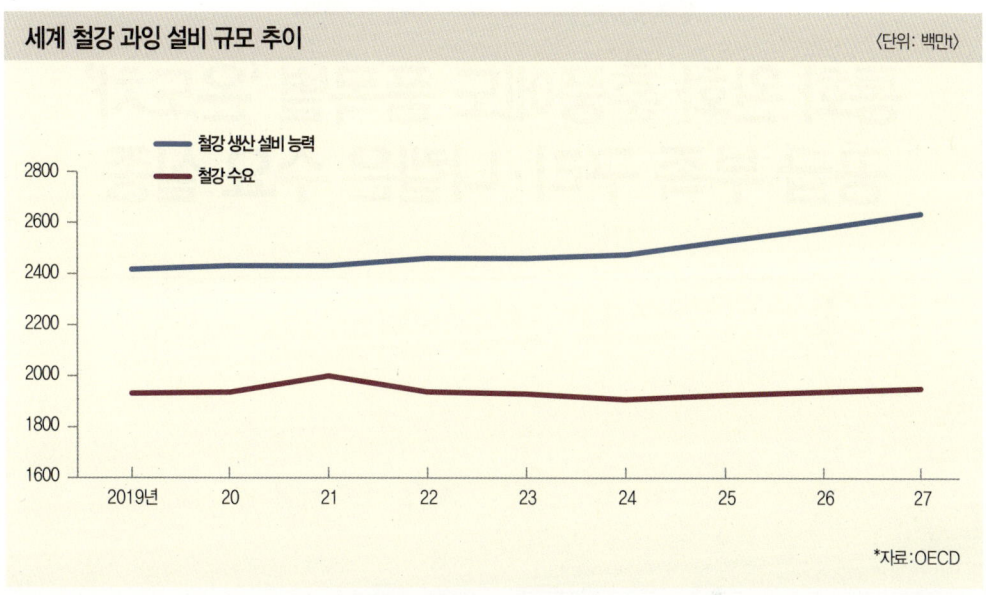

세계 철강 과잉 설비 규모 추이 〈단위: 백만t〉
*자료:OECD

규 설비 증가세가 두드러졌다. 향후 인도는 3040만t, 중동 국가는 2170만t, 동남아시아는 1480만t 규모의 신규 투자가 이어질 것이다. 이에 따라 세계 철강 산업은 시장 안정성, 고용, 공급망, 탈탄소 측면에서 모두 위험에 직면하고 있다.

2025년 상반기 세계 철강 수출은 전년 동기 대비 약 3% 늘었다. 이는 주요국의 과잉 설비 가동이 직접적인 원인이다. 수입제품 침투율도 선진국이 2024년 5.4%에서 2025년 6.6%로, 신흥국(비GFSEC 국가)은 28.1%에서 31%로 상승했다. 과잉 설비는 수출 증가로 이어지며 무역 분쟁을 확대하고 있다. 중국은 2020년 이후 철강 수출이 2배 이상 늘어 2024년에 1억1800만t으로 사상 최고치를 기록했다. 수출 급증으로 세계 철강 시장은 혼란에 빠졌고, 반덤핑 조치는 5배나 늘었다. 2025년 상반기에만 총 29건의 무역구제조치가 발동됐으며, 그중 3분의 2가 중국을 대상으로 했다.

GFSEC에 따르면 신흥국에서도 가동률 하락이 뚜렷하다. 대만은 2024년 66.7%에서 2025년 상반기 58.7%로, 파키스탄은 47.2%에서 41%로, 이란은 58.9%에서 53.2%로, 이집트는 63.7%에서 60.8%로 하락했다. 적정 가동률을 유지한 국가는 베트남(92.1%)과 인도(90.1%) 정도였다.

글로벌 수요 침체와 공급 과잉 위험이 커지며 가동률 저하로 주요국 철강 기업의 수익성이 크게 떨어지고 있다. 2026년에 철강 수요가 다소 회복될 것으로 예상되지만, 여전히 국제 철강 가격이 상승세로 전환하기는 어려울 것으로 보인다. ■

> 비철금속

통화 완화 훈풍에도 품목별 '온도차'
공급 부족 구리·니켈은 수요 실종

강유진 한국투자증권 운용전략부장

원자재 시장은 섹터별로 차별화가 뚜렷한 가운데 비철금속 역시 품목별 성과가 엇갈렸다. 런던금속거래소(LME)의 구리 가격은 2025년 10월 16일, 연초 대비 21% 상승했고 알루미늄도 8% 올랐다. 반면 아연은 1%, 니켈은 5% 하락했다. 수요 대비 공급이 부족한 구리가 강세를 보인 반면, 공급 과잉이 지속된 니켈은 가장 부진했다. 미국 금리 하락과 달러 약세 흐름 속에서 비철금속은 연초 대비 58% 상승한 금만큼 오르지는 못했지만, 10% 이상 하락한 에너지와 농산물에 비해서는 양호했다.

2026년에도 글로벌 통화 완화 기조와 달러 약세 흐름이 지속되며 비철금속 시장에는 우호적일 전망이다. 단, 미국의 관세 인상과 미·중 무역 갈등 재점화, 재정 악화, 지정학적 위험 등이 시장 변동성을 키우는 잠재 리스크로 남아 있다. 수급 측면에서 보면, 공급 부족이 심화하고 있는 구리는 여전히 가장 유망한 품목으로 꼽히며, 알루미늄 역시 구리 강세에 따른 간접적인 수혜가 기대된다. 반면 아연과 니켈은 공급 과잉 심화로 부진이 지속될 가능성이 크다. 역사적으로 강세를 보인 금과 은에 이어, 구리도 원자재 시장의 시상대에 오를 가능성이 커지고 있다.

공급난·관세 변수에 다시 뛴 구리

2025년 구리 시장은 트럼프 행정부의 관세 정책으로 이례적인 가격 변동성을 겪었다. 4월 초 구리 가격은 일주일 만에 10% 이상 급락하며 t당 8105달러로 떨어졌으나 이후 빠르게 반등했다. 뉴욕금속거래소(COMEX)

의 구리 가격은 LME보다 30%가량 높게 형성되며, 사상 최대 수준의 가격 차이를 기록했다. 이는 미국의 모든 구리 수입품에 대한 50% 관세 예고에 따라 선제적인 재고 확보에 따른 것이다. 그러나 7월 31일 트럼프 대통령이 '전기동(Cathode)'을 최종적으로 관세 대상에서 제외하고 '구리 가공 제품(동관, 동선 등)'에만 적용하자, COMEX 구리(전기동) 가격은 하루 만에 22% 급락하며 수개월간 프리미엄이 대부분 사라졌다. 구리 재고는 여전히 미국에 몰려 있다. COMEX 재고(34만3000t)는 LME 재고(13만8000t)의 3배에 달한다. 미국의 전기동 관세 부과 위험이 남아 있고 이에 따른 지역별 가격 격차 확대, 단기 재고 왜곡, 물류 재배치 등으로 시장 변동성이 커질 수 있다.

공급 문제는 더 심각하다. 2025년 주요 대형 광산의 사고가 잇따르며 글로벌 공급망이 흔들렸다. 지난 5월, 세계 4위 규모인 콩고민주공화국의 Kamoa-Kakula 광산(Ivanhoe Mines·Zijin Mining 공동 운영)이 지진 피해를 보며 연간 구리 생산 목표를 37만~42만t으로, 기존 대비 약 28% 낮췄다. 그리고 7월 말, 세계 10위 광산인 칠레 국영기업 Codelco의 El Teniente 광산에서 갱도 붕괴로 25% 생산 차질을 빚었고, 2026년까지 완전 복구가 어려운 상태다. 35년 만의 최악의 사고로 Codelco의 8월 생산량(9만3400t)은 지난 20년 내 최저로 감소해 세계 최대 구리 광산 기업의 타이틀을 위태롭게 만들고 있다. 이어 9월, 세계 2위 광산인 Freeport Indonesia의 Grasberg 광산에서 산사태가 발생해 59만t 규모의 생산이 중단됐다. 이 광산 생산은 2026년 중반에 재개될 전망이다.

이 일련의 사고들은 구리 채굴의 제약을 보여준다. 광산 심도는 깊어지고 광석 품위는 낮아지며 경도가 높아지면서 생산 비용이 상승하고 있다. 세계 구리 공급의 38%를 차지하는 남미 브라운필드 광산의 한계 생산비는 t당 1만500달러로 구리 가격의 하방 경직성을 높였다.

공급난으로 구리 프리미엄도 높아지고 있다. Codelco는 2026년 유럽 고객 대상 구리 프리미엄을 전년 대비 39% 인상한 t당 325달러로 제시했다. 독일 Aurubis도 사상 최고 수준으로 인상했다. 수요자가 가격 부담을 얼마나 소화해낼지 지켜봐야겠지만 가격 민감도는 낮아졌다. 2024년 5월 구리 신고가 당시 마이너스 20달러였던 중국 양산(Yangshan) 현물 프리미엄은 2025년 10월 45달러였다. 중국의 부동산 수요는 둔화했지만, 전기차와 전력망, AI 데이터센터, 재생에너지 인프라 등 신산업 분야의 수요가 이를 떠받칠 수 있다.

국제구리연구그룹(ICSG)은 세계 정련 구리 소비가 2025년 3% 성장에서 2026년 2.1%로 둔화하더라도 생산 증가율이 2025년 3.4%에서 2026년 0.9%로 급락할 것으로 내다봤다.

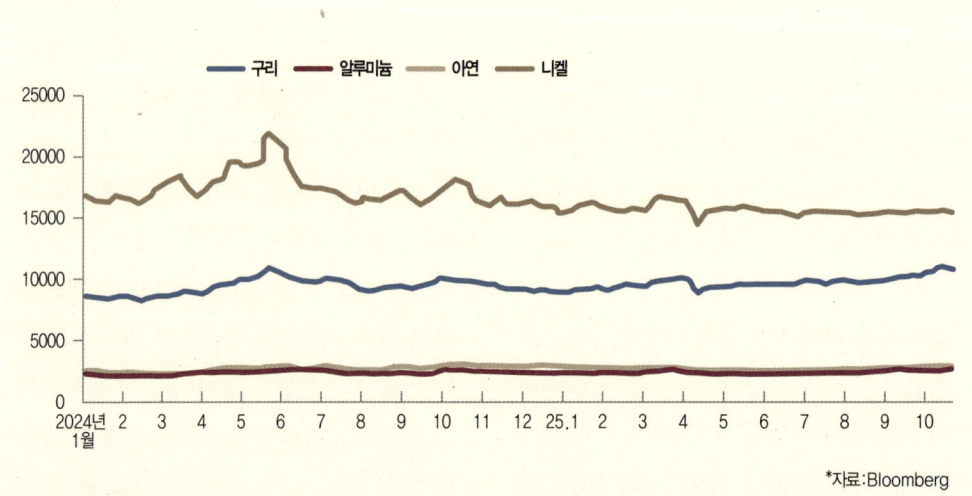

이에 따라 시장은 2025년 17만8000t의 공급 잉여에서 2026년 15만t의 공급 부족으로 전환될 전망이다. 구리 가격은 t당 1만2000달러, 나아가 1만5000달러 돌파 가능성도 거론된다.

아연, 가격 하방 압력 점점 거세져

2025년 아연 시장은 수급이 완화됐다. 수요 성장이 제한된 가운데 중국 신규 프로젝트 증설과 제련소 재가동이 맞물리면서 공급 부족이 빠르게 해소됐다. LME 아연 재고는 4만t 미만이지만 중국 상해기화교역소(SHFE) 재고는 연초 5만6000t에서 15만2000t으로 3배 가까이 급증했다. 이에 따라 중국 아연 가격은 LME보다 할인돼 수출 차익 거래 기회가 만들어지고 있다.

SHFE-LME 간 가격 스프레드는 4월 t당 430달러에서 10월 150달러로 축소됐다. 중국의 수출 전환은 글로벌 시장의 공급 확대로 작용할 수 있다.

국제아연납연구그룹(ILZSG)은 세계 아연 소비가 2026년에도 1% 성장에 그치지만, 정련 아연 생산은 2025년 2.7% 증가에 이어 2026년 2.4% 늘어날 것으로 내다봤다. 이에 따라 2024년 12만t 부족하던 시장은 2025년 8만5000t 잉여로 전환되며, 2026년에는 27만1000t으로 확대될 전망이다. 공급 과잉이 심화하면서 아연 가격은 하방 압력이 클 것으로 보인다.

니켈 가격, 1만5000달러에 갇히다

니켈은 공급 과잉의 늪에 갇혀 있다. 2025년

// 원자재 가격 //

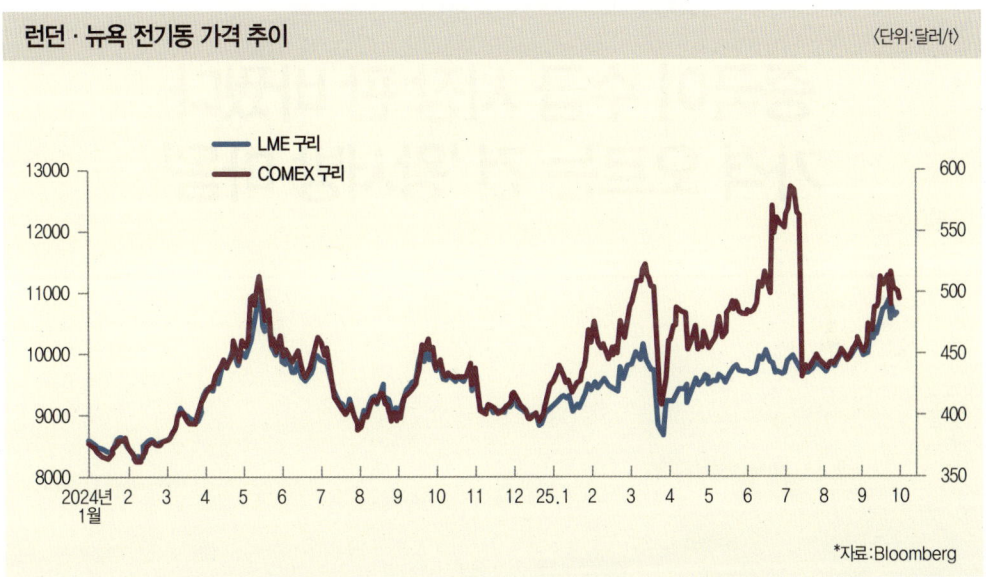

LME 니켈 가격은 t당 1만5000달러 안팎에서 큰 변동 없이 움직였다. LME 재고는 불과 2년 전 3만7000t에서 2025년 10월 25만t으로 폭증했다.

세계 니켈 공급의 60%를 차지하는 인도네시아가 지난 수년간 공격적인 증산을 지속한 결과다. 정부는 채광 허가(RKAB) 기간을 3년에서 1년으로 단축하고, 임업 허가 미취득 토지를 압류하며, 채굴 후 복구 미비 기업을 제재하는 등 규제를 강화했다. 그러나 공급 억제 효과는 미미하다. 인도네시아 선철 생산 업체들의 영업이익률은 2025년 상반기 평균 10%로 탄탄해 단기 감산은 기대하기 어렵다. 글로벌 생산비용 곡선의 75% 수준인 1만4500달러 아래로 떨어져야 감산 압력이 본격화될 수 있다.

국제니켈연구그룹(INSG)은 세계 정련니켈 생산이 2025년 7.9%, 2026년에도 7.2% 증가할 것으로 전망했다.

니켈 수요는 기대에 못 미쳤다. 전기차(EV) 배터리용 니켈 수요는 리튬인산철(LFP) 배터리와 플러그인 하이브리드(PHEV) 확대로 5~6% 성장에 그쳤다. 세계 전기차 판매의 70%를 차지하는 중국에서 LFP 배터리 비중이 절반 이상 차지해 배터리 니켈 수요 성장 여력이 축소됐다.

INSG는 세계 정련니켈 시장의 공급잉여가 2024년 11만2000t에서 2025년 20만9000t, 2026년 26만1000t으로 확대될 것으로 전망했다. 3년 연속 공급잉여 누적으로 니켈 가격은 t당 1만5000달러 수준에서 벗어나기 어려울 전망이다. ∎

희유금속

중국이 수급 시장 판 바꿨다
가격 오르는 건 '왕서방 마음'

민진욱 매경이코노미 기자

2024년 말 급락한 희유금속 가격은 해가 바뀌어도 저렴한 가격을 유지할 것이란 예측이 다수였다. 이유는 간단했다. 미중 무역 전쟁, 러우 전쟁, 이스라엘-하마스 전쟁 등 각종 분쟁으로 세계 경제가 침체를 맞은 탓이다. 특히 리튬, 코발트를 비롯한 희유금속·희토류 수요 대부분을 담당했던 반도체, 이차전지가 부진한 영향이 컸다. 수요가 급감한 희유금속과 희토류 가격은 끊임없이 하락했다.

2025년 상반기까지 예측은 들어맞았다. 그러나 하반기 들어 상황이 급변했다. 변수는 바로 중국의 변심. 중국 정부는 트럼프 행정부와 진행한 무역 분쟁 협상이 진전될 기미를 보이지 않자, 2025년 4월부터 '희토류 수출 통제'라는 극단적 카드를 내걸었다. 리튬을 비롯한 7가지 희토류 광물(사마륨·디스프로슘·가돌리늄·터븀·루테튬·스칸듐·이트륨)의 수출을 통제하는 조치를 발표했다. 전 세계 희토류 시장점유율 70%를 차지하는 중국이 사실상 공급을 차단하는 조치를 내걸면서 시장은 요동쳤다. 한국자원정보서비스(KOMIS)에 따르면, 2025년 6월 23일 kg당 57.7위안(RMB)을 기록하며 최저가를 기록한 리튬 가격은 7월부터 급격히 상승하기 시작했다. 8월 20일 kg당 86위안까지 치솟았다. 9월 중국 CATL이 리튬 광산 채굴을 시작한 덕분에 10월 가격이 소폭 하락했지만, 여전히 kg당 70위안이 넘는 가격에 거래 중이다. 중국이 11월부터 리튬 통제 본격화를 선언한 만큼, 리튬 공급은 현재보다 더 줄어들 전망이다.

중국 네이멍구의 한 광산에서 기계가 희토류 광물이 포함된 흙을 파내고 있다. (로이터)

2026년 희유금속 가격은 2025년보다 더 상승할 것으로 보인다. 일부 금속의 경우 가격이 최대 40% 가까이 치솟을 가능성도 있다. 이유는 서방 국가들의 희토류 독립 선언 때문이다. 미국을 포함한 G7과 유럽연합은 현재 중국 희토류 시장 지배력에 대응하기 위해 '가격 하한제' 도입을 본격적으로 검토하고 나섰다. 중국의 수출 통제 조치로 공급망 불안을 겪은 서방 국가들이 공동 대응에 나선 것이다. 가격 하한제란 희토류에 최저 가격을 설정하고, 시장 가격이 이보다 낮아질 경우 정부 보조금으로 자국 기업을 보호하는 방식을 의미한다. 쉽게 이야기하면 정부가 시장 최저 가격을 보증해 기업이 이윤을 남길 수 있도록 만드는 조치다. 중국은 그간 희토류 가격을 대폭 낮추는 치킨 게임을 통해 라이벌 업체를 시장에서 고사시키는 방식으로 점유율을 올려왔다. 서방 국가들은 자국 희토류 산업 부활을 위해 희토류 시장 가격을 최대한 유지하는 카드를 만지작거리고 있다.

미국은 이미 2025년 7월 가격 하한제를 도입했다. 미국이 해당 제도를 도입한 이후 주요 희토류 가격은 폭등했다. 제도 도입 이전인 6월 kg당 63~70달러에 머물던 NdPr 산화물 가격은 시행 이후 1개월 만에 80~88달러 수준으로 40% 이상 급등했다. 9월에는 일시적으로 150달러까지 치솟으며 2년 만의 최고가를 경신하기도 했다. 미국뿐 아니라 일본과 EU 국가까지 가격 하한제를 도입한다면 2026년 희토류 가격은 계속 상승세를 탈 수밖에 없다.

다만, 가격을 하락시킬 변수는 있다. 중국의 태도 전향이다. 중국은 전략 광물을 무역 협상 도구로 활용하고 있다. 미국이 전향적인 태도로 협상에 임하고, 무역 분쟁이 타결된다면 수출 통제를 풀 가능성도 높다. 이 상황에서는 대다수 희토류 가격이 2025년도 수준을 유지하거나 소폭 하락할 전망이다. ■

VI

2026
매경 대예측

자산 시장 어떻게 되나

〈주식 시장〉
1. 코스피 주도주
2. 나스닥 주도주
3. ETF
4. IPO 시장 관전 포인트
5. 가상자산

〈부동산 시장〉
1. 재건축
2. 재개발
3. 신도시
4. 수익형 부동산
5. 전세

주식 시장

Preview

2025년 코스피는 여느 때보다 높은 불확실성으로 시작했다. 국내 정치 변동성 확대와 둔화된 성장률, 지정학 변수까지 겹친 탓이다. 국내 정치 체제 안정화와 맞물려 불확실성은 조금씩 잦아들기 시작했다. 주주환원 확대를 뼈대로 한 상법 개정안은 글로벌 투자자들의 국내 증시 재평가 계기가 됐다는 데 이견이 없다.

2025년 하반기 연일 사상 최고가를 갈아치운 코스피가 상승 동력을 살려 전인미답(前人未踏) 고지를 또 개척할 수 있을지 투자자 관심이 쏠린다. 과거 우리 증시는 고점을 기록하며 순항하다 대외 충격 등으로 후퇴하는 '상고하저(上高下低)' 패턴이 반복됐다. 작금의 상승장은 풍부한 유동성과 외국인 투자자 유입, 정책 기대감 등이 맞물려 과거와 전개 양상이 다를 것이란 기대감이 무르익는다.

코스피가 4000, 5000 등 지수 앞자리가 바뀌는 전인미답 고지를 찍으려면 속도감 있는 정책이 연쇄적으로 나와 불씨를 살려야 한다고 전문가들은 지적한다. 긍정적인 대목은 인공지능(AI) 반도체 업황 호조와 맞물린 외국인 투자자 지속 유입이다. 외국인 투자자들은 신흥 시장 가운데 한국과 대만을 집중 매수하고 있다. 이런 흐름 속 2026년 증시도 상승세를 이어갈 것이란 시각이 우세하다. 반도체의 경우 품목별 관세 우려도 다른 업종 대비 높지 않다는 게 외국인 투자자 인식이다. 외국인 자금과 별개로, 금리 인하 기대감으로 국내 유동성이 빠른 속도로 불고 있는 점도 증시 랠리를 살려갈 요인으로 지목된다.

주식 이슈 ❶ 코스피 주도주

강세 배경은 '실적·공급망·정책' 억눌렸던 2차전지 밸류체인 부활

노동길 신한투자증권 수석신탁파트너

2025년 코스피는 여느 때보다 강한 상승세를 보이며 신고가를 경신했다. 코스피가 날아오른 배경은 크게 세 가지다. 양호한 기업 실적, 탄탄한 공급망, 정부 주도 정책 구체화를 꼽을 수 있다. 중요한 건 2026년까지 이 흐름의 지속 여부다. 글로벌 구도만 놓고 보면 지속 가능하다는 판단이다.

우려보다 양호한 실적
성공적인 공급망 편승

국내 기업 실적은 우려보다 양호하다. 대미 관세 파급 효과가 일부 품목에 국한된 양상이다. 2025년 4월 초 미국 보편관세 시행 후 국내 상장 기업 실적은 대체로 상향 조정됐다. 국내에서 매출이 발생하는 기업은 대외 불확실성 변수에 노출되지 않았다. 정보기술(IT)과 산업재 등 주요 수출 기업도 마진과 매출 방어력을 높였다. 주요 제품을 앞세워 대미 관세 영향을 돌파한 모양새다. 주요 수출 품목별로 살펴보면, 반도체·컴퓨터와 기계·선박은 상대적으로 견조하다. 반면 구경제와 일부 소비재, 가전·IT 제품은 관세 영향이 나타났다. 관세 파급 효과가 아예 없었다기보다 일부 품목에 제한적으로 발생했다는 뜻이다. 여기에 구조적인 원화 약세 움직임은 수출 기업 전반의 마진을 방어하는 효과를 냈다. 2025년 코스피 강세 핵심 배경이다.

탄탄한 공급망도 두드러진다. 한국 기업은 미국 주도 공급망 재편 과정에 성공적으로 편승했으며, 2026년 역시 유지될 수 있는 환경이다. 한국은 바이든정부 시절부터 대미 직접투자(FDI)를 확대하며 적극적으로 공급망 재편

자산 시장 어떻게 되나

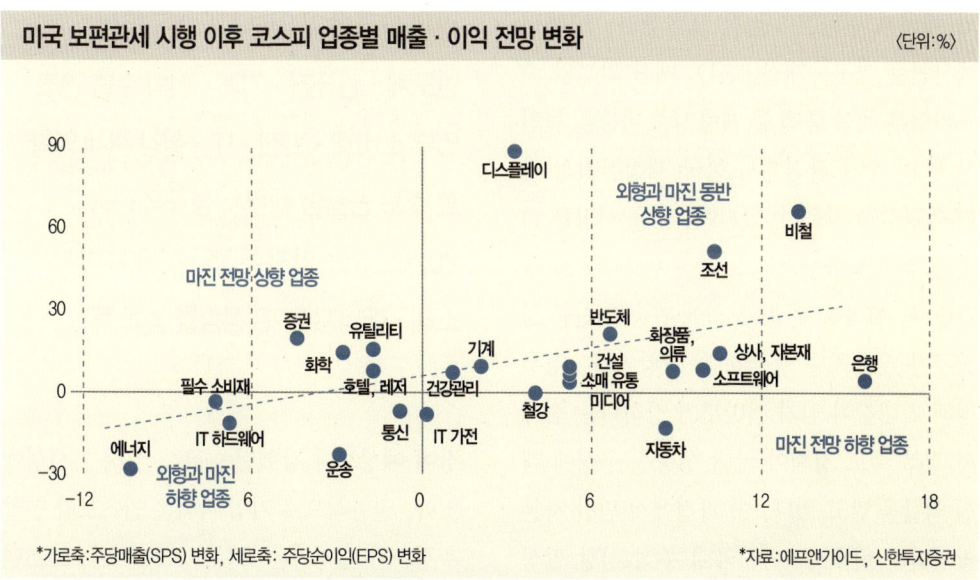

미국 보편관세 시행 이후 코스피 업종별 매출·이익 전망 변화 〈단위:%〉

*가로축:주당매출(SPS) 변화, 세로축:주당순이익(EPS) 변화
*자료:에프앤가이드, 신한투자증권

과정에 편승했다. 첨단 기술과 시장 확보를 위한 반도체, 2차전지, 자동차(전기차) 중심으로 대미 진출이 활발하다. 미국에 적극적인 투자를 요구하는 트럼프정부 출범 후 한국의 대미투자는 글로벌 시장 성과를 웃돈다. 일본이나 독일 등 미국 우방국 중 가장 앞선 산업 구성을 확보했다고 평가할 수 있다. 일본은 반도체 제조와 전기차 제조에서 경쟁력을 갖추지 못한 상태다. 독일은 미국 기업과 헬스케어나 에너지 분야에서 직접적으로 경쟁 중이다. 미국이 중국을 자국 공급망에서 배제하려는 움직임 속에서 한국 존재감이 여전히 부상하고 있다. 삼성전자의 파운드리 수주가 상징적이다. 한국 반도체 기업은 기술 의구심을 완화하는 국면에 진입했다. 이 과정에서 애플과 테슬라 등 파운드리 수주가 이뤄졌다. 실제 생산 가능성은 불확실하고 실적 발생 시점이 아직 멀리 있다는 점에서 의구심을 갖는 시각도 있다. 삼성전자 선단 공정 매출처 추가 확보와 SK하이닉스 고대역폭메모리(HBM) 점유율 1위 수성 여부가 2026년 국내 주식 시장 최대 이슈가 될 전망이다. 한국 반도체 업종 기업가치는 바닥을 통과한 것으로 판단한다. 글로벌 집적회로(IC) 시장 무게 중심이 메모리에서 로직으로 넘어간 상황에서 해당 매출 확보 여부가 지수 전반 성과를 결정하게 된다.

정부 주도 정책이 구체화되고 있다는 점도 긍정적이다. 정부는 2025년 5개년 국정 계획을 발표했다. 123대 국정 과제를 선별하며 성장과 분배 관련 어젠다를 설정했다. 210조원 추가 증액 예산 중 인공지능(AI) 3대 강국(25조원), 산업 르네상스(22조원), 기후 위기 대응과 에너지 전환(7조원)을 포함했다. 2026년 예산안은 연구·개발(R&D) 예산 확보와 중소기업부 예산 증액 등 재량지출 비중을 높인 상태다. 장기 관점에서 한국 재정건전성 관련 의구심을 키울 수 있지만, 금융 시장은 저성장 추세를 바꾸려는 노력을 우호적으로 평가한다. AI와 로봇 등 정책에 편승한 신규 성장주가 우후죽순 등장하는 상황이다. 정부 정책 기대감이 임기 전반부가 강하다는 점에서 정부 주도 정책이 국내 성장주 구성에 핵심 역할을 맡고 있다. 이 과정에서 민간 자본 활성화는 필수적이다. 국내 주식 시장 활성화도 민긴투자 확대를 유도할 계획이다. 이를 위해서는 주식 저평가 해소가 필요하다. 정부는 세수 결손을 유발하지 않는 주주환원을 통해 주가 부양 의지를 피력했다. 2026년 기업이 보유 중인 자사주 소각을 통해 주가 상승을 유도할 전망이다.

2026년 코스피 상단 4200 이상
소재·에너지·IT·헬스케어 긍정적

보수적 관점으로 접근해도 2026년 코스피 전망은 긍정적이다. 주가수익비율(PER) 재평가 가능성을 반영하지 않아도 지수 상단을 4200 포인트 이상으로 내다본다. 높아진 주당순이익(EPS)이 코스피 강세를 견인할 전망이다. 2026년 코스피 EPS는 23% 상승할 것으로 예상된다. 기업의 이익 증가 속도가 더욱 빨라질 것으로 시장은 기대한다. 2025년 주식 시

관세 파급 효과 일부 품목에 국한
반도체·컴퓨터·기계·선박 수출 견조
일부 소비재·가전·IT·철강 관세 영향
美 주도 공급망 재편서 성공적 편승
2026년 코스피지수 상단 4200 이상
소재·에너지 EPS 상승률 높을 듯

장이 예상보다 강했던 이유는 실적 가시성에 있다. 일반적으로 기업 이익은 연초보다 연말 추정치가 내려가는 흐름을 보였지만, 2025년은 이 흐름이 나타나지 않았다. 원·달러 환율이 상승하며 실적 가시성을 높이고 실적 호조 가능성을 키웠다. 고공행진 중인 원·달러 환율이 급격히 떨어지지 않는다면 기업 실적을 크게 우려할 필요가 없다는 판단이다. 2026년 EPS 상승률이 가장 높을 것으로 기대되는 업종은 소재(144%)와 에너지(88%)다. 2027년 또한 소재와 에너지 업종은 각각 36%, 41% EPS 상승세를 이어갈 전망이다. 2차전지 밸류체인을 중심으로 실적 회복 가능성을 점친다. 대미투자 결실도 나타날 것으로 본다. IT와 헬스케어 등 성장주도 긍정적이다. 2026년 각각 35%, 31% EPS 상승을 예상한다. 특히 IT 실적 달성 여부가 전체 코스피 실적을 견인할 전망이다. IT 업종이 이익 증가를 주도하며 2027년까지 증익 흐름이 이어질 것으로 내다본다. 2027년 코스피 EPS

자산 시장 어떻게 되나

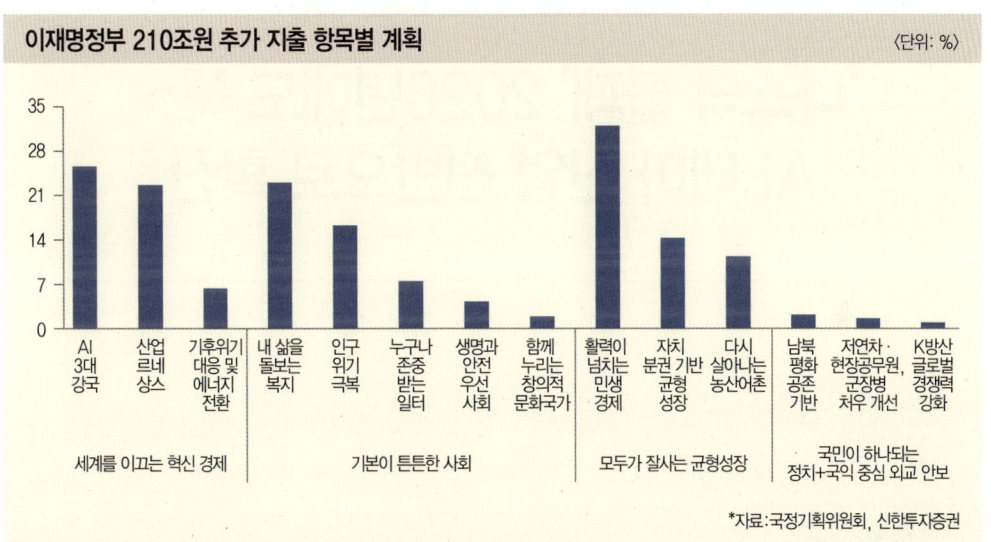

는 13% 상승을 예상한다. 이는 글로벌 AI 투자 붐이 쉽게 꺼지지 않는다는 점을 시사한다. 커뮤니케이션 업종 또한 2026년과 2027년 각각 22%, 12% EPS 상승을 전망한다. 코스피 시장과 유사한 증익 속도를 유지한다는 분석이다. 대표 수출 업종으로 떠오른 산업재도 2026년과 2027년 각각 22%, 18% EPS 상승을 기대할 수 있다.

실적 측면에서 기대감이 다소 주춤한 업종은 금융과 경기소비재다. 2026년 EPS 상승률 전망치는 각각 3%, 9%에 그친다. 특히 원·달러 환율 상승 효과를 누리기 어려운 금융, 유틸리티, 필수소비재 등 내수주는 실적 기대감이 높지 않다는 점을 투자자는 고려해야 한다. 주주환원 역시 주식 시장을 움직이는 주된 요인은 아닐 것으로 전망한다. 단, 자동차와 화장품 업종의 이익 달성 전망은 긍정적이다.

실적 외 2026년 업종 수익률을 결정할 핵심 변수는 미국 정책이다. 지난 몇 년간 한국 주도주는 미국 분위기를 반영했다. IT와 커뮤니케이션 업종에서 이러한 흐름이 강했다. 산업재 등 2025년 국내 증시 주도주 역시 미국 매출과 정책 영향을 크게 받았다. 2026년은 이 구도가 잠시 바뀔 것으로 예상한다. 11월로 예정된 미국 중간선거 전부터 계절적으로 증시가 주춤한 모습을 보일 수 있다. 특히 임기 중 중간선거는 현직 대통령 정책 기대감을 약화할 우려가 있다. 2025년 트럼프 정책에 타격을 받은 업종이 반등할 수 있다는 뜻이다. 여기에 실적까지 뒷받침될 경우, 2차전지 밸류체인 주가 회복 가능성이 높다고 판단한다. 신재생에너지와 헬스케어 업종도 반등을 모색할 수 있다. ■

주식 이슈 ❷ 나스닥 주도주

'나스닥 불패' 2026년에도 쭉~ AI 테마 산업 전반으로 확산

백찬규 NH투자증권 주식전략팀장

미국 주식 시장을 주도한 건 인공지능(AI)이었다. 생성형 AI와 에이전트 AI, 자동화 솔루션 등 다양한 기술이 시장을 움직였다. 이 같은 흐름은 업종별·지수별 상승률으로도 확인된다.

2025년 1월부터 9월 말까지 미국 업종별 상승률 1위는 커뮤니케이션 서비스가 차지했다. 해당 부문에 속하는 건 구글(알파벳)과 메타 등이다. 24.9% 상승률을 기록했다. 2위는 엔비디아와 마이크로소프트, 팔란티어가 속한 IT 업종으로 20.1% 올랐다. 지수도 마찬가지다.

기술 성장주 비중이 높은 나스닥지수가 16.4%로 가장 높은 상승률을 보였다. 반면 전통적인 제조업과 금융업이 포함된 다우존스 산업평균지수는 8.7% 오르는 데 그쳤다. AI에 힘입은 성장주와 기술주가 주도한 장세였단 의미다. 이 같은 AI 중심의 증시는 2026년에도 유지될 가능성이 높다.

실적·밸류에이션·유동성 모두 긍정적

미국 주식 시장 역시 2026년 상승 기조를 이어갈 가능성이 높다. 전반적으로 지수의 방향성을 판단할 때 활용하는 요소는 3가지다. ① 실적 ② 밸류에이션 멀티플 ③ 유동성 환경이다. 여기에 더해 정책 효과라는 외생 변수 역시 면밀히 살펴야 한다.

먼저 실적 전망을 보자. 2026년 S&P500의 이익 증가율은 약 13.5%로 예상된다. 지수 기준 주당순이익(EPS)은 사상 최고치인 300달러를 돌파할 전망이다. 2026년에도 미국 주식 시장은 견조한 실적 개선을 기반으로 펀더멘털을 높여갈 것으로 예상된다. 이는 지수의 저점을 끌어올리는 동시에 변동성을 완화할 수 있다고 판단된다.

다음으로 밸류에이션(가치)이 좋아질 가능성이 있다. 2025년 9월 금리 인하를 시작으로 향후 4차례 추가 인하가 이루어질 가능성이 높다.

일반적으로 금리 인하는 주식 시장에 호재다. 유동성이 커지고 안전자산 투자 가치가 떨어지게 돼 위험자산으로 돈이 몰리기 때문이다.

유동성 환경도 긍정적이다. 미국은 다른 선진국과 달리 M1(협의 통화)과 M2(광의 통화)가 모두 증가세를 보이고 있다. 특히 2025년 이후에는 M2 통화 유통 속도가 빠르게 개선돼 명목자산 가격 상승을 뒷받침하고 있다. M1은 당장 현금으로 쓸 수 있는 돈, M2는 비교적 쉽게 현금화할 수 있는 돈을 말한다. 통상 유동성이 개선돼 경제 활동을 촉진시키면, 자산 가격은 자연스럽게 상승한다.

정책 측면에서도 주식 시장 호재로 작용할 요인이 많다. 대표적으로 도널드 트럼프 미국 대통령의 자국우선주의와 적극적 리쇼어링 정책이 주목된다. 이는 2026년 투자 확대, 성장률 회복, 소비와 생산 지표 개선을 견인할 것으로 기대된다.

AI 테마 2026년 확산세 전망

2025년 시장을 주도했던 AI 테마는 2026년에도 확산세를 이어갈 전망이다. 초기에는 반도체를 중심으로 상승세가 시작됐다. 현재는 소프트웨어와 전력 분야를 거쳐 제조업과 금융

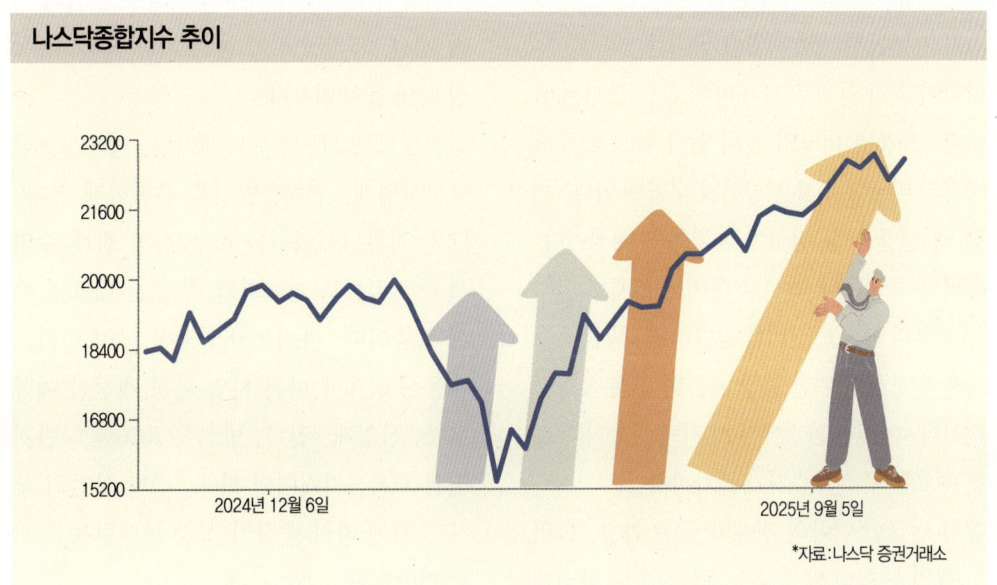

나스닥종합지수 추이
*자료: 나스닥 증권거래소

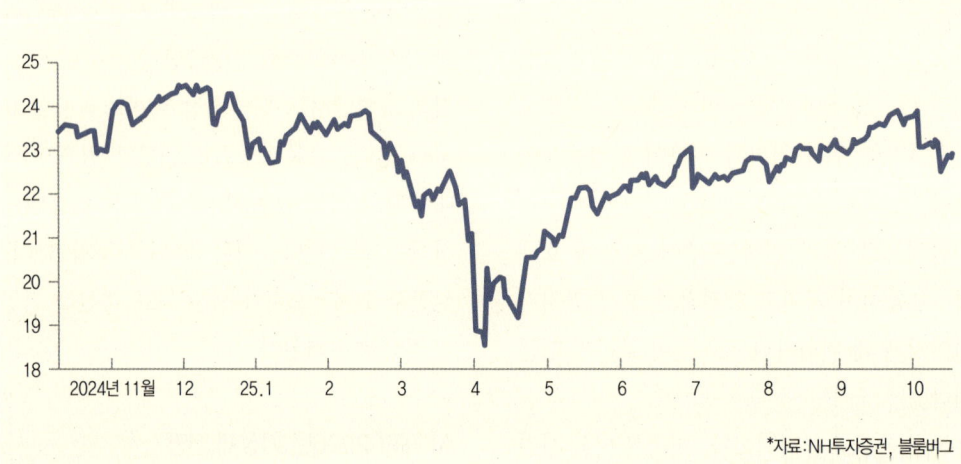

12개월 선행 S&P500 주가수익율(PER) 추이

*자료: NH투자증권, 블룸버그

등 이종 산업 전반에 AI가 도입되고 있다. 이는 각 산업의 생산성 향상과 마진(수익성) 개선으로 이어진다. AI가 본격적으로 산업 전반에 적용돼 매출과 이익 관점에서 기업가치 평가가 가능한 단계로 진입한 셈이다.

각국이 처한 환경도 AI 테마에 불을 붙이는 요소다. 2026년 미국의 관세 압박 등으로 주요 국가의 미국향 투자는 늘어날 수밖에 없다. 미국 내 신규 공장 건설이 본격화될 예정이다. 그러나 중국이나 멕시코 대비 4~5배에 달하는 미국의 높은 인건비를 감안하면, 생산 효율성을 확보하기 위한 공장 자동화 구축은 필수적이다. 이러한 환경에서 AI 기반 자동화와 로봇 수요는 구조적 증가가 불가피하다.

앞서 언급한 미국의 경제와 금융 환경, 그리고 산업 변화의 방향성을 종합적으로 고려해 보자. 2026년에는 미국 3대 지수 중 나스닥이 상승을 주도할 가능성이 높다. 또 성장주가 가치주 대비 상대적 우위를 보이는 국면이 이어질 수 있다. 성장주와 기술주 중심의 실적 개선, 금리 인하에 따른 가치 상승, 유동성 확대 등이 이유다.

업종별로는 IT, 커뮤니케이션, 바이오, 금융, 산업재, 전력, 방산을 유망하게 본다. IT와 커뮤니케이션은 AI 확산과 함께 수익이 본격적으로 현실화될 수 있는 대표적 수혜 업종이다. 바이오와 금융은 금리 인하와 유동성 확대에 따른 사업 환경 개선이 예상된다. 산업재, 전력, 방산은 2026년 하반기 경기 회복, 리쇼어링 확대, 전방 산업의 투자 증가에 따라 중장기 성장 모멘텀을 확보할 전망이다.

자산 시장 어떻게 되나

알트만 발언 같은 변수는 늘 주의해야

상승세가 지속되더라도 앞선 샘 알트만 오픈AI 창업자의 발언 같은 변수는 유의해야 한다. 2025년 8월 글로벌 AI 산업 선도자인 샘 알트만 오픈AI 창업자가 공개적으로 AI 버블 가능성을 언급했다. 알트만의 발언 이후 시장은 빠르게 우려 섞인 분위기로 전환됐다. 일부 투자자들은 차익 실현 매물을 내놓기도 했다.

알트만 주장의 논리를 짚어보면 이렇다. ① AI 관련 투자가 지속적으로 확대돼 비용 부담은 커지고 있다 ② 그런데 기업 생산성 개선으로 충분히 이어지지 못하고 있다. 이 같은 논리는 밸류에이션 과열 우려로 번졌다. 미국 빅테크 기업의 12개월 선행 PER이 30배를 훌쩍 넘어서며 이 같은 주장에 힘이 실렸다. PER은 한 회사 주식이 1년에 얼마를 벌어들이는지 보여준다.

예컨대 주가가 1000원, 주당순이익이 100원이면 PER은 10배가 된다. 선행 PER도 같은 논리다. 현재 주가를 12개월 뒤 주당순이익과 비교하는 형태다.

AI 관련 종목의 높은 기대감은 중장기 성장 잠재력을 반영한다. 하지만 단기적으로 가격 변동성을 키울 수 있다. 따라서 2026년 투자 전략은 '성장과 안정의 균형'을 유지하는 게 중요하다. 구조적 성장 업종인 AI · 방산 · 산업재 · 바이오, 그리고 배당 매력이 높은 금융 · 전력-유틸리티 업종을 병행 투자해야 안정적 수익을 기대할 수 있다. ■

2026년도 AI 열풍이 계속될 가능성이 높다. 사진은 밤에 실리콘밸리 엔비디아 본사의 불이 환하게 켜진 모습. (엔비디아 제공)

주식 이슈 ❸ ETF

18조달러 ETF 시장, 테마는 쪼개진다
요동치는 트럼프 2기, 정밀 투자가 해법

박승진 하나증권 리서치센터 해외주식분석실장

글로벌 ETF 시장 성장세는 시간이 지날수록 더욱 뚜렷해진다. 팬데믹 직전 6조달러 수준에 머물렀던 글로벌 ETF 시장 규모는 이후 3배 가까이 확대되며 18조달러에 근접하고 있다. 이 중 약 70%를 차지하는 미국 ETF 시장은 이미 12조달러를 넘어섰다. 국내 ETF 시장 역시 2020년 52조원 수준에서 약 200조원이 증가해 250조원을 웃돌고 있다.

미국의 경우 2025년 8월 기준 증시에 상장된 ETF 종목 수가 4400개를 돌파하며 상장 주식 수를 넘어섰고, 국내 시장에서도 ETF 상장 종목 수가 1000개를 돌파했다. 시가총액 규모에서는 여전히 차이가 있긴 하지만, 금융상품으로서 ETF가 투자자들에게 한층 다양한 선택지를 제공하고 있다는 점은 주목할 만하다.

또한 운용사들이 ETF 상장을 지속적으로 확대하는 배경에는 꾸준한 투자 수요와 높은 관심이 견고히 뒷받침되고 있다는 의미로도 해석할 수 있다.

이런 관점에서 새롭게 상장되는 ETF들을 살펴보면, 운용사들이 신규 종목을 구성하는 과정에서 시장 트렌드를 자세히 반영하고 있음을 확인할 수 있다.

AI 테마, ETF로는 이렇게 쪼갠다

트럼프 2기 출범 이후 2년 차에 접어든 현재, 시장에서 지속적으로 주목해야 할 핵심 영역은 여전히 AI 산업이다. '버블 우려'가 이어지고 있지만, 글로벌 유동성 확장과 더불어 실적 개선 흐름이 뚜렷하게 나타나는 만큼, AI 산업의 독보적인 상승세는 당분간 흔들리기 어려울 것으로 보인다.

또 '밸류에이션 논란'은 이미 2023년 이후 AI 관련 종목의 급등 과정에서 반복적으로 제기돼온 이슈다. 기대감 선반영에 따른 주가 상승, 이어지는 고평가 논란, 실적 발표를 통한 부담 해소, 그리고 다시 주가 상승으로 이어지는 순환 구조가 형성돼왔다. AI 산업은 대규모 클라우드 서비스를 제공하는 '하이퍼스케일러(Hyperscaler) 기업'들의 지속적인 설비투자와 더불어, 각국 정부가 주도하는 '소버린 AI' 프로젝트로 영역을 넓히며 글로벌 성장 동력을 한층 강화하고 있다.

이런 가운데 시장 낙관론과 투자자들의 높은 관심이 반영되며 AI 관련 ETF의 종류와 전략은 한층 다양해지고 있다. 상장 종목 수가 빠르게 늘어나며 투자자들은 AI 테마에 여러 관점에서 접근할 수 있게 됐다. 우선 AI 산업 전반에 포괄적으로 투자하고자 한다면, 주요 하드웨어·소프트웨어 기업을 함께 편입한 'AIQ'와 'KODEX 미국AI테크TOP10' ETF가 대표적인 선택지로 꼽힌다.

이어 AI 기술주와 전력 인프라 기업을 동시에 포함한 밸류체인(가치사슬) 중심의 포트폴리오를 선호한다면 'ARTY'와 'RISE 미국AI밸류체인TOP3Plus' ETF가, AI 개발 기업뿐 아니라 AI를 본연의 비즈니스 모델에 활용하는 기업들까지 폭넓게 편입하는 ETF로는 'THNQ'가 적절한 투자 대상 종목이다. 국내 시장에서는 의료 분야에 AI를 접목해 기술 혁신 속도를 높이는 기업들로 구성된 '1Q 미국메디컬AI'와 'KIWOOM 의료AI' ETF가 상장돼 있어, 산업별 세분된 투자 전략을 가능하게 한다.

반도체·전력·소프트웨어 테마별 전략은

투자 범위를 좁혀 세부 산업에 집중하는 전략도 추천한다. 예를 들어, AI 산업 성장 기반이자 필수 인프라로 꼽히는 반도체 분야는, 종목 편입 상한 비중(Cap Rate)이 높게 설정된 'SMH'와 'KODEX 미국반도체'가 대표적인 포괄형 선택지로 활용될 수 있다. 보다 세분된 접근을 원한다면 브로드컴을 중심으로 한 맞춤형반도체(ASIC) 영역에 초점을 둔 'ACE 글로벌AI맞춤형반도체' ETF가 적절한 대안이 될 수 있다. 아울러 AI 데이터센터 확산에 따른 전력 수요 증가에 주목한다면 'ZAP'과 'SOL 미국AI전력인프라' ETF를 통해 관련 인프라 테마에 대응하는 전략도 고려해볼 만하다.

소프트웨어 테마 ETF의 경우 미국의 'IGV' 'XSW'를 비롯해 국내 증시에도 다양한 종목들이 상장돼 있다. 하지만 스타트업과 플랫폼 기업 간 경쟁이 심화하며 업종 내 수익률 격차가 확대되고 있는 만큼, 광범위하게 분산된 포트폴리오보다는 핵심 종목 중심의 집중형 ETF에 주목할 필요가 있다.

대표적으로 팔란티어(Palantir)를 기반으로 한 ETF들이 상장돼 있는데, 미국 증시에서는 'PLTU' 'PTIR' 등 레버리지(2배) ETF가 관련 종목군에 해당한다. 국내 증시에는 'RISE 팔란티어고정테크100'과 'KoAct 팔란티어밸류체인액티브' 등이 상장돼 AI 소프트웨어 생태계의 핵심 기업에 집중 투자할 수 있는 수단으로 활용되고 있다.

트럼프發 관세에 '인프라·제조 ETF' 주목

AI 버블론에 부담을 느끼는 투자자라면 리스크를 보완해줄 수 있는 ETF들을 포트폴리오에 함께 담는 것이 좋은 전략이다. NVIDIA, OpenAI, Oracle 등 주요 AI 기업들의 대형 계약 소식이 잇따라 전해지지만, 시장에서는 이들이 전개하는 대규모 투자 속도를 단기간의 실적이 따라가지 못할 수 있다는 점에서 현금 유동성 부족을 주요 리스크로 지목하고 있다.

이러한 우려가 현실화하는 상황에서는 현금 창출 능력이 뛰어난 기업들로 구성된 ETF가 방어적 대안으로 주목된다. 대표적으로 풍부한 현금 창출력을 지닌 약 100개 종목으로 구성된 'COWZ' ETF가 있으며, 2023년 상장된 'FLOW', 배당 수익까지 고려한 'COWS' 등도 유사한 성격의 ETF로 분류된다. 이들 ETF는 고밸류 AI 성장주에 대한 조정 리스크를 완화하면서도 안정적인 수익 기반을 함께 추구할 수 있는 전략적 포트폴리오 구성 수단으로 활용될 수 있다.

AI 산업 외에도 트럼프 2기 정부의 핵심 정책 기조로 떠오른 관세·무역 협상과 인플레이션 유발 가능성에 대응하기 위한 전략이 필요하다. 우선 관세 정책 측면에서, 트럼프 행정부는 각국과의 무역 협상을 통해 상호관세 세율을 조정하는 방식을 취하고 있다.

상호관세는 트럼프 취임 이후 개별 협상, 법원 판결 등 사례에서 볼 수 있듯 정치·외교적 상황에 따라 수시로 조정되는 유동적 영역이다. 반면 품목별 관세는 특정 조건을 전제로 지속해서 유지되는 정책으로, 투자 전략 수립 시 장기 변수로 고려할 필요가 있다.

투자 전략 측면에서는, 품목별 관세 면제를 받기 위한 전제 조건으로 '미국 내 투자 계획'이 제시되고 있다는 점을 주목할 필요가 있다. 이는 트럼프 정부가 리쇼어링(Reshoring) 정책을 강화하려는 흐름으로 해석되며 미국 내 제조·인프라 투자가 본격화되고 있다는 신호이기도 하다. 이 같은 정책 기조에 대응하기 위해 미국 인프라 테마 ETF인 'PAVE', 제조업 중심 ETF인 'MADE'를 활용한 정책 수혜형 포트폴리오를 짜도 좋다.

인플레 시대, 금·은·코인 ETF가 뜬다

미국을 포함한 주요 글로벌 경제권 전반에서 재정 확대와 통화 완화 기조가 지속되고 있는 만큼, 인플레이션 압력은 단기간에 해소되기 어려운 구조다. 이에 따라 금, 은, 비트코인 등 가치 저장 수단으로 활용되는 자산군을 포트폴리오에 포함하는 전략이 필요해지고 있다. ETF 투자의 관점에서는 현물 ETF를 활용해 접근성과 거래 편의성만을 추구하는 전략도 있겠지만, 현재 나타나고 있는 유동성 확장 국면의 특징을 함께 고려하면 증시 낙관론 속

자산 시장 어떻게 되나

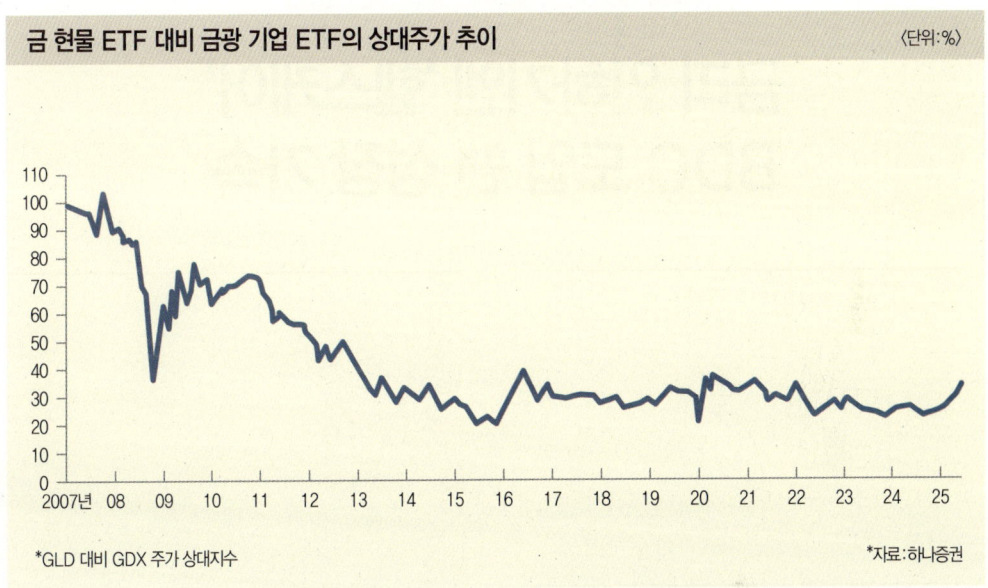

금 현물 ETF 대비 금광 기업 ETF의 상대주가 추이 〈단위:%〉

*GLD 대비 GDX 주가 상대지수 *자료:하나증권

에서 관련 기업들로 구성된 ETF를 통해 레버리지 효과를 기대하는 전략도 고려할 만하다. 이는 주가 상승 국면에서 기초자산 가격이 함께 오를 경우, 관련 기업들의 수익성 개선 기대감이 주가에 더 크게 반영되는 구조이기 때문이다. 이와 같은 전략에 맞는 대표 ETF로는 금광 기업 ETF인 'GDX'·'GDXJ', 은광 기업 ETF 'SIL'·'SILJ', 블록체인 관련 기업 ETF 'BLOK' 등이 있다.

복잡한 시장, 해답은 '전략형 ETF'에

마지막으로, 시장 불확실성이 커지고 변수들이 복잡하게 얽히는 환경에서는 차별화된 투자 아이디어가 반영된 ETF를 활용하는 전략적 접근이 중요해지고 있다. 특히 국내 증시에 상장된 투자자 수급 기반 ETF는 이러한 관점에서 주목해볼 만한 종목군이다.

개인 투자자들의 보유 비중이 높은 종목들로 포트폴리오를 구성한 'KODEX 미국서학개미'나 'ACE 미국주식베스트셀러'의 경우 국내 수급을 고려한 미국 주식 ETF로, 모멘텀과 성장성 중심의 포트폴리오가 반영되는 특징을 보인다.

반면, 외국인 투자자들이 매수세를 보이는 국내 종목들을 중심으로 구성된 ETF도 상장돼 있다. 'WON K-글로벌수급상위'는 국내 증시의 주요 수급 주체인 외국인 투자자들의 매수세가 지속되는 종목들을 ETF 포트폴리오의 편입 대상으로 한다. EPS 증가율을 통한 실적 개선 모멘텀, 매수 강도, 센티먼트(투자 심리) 등을 종합적으로 고려해 외국인 수급이 집중되는 종목을 선별하는 방식이다. ■

주식 이슈 ❹ IPO 시장 관전 포인트

금리 인하기엔 '헬스케어' BDC 도입 땐 성장 가속

이병화 신한투자증권 기업분석부서장

2024년에 이어 2025년 역시 대어급 기업공개(IPO)가 여럿 등장했다. 상반기 LG CNS를 시작으로 서울보증보험과 달바글로벌 같은 시가총액 1조원 이상 종목이 IPO에 성공했다. 3분기 대한조선까지 코스피에 입성하며 2025년 IPO 시장은 양호한 성과를 거뒀다. 2024년 말 케이뱅크 IPO 철회로 자칫 공모 시장이 위축될 가능성이 있었다는 점을 감안하면 나쁘지 않은 성적이다.

다만 사상 최고치를 경신한 코스피에 비하면 아쉬운 부분이 있는 것도 사실이다. 2024년 공모 시장이 유통 시장 침체와 비교해 좋은 성과를 보였다면, 2025년은 '미완의 완성'이라고 평가할 수 있다. 2026년 IPO 시장 화두는 유통 시장 분위기가 공모 시장으로 이어질지 여부다.

2025년 유통 시장은 전형적인 활황장 국면으로 접어들었다. 코스피와 코스닥 합산 거래대금은 2024년 20조원을 기록했다. 2025년에는 상반기에만 19조3000억원에 달한다. 2025년 1월 초부터 9월 말까지 코스피는 43%, 코스닥은 24% 오름세를 보였다. 고객예탁금은 1년 전보다 35% 오른 76조4000억원, 종합자산관리계좌(CMA) 잔고는 같은 기간 9% 오른 93조5000억원으로 증가세가 완연하다. 공모 시장은 매 분기 대어급 매물이 상장에 성공했지만, 시장을 주도한 건 중견·중소형 매물이다. 공모가가 밴드 상단으로 확정된 비율은 90%를 웃돈다. 유통 시장 분위기가 공모 시장까지 어느 정도 전달된 결과로 볼 수 있다.

공모 시장 개선을 위한 정책적 노력이 지속되

는 중이다. 2023년 시행된 상장 당일 공모가 가격 변동폭 확대와 함께 유통 물량을 축소하려는 정책당국의 노력은 공모 시장 관심도 제고와 신뢰를 높였다. 허수성 청약 방지와 기술특례상장 제도 개선 또한 시장 참여자의 긍정적인 평가를 이끌어냈다. 주관사 책임과 역할 강화, 합리적인 공모 가격 유도로 공모 시장 투명성과 흥행 기반은 어느 정도 자리매김했다.

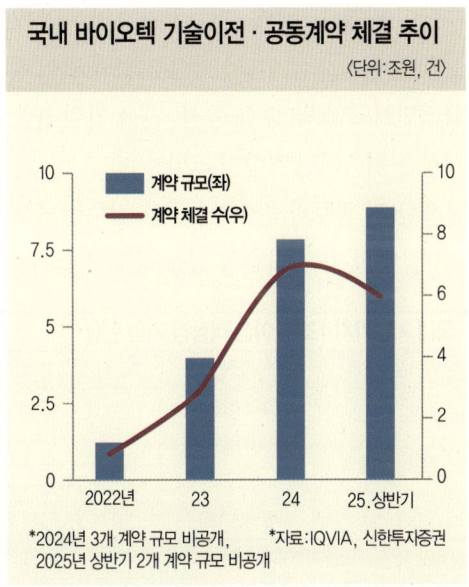

유통 시장 분위기 잇는 공모 시장
건수 줄었지만…양보다 질 중요

2025년 대어급 신규 상장 기업은 LG CNS, 서울보증보험, 달바글로벌, 대한조선이 대표적이다. 각각 인공지능(AI), 금융, 화장품, 조선 업종으로 분류된다. 이는 유통 시장 주도 업종이기도 하다. 신규 상장 종목의 비교기업이 유통 시장에서 주도주 지위를 공고히 하며 공모 흥행에 기여했다. IPO 기업이 합리적인 공모 가격을 내세우고 대주주와 기존 투자자가 적극적으로 보호예수를 설정한 점도 투심을 자극했다.

준대어급으로 평가받는 명인제약, 지투지바이오, 삼양컴텍 역시 개인 투자자 선호도가 높은 제약·바이오와 유통 시장을 주도한 방산 업종이다. 매 분기 기업가치 1조원 이상의 대어급과 준대어급 기업이 상장에 성공하며, 2025년 8월 말 기준 공모금액은 3조4000억원을 웃돈다. 이는 2024년 연간 3조1000억원을 뛰어넘는 수치다.

조 단위 대어급만 보면 2023년 3개, 2024년 3개, 2025년 3분기까지 4개로 IPO 시장 성장 기조는 뚜렷하다. 단, 전체적인 공모 건수는 2024년보다 줄었다. 2025년 1월 초부터 9월 말까지 신규 상장 공모 건수는 코스피 6개, 코스닥 49개다.

전년 동기 대비 코스피는 동일한 수치지만, 코스닥은 13개 감소했다. 이는 크게 세 가지 이유로 해석된다. 첫째, 높아진 기술특례상장 문턱이다. 기술특례상장 건수는 2025년 21건으로 2024년 42건 대비 큰 폭으로 감소했다. 둘째, 정책당국의 좀비기업 퇴출 기조다. 정부가 출범 초기부터 주식 시장에서 좀비기업을 과감히 퇴출하는 정책을 지속적으로 추진하며 상장을 준비 중인 기업의 실적 부담이 커졌다. 셋째, 기관투자자의 확약 우선 배정 제도 도입이다. 상장 기업 선별이 강화되면서 코스닥 중심 중견·중소기업 공모 시장을 위축시킨 영향이 크다.

중요한 건 양보다 질이다. 공모 건수는 줄었지만, 내실 있는 기업의 신규 상장이 늘어나는 분위기다. 대어급과 준대어급 매물이 유통 시장 주도 업종과 동조화되고 있다는 점은 공모 시장 투자 심리를 자극한다. 정책당국의 엄격한 공모 시장 정책 또한 단기적으로 투자 심리를 위축할 수 있으나, 중장기적으로 건전성 제고의 발판이 될 수 있다. 가치투

국내 기업가치 1조원 이상 비상장 기업 현황
단위:원

분야	기업명	사업 분야·브랜드	추정 기업가치
금융·핀테크	비바리퍼블리카	모바일 금융 플랫폼 토스 운영, 핀테크 기업	9조~10조
	케이뱅크	국내 최초 인터넷 전문은행, KT 계열사	3조~4조
	두나무	가상자산 거래소 업비트, 증권 거래 서비스 증권플러스 운영	15조 내외
	빗썸코리아	국내 2위 가상자산 거래소 및 글로벌 가상자산 플랫폼	2조 내외
레저·서비스 플랫폼	여기어때컴퍼니	숙박 예약 서비스 기반 여가 콘텐츠 플랫폼 기업	1.5조 내외
	야놀자	국내 트래블테크 기업, 여행 관련 B2B, B2C 사업 운영	3조~4조
	직방	원룸 등 온라인 부동산 중개 서비스 제공	2.5조 내외
	버킷플레이스	원스톱 인테리어 플랫폼 '오늘의집' 운영	1조~2조
	당근마켓	국내 대표 지역 기반 커뮤니티 플랫폼 '당근마켓' 운영	3조 이상
	카카오모빌리티	카카오그룹의 모빌리티 전문 자회사, 택시 등의 서비스 운영	6조 내외
식품 유통	컬리	신선식품 플랫폼 마켓컬리, 화장품 판매 전문 뷰티컬리 운영	1조~2조
	오아시스	친환경, 유기농 식품 전문 소싱 기업, 신선식품 새벽배송 진행	1조~2조
	트릿지	농수산물 무역 데이터 관리 플랫폼 운영 및 물류 배송 서비스 제공	4조 내외
데이터 플랫폼	아이지에이웍스	B2B 모바일 빅데이터 플랫폼 운영 및 분석 솔루션 제공	2조 이상
	한국신용데이터	소상공인 대상 경영관리 플랫폼 '캐시노트' 운영	1.1조~1.3조
	메가존클라우드	클라우드 운영 관련 서비스 제공사	4조~6조
반도체	리벨리온	AI 반도체 전문 팹리스 기업	2조 내외
	퓨리오사AI	AI 반도체 팹리스 및 딥테크 기업	1조~2조
신에너지	SK에코플랜트	친환경 신에너지 솔루션 기업	5조~7조
소비재	무신사	의류 브랜드 플랫폼 '무신사'	4조~5조
	에이블리코퍼레이션	패션 커머스 플랫폼 '에이블리' 운영	3조
	비나우	스킨케어 '넘버즈인', 메이크업 '퓌' 보유한 화장품 제조 기업	1조
	엘앤피코스메틱	마스크팩 톱티어 '메디힐' 브랜드 운영 및 글로벌 종합 뷰티 기업	2조 내외
	CJ올리브영	CJ그룹에서 운영하는 헬스, 뷰티 스토어	4조~5조 내외
	크림	네이버 산하 한정판 리셀 C2C 플랫폼 운영	1조
	SSG닷컴	신세계그룹 산하 온라인 부문 통합 쇼핑몰 및 관련 사업 운영	4조 내외

*추정 기업가치는 가장 최근 자본 조달 시점 기준
*자료:중소벤처기업부, 언론 보도, 신한투자증권

자 중심으로 공모 시장 투자 흐름이 바뀔 수 있다는 뜻이다. 특히 의무보유 확약 물량 확대는 중장기적으로 성장성이 담보된 기업에 유리한 구조다.

우호적인 정부 정책 기조
한국형 BDC 시행 관건

유통 시장과 유사한 본격적인 강세장 진입 여부가 2026년 IPO 시장의 주요 관전 포인트다. 2024년부터 이어진 회복 기조가 2026년 대어급 후보를 더 끌어들일 수 있을지 지켜볼 대목이다. 정부의 공모 시장 정책 기조와 한국형 기업성장집합투자기구(BDC) 도입·시행 또한 2026년 IPO 시장의 중요한 이정표로 판단된다.

2025년 상장에 성공한 대어·준대어급 기업은 유통 시장 분위기에 동조화된 경향이 있다. 유통 시장을 주도한 업종에서 대어급 IPO가 등장하면 흥행 가능성이 크게 높아졌다. 일종의 주도 업종 낙수효과다. 2026년 역시 비슷한 기조가 유지될 전망이다. 투자자는 기업뿐 아니라 외부 환경도 염두에 둬야 한다. 금리 인하기 성장주와 정부 정책 기조에 주목할 시점이다.

유통 시장 주도 업종 낙수효과는 AI 가치사슬(밸류체인)에서 클 것으로 예상된다. 주도주 지위를 공고히 하고 있는 AI 밸류체인은 정보기술(IT) 하드웨어와 소프트웨어, 전력기기를 포함한 인프라와 로보틱스까지 해당 생태계를 총망라한다. 유통 시장에서 높아진 주도주 기업가치는 관련 비상장 기업의 IPO 추진에 충분한 자극제가 된다.

금리 인하기엔 성장주 투자도 충분히 고려할 만하다. 대표적인 업종이 헬스케어다. 바이오텍은 판매 수수료(로열티)와 단계별 기술료(마일스톤)를 받을 수 있는 사업 구조다. 생산과 유통 모두 빅파마가 직접 진행하기 때문에 관세 우려에서 비교적 자유롭다. 2025년 1월 초부터 10월 초까지 12개 헬스케어 기업이 상장에 성공했다. 2026년 IPO 시장 역시 준대어급 헬스케어 기업이 상당수 포진할 가능성이 높다.

외부 환경도 중요하다. IPO 시장 신뢰를 회복하기 위한 정부 정책과 BDC 도입은 중견·중소 IPO 시장의 양적·질적 성장을 견인할 것으로 평가받는다. BDC는 비상장 중소기업과 벤처기업 등 성장 가능성이 높은 기업에 투자하고, 수익을 일반 투자자에게 분배하는 상장형 벤처투자펀드다. BDC 정책 시행 시 민간자본의 모험자본 생태계 유입이 활성화될 것으로 기대를 모은다. 상장 전 자금 조달이 활성화되면 중견·중소 중심 IPO 파이프라인이 더욱 확대될 수 있다. BDC와 벤처캐피털(VC), 증권사 간 협업 과정에서 시장 수요에 충족하는 기업 출현이 촉진될 전망이다. 이에 따라 AI 밸류체인이나 헬스케어 등 성장 산업으로 수혜가 집중될 가능성을 점친다. ■

주식 이슈 ❺ 가상자산

가상자산·전통자산 '빅블러' 스테이블코인서 디지털 '금맥'

김민승 코빗 리서치센터장

가상화폐의 제도권 진출은 2025년 들어 여느 때보다 두드러졌다. '변방' 취급받던 비트코인은 미국 월스트리트에서 가장 주목받는 금융상품이 됐으며, 2026년부터는 제도권 금융을 빠르게 통합할 것으로 보인다.
시작은 2025년 초 비트코인 현물 상장지수펀드(ETF) 승인이었다. 10년 동안 승인을 반려해오던 미 증권거래위원회(SEC)는 블랙록이 나서자 2024년 1월 마침내 비트코인 현물 ETF의 상장을 승인했다. 불과 1년이 지나기도 전 비트코인 현물 ETF는 금 ETF의 운용자산규모(AUM)를 추월했다. 곧이어 이더리움 현물 ETF도 출시됐으며, 최근 SEC는 가상자산 기반 ETF 승인 관련 규제를 완화했다. 앞으로 더 많은 알트코인(비트코인을 제외한 모든 가상화폐) ETF가 시장에 곧 출시될 것으로 보인다. 2025년 1월 트럼프 미국 대통령은 민주당 정부와 달리, 취임하자마자 빠르고 강력하게 가상자산 관련 규제 개혁 및 산업 육성을 진행 중이다.

2025년 가상화폐 시장과 관련 산업에서 목격된 일련의 변화는 극적이란 표현이 지나치지 않다. 과거 수년간 가상화폐 관련 산업은 미국 민주당 집권기 혹한기를 견뎌야 했다. 2022년 '테라-루나 사태'와 FTX 거래소 파산 이후 미 민주당은 엘리자베스 워렌 상원의원을 중심으로 규제를 뼈대로 한 '안티크립토' 방향성을 확고히 했다. 이에 따라 바이든 행정부의 SEC는 가상자산 업계 전반에 '증권성 소송'을 난사하며 산업 발전을 사실상 중단시켰다.
대선 유세 당시 트럼프는 바로 이 지점을 공

략했다. 바이든 행정부 아래 과도한 규제에 고통받고 있던 가상자산 업계를 끌어안았다. 가상자산 업계와 투자자들은 미국을 '가상자산 세계 수도, 비트코인 초강대국'으로 만들겠다는 트럼프를 지원했다. 이에 화답하듯 트럼프 취임 당일 겐슬러 SEC 위원장은 사임했고 마크 우예다(Mark Uyeda), 헤스터 퍼스(Hester Peirce) 위원은 '크립토 2.0'을 선포하며 규제 개혁을 위한 '크립토 태스크포스(Crypto Task Force)'를 출범시켰다.

2026년 가상화폐, 제도권 금융 통합 가속

2026년 이후 가상화폐 산업에 대한 방향성은 트럼프 대통령이 취임 직후 내놓은 행정명령에서 엿볼 수 있다. 2025년 1월 23일, 미 백악관은 '디지털 금융 기술에서의 미국의 리더십 강화(STRENGTHENING AMERICAN LEADERSHIP IN DIGITAL FINANCIAL TECHNOLOGY)'라는 행정명령에서 ▲디지털 자산에서 미국 리더십 촉진 ▲디지털 자산 시장 실무그룹 설립 및 국가 디지털 자산 비축분 창설 추진 ▲중앙은행 디지털 화폐(CBDC) 금지 ▲미국 달러 스테이블코인 지원 ▲바이든 시대 정책 철회 등을 지시했다.

이어 2025년 7월 30일 같은 제목의 166p 분량 보고서를 발행한 백악관은 디지털 자산 및 블록체인 기술이 미국 금융 혁신과 경제 성장, 글로벌 리더십에 핵심이라는 점을 강조했다. 또, ▲기술 혁신을 억제하는 기존 규제 대신 명확하고 기술 중립적인 정책을 추진하고 ▲모든 금융기관과 시민이 평등하게 은행 서비스를 이용할 수 있도록 그림자 규제를 종료했다. 바이든정부 시절 미 SEC의 무분별한 증권성 소송 등 산업 탄압에 대한 제도 개선도 명시했다.

폴 앳킨스(Paul Atkins) 신임 SEC 위원장 발언에서도 가상자산의 미래 청사진을 가늠할 수 있다. 폴 앳킨스 위원장은 미국우선정책연구소(America First Policy Institute)에서 진행한 연설에서 디지털 자산에 관한 백악관 보고서를 언급하며 "오늘 '프로젝트 크립토(Project Crypto)'의 출범을 발표한다. 이는 미

중앙은행 디지털화폐(CBDC)와 스테이블코인의 장단점

구분	CBDC	스테이블코인
장점	-법정화폐와 동일한 안정성 보장 -중앙은행의 용이한 통화량 관리	-법정화폐 등에 연동돼 낮은 가격 변동 -탈중앙화 시스템으로 용이한 해외 거래
단점	-발행·관리 주체인 중앙은행이 사용자의 거래 정보를 감시 -중앙화한 시스템으로 해킹·장애 발행 시 치명적	-발행 주체의 담보자산 부실 가능성 -발행 주체에 대한 규제가 미비할 경우, 중앙은행의 통화정책이 무력화

*자료:삼일PwC경영연구원

국의 금융 시장 규제 체계를 블록체인 기반으로 전환하기 위해, 증권 관련 규칙과 제도를 현대화하는 범위원회 차원의 종합적인 이니셔티브다"라고 말했다. 이는 미국 자본 시장을 블록체인 기반 차세대 인프라로 옮기기 위한, 증권 규제에 관한 전면 개혁 선언으로 요약된다.

앳킨스 위원장은 ▲토큰화 금융자산의 미국 내 거래 허용 ▲증권, 비증권, 기존 금융 서비스를 통합 제공하는 '슈퍼앱' 모델 허용 ▲자동화 마켓메이커(AMM · Automated Market Maker) 등 탈중앙화금융(DeFi) 모델에 합리적 규칙 제정 ▲제도 개선을 통한 블록체인(온체인) 증권 시장 육성 등도 약속했다. 앳킨스 위원장의 이 발언은 트럼프 대통령 서명으로 발효된 지니어스법(GENIUS Act)과 함께 가상자산과 블록체인 미래를 알려주는 미국 정부의 청사진으로 판단된다.

2026년에는 달러 스테이블코인이 가상자산 지위를 한 단계 더 올려줄 것으로 기대된다. 트럼프 대통령은 2025년 1월 행정명령에서 중앙은행 디지털 화폐(CBDC) 추진 중단과 달러 스테이블코인 지원을 약속했고 미 의회는 초당적으로 스테이블코인 기본법을 통과시켰다. 그 기간 동안 미 통화감독청(OCC)은 여러 건의 해설서를 통해 미 금융기관의 가상자산 사업 진출 허용을 명시했고, 미 연준(FRB)과 연방예금보험공사(FDIC)도 '가상자산 관련 활동 규제기관 사전 승인 의무 면제'를 발표했다. 그동안 금융기관의 가상자산 사업 진출을 차단해왔던 그림자 규제 종료를 명시한 것으로 평가된다.

이에 뱅크오브아메리카, JP모건, 씨티은행, 웰스파고 등 제도권 투자은행(IB)이 스테이블코인 발행을 추진하고 있다. 비자, 마스터카드, 페이팔, 스트라이프 등 지급결제 업체도 자사 결제망에 스테이블코인을 도입하는 것은 물론, 아마존과 월마트 등 상거래 업체도 자체 스테이블코인 발행을 추진하고 있다.

스테이블코인, 美 '트리핀 딜레마' 해결 기대

무엇보다 스테이블코인은 미 연방정부의 '트리핀 딜레마(Triffin Dilemma)' 해결에 일조할 것으로 기대를 모은다. 트리핀 딜레마는 세계가 기축통화를 원활히 쓰려면 해당 국가가 통화(달러)를 계속 공급해야 하지만, 너무 많이 풀면 해당 국가 대외 신뢰와 통화 가치가 떨어진다는 의미다. 미국 입장에선 세계 경제 기축통화인 달러 패권(dominance)을 유지하자니 구조적 무역적자가 누적되는 상황이 달갑지 않다. 그렇다고, 무역적자를 해소하자니 달러 패권이 약해지는 게 문제다.

달러 스테이블코인은 세계적으로 달러 사용을 촉진해 '트리핀 딜레마'의 해결책이 될 수 있을 것으로 판단된다. 또, 중국과 러시아 등이 미 국채 매수를 줄이는 문제도 달러 스테이블코인 발행사가 미 국채를 매수하도록 해 일부 해소할 수 있다. 그러므로 미 정부의 달

자산 시장 어떻게 되나

러 스테이블코인 지원 및 규제 개혁은 국가적 이익과도 부합한다.

달러 스테이블코인 그다음 단계에 대한 청사진도 마련돼 있다. 앳킨스 SEC 위원장의 2025년 7월 31일 발언을 뜯어보면 그다음 단계를 짐작할 수 있다.

현재 블록체인 관련 거래는 대부분 '코인', 즉 가상자산이고 일부 현실세계자산(RWA)만 토큰화돼 거래되고 있다. '토큰화'는 현실의 자산이나 권리를 블록체인상 디지털 토큰 형태로 바꾸는 것을 말한다. 앞으로는 주식을 비롯한 더 많은 자산이 토큰화돼 블록체인에서 거래될 수 있도록 규제를 개선하겠다는 게 미 SEC의 계획이다. 쉽게 말해, 나스닥이나 시카고선물거래소(CME) 역할을 블록체인이 대체한다는 의미다. 때마침 나스닥과 CME는 24시간 개장 체제로 변경하겠다는 계획을 최근 공지했다. 로빈후드, 크라켄 등 미국 거래소들이 토큰화된 주식을 유럽 시장에서 거래 가능하도록 지원하고 있고, 코인베이스는 '모든 것의 거래소(everything exchange)'를 표방하기 시작했다. 결국 금융 시장의 블록체인화를 달리 표현하면, 자산의 토큰화(tokenization)다.

이렇게 금융 자산이 토큰화돼 블록체인상에서 거래된다면 거래에 쓰이는 '돈'은 스테이블

스테이블코인 사용 용도

용도	비중	내용
결제·송금	50% 내외	-국제결제 및 송금 -온라인 쇼핑 및 서비스 결제
담보자산 및 대출	30% 내외	-DeFi 프로토콜에서 담보자산으로 활용하거나 대출
트레이딩 및 헤징	13% 내외	-디지털자산 거래소에서 법정화폐 대체 -가격 변동 위험 헤징
실물자산 연계	5% 내외	-금·실물·부동산 토큰화
정부 및 기업 활용	점진적 증가	-기업 전용 스테이블코인 (예: JP모건의 JPM코인 등)

*자료: 삼일PwC경영연구원

코인이다. 즉, SEC가 발표한 금융 시장의 블록체인화는 미국의 전략적 목표와도 맞닿아 있다.

정리하면, 2024년 비트코인 현물 ETF의 등장으로 가상자산의 제도권 금융 시장 진출은 물꼬가 트였다. 이어 2025년 SEC의 ETF 승인 절차 완화로 알트코인 현물 ETF 승인이 가속화할 전망이다. 또, 최근 스트래티지(Strategy Inc.)와 유사한 디지털 자산 트레저리(DAT·Digital Asset Treasury) 기업이 다수 등장하며 더 많은 가상자산이 글로벌 증시에 직간접적으로 노출되고 있다.

결국 가상자산 시장은 제도권 전통금융 시장과 양방향으로 융합 및 통합될 것이다. 가까운 미래에 가상자산과 전통자산 간 경계가 허물어질 전망이다. '디지털 골드'로 위상을 다진 비트코인은 미 연방정부의 전략비축자산(SBR·Strategic Bitcoin Reserve) 매수계획 발표를 기점으로 시장 지위가 재도약할 전망이다. ■

부동산 시장

Preview

2025년 부동산 시장은 뚜렷한 호황을 보였다. 서울 아파트 시장은 예상을 뒤엎고 상승 흐름이 뚜렷했다. 한동안 강남 아파트가 오름세를 주도했지만 하반기 들어 마포, 성동, 광진구 등 한강벨트를 중심으로 집값 상승세가 가팔랐다. '패닉 바잉' 수요가 몰리면서 몇 달 새 매매가가 수억원씩 오른 단지도 수두룩했다. 정부가 대출 규제, 공급 대책을 잇따라 내놓았지만 투자 열기를 잠재우기에는 역부족이었다.

2026년 부동산 시장도 완만한 상승세를 이어갈 전망이다. 연이은 대출 규제로 투자 심리는 위축됐지만 주택 공급이 워낙 부족해 수급 불균형이 심화됐기 때문이다. 입지가 좋은 반포, 압구정 등 강남권 재건축 단지뿐 아니라 성수전략정비구역, 노량진뉴타운 등 재개발 구역이 투자자들 사이에서 인기를 끌 전망이다.

덩달아 아파트 전셋값도 상승세를 이어갈 가능성이 높다. 정부가 10·15 대책을 통해 서울 전역과 경기도 12곳을 규제지역으로 묶으면서 갭투자가 막히자 임대차 시장 불안이 커지는 모습이다. 전세 공급을 차단해 사상 최악의 전월세난이 빚어질 것이란 우려도 나온다.

수익형 부동산은 상품별로 '옥석 가리기'가 심화될 전망이다. 정부 대출 규제에서 벗어난 '아파트 대체재' 오피스텔은 실수요자 사이에서 꾸준히 인기를 끌 것으로 보인다. 다만 내수 부진 영향으로 공실 위험이 커지면서 상가 시장에는 찬바람이 불 가능성이 높다.

부동산 이슈 ❶ 재건축

주택 공급 부족에 '얼죽신' 여전
강남 재건축 청약 인기 더 '활활'

박합수 건국대 부동산대학원 겸임교수

서울 강남 재건축은 부동산 시장의 바로미터로 불린다. 강남 재건축 아파트값 흐름에 따라 서울 아파트값 양상이 확연히 달라지기 때문이다.

2025년 재건축 시장은 계엄, 탄핵이라는 정치적 이슈와 맞물려 1분기까지 관망 흐름을 보였다. 2분기 들어 상승세로 전환하며 기반을 다졌다. 정부는 서울 강남 3구(강남, 서초, 송파구)와 용산구 아파트 약 40만가구를 토지거래허가구역으로 지정하며 집값 안정을 도모했지만, 일시적인 효과에 머물렀다. 3분기에는 정부의 부동산 규제가 쏟아지며 거래량은 감소했지만 가격 상승세는 여전히 이어졌다. 강남 재건축 시장이 서울 집값을 주도하는 모양새가 나타났다.

아파트 가격은 서울 전역에서 상승했다. 매도자 우위 시장이 형성되며 강남권을 중심으로 매수세가 몰려 상승폭이 커졌다. 압구정을 비롯한 강남 재건축 단지 매매가는 1년 만에 수억원씩 뛰었다. 9월 들어 단기 급등에 따른 부담감과 정부의 부동산 규제 정책으로 추격 매수세가 다소 잠잠해졌으나, 규제지역이 아닌 마포, 성동, 광진구 일대 매매가 상승세가 이어졌다.

특히 강남 재건축 분양 단지는 청약 경쟁률이 높았다. 롯데건설이 서울 송파구 신천동 잠실미성크로바아파트 재건축을 통해 공급하는 '잠실르엘'은 2025년 8월 29일 특별공급에서 평균 346.18 대 1, 9월 1일 1순위 청약에서는 631.6 대 1의 높은 경쟁률을 기록했다.

강남 재건축 단지가 인기를 끄는 데는 이유가

있다. 서울은 아파트가 전체 주택에서 차지하는 비중이 60% 수준에 불과해 전국 평균(64%)에 미달하는 '절대 부족' 상태다. 서울의 주택 보급률도 약 94% 수준에 그쳐 수급 불균형이 심화된 지 오래다.

특히 '얼죽신(얼어 죽어도 신축)' 열풍이 불 정도로 새 아파트 선호도가 높아지고 있다. 분양가상한제가 적용된 신규 분양 단지는 주변 아파트와 시세 차이가 커 투자 매력이 높다. 주변 시세와 분양가 차이가 10억원을 넘는 경우도 많아 '로또 청약' 진풍경은 이어지고 있다.

그런데도 정부 규제로 재건축 사업 진행은 계속 지체됐다. 시작 단계에서는 재건축 안전진단 통과가 어려워 출발 자체가 늦어졌다. 진행 과정에서도 재건축 초과이익환수제라는 걸림돌 탓에 사업 진행이 지지부진하다. 공사비 상승까지 겹쳐 사업 진행 속도가 더뎌지며 입주 물량이 급감하는 양상이다.

강남 재건축 청약 경쟁률 수백 대 1

서울의 주택 공급에서 재건축, 재개발 등 정비사업 비중이 80%를 넘는다. 정비사업이 지체되면 곧장 주택 공급 부족으로 연결되고 가격 상승으로 이어진다. 실제로 2026년 서울 아파트 입주 물량은 급감한다. 부동산R114에 따르면, 서울 아파트 입주 물량은 2025년 4만6767가구에서 2026년 2만8355가구로 39.4% 감소할 전망이다. 2027년 입주 물량은 1만가

재건축초과이익환수제(재초환) 주요 내용

구분	내용
관련 법률	재건축초과이익환수에 관한 법률
도입 배경	재건축 과정에서 발생하는 초과 이익의 사회 환원·투기 억제
부과 대상	정비구역으로 지정된 재건축 조합 (조합설립인가 후 추진 시)
산정 방식	· 가구당 초과이익 8000만원 초과 시 부과 시작 · 초과이익 구간별 누진 세율 적용(최대 50%)
적용 대상	· 현행법상 모든 재건축 사업에 적용 · 단, 2022년 법제처 "소규모 재건축 제외"라는 유권해석

구 수준에 그쳐 극심한 공급 공백기가 나타날 수 있다. 단기간에 공급을 늘리기 어렵다보니 장차 새 아파트 변신을 앞둔 재건축 단지 매매가는 좀처럼 떨어질 기미가 없다.

정부가 재건축을 규제 대상으로 보고 재건축 초과이익환수제를 그대로 둔다면 집값이 계속 불안해질 수밖에 없다. 절차 간소화, 용적률 상향을 통해 재건축 사업 속도를 높여야 집값 안정을 도모할 수 있다.

그런데도 이재명정부는 지금까지도 재건축 규제를 손보지 않았다. 이재명정부의 첫 번째 부동산 대책은 2025년 6월 27일 발표된 '수도권 중심의 가계부채 강화 방안'이다. 한마디로 대출 규제를 통한 수요 억제책이다. 수도권과 규제지역의 주택 구입 목적 대출 한도를 6억원으로 제한한 것이 대표적이다. 또한 정책대출(디딤돌, 버팀목, 보금자리론)을 25% 감축하고, 수도권과 규제지역 내 보유 주택을 담보로 한 생활안정자금 대출 한도를

서울 강남구 압구정 일대 재건축 사업이 속도를 내는 중이다. (매경DB)

최대 1억원으로 제한했다.

그럼에도 집값이 불안해지자 정부는 2025년 9월 7일 '주택 공급 확대 방안'을 내놓았다. 향후 5년간 수도권에서 총 135만가구, 매년 27만가구의 신규 주택을 착공한다는 목표다. 종전 공급 물량이 인허가 기준이었다면, 이번부터 착공 기준으로 구체화하고 시기를 당긴다는 의미다. 수도권에 충분한 주택을 신속하게 공급하기 위해 공공택지는 한국토지주택공사(LH)가 직접 시행한다.

정비사업 제도 개편에도 나섰다. 절차 간소화를 통해 정비사업 기간을 최대 3년 앞당긴다. 사업성 제고를 위해 건축 도시 규제를 개선하고, 조합설립을 위한 행정·금융 지원도 강화한다. 주민이 선호하고 신뢰하는 정비사업 기반을 마련한다. 최대 용적률을 1.3배 확대하는 등 공공정비사업 지원을 확대한다.

세 번째 부동산 대책인 10·15 대책에서는 규제지역 범위를 대폭 넓혔다. 서울 강남 3구(강남, 서초, 송파구)와 용산구를 포함해 서울 25개 자치구 전체가 조정대상지역과 투기과열지구로 묶인다. 경기도 12개 지역(과천시, 광명시, 성남시 분당구·수정구·중원구, 수원시 영통구·장안구·팔달구, 안양시 동안구, 용인시 수지구, 의왕시, 하남시)도 규제 대상에 포함된다. 규제지역에서는 주택담보대출비율(LTV)이 종전 70%에서 40%로 강화되고, 총부채상환비율(DTI)도 40%로 축소된다.

이재명정부의 부동산 대책에서는 수요 억제책만 대거 포함시켰을 뿐 가장 시급한 과제인 재건축 초과이익환수제는 그대로 남았다. 윤석열정부는 2024년 8월 당시 내놓은 대책에서 재건축 초과이익환수제 폐지를 선언했다. 당초 사회적 형평을 도모한다는 취지와 달리 상당수 아파트가 환수제 대상인데다, 같은 정비사업인 재개발에는 부과하지 않아 형평성을 이미 상실했기 때문이다. 하지만 이재명정부는 재건축 초과이익환수제 폐지에 대해서는 부정적인 입장이라는 점이 변수다.

반포 등 재건축 분양 인기 지속될 듯

정부가 부동산 규제 방안을 계속 내놓고 있지만, 입지 좋은 재건축 아파트는 공급 부족, 새 아파트 기대감으로 2026년에도 호황을 이어갈 것으로 보인다. 서울 압구정, 반포, 여의도, 목동, 상계동 등 다양한 지역에서 재건축이 드라이브를 거는 중이다.

분양 시장에서는 반포 재건축 단지가 인기를 끌 전망이다. 서초구청 분양가심사위원회는 2025년 9월 서울 반포동 래미안트리니원의 분양가를 3.3㎡당 8484만원으로 확정했다. 이는 2024년 분양한 강남구 청담르엘(3.3㎡당 7209만원)을 뛰어넘는, 분양가 상한제 적용 단지 중에서는 역대 최고 금액이다. 래미안트리니원은 반포주공1단지 3주구를 재건축해 짓는 아파트다. 지하 3층~지상 35층, 17개동, 2091가구 규모인데 전용면적 59·84㎡ 506가구를 일반분양한다. 3.3㎡당 분양가가 8000만원을 훌쩍 넘지만 주변 시세 대비 저렴해 인기를 끌 가능성이 높다. 반포주공1단지 3주구에 이어 1, 2, 4주구 분양도 투자자의 관심을 끌 전망이다.

강남 부촌으로 손꼽히는 압구정 재건축 단지도 고액 자산가 관심을 끌 것으로 보인다. 압구정 재건축은 총 6개 지구로 추진 중이다. 이 중 2구역이 2025년 9월 우선협상자였던 현대건설을 시공사로 최종 선정하고 가장 빠르게 사업을 추진 중이다. 3·4·5구역도 서울시 심의 문턱을 넘고 재건축에 속도를 내고 있다.

비강남권에서 눈길을 끄는 지역은 서울 양천구 목동이다. 목동신시가지는 한동안 재건축 첫 단추인 안전진단에서 번번이 고배를 마셨지만, 2024년 들어 14개 단지가 모두 안전진단을 통과하며 본격적인 재건축 물꼬를 텄다. 안전진단 통과 이후 재건축 절차가 순조롭게 진행되는 분위기다.

목동신시가지 14개 단지 중 8개 단지가 신탁 방식으로 재건축을 추진 중이다. 목동10단지는 한국토지신탁을 시행자로 신청했다. 기존 15층, 2160가구 규모를 최고 40층, 4050가구 단지로 재건축할 예정이다. 목동13단지는 대신자산신탁을 시행자로 신청해 최고 49층, 3852가구로 재건축을 추진할 계획이다. 재건축이 마무리되면 목동신시가지1~14단지 일대는 5만3000여가구 규모의 '미니 신도시'로 탈바꿈한다. ■

부동산 이슈 ❷ 재개발

성수전략정비구역·노량진뉴타운 주목 서울시 재개발 용적률 상향 방안 눈길

고종완 한국자산관리연구원장

부동산 시장에서 도심 재개발 등 정비사업 물건을 눈여겨보는 투자자들이 많다. 서울, 수도권 주택 공급을 늘리려면 정비사업 외에는 뚜렷한 대안을 찾아보기 어렵다. 재개발 구역은 입지가 좋은 데다 우량 매물을 투자하면 적은 투자금으로 새 아파트를 소유할 수 있다. 재개발구역 분양 물량도 실수요자 관심이 뜨겁다. 2025년 서울, 수도권 역세권 아파트 분양이 수십~수백 대 1의 청약 경쟁률을 기록하며 인기를 끈 가운데 입지가 좋은 뉴타운, 재개발구역 분양 성적도 우수했다.

한국부동산원 청약홈에 따르면, 서울에서는 2025년 7월 영등포뉴타운에서 분양한 '리버센트푸르지오위브'가 83가구 모집에 1만 5882명이 몰리며, 평균 191 대 1의 1순위 청약 경쟁률을 기록했다. 경기 광명시에 들어서는 '철산역자이'도 1순위 청약에서 평균 약 38 대 1의 경쟁률을 보여 인기를 끌었다. 광명12R구역 재개발 단지인 철산역자이는 1순위 모집에서 313가구 모집에 총 1만1880명이 몰렸다.

서울시 재정비촉진사업 용적률 1.2배로

2026년에도 뉴타운, 재개발구역 투자는 인기를 끌 전망이다. 때마침 서울시가 뉴타운, 재개발 규제 완화에 나선 점도 호재다. 오세훈 서울시장은 2025년 9월 재정비촉진사업 규제 철폐 1호 대상지로 선정된 강북구 미아2구역을 찾아 "규제 개혁을 통해 용적률을 완화하고 공공기여비율을 아예 없애 경제성을 확보했다"며 "가구당 1억원 내외 분담금 부담이 줄어들 것"이라고 밝혔다.

서울 동작구 노량진뉴타운 개발 사업이 드라이브를 거는 중이다. (매경DB)

오세훈 시장, 재정비촉진사업 규제 완화
강북구 미아2구역 규제 철폐 1호로 선정
성수4지구 등 성수전략정비구역 개발 속도
재개발 전망 밝지만 길게 보고 투자해야

재정비촉진사업으로 불리는 뉴타운 개발 사업은 2002년 당시 서울시장이던 이명박 전 대통령이 강남북 지역균형발전 차원에서 도입해 서울 주택 공급의 핵심 역할을 도맡았다.
하지만 박원순 전 시장이 2012년 당시 뉴타운 사업을 원점에서 재검토하는 '뉴타운 출구 전략'을 내놓아 뉴타운 개발은 위기를 맞았다. 상당수 지역이 정비구역에서 해제되고 남은 사업들은 주민들 간 극심한 갈등을 겪는 등 흐지부지되는 분위기였다. 현재 110개 사업구역 중 22곳만 착공에 들어갔고, 나머지는 사업이 지지부진했다.
이를 두고 본 서울시는 재정비촉진사업을 다시 활성화하기로 했다. 기준 용적률을 20%에서 최대 30%까지 높이고, 법적 상한용적률을 기존 1배에서 1.2배까지 확대해 사업성을 높인다.
일반 정비사업에만 적용되던 '사업성 보전 인센티브'를 뉴타운에 도입한 점도 눈길을 끈다. 고령화, 저출생 대책시설이나 친환경시설을 설치할 경우 추가 용적률 혜택을 제공해 기부채납으로도 더 높은 용적률을 확보, 사업성을 끌어올린다는 방침이다. 기반시설이 충분한 경우 연면적의 10%를 공공기여로 제공하는 규정을 적용하지 않기로 했다.
일례로 규제 개혁안이 1호로 적용되는 미아2지구의 경우 2000년대 초 뉴타운 지정을 통해 재개발을 시도했다. 하지만 2012년 뉴타운 출구 전략으로 해제됐고, 최근 개발 여건이 악화되면서 사업에 진척이 없던 곳이다. 서울시는 사업성 보정을 통해 미아2지구 용적률을 261%에서 310%까지 높이고 주택 공급 물량도 기존 3519가구에서 4003가구까지 늘릴 계획이다. 인근 미아3, 4구역 개발까지 진행되면 미아동 일대가 미니 신도시급 주거지로 탈바꿈할 전망이다.
2026년 재개발 투자 유망 지역은 어디일까. 가장 눈길을 끄는 곳은 서울 성동구 성수전략정비구역이다. 한강변 초고층 아파트촌으로 변신하기 위한 준비 작업이 한창이다. 총 4개 지구로 나뉜 성수전략정비구역은 최고 높이 250m, 용적률 300%(준주거지역 500%) 규모의 아파트로 재개발된다. 임대주택 1792가구를 포함해 총 9428가구 주택이 공급될 전망이다.

이 중 성수4지구는 성수전략정비구역 중 가장 먼저 2025년 9월 통합심의 접수를 완료하며 개발에 속도를 내는 중이다. 통합심의는 사업시행계획인가 전 인허가 단계인 '정비계획변경-교통영향평가 심의-건축·경관심의-환경영향·교육영향평가 심의'를 통합해 일괄 심의하는 방식이다.

성수4지구는 국내 최초로 250m 초고층 재개발에 대한 통합심의를 받게 된다. 조합은 2026년 3월 통합심의 통과, 9월 사업시행계획인가, 12월 조합원 분양 신청 등을 목표로 잡았다.

성수4지구는 8만9828㎡ 부지 재개발을 통해 공동주택 1592가구를 짓는다. 조합원 수가 750여명으로 4개 지구 중 가장 적어 사업 속도, 사업성 측면에서 유리하다는 평가다. 입지도 괜찮다. 4지구에서 영동대교만 건너면 강남구 청담동에 다다르고 영동대교북단IC를 이용해 강변북로에 진입하기 용이하다.

동작구 노량진뉴타운도 서울 서남부권 노른자 사업지로 손색이 없다. 동작구 노량진·대방동 일대 73만8000㎡ 규모의 노량진뉴타운은 2003년 서울시 2차 뉴타운지구로 지정됐다. 2009년 6개 구역으로 나뉘어 지정됐고 이듬해 대방동 일대 1000㎡가 7, 8구역으로 추가 지정됐다. 노량진수산물시장, 학원가 등을 중심으로 토지 이해관계가 복잡해 개발 사업이 속도를 못 냈지만 최근 분위기가 달라졌다.

성수전략정비구역 4구역 개발 속도

노량진뉴타운 6구역이 8개 구역 중 처음으로 착공에 들어갔고, 나머지 구역도 이주를 완료하거나 철거를 진행하는 등 노량진뉴타운 구역 대부분이 재개발 사업에 속도를 내고 있다. 8개 구역 모두 건설사의 하이엔드 브랜드를 적용할 예정이리 고급 주거지로 탈바꿈할 것이란 기대가 크다.

노량진뉴타운은 광화문, 강남, 여의도 등 도심 접근성이 좋은 데다 올림픽대로, 강변북로, 서부간선도로, 강남순환도로 등으로 진입하기도 수월해 교통 환경이 우수하다.

조합원 지위 양도 제한 살펴봐야

재개발 투자가 '황금알을 낳는 거위'는 아니다. 투자할 때 주의할 점도 꽤 많다.

정부가 10.15 부동산 대책을 통해 서울 전역과 경기도 12개 지역을 조정대상지역, 투기과열지구, 토지거래허가구역으로 묶으면서 서울, 수도권 재개발 사업장이 큰 혼란에 빠졌다. 이들 지역에서는 관리처분인가 단계를 넘은 조합원 지위 양도가 제한돼 재산권 피해가 예상된다. 거래가 막히는 건 아니지만 양수인은 현금 청산 대상이 돼 매수의 실익이 사라진다. 조합 내분이 커질 가능성도 크다. 투기과열지구에서는 5년간 조합원 분양 재당첨 제한 조치가 이뤄진다는 점도 눈여겨봐야 한다.

둘째, 도시 및 주거환경정비법 제77조에서 규정한 '권리산정기준일'을 주목할 필요가 있다. 권리산정일인 정비구역 지정고시가 있기 전에 입주권을 확보해야 한다. 권리산정기준일 이후 빌라 등을 매수하면 분양권을 받을 수 없기 때문이다. 지분 쪼개기로 간주되면 현금 청산 대상으로 이때 청산으로 받는 보상금이 통상 시세보다 낮은 감정평가액으로 책정된다. 매수 타이밍을 놓치면 투자 손실을 입을 수 있다는 의미다. 입주권을 목적으로 투자를 생각한다면 제외 조건과 산정일 등을 꼼꼼히 확인해야 한다.

특히 신속통합기획 대상지라고 '묻지마 투자'는 금물이다. 우후죽순 난립하던 서울시 재개발 후보 지역 가운데 주민 반대가 많거나 갈등이 심한 곳은 제외되는 지역도 적잖다. 서울시는 주민 반대 동의율이 높아 사업 추진이 어려운 강북구 수유동, 서대문구 남가좌 일대 신통기획 재개발 후보지 선정을 취소하기도 했다. 이 때문에 재개발구역 투자에 앞서 주민 동의율이 얼마나 확보됐는지, 추진위가 난립하지는 않는지 등 각종 변수를 꼼꼼히 살펴봐야 한다. 서울시가 재개발 사업 속도를 높이고는 있지만, 재개발 사업은 대체로 10년 이상 오랜 기간이 소요되는 만큼 자금 조달 계획을 철저히 세워야 한다. ■

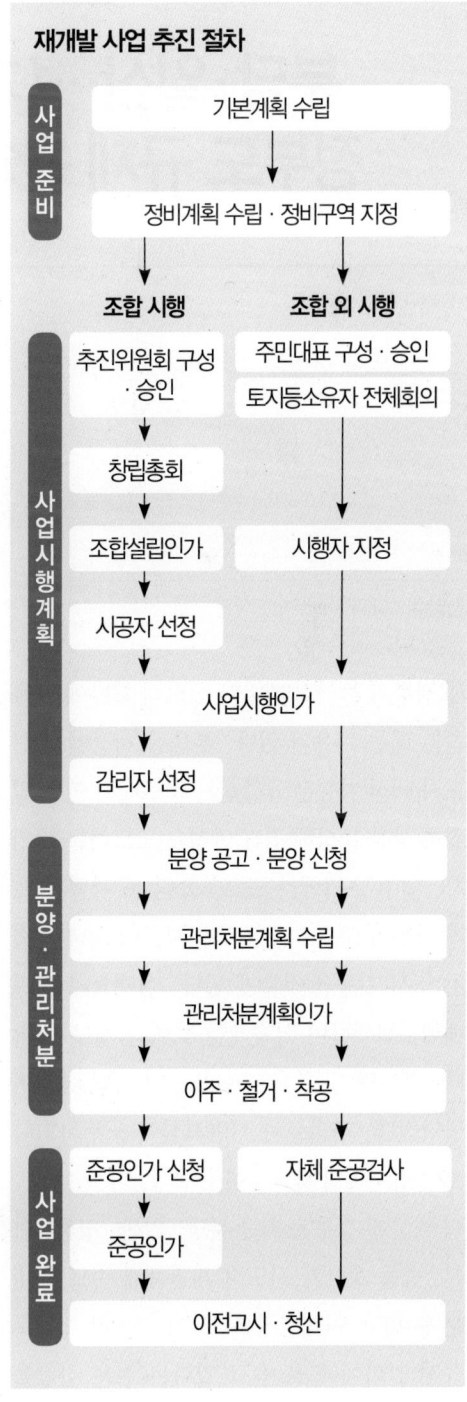

부동산 이슈 ❸ 신도시

분당·일산…1기 신도시 재건축 정부도 규제 완화에 힘 싣고 있다

김일수 스타아시아파트너스 대표

새 정부가 들어설 때마다 신도시 개발에 힘을 쏟는 데는 이유가 있다. 부동산 시장에서 신도시 핵심 기능은 급증하는 구도심의 인구 밀집 현상을 분산해 집값 안정을 도모하는 것이다. 입주 초기에는 도로, 공원 등 각종 인프라 시설 구축이 미흡하지만 시간이 지나면 점차 도시 기능을 갖추게 된다. 실수요가 몰려 매매, 전셋값이 상승세를 보이는 경우가 많다. 하지만 입주 후 30년을 초과하면 상황이 달라진다. 아파트와 기반시설이 노후화되다 보니 정비사업 필요성이 커진다.

이 때문에 정부는 최근 분당, 일산, 평촌, 산본, 중동 등 1기 신도시 재건축에 속도를 내는 중이다. 이재명정부가 1기 신도시 재건축 규제 완화에 힘을 싣고 있다는 점은 집값을 끌어올리는 요인이 될 수 있다. 정부가 1기 신도시 후속 사업 물량을 당초 2만6000가구에서 7만가구로 2.6배 이상 늘린 것은 더 많은 재건축 사업을 동시에 진행할 수 있도록 하기 위해서다.

당초 정부는 오래된 아파트 단지들이 한꺼번에 재건축에 나설 경우 이주 여력 부족 등으로 혼란이 빚어질 것을 대비해 기본계획상 연도별 구역 지정 물량을 정해뒀다. 국토교통부가 지방자치단체와 이주 여력을 협의 후 공개한 2026년 물량 상한은 ▲일산 2만4800가구 ▲중동 2만2200가구 ▲평촌 7200가구 ▲산본 3400가구 ▲분당 1만2000가구 등 총 6만9600가구다. 정부는 지난 9·7 주택 공급 확대 방안에서 주민 기대감, 정비사업 특성 등을 고려해 기본계획 물량보다 더 많은 제안을 받기로 했는데, 그 상한선을 정한 것이다.

자산 시장 어떻게 되나

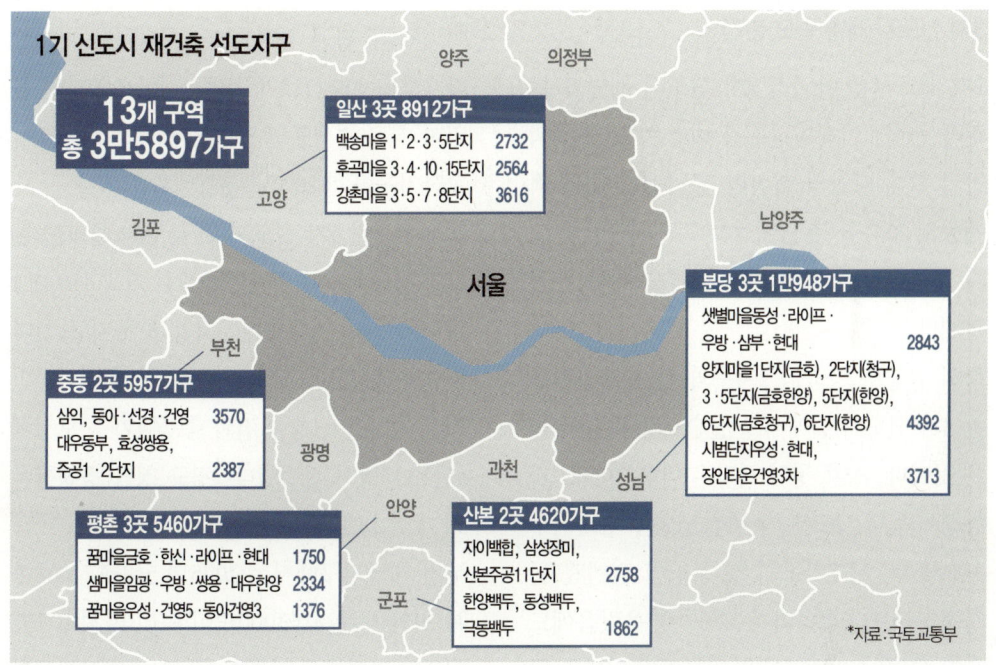

또 국토부는 9·7 대책 당시 후속 사업을 주민 제안 방식으로 선정하겠다고 밝혔다. 이는 2024년 선도지구 선정 당시 공모 방식으로 진행된 것과 관련해 주민 피로도가 높다는 지적을 반영한 것이다. 국토부와 지자체는 2025년 내 주민 제안 정비계획안에 대해 자문을 시작할 계획이다. 지자체가 주민 제안 접수를 공고하면 주민들은 대표단을 구성해 정비계획안을 마련하면 된다. 지자체는 주민대표단의 정비계획안을 자문 후 주민들이 토지 등 소유자 과반수의 동의를 얻어 구역 지정을 제안하도록 요청한다. 주민들이 구역 지정 제안을 제출하면 지자체는 검토를 거쳐 수용, 정비구역으로 지정해야 한다.

국토부에 따르면, 2024년 11월 선정된 선도지구 15개 구역 가운데 7개 구역이 지자체에 정비계획안을 제출했다. 이 중 빠르면 2025년 내 2~3곳 이상이 정비구역으로 지정될 것으로 전망된다. 이를 통해 총 3만7000가구의 주택을 공급하며 첫 착공 목표 시기는 2027년, 첫 입주 시기는 2030년으로 설정했다.

다만 분당은 1기 신도시 중 유일하게 물량 상한이 늘지 않았다. 이는 이주 여력이 충분한 다른 4개 지자체와 달리 이주대책 보완이 필요하다는 판단 때문이다. 국토부는 분당의 관리처분인가 물량을 통제할 계획이다. 관리처분인가는 재건축 과정에서 이주·철거 등 본격적인 공사에 들어가기 전 지자체가 내리는 인허가를 뜻한다. 국토부가 인허가 속도를 직접 조절하겠다는 의미다.

3기 신도시 개발 속도 관건

1기 신도시뿐 아니라 3기 신도시 개발도 눈길을 끈다. 이재명정부가 내놓은 9·7 주택공급 확대 방안의 핵심이 '공공택지 내 주택개발의 조속한 추진'이라는 점에서 3기 신도시 분양은 순차적인 주택 공급을 위한 중점 과제다.

특히 남양주 왕숙1·2지구와 하남 교산지구는 3기 신도시 중에서도 실수요자 관심이 높은 곳이다. 향후 청약 시장은 더욱 과열될 가능성이 높다. 2025년 7~8월 남양주 왕숙지구 4개 블록, 2177가구의 첫 분양이 진행됐고 사전청약보다 분양가가 22%가량 올랐음에도 최고 61 대 1의 경쟁률을 기록하며 인기를 끌었다. 2025년 10월에도 2개 블록 892가구가 분양됐는데, 높은 청약 경쟁률을 보였다.

왕숙2지구는 일패, 이패동 일원 240만㎡ 규모로, 1만4000가구가 공급돼 3만6000여명을 수용할 예정이다. 왕숙2지구는 다산신도시, 양정역 역세권지구와 인접해 있어 입지가 좋지만 아쉽게도 2026년에는 청약이 실시되지 않는다.

하남 교산지구는 5호선 하남검단산역에 인접해 있으며, 3기 신도시 6곳 중 가장 주거환경이 우수하고 자연친화적인 신도시로 평가받는다. 2025년 5월 첫 공공분양 단지인 A-2지구는 '교산푸르지오더퍼스트' 일반공급에 5만3000명 가까운 청약 수요가 몰리며 높은 경쟁률을 기록했다. 총 201가구 모집에 5만2920명이 신청해 평균 경쟁률 263.3 대 1을 기록했다. 전용 59㎡(112가구)에는 4만1069명이 몰리며 최고 경쟁률인 393.4 대 1을 기록했다. 교산지구 또한 2026년 분양계획은 없다.

2025년 2월 3기 신도시 첫 분양의 물꼬를 튼 고양 창릉지구는 일반공급에서 최고 410 대 1의 경쟁률을 기록했다. 고양 창릉지구 첫마을 3개 블록(A4·S5·S6)에 대한 특별·일반공급 청약을 진행한 결과 총 764가구 모집에 4만1337명이 접수했다. 평균 청약 경쟁률은 54 대 1이었다.

부천 대장지구에서는 2025년 5월 A7, A8블록 청약에 총 4만3000명이 몰리며 최고 137 대 1의 경쟁률을 기록했다. 부천 대장지구는 서울과 가까운 입지 덕분에 수요가 몰린 것으로 보인다. 도보로 대장홍대선 접근이 가능해 지하철 홍대입구역까지 20분 내 도달 가능한 것이 강점이다. 분양가상한제 적용으로 주변 단지 대비 넉넉한 시세 차익이 기대되는 점도 청약 열기의 원인으로 작용했다. 반면 2021년 사전청약 당시 12.8 대 1의 경쟁률을 보였던 인천 계양지구는 사전청약 경쟁률이 지속적으로 하락하는 모습이다.

신도시 집값, 뚜렷한 양극화 양상 보일 듯

2026년 신도시 주택 가격은 동반 상승세가 아닌 국지적인 양극화 현상이 나타날 가능성이 높다. 1기 신도시의 경우 2025년 집값 급등세를 보였던 분당, 완만한 상승세를 이어온 평

선도지구 재건축이 한창 진행 중인 경기 성남 분당신도시 전경. (매경DB)

촌은 여전히 높은 투자 관심을 보이면서 신도시 집값 오름세를 주도할 가능성이 높다.

반면 일산·중동·산본은 큰 폭의 집값 상승세를 기대하기는 어렵지만, 부동산 시장 침체에도 재건축 호재로 주택 가격이 더 이상 떨어지지 않는 하방경직성을 보일 것으로 예상된다. 화성 동탄1·2, 김포, 인천 검단, 파주 등 2기 신도시는 광역교통망이 구축되면서 거주 여건이 개선됐지만 1기 신도시에 비해서는 입지가 떨어져 매매가가 약보합세를 이어갈 전망이다.

한창 개발이 진행 중인 3기 신도시가 투자자 주목을 받지만 마냥 긍정적인 전망만 기대하기는 어렵다. 매년 3기 신도시 분양가가 치솟으면서 높은 사전청약 경쟁률을 뚫고 당첨되고도 본 계약을 포기하는 사례가 수두룩하다. 공사원가 인상으로 분양가가 치솟으면 실수요자들이 외면하는 경우가 많다.

3기 신도시 사전청약과 본계약이 지연될 가능성이 높다는 점도 변수다. LH가 대부분 토지 수용을 통해 택지소유권을 확보했음에도 불구하고, 2025년 10월 기준 계류 중인 소송 건수가 817건(가액 2283억원)에 이른다. 토지 보상 문제까지 얽혀 현실적으로 2026년 3기 신도시 분양은 기대하기 곤란한 상황이다.

신도시 택지지구 분양은 수도권 아파트 분양 시장 흥행을 이끌어갈 가능성이 높다. 정부가 내세운 LH 주도의 공급 방식으로 인해 민간분양은 상대적으로 위축되겠지만, 중소형 평형 위주로 공공분양이 이뤄질 계획이라 2026년 청약 경쟁률은 여전히 높을 것으로 보인다.

다만 정부가 10.15 부동산 대책에서 분당신도시가 속한 성남시 분당구, 평촌신도시가 위치한 안양시 동안구를 규제지역, 토지거래허가구역으로 묶은 만큼 투자 열기가 한풀 꺾일 가능성도 배제할 수 없다. 1기 신도시를 제외한 신도시 아파트 매매 거래량은 2025년에 비해 크게 늘지 않고 집값 상승폭은 연간 1~3% 수준에 그칠 것으로 전망된다. 2026년 수도권 신도시 전세 가격은 신규 입주 물량 감소로 3~5%의 상승세를 이어갈 것으로 보인다. ■

부동산 이슈 ❹ 수익형 부동산

대출 규제 피한 오피스텔 기대감
꼬마빌딩 주목 끌지만 상가 '찬바람'

윤재호 메트로컨설팅 대표

수익형 부동산은 금리, 경기에 민감한 상품이다. 한국은행이 2025년 2월과 5월 기준금리를 인하했음에도 워낙 경기가 침체돼 투자 심리가 둔화됐다. 전국적으로 수익형 부동산 거래량이 감소했다.

2026년 수익형 부동산 시장은 반전의 계기를 마련할 수 있을까. 결론부터 말하면, 금리 인하 기대와 공급 감소로 투자 여건이 개선되면서 시장이 점차 회복될 것으로 기대된다. 정부의 주택 규제가 갈수록 강화되는 상황에서 상대적으로 규제가 덜한 수익형 부동산으로 자금이 유입될 전망이다.

가장 눈길을 끄는 상품은 오피스텔이다. 최근 오피스텔 공급이 줄어드는 점이 호재다. 부동산R114에 따르면, 2025년 전국 오피스텔 입주 예정 물량은 3만7420실로, 최근 10년간 연평균(7만여실)의 절반 수준에 불과하다. 2026년에는 1만2310실로 더욱 줄어들 전망이다.

공급이 줄어드는 상황에서 서울 도심과 대학가 오피스텔 월세 수요가 늘다 보니 가격이 연일 상승세다. KB부동산에 따르면, 2025년 8월 서울 오피스텔 가격은 3억356만원으로 전월 대비 1.01% 올랐다. 오피스텔 평균 매매 가격이 전월 대비 1% 이상 오른 것은 2021년 8월 이후 4년 만이다.

지역별로는 도심권(종로·용산·중구) 오피스텔 평균 가격이 4억1443만원으로 가장 높았다. 이어 강남 3구(강남·서초·송파구)와 강동구가 있는 동남권의 오피스텔 가격(3억2366만원)이 뒤를 이었다. 마포·서대문·은평구 등 서북권 오피스텔 매매가도

자산 시장 어떻게 되나

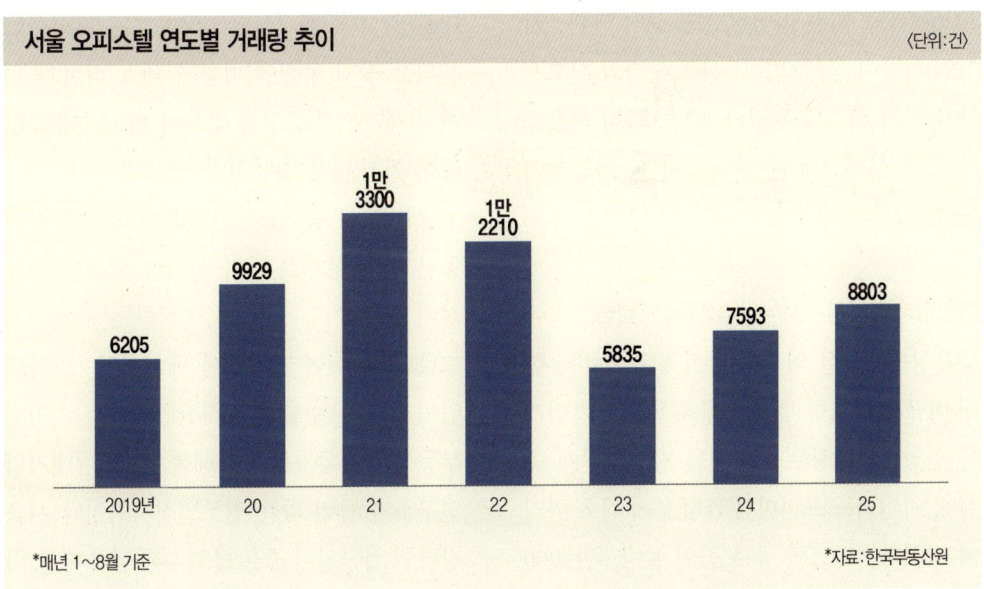

서울 오피스텔 연도별 거래량 추이 (단위:건)
- 2019년: 6205
- 20: 9929
- 21: 1만3300
- 22: 1만2210
- 23: 5835
- 24: 7593
- 25: 8803

*매년 1~8월 기준   *자료:한국부동산원

2억4978만원을 기록해 상승세를 이어갔다. 오피스텔은 정부의 주택담보대출 규제를 받지 않아 투자자금 마련이 수월한 것이 장점이다.

다만, 서울과 수도권 외곽, 지방 간 오피스텔 가격 양극화 현상은 심화될 것으로 예상된다. 서울 아파트 가격 상승으로 상대적으로 저렴한 주거용 오피스텔 수요가 유입되며 풍선효과가 나타나는 반면, 지방은 공급 과잉과 미분양으로 당분간 거래가 살아나기 쉽지 않을 전망이다. 물론 매매 가격이 하락하면서 임대수익률은 오히려 지방이 더 높은 현상이 나타날 수 있다. 2025년 9월 기준 오피스텔 임대수익률은 서울이 4.82%였고, 인천은 6.34%, 지방 5대 광역시는 6.47%를 기록했다. 지방이라도 옥석 가리기를 잘하면 우량

상품을 찾을 수 있다는 의미다.

오피스텔 외 다른 수익형 부동산 상품 분위기는 좋지 않다. 상가나 지식산업센터, 생활형 숙박시설 등은 2026년에도 침체가 이어질 가능성이 높다. 특히 상가 경기는 밝지 않은 편이다. 내수 부진 영향으로 공실 위험이 커지면서 개인 투자 비중이 높은 상가는 수요가 급감한 상태다.

한국부동산원에 따르면, 2025년 2분기 기준 중대형(-0.1%), 소규모(-0.21%), 집합상가(-0.15%)를 포함한 상가통합 임대가격지수가 전분기 대비 0.13% 떨어졌다. 상가 공실률은 중대형 상가가 13.4%로 가장 높았다. 이어 집합상가(10.5%), 소규모 상가(7.5%) 순이었다.

임대가격지수 하락세, 공실률 증가세는

2026년에도 계속 이어질 가능성이 크다. 자영업 시장이 침체되면서 신축 상가와 신도시 상가 역시 위축될 우려가 크다. 특히 서울보다 지방 상가 시장에 찬바람이 불 가능성이 높다.

생활형숙박시설·지식산업센터는 '냉랭'

생활형숙박시설 역시 전망이 밝지 않다. 한때 비규제 수익형 부동산 대표 상품으로 인기를 얻었지만, 정부가 규제를 강화하면서 공실에 '마이너스 프리미엄'까지 붙어 좌초 위기에 처했다. 2025년 공사 중인 물량 4만5000실을 포함하면 공급 물량이 9만실에 달해 수급 불균형 현상이 심화될 전망이다.

정부는 기존 또는 공사 중인 생활형숙박시설이 2025년 9월까지 숙박업 신고 또는 오피스텔 등으로 용도 변경 신청을 해야만 2027년 말까지 이행강제금 부과 절차 개시를 유예할 것이라고 통지했다. 유예를 받지 못하면 소유주는 매년 건축물 공시가격의 10%에 해당하는 이행강제금을 내야 한다. 분양 시장이 위축되고 임대수익률이 떨어지는 상황이라 투자에 신중해야 한다.

오피스 시장은 2026년 신규 공급이 증가하며 공실률이 점차 상승해 임대료가 하락세를 보일 전망이다. CBD(광화문, 종로, 중구) 등 주요 오피스 권역의 대규모 재개발로 신규 오피스 공급이 확대되며 공실률이 늘어날 것으로 예측된다.

미분양, 미입주 물량이 쌓여가는 지식산업센터는 장기 공실에 따른 임대료 하락과 경기 침체라는 이중고를 겪으며 2026년에도 반등이 쉽지 않을 전망이다. 서울 외곽과 수도권 택지지구 중 업무 인프라가 낙후된 곳은 공급 과잉 문제로 투자 심리가 위축될 가능성이 크다.

그나마 교통 여건이 좋아 벤처기업, 스타트업이 몰리는 수도권 지식산업센터는 수익형 부동산으로 투자를 고려해볼 만하다. 대기업 연구소가 몰려 있는 업무밀집지역이나 서울 강남권 집적성이 좋은 곳일수록 임차 수요 확보가 수월하다.

물류센터 시장은 당분간 침체 국면에서 벗어나기 어려워 보인다. 전국 공장·창고 등 산업용 부동산 거래량과 임대 수요가 줄고 있다. 공급 과잉과 수요 위축이 맞물리며 시장이 '동면' 국면이다. 내수 침체로 물류 수요가 감소하면서 대형 물류센터조차 임차인을 찾지 못하는 사례가 늘었다.

복합 신흥 상권 꼬마빌딩 매수 심리 '꿈틀'

자산가들의 인기 상품인 꼬마빌딩 시장은 2026년에도 꾸준한 인기를 이어갈 전망이다. 주택대출이 막히고 보유세 인상 가능성도 제기되면서, 대출 규제가 덜한 중소형 꼬마빌딩으로 수요가 몰릴 것으로 보인다. 수익률이 하락하더라도 땅값 상승 여력이 높고, 주택과 달리 양도세가 중과되지 않는 장

자산 시장 어떻게 되나

정부 대출 규제에서 벗어난 오피스텔 투자가 인기를 끌고 있다. 사진은 수도권 오피스텔 전경. (매경DB)

인 서울 성동구, 구로구, 중구 등 업무 핵심지에서 보증금 비율이 높아 초기 투자 비용이 적은 급매·경매로 수요가 쏠릴 것으로 보인다. 낡은 저가 꼬마빌딩을 사서 리모델링을 거쳐 임대 수익을 올리는 사례도 급증할 전망이다.

정리하면, 2026년 수익형 부동산 시장은 금리 인하 기대에도 극심한 경기 침체로 약하고 느린 회복세를 보일 것으로 예상된다. 상업용 부동산 침체가 단기에 해소되지 않는다는 전제 아래 상품, 지역별 양극화 현상이 뚜렷하게 나타나며 '수도권 강세, 지방 약세' 양상이 심화될 전망이다.

수익형 부동산 시장이 회복하기에는 실물 경기가 좋지 않고 정부 부동산 정책 불확실성도 여전해 조심스러운 투자가 필요하다. 6·27 대출 규제 반사이익에도 불구하고 실물 경기 부진으로 수익형 부동산 침체가 단기간에 해소되긴 어려울 것이라는 관측도 나온다. 지역별 공급 물량과 분양가, 금리 흐름 등을 주의 깊게 살펴봐야 한다.

수익형 부동산 투자는 시세차익보다는 임대 수익이 목적이다. 임대 수요가 넉넉한 배후지에 공실률이 적은 상권 위주로 투자해야 한다. 경기 침체가 지속될수록 정부 정책상 혜택이 주어지는 미분양, 할인 분양, 급매, 경·공매 등 합리적 가격에 투자할 수 있는 기회를 만드는 전략적 접근이 더욱 중요해졌다. ■

점 덕분에 상속·증여를 대비해 꼬마빌딩을 선호하는 현상이 지속될 것이다.

다만, 투자 환경이 복잡해진 만큼 꼬마빌딩 투자 전략도 달라질 전망이다. 이미 꼬마빌딩 가격이 급등한 강남권보다 복합 신흥 상권

부동산 이슈 ❺ 전세

수도권 전세 가격 5% 안팎 오를 듯
주택 공급 감소에 월세 가격 상승세

김광석 리얼하우스 대표

전세 가격 흐름은 매매가와 뚜렷한 상관관계를 보이는 만큼 부동산 시장의 핵심 지표다. 2025년 전국 아파트 전세 가격은 경제성장률과 엇비슷한 안정세를 기록할 전망이다. KB국민은행에 따르면 전국 아파트 전세 가격 변동률은 9월까지 0.54% 오른 것으로 집계됐다. 2024년 2.07% 상승에 이어 2년 연속 상승 마감이 유력해 보인다. 2025년 하반기 들어 서울 등 수도권 주요 도시를 중심으로 전세 가격이 상승을 보이고는 있지만, 대부분 지역에서 전세 가격 상승세가 미미하다. 이에 따라 연말까지 전국 평균 전세 가격 변동률은 1% 내외에 그칠 전망이다.

연도별 전세 가격 변동 추이를 살펴보면 2020년(8.39%), 2021년(11.25%) 등 2년 연속 상승한 이후 2022년 -6.93%, 2023년 -4.87%로 하락세를 보였다. 2024년에는 2.07% 올랐고, 2025년에는 1% 안팎 오를 것으로 보여 다시 2년 연속 상승으로 돌아섰다. 전세 가격 흐름이 '2년 상승·2년 하락' 패턴을 보이고 있다는 의미다.

2025년 전반적인 상황을 볼 때 전세 가격은 2024년보다 더 올랐어야 하는 게 아닌가 하는 생각이 든다. 그동안 전세 가격 변동 흐름을 보면 짝수 해보다는 홀수 해의 전세 가격 상승폭이 크고 하락폭은 적었다. 전세 계약이 기본적으로 2년 단위로 이뤄진다는 점을 고려하면, 홀수 해인 2025년은 짝수 해인 2024년보다 전세가 가격 상승이 클 가능성이 높았고, 아파트 입주 물량 부족 등 전세 가격 상승 요인이 하락 요인보다 많았다.

2025년 전세 가격은 2024년에 이어 상승세를

// 자산 시장 어떻게 되나 //

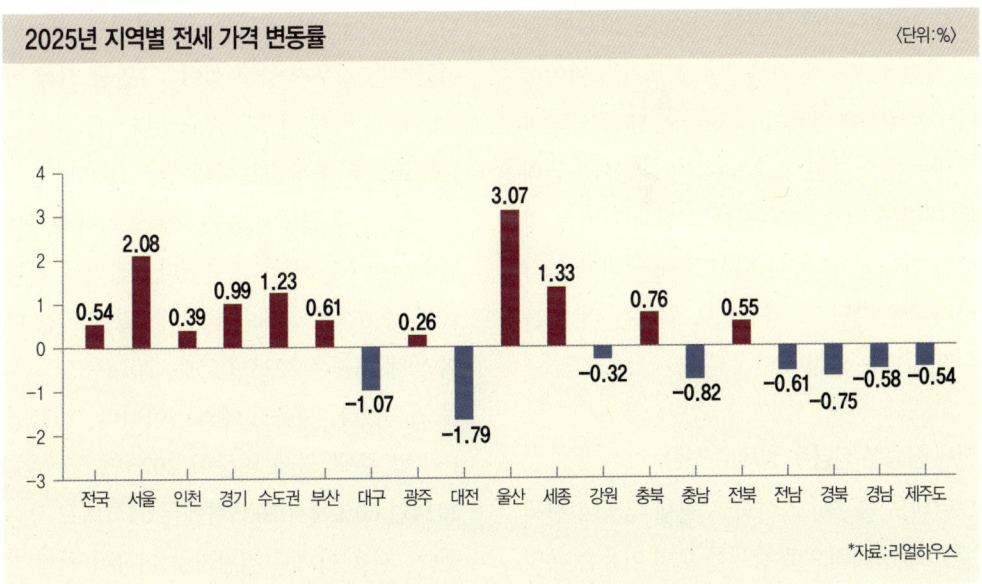

2025년 지역별 전세 가격 변동률 〈단위:%〉

*자료:리얼하우스

보이긴 했지만, 예상과 달리 2024년 대비 상승률은 절반으로 줄었다. 이는 계엄 선포, 미국 관세 부과 등 예상치 못한 변수 영향으로 풀이된다. 2024년 말 아무도 예상치 못했던 비상계엄 선포로 사회 전반의 불안 심리는 확대됐고, 정부의 구심점이 없는 상황에서 이어진 미국의 상호관세 부과 소식은 가뜩이나 쪼그라든 경제를 더 위축시키기에 충분했다. 임대 시장은 경기 상황과 밀접한 상관을 보인다. 경기가 나쁘면 이에 비례해 이사를 줄이고, 반대의 경우 전세 거래는 늘게 된다.

지역별 전세 가격 동향을 살펴보면 전반적인 전세 가격은 안정세를 보였다. 서울, 수도권은 상승세를 보인 반면, 호재가 있는 지역을 제외한 지방은 대체로 하락세를 기록했다. KB국민은행에 따르면 2025년 들어 9월까지 서울 아파트 전세 가격은 2.08%, 경기 1.23%, 인천 0.39% 등으로 상승하면서 수도권은 평균 1.23%로 안정세를 보였다. 그러나 대전은 -1.79%로 전국에서 가장 많이 하락했고, 대구도 -1.07%로 하락세를 보였다. 신규 아파트 공급이 없었던 세종은 전세 시장 수급 불안으로 전세 가격이 1.33% 상승세를 기록했다. 안정세를 보이는 전세 시장과 달리 월세 시장은 뚜렷한 강세. KB국민은행에 따르면 2025년 9월까지 서울 아파트 월세 가격은 7.25% 상승했다. 경기 5.23%, 인천 7.8%로 아파트 전세 가격 상승률보다 3~4배가량 높고, 2024년 같은 기간에 비해서도 상승폭이 3%포인트가량 커졌다.

반대로 월세와 양의 상관을 보이는 시중 금리는 하락했다. 코픽스 금리는 2025년 10월 초

기준 2.94%(신규 취급액 기준)로 2024년 같은 기간 3.36%에 비해 0.42%포인트 떨어졌다. 전세대출 금리가 내려가면 대출을 받아 전세로 들어가는 게 유리하기 때문에, 금리가 내리면 월세 수요는 줄고 월세 가격은 하락할 가능성이 높다. 다시 말해 금리가 하락하지 않았다면 그 영향으로 월세는 더 오를 수 있었다는 의미다.

전세 상승분 상당수 월세로 전환

그런데도 불구하고 아파트 월세 시장이 전세에 비해 상대적으로 강세를 보인 이유는 무엇일까.

우선 전세 수요의 매매로의 이동을 생각해볼 수 있다. 2025년 9월 기준 전월세전환율은 서울 4.26%, 인천 5.56%, 경기 5.13% 등으로 시중 금리에 비해 높은 수준을 유지하고 있다. 이 정도 수익률이면 은행에 맡기는 것보다 매입을 해서 임차를 놓는 게 유리하다. 서울 강남권이나 한강벨트 지역의 '똘똘한 한 채'를 사는 게 국룰처럼 여겨지는 시기여서, 전세보다는 대출을 받아 최대한 상급지로 이동하는 것이 유리하다는 의미다. 전월세전환율은 전세보증금과 월세를 교환하는 비율로, 전세 시세가 일정할 때 전환율이 오르면 월세가 오른다. 두 번째는 전세 상승분의 상당수가 월세로 전환되고 있기 때문으로 판단된다. 지속적인 전세 가격 상승으로 전세금의 절대 금액이 커지면서 전세금이 5%만 올라도 금액이 상당하다. 시장에서는 전세금 상승분만큼 월세로 지급하는 경우가 늘고 있어, 그만큼 전세 비중은 줄고 월세 비중은 늘고 있다.

국토교통부 통계를 분석해보면, 2025년 1~8월 전국 주택 월세 비중은 처음으로 60%대를 넘어서며 62.2%를 기록했다. 전월세 거래 10건 중 6건이 월세인 셈이다. 같은 기간 대비 월세 비중은 2023년 55%, 2024년 57.4%를 기록했다. 서울도 예외는 아니다. 2025년 1~8월 주택 월세 비중이 2023년 56.6%, 2024년 60%에서 2025년에는 64.1%로 상승했다. 서울 아파트 절반가량 이상이 월세 거래로 채워지고 있다.

2026년 임대 시장 상승 요인 많아

2025년 임대 시장과 경기, 그리고 정책 변수를 종합적으로 고려해볼 때 2026년 임대 시장은 하락보다 상승 요인이 많아 보인다. 실물 경기 회복 여부가 변수로 작용하겠지만, 임대 수급 여건과 전세 가격 상승 주기 등을 복합적으로 살펴본다면 서울, 수도권 중심으로 전세 가격 상승이 예상된다.

먼저 2026년 전세 수급 상황을 살펴보면, 새 아파트를 통한 전세 공급이 크게 줄어들 전망이다. 2~3년 전 분양 경기 악화로 아파트 공급이 최저로 줄어든 영향이 2026년 본격적으로 반영되기 때문이다. 부동산R114에 따르면 2026년 전국 아파트 입주 물량은 20만7049가구로 2025년에 비해 7만1994가구 줄었다.

자산 시장 어떻게 되나

2020년 이후 매년 30만가구가량 공급되던 것에 비해서는 10만가구가량이 줄어든 셈이다. 이는 코로나 팬데믹 영향으로 아파트 공급이 가장 적었던 2023~2024년 분양 물량이 2025~2026년을 걸쳐 본격적으로 입주를 시작하기 때문이다. 연도별 민간 아파트 일반분양 물량은 2021년 22만8555가구, 2022년 19만2338가구에서 2023년 12만9342가구로 대폭 줄어 저점을 찍은 이후, 2024년에는 15만6005가구로 소폭 늘어나는 데 그쳤다.

서울과 인접 지역은 임대 수급 상황이 악화될 전망이다. 서울 아파트 입주 물량을 보면 2025년 4만2952가구에서 2026년 2만8716가구로 33%가량 감소할 것으로 보인다. 경기의 2026년 입주 물량은 6만7550가구로 2025년(7만4741가구)에 비해 물량이 크게 줄지는 않았지만 지역별 편차가 커 불안 요소로 꼽힌다. 경기 입주 물량은 평택(8522가구), 이천(7675가구), 파주(6957가구) 등 외곽 지역에 몰려 있고 서울 인접 지역 입주 물량은 눈에 띄게 줄었다.

지방광역시에서는 울산 입주 물량이 4411가구로 2025년과 비슷한 수준이다. 공급에 변화가 없는데 조선업 호황 등의 호재로 임대 수요는 늘어날 전망이라 전세, 임대 가격 상승이 점쳐진다. 반면 대기업이 없고 소상공인, 중소기업이 많은 대부분 지역은 경제 침체가 심화될 수 있어 임대 수요 상승세가 미미할 전망이다.

2026년 서울 아파트 전셋값이 상승세를 보일 전망이다. 사진은 서울 강동구 아파트 전경. (매경DB)

전세 기간 주기를 봐도 전세 가격은 안정세에 무게가 실린다. 2년 단위로 이뤄지는 전세 가격 주기와 임대차2법 시행에 따라 생기는 4년 단위의 가격 변동 주기 등이다.

먼저 최근 2년 단위의 전세 가격 변동을 살펴보면, 2000년 이후 짝수 해의 전세 가격 상승폭은 홀수 해에 비해 작고, 하락폭은 크게 나타나는 현상이 반복된다. 전세 계약이 2년 단위로 이뤄지기 때문에 짝수 해인 2026년의 전세 가격은 2024년 가격에 영향을 받게 된다는 말이다. 그렇다면 전세 주기에 따른 전세 가격 상승폭은 크지 않고 홀수 해인 2025년보다 낮은 수준에서 변동률이 마이너스가 될 가능성이 있어 보인다.

임대차2법 시행 이후 생겨난 4년 단위 주기를 적용해도 비슷한 결과가 나온다. 연도별 추이를 보면 2020~2021년 전세 가격 상승, 2022~2023년 전세 가격 하락으로 한 사이클이 완성됐고, 2024~2025년 전셋값이 상승했으므로 2026년은 하락의 초입 사이클이 시작될 가능성이 있다.

임대차2법은 기존 2년이던 임대차 기간을 '2+2'로 늘려 4년 거주를 보장한 계약갱신청구권(갱신요구권)과 재계약 때 임대료 상승폭을 직전의 5%로 제한하도록 한 전월세상한제를 말한다. 법 시행 이후 전세 가격 추이를 보면 2020~2021년은 전세 가격이 급등했다. 세입자들이 계약갱신청구권을 대거 사용했고 시중에 나오는 전세 매물이 줄어 전세 가격이 급등한 것으로 해석된다. 반대로 2022~2023년은 전세 가격이 급락했다. 계약갱신청구권을 사용한 전세 매물이 한꺼번에 나오고 포스트 코로나에 적응하는 과정에서 금리가 제자리를 찾아 올라가면서 전세 수요는 감소, 공급은 증가하는 반대 현상이 나타난 것으로 해석된다.

그러나 2025년 전세 가격이 예상치 못한 경제 충격 때문에 오르지 못했다면 주기가 바뀔 가능성도 있다. 다시 말해 비상계엄, 미국 상호관세 부과 등 외부적 충격에 대한 영향이라면 2026년 신규 아파트 입주 감소에 따른 수급과 맞물려 전세 가격이 오를 가능성이 있어 보인다.

전세 가격 주기, 임대차2법, 금리 인하 변수

거시적인 변수로 금리에 대한 영향도 따져봐야 한다. 2026년에는 미국 중심으로 기준금리는 더 낮아질 것으로 예상된다. 우리나라도 보조를 맞춰 금리가 낮아질 것으로 보인다. 금리가 낮아지면 전세대출 금리도 하락하면서 전세 가격 상승 요인으로 작용할 수 있다.

정부 부동산 정책도 변수다. 이재명 대통령 취임 직후 발표된 6·27 부동산 대책과 10·15 주택 시장 안정화 대책은 모두 대출 규제가 핵심이다. 세입자도 돈 빌리기 어려워졌다는 말이다. 세입자들도 새집으로 이사를 가는 것보다 재계약을 선택하는 경우가 많아지고, 재계약 시 오른 가격은 월세로 충당하는 경우가 늘 것으로 보인다. 이에 따라 월세 비중은 더욱 확대되고, 전세보다는 월세 가격 상승이 가파를 것으로 전망된다.

지역별 전세 가격을 보면 2026년 임대 수급 상황이 악화되는 서울과 인접 지역은 5% 이상 상승이 예상된다. 그러나 대부분 지역 전세 가격 상승은 제한적일 것으로 생각된다. 2024~2025년은 법 시행 4년 차가 넘어서면서 안정화를 찾아가는 모습이기 때문이다.

물가 상승에 따른 부작용도 예상된다. 임차인의 전세보증금은 물가 상승에 비례해 가치가 하락한다. 금리 인하가 예정된 상황이라 물가 상승 기대감은 더 커질 수 있다. 전 세계 대부분 국가들의 돈 풀기 경쟁으로 화폐 가치가 떨어지는 상황이다. 풀린 돈을 회수하기보다는 금리를 낮춰 돈을 더 푸는 모습이다. 급격한 화폐 가치 하락이 예상되는 상황에서 전세보다는 월세가 유리하다. 그런데 정부는 전세대출의 문을 옥죄고 있다. 이 때문에 향후 월세 가격 상승 가능성이 높아질 전망이다. ■

| 권말부록 |

2026년
유망주식·부동산

주식 시장

어디에 투자할까

〈주식〉
1. IT · 전자통신
2. 금융
3. 화학 · 정유 · 에너지
4. 자동차 · 운송
5. 건설 · 중공업
6. 교육 · 문화
7. 소비재
8. 제약 · 바이오
9. 중소형주

주식 ❶ IT · 전자통신

클라우드·전산 등 AI 투자 분야 확대
프리미엄 중심 IT 포트폴리오 대전환

박강호 대신증권 수석연구위원

2025년 전 세계적으로 인공지능(AI) 인프라 투자가 확대됐다. 이에 따라 피지컬 AI가 부각되고 휴머노이드 등 신성장 산업이 등장했다. 고대역폭메모리(HBM) 수요가 강한 가운데, D램과 낸드 등 기존 메모리 반도체 또한 가격 상승세가 이어졌다. 반도체 업황은 호조를 보였고, 각 기업 수익성은 확대됐다. 미국의 관세 정책으로 주요 정보기술(IT) 기기 교체 수요가 지연되며 소비가 약해진 점은 부담으로 작용했다.

AI 투자가 기존 데이터센터와 서버에 집중됐다면, 2026년엔 점차 개별 기업 클라우드와 전산 등 다양한 분야로 확대될 전망이다. 미국의 관세 부과는 기업의 원가 개선을 촉진하고, IT 기기에 AI 기능과 온디바이스 등 서비스 채택을 가속화할 것으로 예상된다. 이에 따라 주요 IT 부품 사양이 과거보다 개선될 가능성이 크다. 스마트폰 · PC · TV 등 분야에서 온디바이스 교체 수요가 클 것으로 예상된다.

프리미엄 제품 중심의 포트폴리오 전환과 미중 경쟁 관계를 반영하면, 완제품과 부품을 만드는 한국 기업에 유리한 환경이 조성될 수 있다. 한국이 누릴 반사이익을 기대할 만하다는 뜻이다. AI 서비스가 산업 전반에 반영되며, 이종 산업 간 협력과 융복합이 진행되는 중이다. 새로운 산업의 등장과 성장에 주목할 시기다.

차세대 반도체 등장에 주목

생성형 AI 투자 확대는 큰 폭의 HBM 수요 확대로 이어졌다. 2025년 글로벌 메모리 반

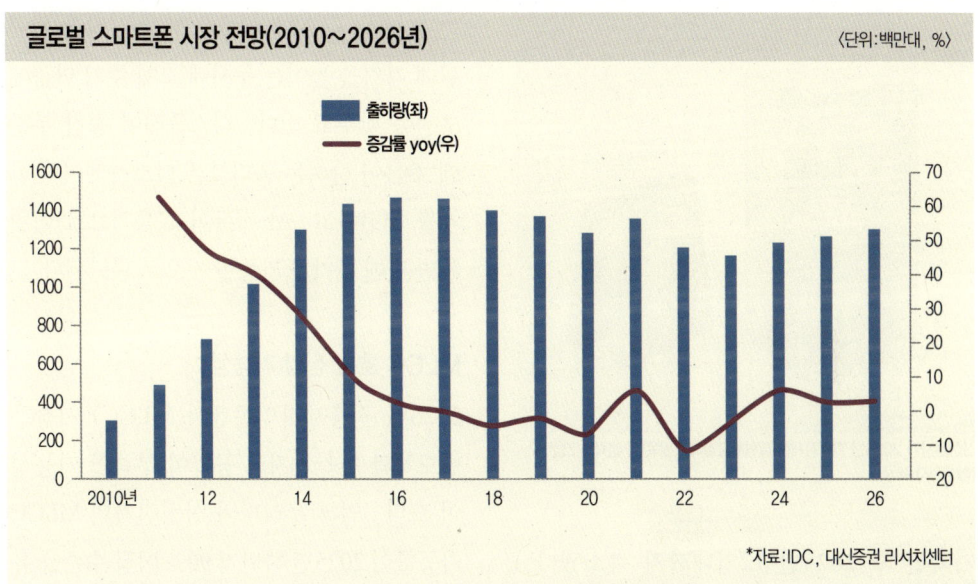

도체 시장은 기존 삼성전자·SK하이닉스·마이크론테크놀로지 등 3사 중심에서 SK하이닉스 원톱 체제로 재편됐다고 해도 과언이 아니다. 또한 AI 투자 과정에서 그래픽저장장치(GPU) 중요성이 부각되며 엔비디아의 역할은 더욱 중요해졌다. 엔비디아의 차세대 AI 가속기 반도체인 루빈 출시가 2026년 하반기에 예정된 상태다. HBM 채용 증가와 속도 향상에 초점을 맞춰 엔비디아 주력 반도체가 블랙웰에서 루빈으로 전환되는 시기다.

블랙웰과 루빈으로 AI 가속기 반도체 패러다임이 전환하며 일반 서버 분야로 투자가 확대될 전망이다. 루빈은 6세대 HBM4 12개를 탑재한다. 그만큼 HBM 수요는 증가할 수밖에 없다. HBM 시장을 선점한 SK하이닉스 공급 우위 상황은 지속될 가능성이 크다. 2025년과 차이점은 있다. 2026년은 삼성전자와 마이크론 등으로 공급처 다변화를 예상한다.

2026년 반도체 시장에서 소캠·엘피캠·CXL 등 새로운 반도체를 향한 관심이 증대될 전망이다. 엔비디아의 소캠은 AI 서버와 고성능 컴퓨팅 환경에서 저전력·고성능 역할을 담당하는 반도체다. AI 데이터센터, 자율주행, 로봇 등 다양한 산업에서 수요 증가가 예상된다.

제2의 성장 맞이할 폴더블폰

글로벌 스마트폰 시장은 보급 포화와 교체 주기 지연으로 성장이 정체됐다. 글로벌 스마트폰 시장은 2015년 15억대 판매로 정점을

삼성전자가 2025년 7월 공개한 갤럭시 Z폴드7(왼쪽)과 갤럭시 Z플립7. (삼성전자 제공)

기록한 후 2025년 12억대까지 축소됐다. 2020년 삼성전자가 폴더블폰을 처음 공개한 뒤 중국 업체 참여로 신규 수요를 창출하고 교체 수요를 자극할 것으로 기대했으나, 폴더블폰 비중은 2025년 1.8% 수준에 그친 것으로 분석된다.

2026년 스마트폰 시장에서 외형적인 변화에 주목한다. 기존 스마트폰에서 폴더블폰으로 전환이다. 2025년 삼성전자 갤럭시 Z폴드7이 슬림화 추구에 긍정적인 평가를 받으며 판매 호조를 보였다. 2026년 4분기에는 애플이 처음 폴더블폰을 선보일 것으로 예상된다. 2026년 애플이 폴더블폰 시장에 뛰어들면 교체 주기가 더욱 앞당겨질 가능성이 크다.

이러한 상황에서 차별화된 생태계를 보유한 애플이 폴더블폰을 새롭게 선보이면, 전 세계적으로 폴더블폰 전환이 가속화될 전망이다. 애플도 아이폰 판매 증가 속도가 둔화하는 흐름이다. 이에 애플은 매출 성장을 위해 판매 가격을 높이는 동시에 교체 주기 단축에 초점을 맞추고 있다. 디스플레이 중간 부분에 주름이 잡히는 폴더블폰 디스플레이의 한계를 개선하고, AI 접목이 효율적으로 이뤄지면 판매 증가가 가능할 것으로 판단된다.

MLCC 호황 진입 가능성

2026년 적층세라믹콘덴서(MLCC) 시장은 반도체와 마찬가지로 공급이 부족할 가능성이 크다. 일본 무라타와 삼성전기의 MLCC 가동률이 2025년 하반기 90% 이상 수준을 유지했다. 2026년 데이터센터 중심 고용량 MLCC 수요가 강한 상황을 반영하면, 생산이 수요 증가에 대응하기 어려울 전망이다. 일본 MLCC 업체와 삼성전기는 IT보다 산업용·전장용 중심으로 생산을 확대하는 중이다. 산업용·전장용 비중이 50%를 웃도는 상황에서 추가 수요 확대를 예상한다. 또한 AI 서비스 확대로 IT 기기 교체 수요가 빨라지면 MLCC는 공급 부족으로 인한 가격 상승이 전망된다.

AI 서비스가 확대되면 데이터센터 전력 사용량이 증가하고, 관련 인프라에서 추가 투자로 연결된다. 자동차 전장화와 자율주행 채택이 가속화하면서 자동차 1대당 MLCC 소요원 수가 증가하고 있다. MLCC는 새로운 경쟁 업체 진입이 어려운 가운데, 2026년 산업의 호황을 예상한다.

어디에 투자할까

한국이 초기 시장 주도할 유리기판

2026년 인쇄회로기판(PCB) 시장에서 유리기판 관련 투자가 확대될 전망이다. 유리기판은 한국이 차세대 주도권을 확보할 수 있는 시장으로 평가받는다. 전 세계적으로 빅데이터 증가에 따른 학습·추론 등 분석 능력이 중요해졌다. 이 과정에서 AI 가속기 등 첨단 반도체 속도 개선과 저전력을 추구하기 위해 반도체 크기는 점점 커지는 추세다. 반도체 기판 역시 이와 맞물려 면적과 적층 확대가 전개될 것으로 판단된다. 기존 플라스틱 기판은 면적과 적층 확대에 따라 디스플레이가 휘어 보이는 현상이 나타나는 등 물리적 한계에 부딪혔다. 유리기판은 이러한 문제를 해결할 대안으로 꼽힌다.

SKC 자회사 앱솔릭스가 미국에서 유리기판 생산 설비를 구축하고 양산을 추진 중이다. 삼성전기는 현재 샘플 제품을 개발 중이며, 향후 양산에 필요한 설비투자를 시작할 가능성이 높다. 자체 AI 반도체(ASIC) 개발에 나선 빅테크가 유리기판에 높은 관심을 보이고 있다는 점에서, 유리기판은 향후 반도체 패키징 시장 판도를 바꿀 핵심 기술로 자리 잡을 전망이다.

휴머노이드·로봇 산업 성장 시작

휴머노이드·로봇 산업은 기업의 신성장 확보 측면에서 중요하다. 2025년 소비자가전박람회(CES)에서 젠슨 황 엔비디아 최고경

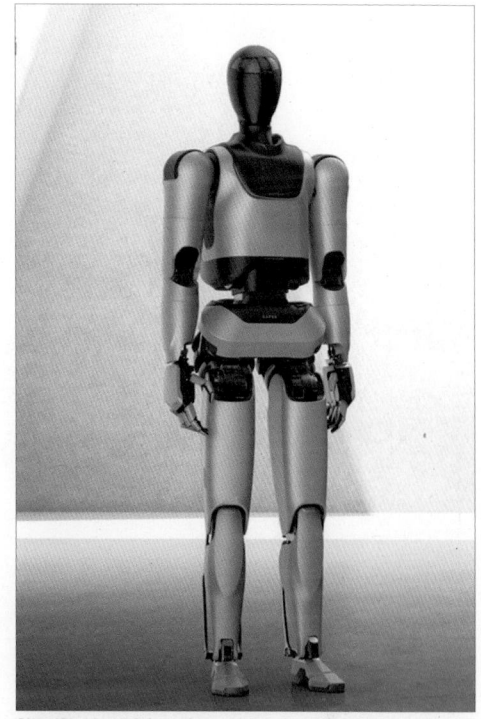

한국과학기술연구원(KIST)이 LG전자, LG 인공지능(AI)연구원과 공동으로 개발한 한국형 차세대 휴머노이드 '케이펙스(KAPEX)'. (KIST 제공)

영자(CEO)는 AI가 점차 피지컬 AI로 진화하며 휴머노이드가 상용화될 것으로 내다봤다. 피지컬 AI란 생성형 AI 중 하나의 형태로, 3차원 공간과 물리적 법칙을 AI가 스스로 이해하며 현실 세계와 직접 상호 작용하고 자율적으로 행동하는 모델이다.

2025년 테슬라와 보스턴다이내믹스는 관련 사업을 확대하고, 2026년 휴머노이드를 선보인다는 계획을 밝혔다. 초기에는 산업 현장에서 자동화와 품질 검사에 중점을 두고 사업을 진행한다. 이후 물류와 음식점 서비스, 가정 분야까지 휴머노이드·로봇 서비스를

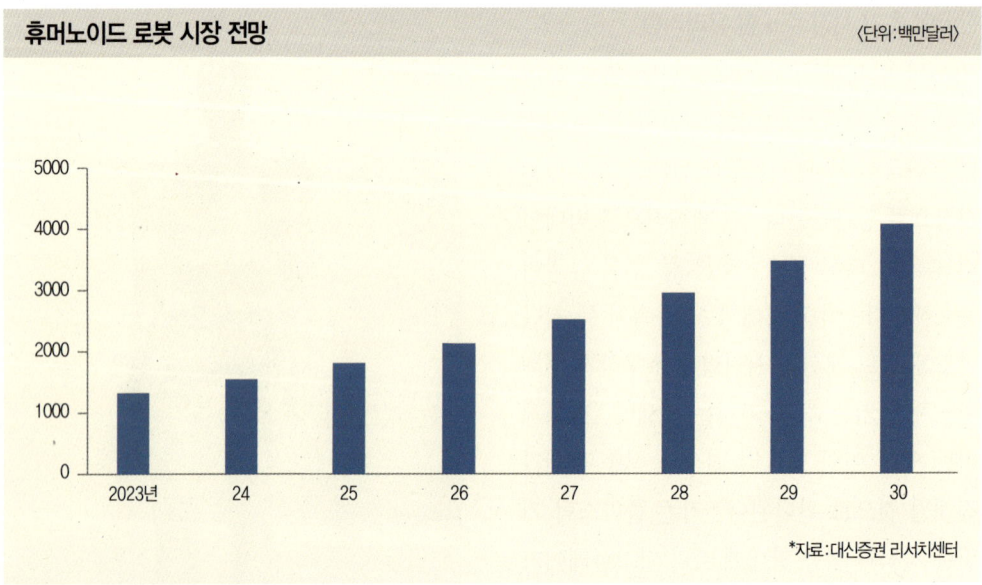

휴머노이드 로봇 시장 전망 〈단위:백만달러〉
*자료:대신증권 리서치센터

넓혀나갈 것으로 예상된다.
미국 테슬라와 보스턴다이내믹스 최대주주인 현대차의 공통점은 자동차 업체라는 점이다. 두 기업 모두 자동차 제조 공정 자동화에 초점을 맞춘다. 내연기관에서 전기차 제조로 전환하는 과정에서 자동화 공정은 무엇보다 중요하다. 테슬라와 현대차가 자체적인 휴머노이드·로봇 사업을 추진하는 배경이다.
사람의 형태를 띠면서 인간의 노동력을 대체할 만한 수준의 로봇이 출현하기까지는 상당한 시간이 걸릴 전망이다. 단, 그동안 인간 노동력을 대체하는 자동화 관점에서 기업 투자가 진행된 점을 고려하면, 예상보다는 고성능 로봇의 출현이 앞당겨질 가능성이 존재한다. 산업 현장에서 자동화가 진행되면 서비스업까지 확산하고 발전할 전망이다. 이 과정에서 다른 경쟁자가 등장하고 신규 업체가 뛰어들며 휴머노이드·로봇 산업 성장은 더욱 빨라질 것으로 기대를 모은다.
이미 산업 현장의 자동화와 식당 서비스업 등에서 이동식 로봇 서비스가 제공되는 중이다. 여기에 카메라나 구동계, 디스플레이 등 IT 기업이 참여할 경우 AI 기술 발전은 급성장할 전망이다. 데이터 확보와 분석이 다양해지기 때문이다.
한국과학기술연구원(KIST)이 2025년 10월 LG전자, LG AI연구원과 공동으로 개발한 한국형 차세대 휴머노이드 '케이펙스(KAPEX)'가 대표적이다. 케이펙스는 스스로 학습하고 환경 변화에 적응하며 사람과 협업 등을 수행하는 휴머노이드다.

// 어디에 투자할까 //

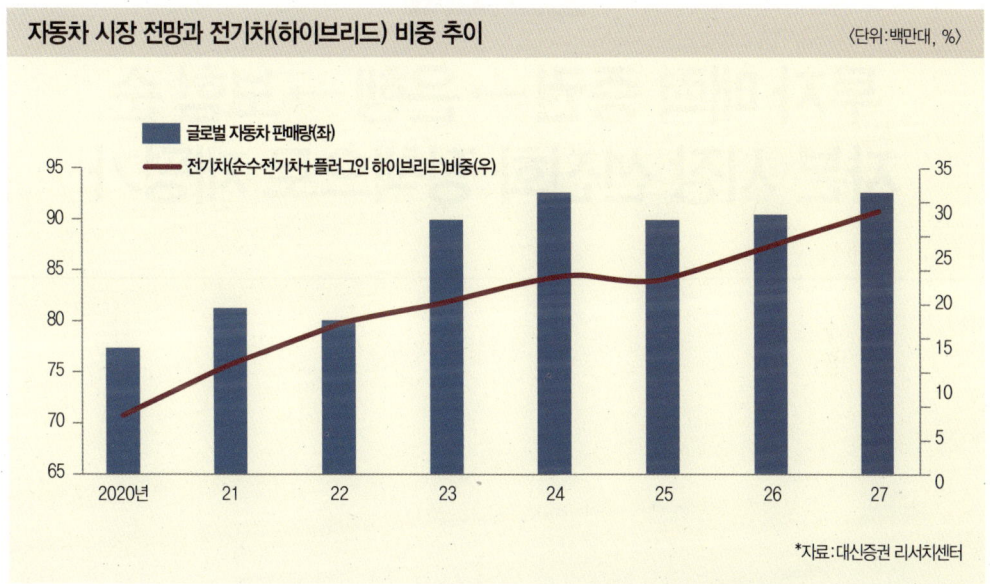

자동차 시장 전망과 전기차(하이브리드) 비중 추이 〈단위:백만대, %〉

*자료:대신증권 리서치센터

자동차 산업 게임 체인저 '자율주행'

2026년 미국에서 전기차 보조금 지급을 중단했다. 일각에서 화재나 사고 등 안정성 우려가 제기된 탓이다. 이는 전기차 성장에 부담으로 작용했다. 여기에 전기차 성장은 신규 업체가 다수 등장하며 경쟁이 심화된 상태다. 다시 말해서 그만큼 진입장벽이 낮아졌다는 뜻이다. 중국 전기차가 가격 경쟁력을 바탕으로 해외 수출을 늘리며, 글로벌 업체 간 점유율 변화가 시작됐다.

다만 내연기관에서 친환경 자동차로 패러다임이 전환하고 있다는 점은 명확하다. 2026년 자동차 전장화를 포함한 자율주행 서비스 제공에 대다수 자동차 업체가 중점을 둘 것으로 전망한다. 경쟁이 심화된 상황에서 자동차 주도권을 잡기 위해서는 자율주행 운영과 시스템 확보가 무엇보다 중요해졌다.

이 분야에서는 역시 미국이 앞서나가는 모양새다. 2025년 7월 테슬라가 무인주행 로보택시를 선보였다. 오스틴 일부 지역에서 무인주행차 약 10~20대를 활용해 유료 서비스를 제공했다. 초기 서비스 지역과 운영 차량 제한으로 큰 주목을 받진 못했다. 2026년엔 전 세계적으로 자율주행 적용이 확대되고, 미래 공유 서비스 관점에서 투자가 확대될 전망이다. 테슬라는 점차 페달과 운전대가 없는 로보택시 사이버캡을 양산할 계획이다. 미국 로스앤젤레스(LA)에서 구글 웨이모가 이미 자율주행 관련 택시 서비스를 제공한 상태다. 여기에 테슬라 참여로 미국 택시 분야에서 자율주행 서비스 활성화가 예상된다. 점차 택시를 넘어 다양한 물류 분야로 확장할 가능성이 크다. ■

주식 ❷ 금융

투자 매력 증권→은행→보험 순
자본 시장 선진화 정책으로 재평가

조아해 메리츠증권 수석연구원

2024년에 이어 2025년 역시 금융주 상승세가 두드러졌다. 2024년 금융당국이 추진한 기업 밸류업 프로그램을 계기로 국내 금융주 전반에서 주주 가치 제고 노력이 본격화됐다. 이러한 흐름은 2025년까지 꾸준히 이어졌다. 여기에 신정부가 추진 중인 자본 시장 선진화 정책이 시장 전반의 재평가를 이끌며 금융주는 상승세를 더욱 공고히 했다.

정부는 한국 자본 시장의 질적 수준과 투자자 신뢰를 높이기 위한 증시 구조 개편을 본격화했다. 궁극적인 목적은 '생산적 금융'을 구현하고, 가계자산 구조를 비금융자산 중심에서 금융자산 중심으로 전환하는 데 있다. 한국은 가계자산 중 비금융자산 비중이 64%에 달한다. 미국(29%)이나 일본(37%) 대비 현저히 높다. 이처럼 정부는 왜곡된 구조를 완화하기 위해 상장 요건 강화, 공시 투명성 제고, 기업 지배구조 개선 유도 등 다양한 제노 개편을 추진 중이다.

한국 증시의 고질적인 저평가 해소와 함께 중장기적 관점에서 자본 시장 경쟁력을 제고할 것으로 기대를 모은다. 이는 금융사의 단순한 실적 개선을 넘어, 사업 구조와 수익 모델의 체질 변화를 촉진하는 요인으로 작용한다. 주주환원 정책 강화, 지배구조 개선, 배당 확대 등은 이미 금융사 경영 전략 핵심으로 자리 잡았다. 국내외 증시 동반 강세 속 금융업 기업가치 정상화 기대감 또한 빠르게 확산되는 분위기다.

2026년 이러한 변화 흐름은 지속될 전망이다. 자기자본이익률(ROE) 개선 여력을 바탕으로 증권→은행→보험 순으로 투자 매력

// 어디에 투자할까 //

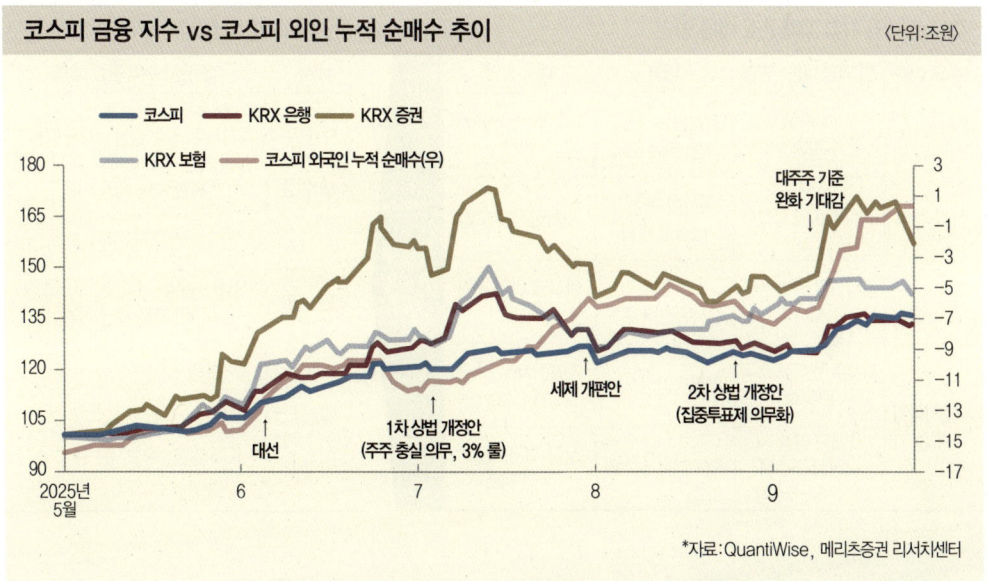

도가 높다는 판단이다.

증권
우호적 영업 환경 속 성장 지속

자본 시장 선진화 흐름 속 증권사는 수익성과 성장성을 동시에 확보하며 가장 직접적인 수혜 업종으로 부상했다. 이미 2025년 실적을 통해 구조적 개선 효과가 입증됐다. 2026년까지 정책 환경이 이어질 것으로 예상되는 만큼, 증권사는 성장을 지속할 전망이다.

증시 개편 정책으로 거래대금 증가세가 뚜렷하다. 이에 따른 위탁매매(브로커리지) 수수료가 확대되는 중이다. 2025년 3분기 기준 국내 일평균 거래대금은 25조원으로, 직전 분기(23조원) 대비 약 8% 증가했다. 이는 단순한 단기 반등이 아니다. 자본 시장의 구조적 신뢰 회복과 개인 투자자 참여 확대가 동시에 이뤄진 결과다. 향후 증시의 질적 개선이 나타날수록 증권사 브로커리지 수수료는 지속적으로 확대될 전망이다.

기업 지배구조 개선 움직임은 증권사 기업금융(IB) 부문 이익 증가로 직결된다. 최근 기업 지배구조에 대한 사회적·제도적 압력이 강화됐다. 이에 따라 주주행동주의 확대 → 지배구조 개편 수요 증가 → IB 자문 수요 확대라는 구조적 흐름이 형성됐다. 특히 자사주 소각 의무화 시행 전 기업이 자사주를 활용한 다양한 금융 거래를 추진하며, 증권사 IB 부문 거래가 활발해졌다. 교환사채(EB) 발행 규모는 2025년 9월 24일 기준 누적 3조

주요 로펌의 기업 지배구조 대응 방안

주요 이슈	법 개정 내용·방향	영향	대응 방안
상법 개정	이사의 충실 의무 확대	배임죄로 인한 소송 부담 증가	주주 커뮤니케이션 강화
	집중투표제 활성화	이사회 구성의 급격한 변화	시차임기제 도입
	감사위원 분리 선출 확대	소수 주주의 감사위원회 주도	의결권 위임 전략 검토
자본시장법 개정	자사주 원칙적 소각 의무화	경영권 방어 약화	지분·재무 구조 개편 검토
	쪼개기 상장 시 모회사 주주에 신주 우선 배정	IPO 일정 장기화	상장 시기·전략 수정 검토

→ 증권사 IB 수익 확대

증권사 IB 수익 예시

예시	증권사 수익 관련 예시
자사주 활용 전략 수립 필요	자사주 소각 결정·이에 따른 잔여 자본 구조나 배당 정책 설계 위한 자문 제공 가능
지배구조 개편 니즈 증가	인수·합병·분할 등 구조조정 관련 자문 제공 가능
지분율 방어 전략 수립 필요	자본 조달 구조 설계 제공 가능 (CB 발행, 우호지분 유치 등)

*자료: 메리츠증권 리서치센터

1000억원으로, 2024년(2조원) 대비 크게 확대됐다. 자사주를 주식교환 수단으로 활용하는 사례도 나타난다. 하이비전시스템과 세방 간 주식교환 사례가 대표적이다. 이러한 흐름은 기업 구조조정과 지배구조 개선을 동반하는 장기적 수요 변화로 판단된다.

발행어음과 종합금융투자계좌(IMA) 인가 추진은 새로운 성장 동력으로 부각된다. 다수 증권사가 인가 준비에 적극적이다. NH투자증권은 IMA 인가를 위한 자본 요건을 충족하기 위해 6500억원 규모 유상증자를 단행했다. 키움증권은 투자운용 부문 아래 종합금융팀을 신설하고 자기자본투자(PI) 부문 중심으로 발행어음 인가를 추진 중이다. 하나증권은 2025년 8월 2950억원 규모 후순위채를 발행해 영업용 순자본비율(NCR)을 1365%에서 1585%까지 개선했다. 발행어음 사업자 인가 요건을 충족하기 위한 사전 작업이다. 발행어음과 IMA 인가가 예상대로 진행된다면 2026년부터 본격적인 이익 기여가 가능할 것으로 예상된다.

종합적으로 자본 시장 선진화에 따른 우호적인 영업 환경과 발행어음·IMA 등 신규 성장 동력 확보라는 다양한 요인이 맞물린 증권업 성장 사이클은 유효하다. 특히 신규 사업 인가를 획득하는 증권사는 높은 수익성 기반의 적극적인 주주환원 정책을 이어갈 것으로 전망된다.

은행

주주환원율 제고 속도 가속화

국내 은행의 주주환원 정책 이행 속도가 빨라

// 어디에 투자할까 //

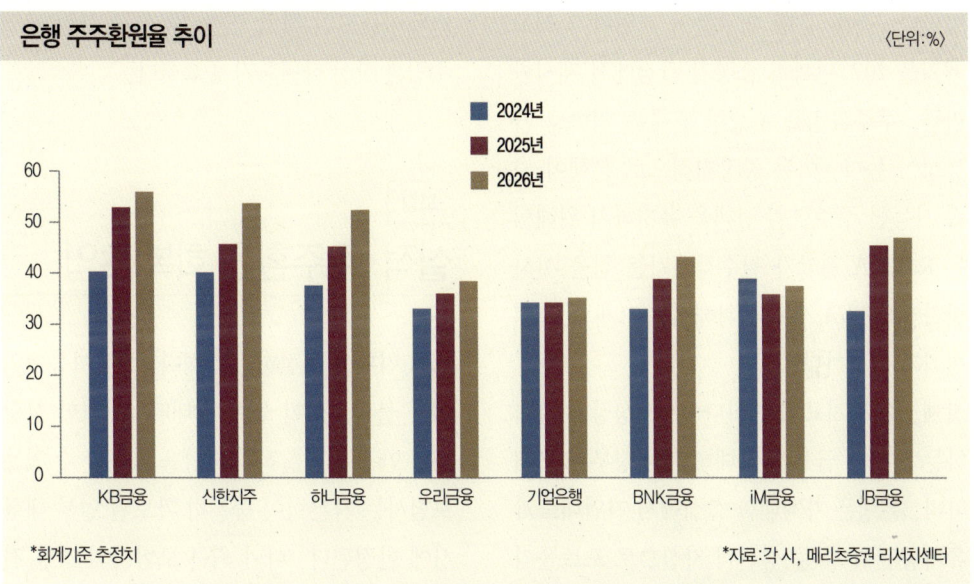

지고 있다. 2025년 금융주 최초로 주주환원율 50%를 웃도는 은행이 나타날 가능성이 높다. 2018~2022년 은행의 주주환원율이 30% 수준에 머물렀던 점을 감안하면 눈에 띄는 변화다. 중장기적으로는 위험가중자산이익률(RoRWA) 개선 여력이 높을수록 안정적이고 지속 가능한 주주환원이 가능할 것으로 판단된다. RoRWA는 가계·기업과 신용·담보 등 대출 종류에 따른 위험 수준에 따라 가중치를 둔 위험가중자산 대비 이익 비중을 뜻한다. 즉, 은행이 지닌 리스크 대비 수익성을 나타내는 지표다.

2024년부터 본격화된 기업가치 제고 계획을 기점으로, 주요 은행은 위험가중자산(RWA) 관리에 집중한다. 이를 통해 보통주자본(CET1)비율을 높여 은행의 손실 흡수 능력을 키우겠다는 전략이다. CET1비율은 보통주자본을 RWA로 나눈 값으로, RWA가 줄면 CET1비율은 확대된다.

이는 은행이 과거처럼 무작정 대출을 늘려 몸집을 키우기보다 자본 효율성과 수익성을 동시에 고려하는 방향으로 경영 기조가 변화했다는 점을 의미한다. 과거에는 상반기 성장 후 하반기 운용 수익을 관리하는 흐름이었다면, 최근에는 분기별 균등 성장을 통해 리스크를 관리하는 기조다.

다시 말해 이제 은행은 RoRWA 개선 → CET1비율 상승 → 주주환원율 확대라는 선순환 구조가 형성됐다. 주요 은행의 평균 RoRWA는 2024년 상반기 1.44%에서 2025년 상반기 1.56%로 개선됐다. 이에 따른 2025년 주주환원율은 전년 대비 약 7%포인트 상승을 전망한다. 특히 은행 대부분이 기업가치 제고 계획을 2027년까지 중장기 관점에서 제시한 만큼, 주주환원율 우상향 흐름은 지속될 가능성이 높다. 이는 중장기적으로 은행이 지속 가능한 주주환원 정책을 유지하기 위해서는 RoRWA 제고가 필수적이라는 점을 시사한다. RoRWA 제고를 위해서는 크게 네 가지 변화가 필요하다.

첫째, 주요 지표의 변화다. 경제성장에 기여하는 생산적 금융을 확대하라는 정부 요구에 따라, 은행은 가계대출 중심에서 기업대출과 유가증권 투자 등 생산적 자산으로 포트폴리오 전환이 필요하다.

둘째, RWA 관리 체제 고도화다. 주요 지표가 바뀌면 위험 가중치가 높은 자산이 늘어날 수밖에 없다. 이에 대응하는 RWA 관리 방안이 필수적이다. 보증기관 협력을 확대하고 해외 은행이 활용하는 위험이전기법(SRT) 도입을 검토할 시기다. SRT는 은행이 신용 위험을 이전하기 위해 발행하는 신용연계채권의 일종이다.

셋째, 인공지능(AI)·핀테크 협력 기반 비용절감이다. 최근 은행의 핀테크 기업 출자 제한이 완화됐다. 이로 인해 은행도 외부 기술기업과 협력·투자를 확대할 수 있는 길이 열렸다. 비용 효율화와 업무 자동화 측면에서 산업 전반적인 흐름에 보다 가까워질 수 있게 됐다.

넷째, 새로운 성장 동력 확보다. 해외 진출과 스테이블코인 사업 진출 등 신규 사업 모델 수립과 자산 다변화가 중요하다.

보험

실적·주주환원 회복 초입

보험 업황은 여전히 부진하다. 배당가능이익 역시 불확실성이 높은 상태다. 이러한 상황에서 안정적인 실적과 배당을 기대할 수 있는 보험사는 자본력이 충분히 확보된 일부 대형사에 한정된다. 다만 최근 보험사의 경영 전략 변화와 건전성 규제 완화 등 제도적 환경 변화를 고려할 때, 2026년부터 점진적인 회복세가 나타날 것으로 예상된다.

새 보험회계기준(IFRS17) 도입 직후 보험 업계 전반이 시장점유율 확보를 위해 과열 경쟁에 나서며 물량 위주 성장에 집중했다. 이로 인해 계약 구조의 질이 저하되고 손익이 악화하는 결과를 초래했다. 2025년 상반기 기준 생명보험사 보험이익률은 평균 15%로, 전년 동기(17.9%) 대비 하락했다. 손해보험사 역시 보험이익률이 같은 기간 14.5%에서 9%로 급락했다. 이는 과도한 신계약 확대 과정에서 발생한 결과다.

단기적으로 손해율을 안정화하고 장기적으로는 상품 구조를 개편해, 보험계약마진(CSM) 배수를 높이는 등 질적 성장이 필요한 국면이다. 과거 양적 성장에서 벗어나, 수익성 중심

성장으로 전환이 요구된다. 이에 보험사는 무리한 외형 확장보다 수익성과 건전성 중심 경영 기조로 전환하는 추세다. 이는 향후 업황 회복의 초석이 될 것으로 판단된다.

손익뿐 아니라 자본 관리도 중요한 과제다. 금리 하락과 할인율 제도 변경 등 외부 환경은 보험사의 건전성 관리 부담을 높였다. 이에 금융당국은 보험 업계 자본 부담을 완화하기 위한 여러 제도적 조치를 추진 중이다. 2025년 4월에는 지급여력(K-ICS)비율 규제를 기존 150%에서 130%로 완화했으며, 7월에는 '보험 산업 건전성 TF' 1차 회의를 열고 보험부채 할인율 현실화 방안을 논의했다. 이와 함께 기본자본 지급여력비율 규제 완화 방안도 병행해서 검토된다. 단기적으로 보험사의 건전성 지표 개선을 기대하게 만드는 요인이다. 단, 해약환급금준비금 부담은 여전히 보험사 배당 정책에 제약으로 작용한다. 해약환급금준비금은 보험 계약 해지 시 지급액에 대비한 적립금으로, 배당가능이익에서 차감되는 항목이다. 자본총계 대비 비중은 2024년 15.7%에서 2025년 2분기 21.4%로 확대됐다. 이는 보험사 배당 여력을 직접적으로 약화하는 요인이다. 보험 업계 전반적으로 적립금 확대 흐름이 이어지고 있다. 2025년부터 K-ICS비율 170% 이상인 보험사는 해약환급금준비금 적립 기준을 기존 100%에서 80%로 완화할 수 있다. 일부 보험사 배당가능이익이 여전히 마이너스(-)인 점을 감안하면, 당분간 배당 재개로 이어지기는 어렵다. 보험업 전반의 안정적인 배당 확보를 위해 추가 제도 개선이 필요하다.

결국 보험업 회복은 단기적인 요인보다는 구조적 체질 개선과 규제 완화 지속 여부에 달려 있다. 업황 부진이 당분간 이어질 가능성이 높지만 최악의 국면은 지나가고 있다는 판단이다. 질적 성장으로 기조 변화와 K-ICS 규제 완화에 따른 자본 여력 개선은 중기적 회복의 토대가 된다. 배당 불확실성이 완전히 해소되기까지 시간이 필요하지만, 보험업계 전반의 자본 구조가 안정화되면 점진적인 배당 정상화와 기업가치 회복이 가능할 전망이다. 2025년 말은 보험업 회복의 초입 구간이다. 규제 완화 효과가 본격화되는 2026년 이후부터 실적과 주주환원 측면에서 가시적인 변화가 나타날 것으로 전망된다. ■

해약환급금준비금 개선 방안

개선안 적용 K-ICS 기준
기존(2024년) 200% → (2025년) 190% → … → (2029년) 150%
개선(2024년) 200% → (2025년) 170% → … → (2029년) 130%

예시

2024년 K-ICS비율
200% 이상일 경우 준비금 적립비율 현행 대비 80%
200% 미만일 경우 준비금 적립비율 현행 100%

2025년 K-ICS비율
170% 이상일 경우 준비금 적립비율 현행 대비 80%
170% 미만일 경우 준비금 적립비율 현행 100%

*자료: 금융감독원, 메리츠증권 리서치센터

주식 ❸ 화학·정유·에너지

국제유가 배럴당 60~70달러 박스권 우호적 환경에 국내 정유 실적 개선

윤재성 하나증권 수석연구위원

2025년 하반기 국제유가는 역대급 가격 하락세를 보였다. 2026년까지 이 흐름은 지속될 전망이다. 미국 서부텍사스산원유(WTI) 기준 배럴당 60~70달러 박스권을 형성할 가능성이 높다. 이에 따라 정유 업체 수익성 지표인 정제마진이 반등할 것으로 기대를 모은다. 특히 국내 정유 업체는 우호적인 환경 조

미국 뉴멕시코주 홉스에서 펌프잭이 보인다. (AP=연합뉴스)

성으로 실적 개선이 예상된다. 긴 암흑기를 걷고 있는 석유·화학 업계는 2026년 완만한 회복세를 전망한다.

에너지
미국 천연가스 상승 압력 심화

2024년 평균 배럴당 76달러였던 WTI 가격은 2025년 1~10월 평균 67달러로 하락세다. 2025년 10월에는 배럴당 60달러 아래로 내려갔다. 역대급 저유가 현상이다. 이는 석유수출국기구(OPEC)플러스(+)가 3년간 이어온 감산 정책을 되돌리기 시작한 영향이다. OPEC+ 감산은 세 단계로 진행됐다. 2022년 10월 시작한 공식 감산, 2023년 5월 1차 자발적 감산, 2024년 1월 2차 자발적 감산이다.

2025년 들어 감산 정책을 뒤집었다. 2차 자발적 감산에 대한 완화를 2025년 4월 시작하면서다. 같은 해 10월에는 1차 자발적 감산에 대한 완화 조치가 진행됐다. 당초 예상보다 빠른 속도다. 2025년 초 트럼프 취임 후 OPEC+가 시장점유율을 확대하는 방향으로 정책을 변경했기 때문이다. 향후 OPEC+의 감산 완화 추세가 유지될 가능성이 높다. 이에 따라 국제유가는 추가적인 하방 압력을 받을 것으로 예상된다.

국제유가 하단은 WTI 기준 배럴당 60달러로 판단된다. 미국 에너지정보청(EIA)에 따르면, 미국 원유 생산량이 2025년 고점을 기록한 뒤 2026년부터 생산량 감소가 점쳐진다. 바이든정부 시절부터 원유 업체의 투자가 축소된 데다, 지난 수년간 대형사를 중심으로 미국 셰일 업계 대규모 인수·합병(M&A)이 진행된 탓에 추가 투자 또한 어려워진 영향이다. 만약 국제유가가 배럴당 70달러를 넘어가면 물가 부담을 자극할 우려가 있다. 트럼프정부는 최대한 OPEC+를 압박해 유가 상단을 방어하기 위해 노력할 전망이다.

반대로 미국 천연가스 벤치마크인 헨리허브(HH) 가격은 향후 상승 압력이 불가피할 것으로 판단한다. 미국의 액화천연가스(LNG) 수출 정책과 전력량 급증에 따른 발전용 수요가 동반 창출되며, 천연가스 수요는 더욱 늘어날 전망이다. 특히 2026년 신규 LNG 수출 터미널이 대규모로 완공될 예정이라는 점에

OPEC+ 감산 정책 되돌리기 시작
2026년 미국 원유 생산량 감소
국제유가 안정화에 정제마진 확대
헨리허브 가격 상승 압력 불가피
천연가스 수출 확대 가능한 환경
20년 전 천연가스 급등 재현 가능

서 천연가스 수출이 늘어날 수 있는 환경이다. 과거에도 비슷한 사례가 있었다. 1980년대 초부터 2008년까지 미국 전력 수요는 25년간 꾸준히 증가했다. 이 과정에서 천연가스 발전 수요가 급증하며 2000년대 초부터 2008년까지 미국 천연가스 가격은 약 10배 급등했다. 당시 미국 전력 수요 증가는 개인용 PC 보급과 산업화 등 영향이다. 최근 미국 데이터센터 산업 활황과 제조업 리쇼어링 정책을 감안하면, 비슷한 국면으로 판단된다. 차이는 LNG 수출 정책이 당시보다 더욱 강화됐다는 점이다. 20년 전 천연가스 가격 급등 현상이 재현될 가능성이 높다.

> **정유**

유가 안정화로 정제마진 확대

2026년 국제유가 안정화에 따라 정유 업체 수익성 지표인 정제마진은 확대될 것으로 예

2026년 정제마진 개선과 물량 증가 등 한국 정유 업체에 우호적인 영업 환경이 조성될 전망이다. 사진은 SK에너지 지속가능항공유(SAF) 생산 설비. (SK 제공)

상된다. 원유 시장은 공급 과잉 현상이 뚜렷하지만, 원유를 원료로 제품을 생산하는 정제설비가 전 세계적으로 부족한 현상을 겪을 전망이다. 2025년 전 세계 정제설비 순증설 규모는 2024년 대비 줄어든 것으로 추정된다. 2026년 소폭 늘어날 것으로 예상되지만 여전히 공급이 부족한 상황이라는 점은 명확하다. 이 같은 현상은 2027년 더욱 심화될 가능성이 높다. 전 세계적으로 추가적인 증설 계획이 없는 상황에서 정제설비 수요는 꾸준히 늘어날 수밖에 없는 상황이다. 석유제품 시장의 빠듯한 수급은 적어도 2030년까지 이어질 전망이다.

특히 문제가 심각한 지역은 정제설비 규모 2위인 미국이다. 2025년 미국 석유제품 재고는 최근 20년 사이 최저치를 기록했다. 2026년에는 추가 하락할 것으로 전망한다. 지난 수년간 미국 정제설비는 폐쇄 과정을 겪었으나, 수요는 꾸준히 늘어난 영향이다. 미국은 자국 내 석유제품 공급 부족을 해소하기 위해 휘발유 수출은 줄이고 항공유 수입은 확대하는 중이다. 이를 반영해 2025년 10월 기준 미국 정제마진은 최근 1년 사이 최대치를 기록했다. 관련 정유 업체 주가 또한 2025년 4월 대비 2~3배가량 상승했다. 향후 예정된 미국 내 설비 폐쇄를 감안하면 이러한 추세는 더욱 심화될 가능성이 높다. 이 과정에서 한국 정유 업체에 대한 외국인 투자자 관심은 상대적으로 높아질 전망이다. 미국으로 향하는 한국 석유제품 수출이 항공유를 중심으로 증가하며, 미국의 공급 부족 현상을 한국 업체가 해결하는 장면이 이미 포착되고 있다.

글로벌 정제설비 규모 3위인 러시아 정제설비가 전쟁으로 타격을 받은 점 역시 정제마진 강세를 점치는 배경이다. 러시아는 경유의 핵심 공급국이다. 그런데 2025년 8월 이후 우크라이나의 러시아 정유설비 공격이 증가하며, 러시아 정제 처리량은 2022년 4월 이

// 어디에 투자할까 //

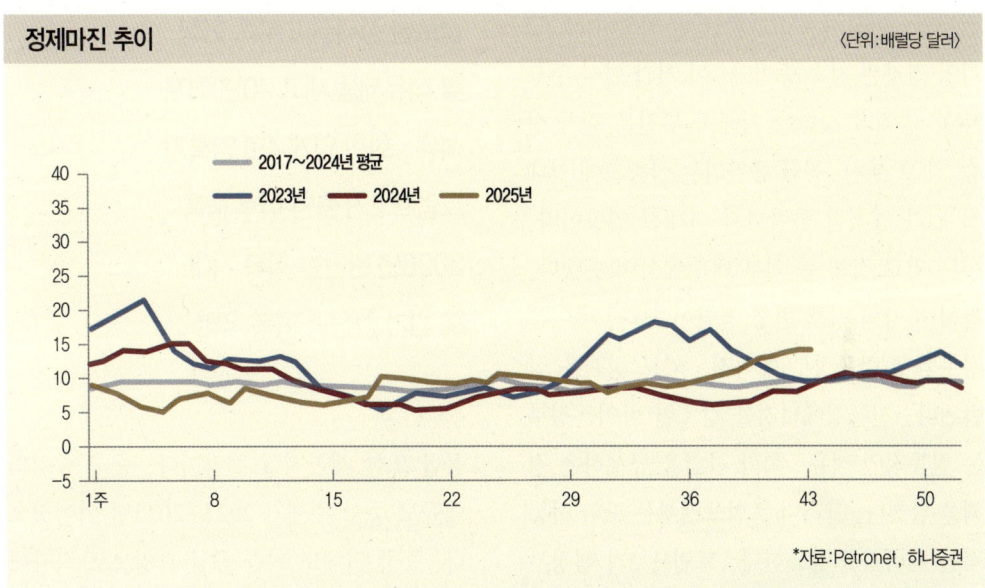

정제마진 추이 〈단위:배럴당 달러〉
*자료:Petronet, 하나증권

후 최저치를 기록한 것으로 파악된다. 이에 러시아는 석유제품 수출 제한 조치를 확대하는 중이다. 기존 휘발유 수출 금지 조치는 2025년 말까지 연장한다. 경유 수출 금지 조치는 러시아에서 석유제품을 구매한 뒤 해외로 수출하는 재판매업자에게만 적용된다. 생산 업체는 해당하지 않는다.

글로벌 정제설비 규모 1위인 중국은 정제설비 규모를 제한하고 있어 추가 증설 여력이 크지 않다. 15차 5개년 계획의 일환으로 산둥성 등에 위치한 소규모 정제설비에 대한 폐쇄 가능성까지 논의된다. 중국의 공급이 급증할 우려가 적다는 뜻이다. 중국 정유 업체가 지난 3~4년 동안 러시아·이란산 원유를 시장 가격 대비 저렴하게 조달하며 누린 원가 경쟁력 또한 최근 미국의 제재 강화로 상실되는 국면이다.

결론적으로 2026년 글로벌 석유제품 시장은 글로벌 상위 3개국의 자체적인 공급 차질과 이에 따른 수출 감소 영향으로 빠듯한 수급 상황이 전개될 가능성이 높다. 글로벌 5위인 한국 업체의 정제마진 개선과 물량 증가 등 우호적인 영업 환경이 조성될 전망이다. 이에 따른 기업 실적 개선이 본격화할 것으로 예상된다.

석유·화학
긴 암흑기 이후 완만한 회복세

글로벌 석유·화학 업계는 2020~2021년 초호황 이후 2022~2025년 약 4년간 기나긴 암흑기를 겪고 있다. 2024년 대비 2025년 석유·화학 업황과 개별 기업 실적은 소폭 개선됐지만, 여전히 주요 나프타분해설비(NCC) 기업 적자는 지속 중이다. 이 기간 한국 주요 NCC 업체가 경험한 이례적 부진은 원가 상승, 수요 부진, 공급 증가라는 삼중고에 상대적 원가 경쟁력 하락까지 더해진 영향이다. 이는 외교 정책 등 외부 변수에서 비롯됐다. 특히 미국의 정책 변경 영향이 크다. 바이든 정부와 트럼프정부 에너지·외교 정책은 상반된다. 친환경에너지를 강조한 바이든정부는 전통적인 석유·화학 산업을 규제하는 정책을 펼쳤다. 그러나 트럼프정부는 보다 전통적인 에너지를 강조한다. 트럼프 2기 행정부 출범에 따라 석유·화학 업계 숨통이 다소 트이는 모양새다. 2026년은 이러한 흐름이 연장선으로 완만한 회복을 기대할 만하다.

구조적으로 살펴보면, 원가 측면에서 OPEC+가 감산을 완화하는 방향으로 태도를 전환한 점이 유가 부담을 낮춘다. 이미 유가 하락에 따라 나프타 가격은 내려간 상태다. 유가 안정화로 글로벌 물가 상승(인플레이션) 부담이 줄었고, 이에 따라 미국을 중심으로 금리 인하 추세가 이어진다. 고금리·고물가에 따른 석유·화학 수요 위축 우려도 조금씩 걷히는 모양새다. 중국의 물가 하락(디플레이션) 압력이 고질적인 문제지만, 중국 역시 각종 소재 산업의 공급 과잉을 해소하기 위한 공급 개혁 정책을 꺼내들며 수요 진작을 위해 노력 중이다. 2026년 수요 측면에서 기대할 만한 포인트다.

글로벌 정제설비 부족 현상
美 석유제품 재고 20년 최저
석유·화학 업계 4년 암흑기
트럼프 2기 출범 이후 숨통
2026년 완만한 회복 기대
韓 원가 경쟁력 회복 국면

공급 또한 제한적일 전망이다. 중국 중심의 대규모 증설 추세가 2022~2025년 이어졌으나, 중국 업체도 최근 공급 과잉으로 적자에 허덕이는 상황이다. 이에 중국 정부는 석유·화학 업계 고강도 구조조정을 시작했다. 2025년 9월 중국 공업정보화부(MIIT) 외 7개 부처가 공동으로 2025~2026년 석유·화학 산업 안정화 추진 계획을 발표했다. 석유·화학 산업의 부가가치를 연평균 5% 이상 키운다는 목표다. 목표 달성을 위해 신규 에틸렌과 파라자일렌(PX) 생산능력 규모와 가동 시점을 조정하기로 했다. 석탄 기반 메탄올 사업의 생산능력 과잉 역시 방지할 계획이다. 관련 업체 구조조정도 불가피할 전망이다. 구체적인 구조조정 규모와 대상은 2025년 말 구체화될 예정이다.

2026년 이후 예정된 중동 중심 증설 지연도 기대할 만한 대목이다. 사우디아라비아 아람코는 자국 내 화학설비 확장 프로젝트 3건을 최근 보류한 것으로 알려졌다. 얀부 지역 내

// 어디에 투자할까 //

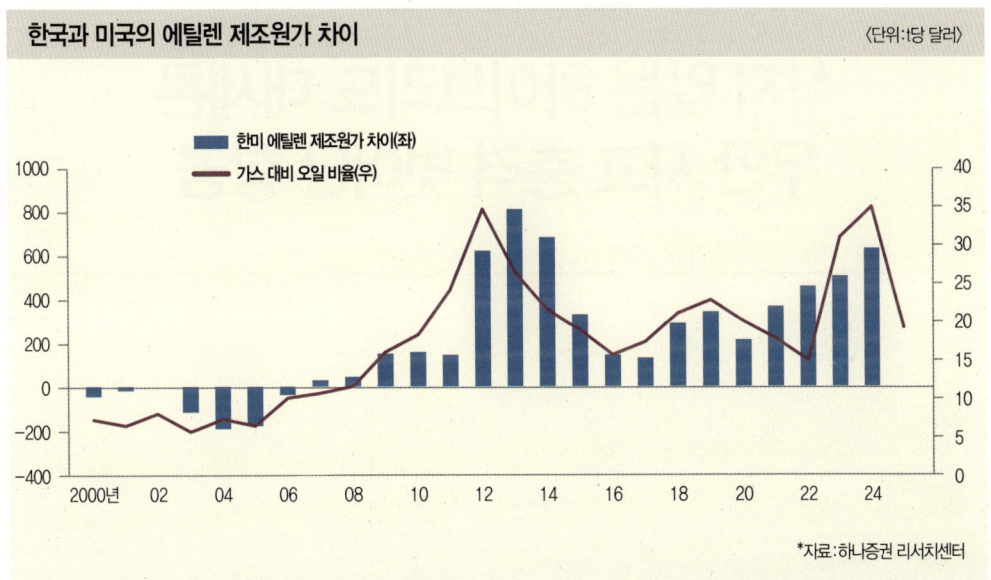

한국과 미국의 에틸렌 제조원가 차이 〈단위:t당 달러〉

*자료:하나증권 리서치센터

합작 프로젝트 2건과 주베일 지역 내 화학시설 1건으로 파악된다. 향후 프로젝트 완전 중단 가능성 역시 배제할 수 없다. 저유가 국면에서 사우디 정부는 물론, 아람코의 재정 압박이 확대된 탓이다.

상대적으로 한국 화학 업체 원가 경쟁력은 회복 국면에 진입할 전망이다. 미국의 에틸렌 제조원가는 지난 15년간 한국 대비 저렴했다. 미국은 셰일 붐에 따라 생산된 저렴한 천연가스를 기반으로 에틸렌을 제조했지만, 한국은 높은 가격의 원유를 조달해 생산했기 때문이다. 하지만 인공지능(AI) 확산에 따른 데이터센터 설립 확대로 미국 내 천연가스 발전 수요가 확대됐다. 트럼프정부의 LNG 수출 확대 정책까지 맞물려 미국 내 천연가스 가격은 중장기적으로 상승할 가능성이 높아졌다.

결국 미국 천연가스에 기반을 둔 석유·화학 업체는 원가 경쟁력이 약화되고, 수출 감소로 이어질 것으로 내다본다.

최근 4년간 한국 업체는 아시아 국가 중에서도 원가 열위였다. 중국·인도가 저렴한 러시아·이란 원유와 나프타를 조달하면서다. 하지만 최근 미국이 러시아·이란에 대한 경제 제재를 확대하고, 해당 원유를 사용하는 국가에 대한 추가 관세를 부과하기 시작했다. 더 이상 중국과 인도가 저렴한 원유를 조달하기 힘들어진 상황이다. 중국과 인도의 원가 경쟁력 약화는 가동률 하락으로 이어진다. 상대적으로 가동률이 낮았던 한국 업체의 가동률 상향 원동력이 될 것으로 기대한다. 국내 최대 370만t 규모 에틸렌 설비 구조조정을 계획 중이라는 점도 긍정적이다. ■

주식 ❹ 자동차·운송

식지 않는 하이브리드 대세론
무안 사고 충격 벗어난 항공

2026년 한국 자동차와 운송업은 공통된 키워드를 공유한다. '상안 사의 회복'이다. 자동차는 전기차 둔화 속 하이브리드가 부상하며 구도가 재편되고, 운송은 구조조정을 거친 상위 업체 중심으로 실적 반등이 가시화된다. 완만한 회복기 속에서도 경쟁력 있는 기업만이 시장 주도권을 잡을 것으로 전망한다.

자동차

밸류에이션 역사적 저점

송선재 하나증권 애널리스트

말도 많고 탈도 많았지만 어쨌든 성장했다. 2025년 글로벌 자동차 시장은 전년 대비 2.7% 증가한 9300만대로 마감했다. 소비 위축과 무역 긴장에도 불구하고 주요국 정책 효과가 수요를 떠받쳤다. 미국은 자산 시장 호조와 관세 인상 전 수요 선점 효과로 3% 성장했고, 중국은 상반기 소비 활성화 정책에 힘입어 8% 증가했다. 유럽은 경기 둔화 속에서도 하반기 전기차 보조금 확대가 더해져 연간 1% 증가세를 기록할 것으로 본다.

2026년에는 전년 대비 1.5% 성장한 9430만대가 예상된다. 총량은 늘지만 성장률은 둔화된다. 미국은 관세 인상과 2025년 1월 이후 세액공제 축소로 2% 감소할 전망이다. 중국도 과당 경쟁 억제와 신에너지차 세제 부과로 성장률이 5%로 낮아질 전망이다. 단, 유럽은 보조금 재도입에 힘입어 2% 늘어날 것으로 예상된다.

시장 전체는 저성장세지만 전기차와 하이브리드차 비중이 높아지며 구도가 빠르게 변하

// 어디에 투자할까 //

미국 조지아주에 위치한 '현대차메타플랜트아메리카(HMGMA)' 전경. (현대차 제공)

2025년 자동차 시장 2.7% 성장 전망
2026년 성장률 1.5%…속도는 둔화
전기차와 하이브리드차 비중 높아져
2026년 상황 나아지는 韓 완성차
관세율 25%에서 15%로 떨어지고
미국 신공장 가동률 상승, 판가 인상

고 있다. 2025년 글로벌 전기차 판매는 전년 대비 22% 증가해 점유율 22%를 기록했다. 2026년에는 성장률이 12%로 둔화하지만 시장 비중은 25%까지 확대될 것으로 보인다. 일부 지역을 제외하고 친환경과 연비에 대한 규제가 이어지고, 규모의 경제와 부품 가격의 하락 등으로 전기차 가격도 함께 떨어진다. 여기에 다양한 세그먼트에서 상품성이 개선된 전기차 신차들이 출시되면서 전기차 비중은 지속적으로 오를 것이다.

하이브리드차는 전기차 둔화 국면 대안으로 부상 중이다. 2025년 14% 증가한 1085만대(점유율 12%), 2026년에는 10% 증가한 1200만대(점유율 13%)가 예상된다. 충전 인프라 제약이 적고 가격 경쟁력이 높아 소비자 저변이 넓어지는 추세다.

완성차 업체, 관세 직격탄…하이브리드 확충

국내 완성차 업체는 2025년 녹록지 않은 한 해를 보냈다.

우선 판매를 보면, 2025년 글로벌 판매가 2% 증가했다. 미국 시장에서 하이브리드차를 중심으로 9% 늘었지만 미국 외 지역에서는 판매가 주춤했다. 유럽·중국·신흥국 등 주요 시장 수요가 좋지 못한 가운데, 중국

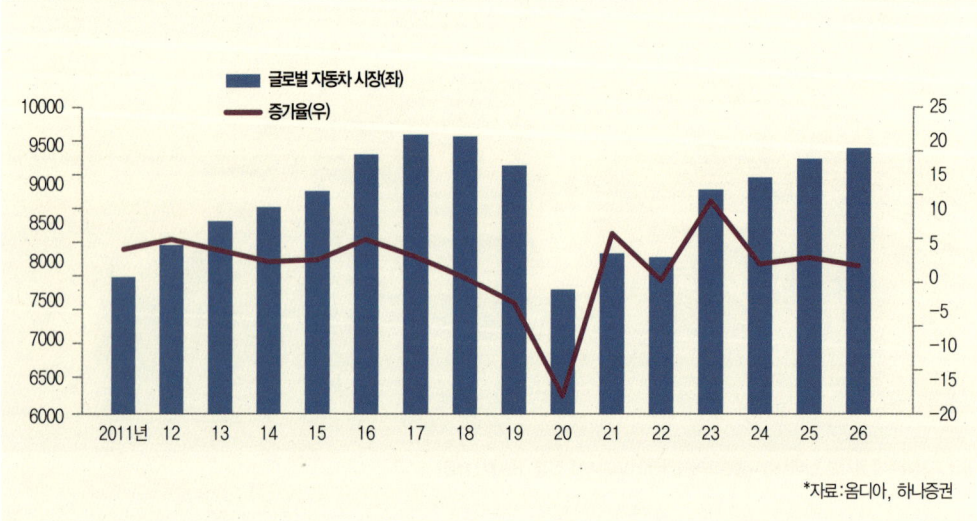

글로벌 자동차 시장 전망 〈단위:만대, %〉

*자료:옴디아, 하나증권

브랜드들과의 경쟁도 심화된 영향이다.
특히 미국 관세 인상에 직격탄을 맞았다. 미국향 수출에 25% 관세가 부과되며 연간 약 9조원의 비용이 발생했다. 미국 내 신공장(HMGMA) 가동 초기에 미국의 전기차 정책 후퇴도 미국 내 전기차 생산·판매 계획의 수정을 부르며 단기 부정적 영향을 줬다.

2026년에는 상황이 나아진다. 미국 관세율이 15%로 낮아져 부담이 완화될 전망이다. 절감되는 비용만 3조원이다. 관세에 대한 대응으로 미국 공장의 내수 공급 확대, 신공장 가동률 상승, 그리고 판가의 인상 등이 더해지면서 관련 부담이 완화될 것이다.

현대차·기아는 미국 공장 가동률을 높이고 하이브리드 라인업을 확충해 판매를 방어하고 있다. 미국 시장점유율은 11.5%에서 12%로 상승할 전망이며, 인도 신공장과 전략 차종 투입도 성장 요인으로 꼽힌다.

주가는 관세 불확실성으로 부진했으나 밸류에이션(평가 가치)은 역사적 저점 수준이다. 주가수익비율(PER) 5배, 배당수익률 6% 내외로 저평가 구간에 있다. 2026년은 관세 완화와 판매 회복이 맞물려 주가 반등의 출발점이 될 가능성이 높다. 중장기적으로는 전기차 경쟁력 강화, 자율주행 기술 고도화, 새로운 수익 모델 확보가 관건이다.

운송

대한항공·글로비스 '기회'

최고운 한국투자증권 애널리스트

운송업은 관세 인상과 여행 수요 둔화 등으로

// 어디에 투자할까 //

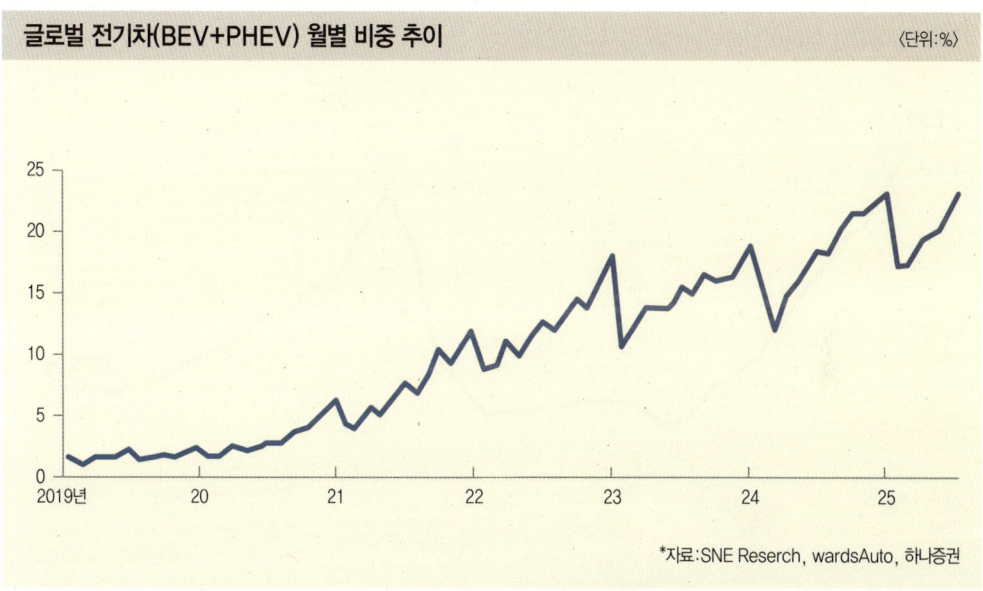

글로벌 전기차(BEV+PHEV) 월별 비중 추이 〈단위:%〉

*자료:SNE Reserch, wardsAuto, 하나증권

어려운 시간을 보내는 중이다.

해운은 관세 인상 충격에 공급 과잉으로 운임이 급락했고, 항공은 무안공항 사고 여파로 해외여행 사이클이 위축됐다. 상하이컨테이너운임지수(SCFI)는 연초 대비 50% 이상 하락해 2023년 12월 이후 최저치를 기록했다.

항공사는 대한항공 계열을 제외하면 적자 우려가 커졌다. 다만 대외 악재가 많았던 것에 비해 장기간 구조조정을 거치며 시장 지배력을 키운 상위 업체들은 안정적인 수익성을 유지하고 있다. 업황이 악화되면서 업계 양극화가 더욱 심화되는 모습이다.

반대로 2026년은 기저효과를 일단 깔고 시작한다. 물류·택배는 내수 소비 반등으로 수익성이 개선될 전망이다. 2025년 선반영됐던 비용 증가 요인이 줄어들며 수익성 턴어라운드가 예상된다. CJ대한통운은 2025년 새벽배송·주 7일 배송 확대에 따른 비용 부담이 컸지만, 2026년에는 비용 안정화와 물량 증가로 실적이 회복될 것으로 본다.

항공업도 무안 사고 충격에서 벗어나고 있다. 일본 노선 여객은 2025년 7월 대지진 우려로 감소했으나 8~9월 들어 10% 증가세로 전환됐다. 추석 연휴 이후 주요 인기 노선 운임도 반등했다. 물론 그만큼 가격을 낮추고 있지만, 이렇게 부정적인 영업환경에서도 외연 확장이 가능하다는 건 해외여행 수요가 아직 시장을 완전히 떠나지 않았음을 보여준다.

추석 황금연휴를 기점으로 주요 인기 노선의 운임도 반등하고 있다. 2026년에는 신규 항

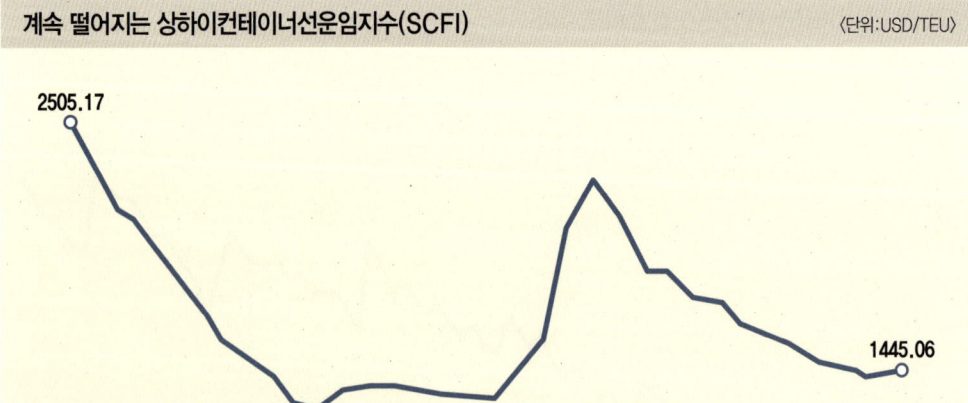

**무안 사고 여파로 해외여행 수요 위축
해운은 컨테이너운임지수 하락 '한숨'
악재 속 기저효과 깔고 시작하는 2026년
항공은 주요 인기 노선 운임 반등 중
해운은 컨테이너 '약세', 벌크는 '양호'
M&A와 구조조정 속 투자 기회 찾아야**

공기 도입이 최근 3년 평균 절반 수준으로 축소될 것으로 본다. 특히 대한항공은 2026년 공정거래위원회 장거리 노선 가격 규제가 해소되면 실적 개선폭이 커질 전망이다. 항공화물도 반도체 경기 회복에 따라 턴어라운드가 예상된다.
해운업은 선종별로 상황이 다를 수 있다. 컨테이너 해운 유임 약세는 상반기까지 이어질 것으로 보인다. 그만큼 시장에 선박 공급이 과도하게 많이 풀려 있다. 2026년 선복량은 전년보다 5% 늘어나고, 수에즈운하 정상화로 공급이 7~8% 추가 확대되는 효과가 있다. 반면, 벌크 해운 시장은 중국 경기 불확실성에도 불구하고 양호할 전망이다. 가장 큰 비중을 차지하는 철광석은 이미 재고가 충분히 소진돼 있어, 중국 경기 부양책이나 단기적인 물량 밀어내기에도 운임이 크게 오를 수 있다.
시장 재편 관점에서도 다양한 투자 기회를 찾을 수 있다. 2026년 말까지 대한항공은 아시아나항공과 합병을 마무리할 예정이다. 공정위 규제 불확실성이 해소되며 시너지 효과가 구체화될 전망이다. 저비용항공사는 M&A

// 어디에 투자할까 //

추석 연휴를 이용해 해외여행을 떠나는 여행객들로 인천국제공항 국제선 출국장이 북적이고 있다. (매경DB)

와 구조조정으로 재편이 불가피하다. 저비용 항공 업계는 팬데믹 위기를 잘 버틴 것처럼 보이지만, 오히려 시차를 두고 M&A와 전략 변경 등 경쟁 구도에 변화들이 나타날 것이다. 사실상 모든 국적 저비용항공사들이 통합, 최대주주 변경, 구조조정 등 재편에 동참하게 된다.

해운 시장에서도 잠재적인 M&A 후보들이 많다. 가장 대표적인 HMM 산업은행 지분 매각을 비롯해 SK해운, 현대LNG해운 등 사모펀드가 보유 중인 다수 선사들이 시장에서 몸값을 확인해볼 시기가 왔다. 이 과정에서 정부의 해운 산업 정책도 부각될 것이다.

2026년 운송업은 악재 해소 기대 속에 출발하지만, 회복은 모든 기업에 공평하지 않다. 투자 판단에서 실적 턴어라운드는 기본 조건일 뿐, 이러한 기저효과만으로 높은 밸류에이션을 낙관하긴 어렵다.

2025년 전반적인 불황을 겪으면서 양극화가 더욱 빨라지고 있음에 주목해야 한다. 물류 대란 수혜나 리오프닝 이연 수요 호황 등 모두가 좋았을 때는 잘 드러나지 않았던 사업자 간 차이가 보이기 시작했다. 상위 업체들은 오히려 시장 지배력을 강화하고 있으며, 안정적인 이익 창출 능력과 재무 건전성을 바탕으로 주주환원에도 신경쓰고 있다. 따라서 현대글로비스와 대한항공처럼 압도적 시장 지위를 바탕으로 운임 경쟁 리스크가 제한적인 대표 운송주 중심의 투자 접근을 먼저 추천한다. 이들이 분위기 반전을 앞에서 이끌면 자연스럽게 운송 업종 전반으로 투자 관심이 확산될 전망이다. ∎

주식 ⑤ 건설·중공업

원전으로 돌파구 '건설'
2030년까지 맑음 '조선'

건설

정부 규제로 주택 시장 위축

장문준 KB증권 애널리스트

새 정부 출범으로 2025년 건설 업계는 또 다른 시련을 맞이했다. 가뜩이나 국내 경기가 안 좋은데 부동산 정책이 공급 확대보다 규제 강화에 무게를 두자 시장 기대감이 위축됐다. 2025년 주택 시장은 공급 부진과 양극화로 요약된다. 건설사 실적에 직접 영향을 미치는 요인은 가격보다는 공급 물량인데, 분양이 줄어든 만큼 향후 실적 부담이 커질 가능성이 높다.

물량 자체가 없다. 부동산R114에 따르면, 2025년 1~9월 누적 분양 물량은 약 14만 9000가구에 불과했다. 이런 추세라면 3년 연속 연간 분양이 25만가구를 밑돌 가능성이 높다. 지방 청약 열기도 식었다. 전국 평균 청약 경쟁률은 7.75 대 1로 전년(12.37 대 1) 대비 크게 하락했다. 반면 서울은 133.5 대 1로 오히려 상승하며 수도권과 지방 간 양극화가 심화됐다.

수요 측면 규제뿐 아니다. 정부가 강조하는 안전 규제 강화도 건설사들에 부담 요인이다. 사고 발생 시 규제가 강화되는 구조 속에서 기업은 사업 확장보다 리스크 관리 중심 전략을 택하고 있다. 이는 신규 프로젝트 추진력 약화로 이어지는 중이다.

2026년 역시 시장 환경은 녹록지 않다. 지방은 여전히 미분양 물량이 많고, 수요 회복도 더디다. 서울·수도권 내 재건축·재개발 규제 완화 없이는 분양 총량 증가가 어렵다. 이렇게 되면 대형사와 중소형사 간 격차가 커질 전망이다. 수도권 정비사업 물량을 확보한

트럼프 행정부가 추진 중인 '마스가 프로젝트' 덕에 국내 조선 업계 기대감이 커지는 중이다. (연합뉴스)

2025년 주택 시장 공급 부진
지방 청약 열기 식어 '양극화'
2026년도 분양 증가 어려워
새 성장 동력으로 '원전' 주목
AI 확산과 에너지 안보 중요성
단, 해외 프로젝트 리스크 상존

대형사는 방어적 실적이 가능하지만, 지방 중심 중소형사는 경영 부담이 지속될 가능성이 높기 때문이다.

다행인 점은 원가율 부담이 점차 완화되고 있다는 사실이다. 2021~2022년 원자재·노무비 급등기에 착공했던 프로젝트가 대부분 마무리 단계에 접어들며, 원가율은 개선세를 보이고 있다. 다만 분양 부진으로 외형 축소가 맞물리며 총이익 개선폭은 제한적일 전망이다.

건설사 입장에서 새 성장 동력으로 주목받는 것은 역시 '원전 산업'이다. 인공지능(AI) 확산과 에너지 안보 중요성 강조, 전력 수요 급증 등 복합 요인에 힘입어 원전이 기저 발전원으로 재조명받고 있다. 서구권은 1987년 체르노빌 사고 이후 신규 건설이 사실상 중단되며 기술 인프라가 약화됐지만, 한국은

UAE 바라카 원자력 발전소. (연합뉴스)

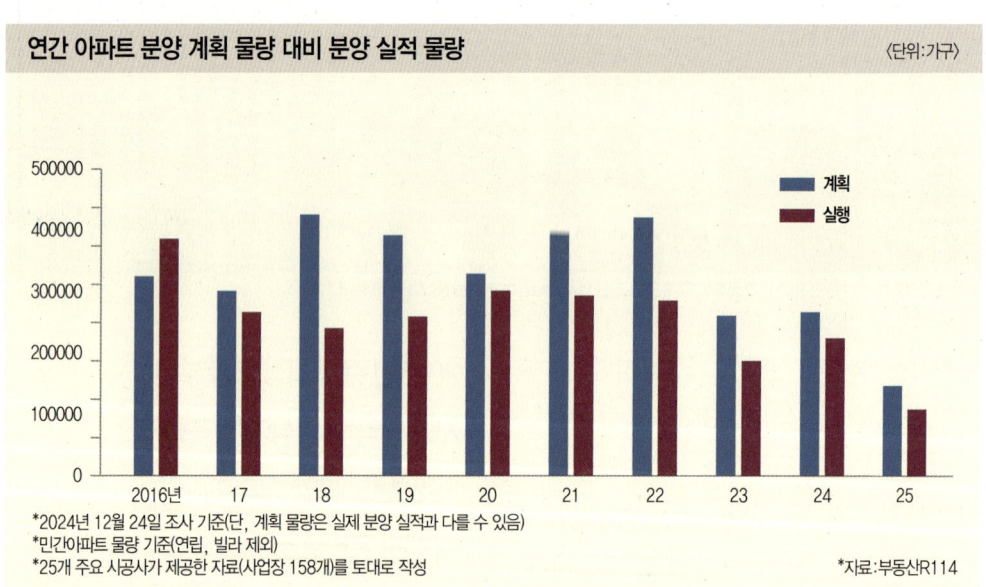
연간 아파트 분양 계획 물량 대비 분양 실적 물량 〈단위:가구〉
*2024년 12월 24일 조사 기준(단, 계획 물량은 실제 분양 실적과 다를 수 있음)
*민간아파트 물량 기준(연립, 빌라 제외)
*25개 주요 시공사가 제공한 자료(사업장 158개)를 토대로 작성
*자료:부동산R114

꾸준한 건설 경험으로 기술력과 운영 신뢰를 축적했다. UAE 바라카 원전 성공은 그 상징이다.

2025년이 원전 관련 사업의 '도입기'였다면 2026년은 실질적으로 원전 성과가 나타나는 '원년'이 될 전망이다. 현대건설은 웨스팅하우스와 불가리아 대형 원전, Holtec과 미국 미시간주 SMR(소형모듈원전) 착공을 추진 중이다. 삼성물산은 뉴스케일과 함께 루마니아 SMR 프로젝트를, DL이앤씨는 미국 X-Energy와 협력을 진행하고 있다. 대우건설은 체코 원전 입찰 참여를 통해 원전 포트폴리오를 확장하고 있다.

원전은 기술력·안전성·국제 협력 경험을

// 어디에 투자할까 //

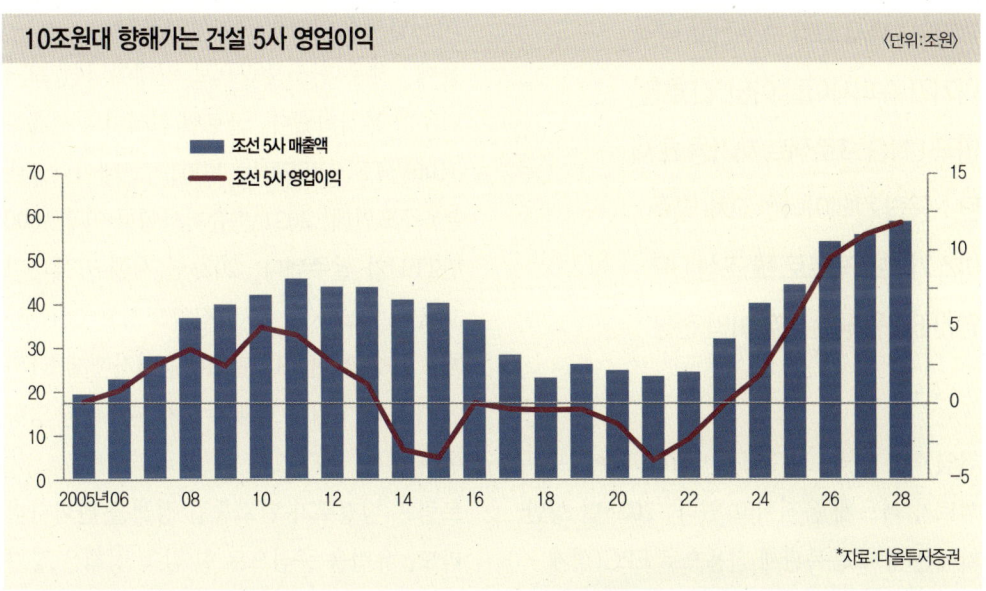

10조원대 향해가는 건설 5사 영업이익 〈단위:조원〉

*자료:다올투자증권

갖춘 한국 건설사들에 새로운 성장 동력이 될 것이다. 다만 해외 프로젝트 중심의 구조인 만큼 정치·외교 리스크, 환율 변동 등 외부 변수 관리가 필수적이다.

조선

긴 호황 사이클의 시작

최광식 다올투자증권 이사

조선 산업은 2000년대에 맞이했던 슈퍼 호황 이래, 최근 다시 전례 없는 호황기를 맞고 있다. 2028년 상반기까지 넉넉한 고가 수주잔고 덕분에 조선사 실적은 가파른 성장을 이어 갈 전망이다. 수주 측면에서도 카본중립 정책에 따른 친환경 컨테이너선 교체 발주가 5년째 이어지고 있으며, 북미를 중심으로 한 대체 에너지원 LNG 사이클이 재개 중이다. 조선업은 최소 2028년까지 구조적으로 우호적인 국면이 지속될 것으로 보인다.

보통 조선업은 5년에서 7년을 주기로 하는 경기순환 산업으로 인식돼왔다. 그런데 신조 시장이 회복되기 시작한 건 2021년부터다. 그러니 7년이 지난 2028년 이후를 우려하는 시각도 존재한다. 하지만 이번 사이클은 조금 다르다는 의견이 많다. 이전처럼 단기간 나타나는 '슈퍼사이클'이 아니라 '긴 호황 사이클'로 평가된다. 그 배경에는 ① 에너지 전환 ② 선박 탄소중립 ③ 미국 조선 산업의 부활이라는 세 가지 축이 있다.

첫째, 에너지 전환은 미국 LNG 프로젝트 재가동과 깊은 연관이 있다. 트럼프 대통령은 LNG 수출 허가를 대선 공약으로 내세웠고,

2026 매경대예측

- 2028년까지 고가 수주잔고 넉넉
- 단기간 슈퍼사이클 아닌 '긴 호황'
- 미국 LNG 프로젝트 재가동 호재
- 탄소중립 컨테이너선 교체 발주
- 마스가 프로젝트로 韓 조선 UP
- 연간 5조원 넘는 영업이익 전망

취임 이후 미국 LNG 생산·액화·수출 프로젝트가 빠르게 움직이고 있다. 2025년 상반기에는 강재 품목관세 적용으로 EPC(설계·조달·시공) 비용 증가 우려가 있긴 했다. 하지만 하반기부터 벤처글로벌(Venture Global)의 CP2, 포트 아서(Port Arthur)의 Ph2, 넥스트디케이드(NextDecade)의 리오그란데 등 여러 프로젝트가 잇달아 최종 투자 결정을 발표하며 분위기가 호전됐다. 이미 건설 중인 우드사이드(Woodside)의 루이지애나 LNG는 한국 조선사들과 20척 규모 LNG선 건조 협의를 진행 중이다. 미국 외에도 모잠비크와 캐나다 등의 국가에서도 최종 투자 결정을 내렸다.

단기로 볼 때 LNG 해운 시장은 공급 과잉으로 운임 약세가 지속되지만, 노후 스팀터빈선 해체와 2028년 이후 연간 200MTPA(약 2억t) 이상 LNG 생산 능력을 갖춘 신규 터미널 완공에 따라 중장기 수요가 확대될 전망이다. 이에 따라 한국 조선업 호황은 멀리 보면 2033년까지 이어질 가능성이 높다.

둘째, 해운 탄소중립으로 컨테이너선 교체 발주가 본격화됐다. 글로벌 컨테이너 선대는 3100만TEU(1TEU는 20피트 컨테이너 1대분) 규모인데, 2021년 슈퍼사이클 이후 1600만TEU가 발주됐다. 2023년 시행된 에너지효율지수(EEXI)·탄소집약도지표(CII) 규제, 또 2024년 EU 탄소배출권거래제(ETS)에 대응하기 위한 교체 수요가 본격화된 영향이다.

트럼프 행정부가 탄소중립 정책을 완화하더라도, 유럽을 중심으로 한 감축 정책은 장기적이다. 컨테이너선 교체 발주는 아직 절반 수준에 그치는 만큼 향후 5년 이상 지속될 가능성이 높다. 특히 국제해사기구(IMO) 글로벌 탄소세 도입과 벌금 강화가 예고되면서 교체 수요는 탱커·벌크선으로 확대될 전망이다.

셋째, 미국 조선 산업 부활과 마스가(MASGA·Make America Shipbuilding Great Again) 프로젝트 가시화다. 한·미 관세 협상과 맞물려 주목받는 마스가 프로젝트는 한국 조선사의 새로운 성장축으로 부상하고 있다. 국내 인력·도크 한계로 생산능력을 늘리기 어려운 상황에서, 미국 조선사 인수와 합작투자(JV) 설립을 통해 추가 성장 여력이 생겼다. 미국은 인건비가 한국 두 배, 생산성이 30% 수준으로 낮지만, 외국 기업의 미국 내 선박 시장 진출을 막는 '존스법'과 미 해

// 어디에 투자할까 //

HD한국조선해양이 2025년 초 수주한 5400억원 규모 LNG 벙커링선 4척. (HD현대 제공)

군의 전략상선단 확충 등으로 우리 기업의 기회가 커지고 있다. 한국 조선 기자재를 모듈 형태로 공급하는 방식도 가능해 도크 확충 없이 물량 성장을 확보할 수 있다. 이는 외국인 노동자 확대, 해외 생산거점 확충과 더불어 2028년 이후의 추가 성장 동력으로 작용할 것이다.

이번 조선업 호황은 짧고 뜨거운 슈퍼사이클이 아닌, 길고 완만한 확장기다. LNG선, 그리고 암모니아·액화수소 운반선 등 신에너지 시장은 한국 조선 산업이 세계 1위를 유지할 수 있는 장기 전방이다. 또한 25억 DWT(총 적재 가능 중량) 선대 중 2014년 이전 건조된 18억DWT가 교체 대상이며, 글로벌 신조 능력이 연간 1억~1억5000만DWT임을 고려하면 교체 사이클은 10년 이상 지속될 전망이다. 미 해군의 선단 확충 프로그램 역시 30년짜리 장기 사업이다.

과거 슈퍼사이클이었던 2010년 국내 조선 5개사(HD현대중공업, HD현대미포, 삼성중공업, 한화오션, 대우조선해양)는 5조원이 넘는 영업이익을 기록했다. 이번 사이클에서는 2025년 5조9000억원, 2027~2028년에는 10조원대 영업이익이 예상된다. ■

주식 ❻ 교육·문화

오프라인 학원 강자 눈여겨볼 만
엔터는 완전체·게임은 '신작' 핵심

교육

오프라인 학원, 디지털 전환

반진욱 매경이코노미 기자

교육 시장은 기묘한 시장이다. 핵심 소비자라 할 수 있는 학령인구는 계속 감소하는데, 시장 크기는 오히려 매년 성장한다. 낳는 자녀 수는 줄었지만, 자녀 1명에게 사용하는 사교육비가 증가한 탓이다. 초등 돌봄, 대학 입시 제도 등 교육 정책이 복잡하게 바뀔수록 사교육에 의존하는 비율은 더욱 높아진다.
2026년 교육 시장 흐름은 어떨까. 핵심 키워드는 2가지다. 오프라인 학원과 디지털 전환이다. 언뜻 보면 두 단어는 어울리지 않는다. 이를 이해하려면 교육 시장 현황을 먼저 짚어봐야 한다. 2025년 고등교육 시장은 오프라인 학원의 성패에 따라 업체 희비가 갈렸다.

의대 증원, 고교학점제 이슈에 적절히 대응해 성과를 거둔 회사는 승승장구한 반면, 학원 실적이 하락한 회사는 적자를 기록하는 등 상반된 행보를 보였다. 대표적으로 성공한 회사가 디지털대성이다. 의대 정원 증원의 수혜를 톡톡히 봤다. 강남대성기숙 의대관이 2024년 9월부터 성과를 내면서 회사 성장을 견인했다. 2024년 디지털대성은 직영학원 수강료로 411억원을 거뒀고, 2025년에는 725억원의 수익을 거둘 것으로 전망한다. 여기에 대성마이맥 성장까지 힘입어 2025년 사상 최대 실적을 거둘 것으로 보인다. 2026년에도 성장세는 지속될 전망이다. 흥국증권은 2026년 디지털대성 예상 매출을 2810억원, 영업이익 366억원을 예상한다.
반면, 오프라인 학원 분야에서 뚜렷한 성과를 내지 못한 메가스터디교육은 2025년 상반기 고등교육 매출이 부진했다. 고등학생 사교육 시장이 매년 증가세임을 고려하면 아쉬운 수치다. 메가스터디교육 관계자는 "고등사업 부문을 포함해 오프라인 학원 시스템을 개선해 매출 및 영업이익 상승 기반을 마련할 것"이라고 말했다.

2026년부터 고등교육 시장은 격변한다. 2025년 고교학점제에 맞춰 현재 고교 1학년에 재학 중인 학생부터 입시 제도가 바뀌기 때문이다. 통합·융합형 수능과목 제도가 도입됐고, 과목 선택 단점을 해결하기 위해 기존 선택과목이 폐지됐다. 입시 교육 변화는 교육 업체에 위기이자 기회다. 변화를 제대로 읽고 예측한다면 큰 수익을 올리지만, 반대의 경우에는 실적 하락이 불가피하다.

고등교육 시장 다음으로 규모가 큰 초·중등 교육 시장은 디지털 전환에 강세를 띤 회사를 눈여겨볼 필요가 있다. 교과서, 문제집 출판 시장은 축소되고 있지만, 교육 수요 자체가 줄어든 것은 아니다. 출판 시장은 디지털 콘텐츠가 대체하고 있다. 사교육을 넘어 공교육에서도 디지털 콘텐츠 활용도는 증가하는 추세다. 2024년부터 디지털을 잘 활용하는 업체가 초등교육 시장의 대장주가 됐다. 일례로 에듀테크 기업 아이스크림미디어는 2024년 초등 수학·사회·과학·음악 검정교과서 시장에서 점유율 1위를 차지했다. 수학, 사회, 과학, 음악 검정교과서 시장점유율은 각각 40.1%, 58%, 51.6%, 34.8%를 기록했다.

교육의 또 다른 변수는 의대 정원을 비롯한 이슈다. 전 정권이 제대로 매듭을 짓지 못한 탓에 수험생 혼란을 가중시키고 있다. (뉴스1)

다만, AI 디지털 교과서 시장은 2026년 단기적으로 시장 축소 우려가 있다. AI 디지털 교과서가 교과서에서 교육자료로 격하됐다. 의무적으로 지원하는 교과서와 달리 교육자료는 교육청이 지원 여부를 결정할 수 있다. AI 디지털 교과서는 3만원에 달할 정도로 비싸다. 권명준 유안타증권 애널리스트는 "디지털 교과서의 교육자료로의 전환은 성장동력 둔화, 경쟁 심화, 업계 재편으로 이어질 가능성이 높다"고 설명했다.

엔터·미디어
K팝 제왕과 여왕의 귀환

엔터주는 2024년부터 오랜 조정을 거치는 중이다. 대장주인 하이브를 필두로 JYP, 와이

교육주는 오프라인 학원 실적에 따라 전망이 엇갈릴 전망이다. 사진은 대치동 학원가 모습. (매경DB)

지엔터테인먼트 모두 실적에 부침을 겪고 있어서다. 하이브는 회사 핵심 수익원인 보이그룹 BTS의 군 공백기, 민희진 전 어도어 대표와의 갈등으로 인한 걸그룹 뉴진스의 활동 중단 등이 실적에 악영향을 미쳤다. 창업주인 방시혁 의장이 주가 조작 혐의로 수사를 받는 등 오너 리스크 이슈도 뼈아팠다. 와이지엔터테인먼트는 걸그룹 블랙핑크의 휴식기에 발생한 공백을 메우지 못했다. JYP는 트와이스, 스트레이키즈 이후 회사를 이끌 아티스트를 발굴하는 데 실패하며 좀처럼 힘을 쓰지 못했다.

2026년부터는 변화가 감지된다. 우선 K팝 그룹 중 매출 1·2위를 자랑하는 두 그룹이 본격 복귀한다. BTS와 블랙핑크다. 증권가는 두 그룹의 복귀와 함께 소속사인 하이브, 와이지엔터의 실적 개선을 일제히 점친다.

하이브는 2026년 BTS의 완전체 활동 재개 효과로 수익이 크게 증가할 전망이다. BTS를 받쳐줄 후배 그룹의 성장세도 심상찮다. 고무적인 점은 글로벌 시장에서 성과가 나온다는 것이다. 하이브 아메리카가 선보인 첫 걸그룹 캣츠아이가 2025년 음원 차트 상위권에 이름을 올리며 가능성을 증명했다. 11월 15일부터 진행하는 미국 콘서트는 전석 매진됐다. 본격적인 수익 창출 기간에 돌입했다. 의류 브랜드 GAP과 협업을 성사시키는 등 브랜드 파워도 입증했다. 라틴 시장을 겨냥한 신인 그룹 '산토스 브라보스'도 활동을 개시한다. 황지원 iM증권 애널리스트는 "2026년 하이브 예상 영업이익은 전년 대비 185% 증가한 4832억원이다. BTS 투어 규모 확대와 평균티켓가격

어디에 투자할까

엔터주는 BTS, 블랙핑크 등 인기 가수의 귀환으로 시장이 살아날 것으로 보인다. 사진은 K팝 간담회에 참석한 이재명 대통령. (연합뉴스)

(ATP) 상승, MD·라이선싱·콘텐츠 매출 극대화를 통한 영업 레버리지 효과, 저연차 그룹의 빠른 수익화가 가시화될 경우 추가적인 실적 상향 가능성도 있다"고 설명했다.

또 다른 K팝 강자 블랙핑크를 보유한 와이지엔터도 분위기가 좋다. 증권가가 예상하는 와이지엔터 2026년 예상 연결 매출액은 6430억원, 영업이익은 923억원이다. 블랙핑크는 이르면 올 2025년 12월, 늦어도 2026년 1분기 신보 발매가 예상된다. 월드투어 종료 후 70만명 이상 규모의 추가 공연 가능성이 높다. 이는 곧 와이지엔터 매출로 연결된다. 베이비몬스터는 데뷔 2년 차임에도 월드투어 회당 평균 1.5만명 수준의 모객을 달성했다. 글로벌 팬덤 확대 속도가 두드러진다. 2026년에는 투어 규모가 한 단계 올라간다. 임수진 키움증권 애널리스트는 "2026년 빅뱅 20주년 기념 투어 추진 가능성이 높다. 현실화될 경우 와이지엔터의 실적이 예상보다 더 증가할 것"이라고 전망했다.

회사 개별이 아닌, 업종 전체의 분위기는 한한령 해제 여부가 핵심이다. 한한령은 중국이 주한미군의 사드(THAAD·고고도 미사일 방어체계) 배치에 반발, 지난 2016년부터 한국 음악·드라마·영화 등을 제한하는 조치를 의미한다. 중국에서 마지막으로 열린 대형 K팝 공연은 2016년 열린 빅뱅의 투어 콘서트였다. 한국 콘텐츠의 핵심 수익 시장으로 꼽혔던 중국 시장이 막히면서 국내 엔터·미디어 업계는 많은 어려움을 겪어왔다. 한한령만 풀린다면 국내 엔터, 미디어주 실적은 모두 상승할 가능성이 높다. 한국 콘텐츠 시청이 공식적으로 금지된 지금에도, 중국 소비자들은 '도둑 시청'을 통해 몰래 한국 콘텐츠를 즐기고 있다. 한국수출입은행은 '콘텐츠 산업 현황과 분야별 쟁점' 보고서를 통해 한한령 해제시 영화·드라마, K팝과 관련된 일부 종목이 수혜를 볼 수 있을 것이라고 예측했다.

게임

결국 게임주의 답은 신작이다

게임주는 실적에 큰 영향을 받지 않는다. 종목 특성상 회사의 미래 가치에 민감하게 반응한다. 아무리 현재 회사 실적이 좋아도 신작 라인업이 확고하지 않은 기업은 주가가 오르지 않는다. 투자자가 철저히 미래가치를 보는 업종이다.

이러한 관점에서 보면, 2026년 한국 게임 종목 전망은 밝지 않다. 게임 대장주 크래프톤은 차기 신작이 2026년 말 공개될 예정이다.

BTS의 완전체 복귀는 엔터 시장에 활기를 불러일으킬 전망이다. 사진은 하이브 사옥 주변의 아미 팬 모습. (연합뉴스)

게임주는 신작이 관건이다. 신작 공개로 실적 상승이 기대되는 엔씨, 넷마블을 눈여겨보라는 조언이다. 사진은 엔씨소프트 사옥. (매경DB)

당분간 실적을 끌어올릴 호재가 없다. 물론 기존에 내놓은 작품, 배틀그라운드와 인조이가 탄탄한 덕분에 실적 자체는 양호할 전망이지만, 회사 매출의 급격한 상승은 힘에 부치는 게 사실이다. 강석오 신한투자증권 애널리스트는 "신작을 통한 경쟁력을 오랜 기간 증명하지 못했고 인수한 회사들과의 시너지를 단기에 확인하기 어렵다. 안정적인 현금흐름에는 이견이 없지만 게임 업종에서 기대할 수 있는 신작을 통한 폭발적인 외형 성장과 영업 레버리지를 보기 어려운 상황"이라고 진단했다.

크래프톤과 함께 게임 기대주로 꼽힌 시프트업도 2026년은 잠잠할 것으로 보인다. 2026년 하반기로 예상됐던 신작 출시가 2027년으로 미뤄졌다. 당분간은 이미 발표한 게임 '니케'와 '스텔라 블레이드'로 버텨야 하는 상황이다.

대작으로 꼽을 만한 신작을 찾아보기 힘든 가운데 증권가에서 주목하는 기업은 3N으로 꼽혔던 엔씨소프트와 넷마블이다. 엔씨소프트는 2026년 다수의 신작을 발표한다. 아이온2를 시작으로 ▲1분기 '리밋 제로 브레이커스' ▲2분기 '타임 테이커즈' ▲3분기 '신더시티(구 LLL)'를 순차적으로 선보일 예정이다. 엔씨소프트가 현재 개발하는 신작은 기존 리니지 시리즈를 주도하던 사업팀이 아닌 개발팀 중점으로 게임을 제작한다. 이용자들이 큰 거부감을 보였던 기존의 지나친 과금 유도 구조를 어느 정도 탈피할 것으로 기대를 모은다. 정호윤 한국투자증권 애널리스트는 "아이온2의 게임 퀄리티만 유저 눈높이를 만족시킬 정도로 제작됐다면, 흥행할 수 있는 시장 환경은 충분히 조성됐다"고 설명했다.

2025년 신작을 쏟아내며 부활한 넷마블은 2026년에도 안정적인 성장을 이어갈 것으로 기대한다. 2025년 4분기 '몬길: 스타다이브' '나혼렙: 오버드라이브'를 비롯해, 2026년 1분기 '일곱 개의 대죄: 오리진' 등을 연달아 선보인다. 증권가는 해당 게임 모두 전망이 밝다고 내다본다. 강석오 애널리스트는 "2026년에도 5개 이상 신작을 발표하고, 기존작 해외 서비스를 확장하며 넷마블은 포트폴리오를 누적할 것"이라고 강조했다. ■

주식 ❼ 소비재

다이소·무신사 vs 프리미엄 백화점
'극단소비'가 이끌 2026 유통 시장

오린아 LS증권 애널리스트

국내 유통·소비재 기업에 2025년은 회복의 전환점을 마련한 한 해로 평가받는다. 전반 영업 환경이 우호적이었다. 새 정부 출범으로 내수 부양 기대가 높았고, 대미(對美) 관세 이슈에서도 여타 업종 대비 상대적으로 자유로웠다. 외국인 관광객 증가와 중국인 단체관광 재개도 업황 개선에 긍정적으로 작용했다. 점포와 인력 구조조정을 훌륭히 마무리한 기업도 여럿이었다.

업태별로 보면 백화점은 구조조정과 리뉴얼 효과, 여기에 외국인 매출 증대로 실적이 개선됐다. 할인점은 홈플러스 기업회생 신청 이후 경쟁이 완화되며 영업환경이 나아졌고, 이커머스는 과열 경쟁을 지나 수익성 중심 구조로 전환했다. 오히려 그동안 꾸준히 우상향 곡선을 그리던 편의점 업종 상황이 안 좋았다. 업태가 도입된 이후 사상 처음으로 점포 수가 감소하며 부진한 흐름을 이어갔다.

이러한 변화 위에서 2026년은 누가 체질을 바꿨고, 또 누가 생존을 넘어 성장을 준비했는가 여부가 성패를 가르는 한 해가 될 것이다. 무엇보다 '달라진 소비자'를 잘 붙잡는 기업이 살아남을 것으로 보인다. 장기화된 고물가와 고금리 속에서 이제 고객은 단순한 '합리적 소비자'가 아니다. 초저가와 프리미엄을 오가는 '극단소비'를 전략적으로 학습한 존재로 바뀌었다. 다이소는 천원짜리 제품을 팔아 연간 4조원에 가까운 매출을 올리고, 백화점의 보석·시계 매장은 가격 인상 뉴스 하나만으로 두 자릿수 매출 신장을 기록하고 있다. 소비자 취향과 브랜드가 세분화되면서, 유통

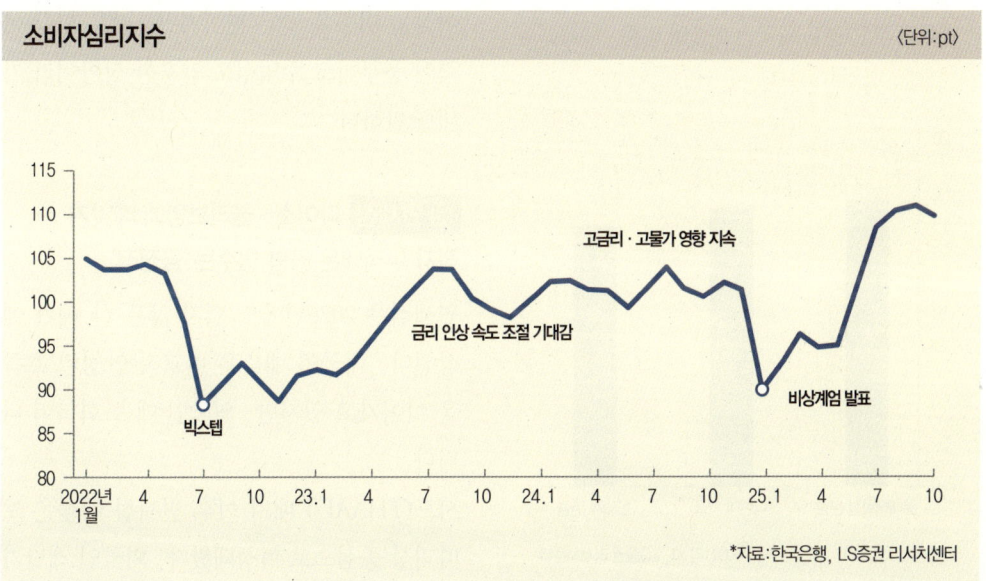

① 백화점 외국인 잡아야 산다
명품·식품 위주 내수 시장 "변수 없어"

업체와 제조사는 파편화된 소비를 민첩하게 읽어야만 생존이 가능해진 국면으로 접어들었다.

지금부터는 2026년 업태별 전망과 관전 포인트를 하나씩 짚어본다.

백화점은 2~3% 수준 기존점 신장률을 이어갈 전망이다. 리뉴얼을 마친 점포와 외국인 매출을 흡수한 기업이 성장세를 주도할 것으로 본다.

실적이나 주가에 차별 요소로 작용할 수 있는 것은 결국 외국인 관련 지표라고 판단한다. 명품과 식품 위주 성장이 지속되는 내국인 매출 흐름은 지난 몇 년과 비슷한 수준으로 이어질 테다. 내수에서는 변수가 없다.

코로나 팬데믹 이후 백화점 실적 핵심 변수로 떠오른 것은 'K콘텐츠 확산'과 '쇼핑 패턴 변화'다. 과거 단체관광·면세점 중심 소비에서 벗어나 '한국을 경험하는 쇼핑'으로 이동하면서, 백화점이 외국인 소비의 새로운 거점으로 부상했다. 2025년 역시 명동·여의도·잠실 등 주요 관광지 인근 점포 외국인 매출 비중은 18~20%까지 올랐다.

② 대형마트 홈플러스 사태로 경쟁 완화
이마트 '스타벅스', 롯데는 '해외'가 관건

대형마트와 할인점은 2025년 홈플러스 회생 신청으로 경쟁이 완화되며 2026년에도 우호적 영업 환경이 이어질 전망이다. 다만 구조적 성장 둔화는 피하기 어렵다. 출점은 이미

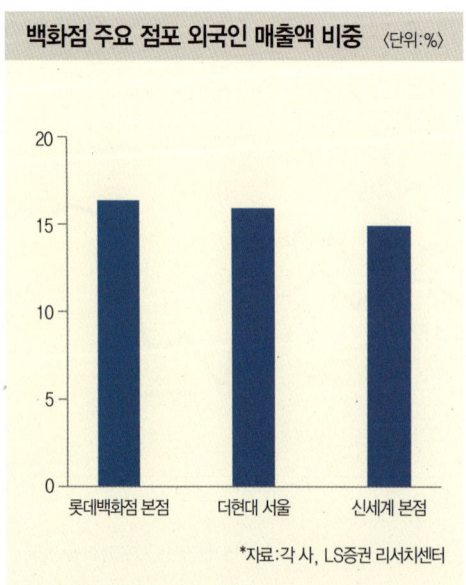

포화 상태이며, 점포당 매출을 끌어올리기도 쉽지 않다. 대형마트를 대체할 수 있는 채널이 과거 대비 너무나 늘어나버렸다. 대형마트가 강점을 갖고 있다고 평가받던 '온라인 식료품(E-grocery)' 시장도 비슷하다. 팬데믹 이후 플랫폼 경쟁이 심화되며 성장 동력이 약화됐다.

2026년 대형마트 기존점 성장률은 1~2% 수준에 머무를 전망이다. 본업 외 사업 부문이 실적에 중요한 역할을 할 것으로 본다. 이마트는 안정적인 수입원인 스타벅스코리아가 연결 실적에 미치는 비중이 확대되고 있다. 롯데쇼핑은 해외 마트 사업이 고무적이다. 동남아 지역에서 7~8% 수준 신장률을 기록하며 해외 사업이 새로운 성장축으로 자리 잡고 있다. 아직까지 전사 연결 실적에까지 기여하는 비중은 낮은 편이지만, 점포 확장 여력이 풍부하고 수익성도 양호한 상황이라 기대할 만하다.

③ 면세점 다이소·올리브영에 빼앗겨
적자 누적돼온 공항 철수는 '긍정적'

면세점은 2026년에도 쉽지 않은 한 해가 예상된다. 내국인 매출은 비교적 안정된 흐름을 이어가고 있지만, 외국인 매출 회복이 더디다.

사드(THAAD) 배치 이후 면세점 매출은 보따리상 중심으로 형성돼왔다. 외국인 객단가는 2019년 892달러에서 2021년 2만2774달러까지 이례적으로 치솟기도 했다. 하지만 2024년부터 이런 비정상적인 흐름이 정상화됐다. 외국인 매출 회복은 결국 방문객 수 확대에 달려 있는데, 백화점과 지역 내 소매점으로 외국인 소비축이 이동하며 면세점 회복이 지연되는 중이다.

외국인 입국자 수는 이미 코로나 팬데믹과 사드 사태 이전 수준을 회복했다. 2017~2019년 월평균 144만명이던 외국인 입국자 수는 2025년 1~7월 평균 151만명에 달했다. 중국인 관광객도 코로나 이전 수준으로 돌아왔다.

그런데도 면세점 매출 회복은 더디다. 올해 7월 카드 결제 소비 데이터에 따르면, 외국인은 면세점보다 올리브영, 박물관, PC방 등 체험형 소비에 지출을 늘리고 있다. 이는 관

어디에 투자할까

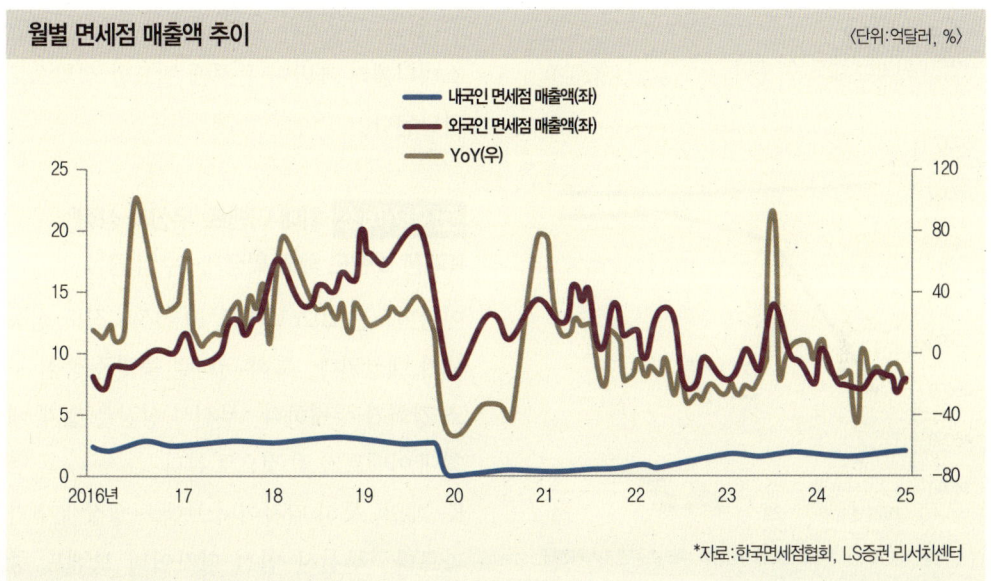

월별 면세점 매출액 추이 〈단위:억달러, %〉
- 내국인 면세점 매출액(좌)
- 외국인 면세점 매출액(좌)
- YoY(우)

*자료:한국면세점협회, LS증권 리서치센터

광의 무게중심이 '면세 쇼핑'에서 '경험 소비'로 이동했음을 보여준다.

공항 면세점은 임대료 부담이 이어지고 있다. 호텔신라는 2025년 DF1권역 사업권을 반납했고, 2026년 3월까지만 운영할 예정이다. 이에 따라 신세계디에프도 사업 재검토 가능성이 거론된다. 다만 그간 적자 누적이 심했던 공항 면세 부문의 구조조정이 시작됐다는 점은 긍정적이다.

④ 편의점 사상 첫 점포 수 감소
저마진 담배 대신 고마진 발굴해야

2026년 편의점 업황 최대 변수는 '담뱃값 인상 가능성'이다. 국내 담배 가격은 2015년 2500원에서 4500원으로 인상된 이후 10년째 동결돼왔다. 최근 세수 확보와 건강증진 명분으로 인상 논의가 재점화되고 있다. 2015년 인상률(약 80%)을 감안하면 2026년 1만원 수준까지 오를 가능성이 있다. 상품이익률은 비슷한 수준을 유지하므로 실적에는 긍정적 영향을 줄 전망이다.

다만 담뱃값 변수를 제외하면 성장세는 둔화 국면이다. 2024년 주요 4사(BGF리테일·GS리테일·세븐일레븐·이마트24) 점포 수는 전년 대비 68개 감소한 5만4853개로, 1988년 업태 도입 이후 처음으로 감소했다. 이웃나라 일본의 2024년 편의점 수가 5만5855개 정도인데 포화 상태라는 평가를 받는다. 일본 인구·국토가 우리 두 배인 점을 고려하면 한국의 출점 여력은 이미 한계에 가깝다.

편의점은 객단가 제고와 수익성 개선이 핵심 과제로 떠오르고 있다. 공정거래위원회에 따

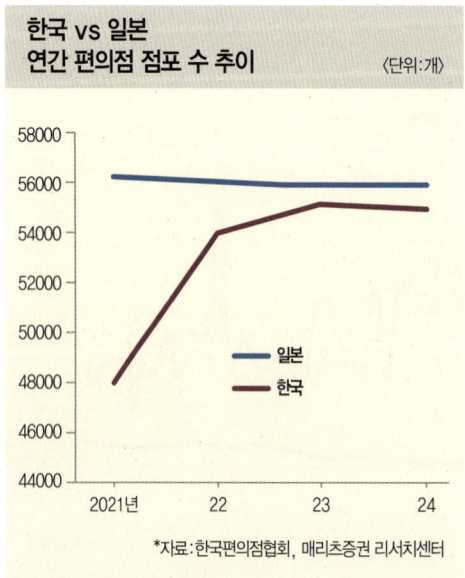

르면, 2023년 편의점 점포당 매출은 GS25 약 6억4000만원, CU 6억2700만원으로 일평균 170만원 안팎이다. 10년 전인 2014년 약 145만원보다는 올랐지만 일본 대비 여전히 낮은 수준이다. 저마진 품목인 담배 매출 비중이 꾸준히 38% 후반대를 기록하며 수익 개선을 막고 있다. 각 사는 건강기능식품·화장품 등 고마진 품목을 확대하며 신규 매출원을 모색하고 있다.

객단가 제고와 함께 스테디셀러 개발도 편의점의 중요한 과제가 될 전망이다. 콘텐츠가 범람하고 숏폼 바이럴로 히트 제품들이 탄생하면서, 소비재 유행 주기가 짧아졌다. 업계에 따르면, 편의점 히트 제품 생애 주기가 과거 평균 22개월에서 2025년에는 4개월로 축소됐다. 단기간에 소비자 반응을 이끌어낼 수 있는 기획력과 충성 고객층 확보를 위한 스테디셀러 개발이 동시에 필요한 상황으로 판단된다.

⑤ 이커머스 최대 이벤트 '무신사 상장'
K패션 브랜드 해외 확장세…수익 공유

이커머스는 2026년에도 10~15% 정도 성장세가 예상된다. 특히 버티컬 플랫폼 중심 구조 강화가 뚜렷하다. 무신사 상장은 업계 내 최대 이벤트가 될 것으로 본다.

K-패션, 특히 디자이너 브랜드 성장세가 가파르다. 무신사 입점 디자이너 브랜드 중 2024년 연간 거래액 100억원 이상 브랜드 수는 2020년 대비 36% 늘었다. 명품과 비교하면 가격이 합리적이고, SPA 대비해선 뚜렷한 정체성으로 MZ세대 지지를 얻고 있다. 과거 K뷰티 인디브랜드와 올리브영이 동반 성장한 것처럼, 패션 부문에서는 디자이너 브랜드와 무신사 등의 버티컬 패션 플랫폼이 함께 성장하고 있다는 판단이다. 2024년 연결 거래액은 4조5000억원을 기록한 무신사는 2025년에도 두 자릿수 성장을 이어갈 것으로 보인다.

오프라인 대비 가볍게 해외 진출을 시도할 수 있다는 점도 강점이다. K-뷰티 브랜드를 해외에 유통하고 있는 실리콘투와 마찬가지로 무신사도 패션 브랜드 유통을 전개하고 있다. 현재 마뗑킴(Matin Kim) 브랜드를 일본에 총판 형태로 유통 중이다. 이처럼 국내에서 인기를 얻은 패션 브랜드들이 한국 콘텐츠의 글로벌 흥행을 바탕으로 해외 수요까지 확대되는 추세다. 무신사는 2025년 하반기 마땡킴을 포함해 4~5개 브랜드의 총판 사업을 새롭게 추진했고, 이에 따라 K-패션 브랜드 해외 확장과 함께 성장 과실을 공유할 것으로 보인다. 해외 성장 동력을 확보했다는 점에서 기존 유통·패션 업체들과 차별화된 실적을 보여줄 공산이 크다.

신흥 채널 올리브영·다이소
온·오프라인 모두 '대세'로 떠올라

무신사와 함께 '올·다·무'로 묶이는 올리브영과 다이소 질주가 2026년에도 이어질 것이다.

공통점은 소비자 니즈를 정확히 읽는 민첩성이다. 올리브영은 인디뷰티 브랜드 유통 창구이자 K-뷰티 수출 레퍼런스로 자리 잡았다. 대기업이 H&B(Health&Beauty) 사업을 축소하면서 경쟁자가 줄었고, 유일한 오프라인 강자로 부상했다. 2025년 1분기 온라인 매출 비중은 28.9%, 전년 대비 14.4% 증가했다. 화장품 온라인 판매가 8.2% 성장하며 전체 이커머스보다 높은 증가율을 보였다. 다만 경쟁이 치열해진 만큼, 향후 실적은 전략에 따라 달라질 전망이다.

다이소는 초저가 전략으로 불황기 소비 트렌드를 정조준하고 있다. 리들샷을 비롯한 뷰티 핫 아이템을 비롯해 5000원대 의류, 냉감

서울 성수동 올리브영N 성수 매장을 방문한 다양한 국적 관광객들.
(올리브영 제공)

의류, 건강기능식품, 르까프·스케쳐스 의류 등 파격가 신제품을 지속 출시하며 '가격파괴' 브랜드 이미지를 강화했다. 고물가 속 가성비 선호가 확산되면서 다이소의 합리적 소비 이미지는 더 강해지고 있다. 또 알리익스프레스·테무 등 해외 C커머스 플랫폼이 품질 논란으로 주춤한 사이, 다이소는 자체 기획·소싱 제품으로 품질 신뢰를 확보하며 오프라인 채널 우위를 이어가고 있다. 외국인 카드 매출도 2022년 전년 대비 300%, 2023년 130%, 2024년 50% 증가했다. 화장품 매출은 2024년 144% 성장해 과거 면세점 외국인 수요를 일부 대체하고 있다. 2026년에도 초저가 선호, 외국인 매출 증가, 카테고리 확장, 이커머스 진출 등이 복합 성장 요인으로 작용할 것이다. ■

주식 ❽ 제약·바이오

연이은 '빅딜'…기술이전 '혈맥' 뚫었다
中 바이오 제재·금리 인하 연속 호재

최창원 매경이코노미 기자

제약·바이오가 새로운 주도주로 부상할 수 있을지 관심이 쏠린다. 시기적으론 적절하다는 목소리가 지배적이다. 국내 바이오텍의 기술이전 빅딜이 계속되는 데다 미국 중앙은행인 연방준비제도(Fed·연준) 금리 인하 기대감까지 겹치면서다. 제약·바이오 섹터는 업종 특성상 연구개발과 성과를 내는 데 긴 호흡이 필요하다. 금리 인하는 자금 조달을 수월하게 만든다는 측면에서 바이오텍에 큰 힘이 된다. 여기에 수년간 논의되고 있는 중국 바이오 기업 제재를 목적으로 한 '생물보안법(Biosecure Act)'까지 가시화되면서 국내 바이오 위탁개발생산(CDMO) 기업도 웃는 형세다. 그간 저평가됐던 제약·바이오로 수급이 몰릴 가능성이 높다는 게 증권가 시각이다.

기술이전 역량 개화 초입
빅딜 핵심은 '플랫폼' 기술

87억6000만달러(약 12조원).

한국제약바이오협회가 집계한 2025년 상반기 국내 제약·바이오 업계 기술 수출 계약 규모다. 이마저도 비공개 계약을 제외한 수치다. 불과 반년 만에 2024년 연간 실적(61억달러)을 넘어섰다. 특히 2025년의 경우 글로벌 빅파마를 상대로 한 조 단위 '빅딜'이 대부분이라는 점도 긍정적이다. 기술 수출은 신약 개발 중간 단계에서 후보물질이나 원천 기술을 다른 제약사에 이전하고 계약금, 마일스톤(개발 단계에 따른 기술료), 로열티(판매 수익의 일정 부분) 등을 받는 것을 뜻한다. 임상시험과 출시까지 모든 과정을 도맡아 막대한 시간과 비용이 드는 신약 개발에 비해 기술 수출은 실패 위험 부담이 적고 안정적 수익을 확보할 수 있다.

K바이오 기술 수출을 이끈 건 '플랫폼' 기술이다. 플랫폼은 단일 신약 후보물질이 아닌, 여러 약물에 두루 적용할 수 있는 일종의 '보조 수단'이다. 이 때문에 플랫폼 기술은 여러 제약사의 신약 개발에 적용될 수 있어 기술 수출 가능성이 무궁무진하다.

가장 눈에 띄는 건 에이비엘바이오다. 2025년 4월 영국 글락소스미스클라인(GSK)에 '그랩바디-B' 플랫폼을 기술이전했다. 총 계약 규모만 28억5000만달러(약 4조1000억원)에 달한다. 에이비엘바이오가 개발한 기술은 약물이 혈뇌장벽(Blood Brain Barrier·BBB)을 잘 통과할 수 있도록 돕는다. 혈뇌장벽은 이물질이 뇌 안으로 들어오지 못하도록 막는 일종의 보호막이다. 워낙 조직이 촘촘하고 두터워 약물이 뇌에 도달하는 데 큰 장애물이다. 이 때문에 기존에는 약물을 과다 투여해 부작용이 발생하는 경우가 많았다. 하지만 그랩바디-B 기술을 적용하면 상대적으로 적은 용량의 약물로도 뇌 조직 깊숙한 곳까지 도달할 수 있다. GSK는 그랩바디-B 기술을 임상 2상 중인 알츠하이머·파킨슨병 치료제 등에 활용할 전망이다.

알테오젠도 마찬가지다. 2025년 3월 영국 아스트라제네카(AZ)에 하이브로자임(ALT-B4) 플랫폼 기술을 수출했다. 총 계약 규모는 13억5000만달러(약 1조8000억원). ALT-B4는 정맥주사(IV)를 피하주사(SC) 제

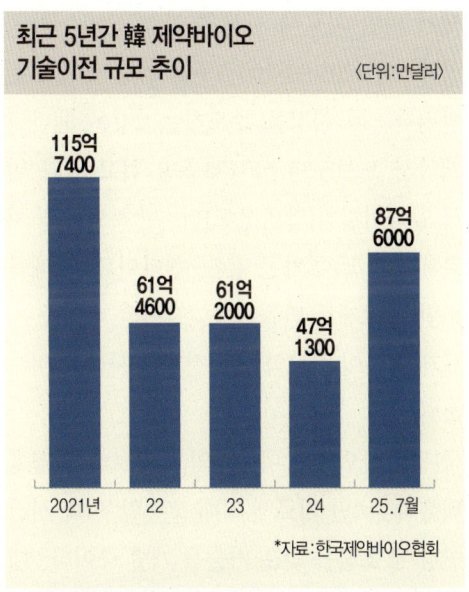

형으로 바꾸는 기술이다. 기존 정맥주사는 혈관에 약물을 투여하는 방식이다. 이 때문에 병원에서 투약해야 하고 시간이 오래 걸린다. 반면 피하주사는 피부와 근육 사이에 있는 피하 조직에 약물을 주사하는 형태다. 정맥주사보다 체내 흡수 속도는 느리지만 투약 시간이 짧아 시간을 절약할 수 있다. 환자가 집에서 스스로 투약할 수 있다는 것도 장점이다. 알테오젠은 ALT-B4로만 누적 9조원대 기술 수출을 이뤄냈다.

글로벌 트렌드+경쟁력 부합 분야 살펴라

중요한 건 앞으로다. 증권가는 글로벌 트렌드에 부합하면서 경쟁력까지 갖춘 곳을 살펴야 한다고 조언한다. 가장 대표적인 게 비만 치료 진영이다. JP모건리서치에 따르면, 전

세계 비만 치료제 시장은 연평균 50%씩 성장해 오는 2030년 100조원을 넘길 것으로 전망된다. 이 시장을 주도하는 2강은 덴마크 제약사 노보노디스크(제품명 위고비)와 미국 일라이릴리(젭바운드)다. 당초 당뇨병 치료제였던 '글루카곤 유사 펩타이드' 제제를 비만 치료제로 만들었다. 전립선 비대증 치료제 성분이 탈모약으로 전환된 사례와 비슷하다.

국내 바이오텍은 이들과의 경쟁보다 협업을 택했다. 비만 치료제 최대 고민인 '지속 시간 연장'에 초점을 맞춘 기술을 개발 중이다. 대표 주자는 펩트론이다. 펩트론은 2024년 10월 일라이릴리와 상기 시속형 주사제 플랫폼 기술 평가를 위한 기술 평가 계약을 체결했다. 본계약을 맺게 되면 두 기업은 펩트론의 '스마트데포' 기술을 릴리가 보유한 펩타이드(비만 치료제 원료) 다수 약물에 적용할 예정이다. 스마트데포는 펩타이드 기반 약물 효과가 체내에서 수개월까지 지속될 수 있도록 돕는 활성화 기술이다. 원리는 단순하다. 초음파 분무 건조를 이용해 펩타이드 약물을 마이크로스피어(약물을 미세한 구체 형태로 캡슐화)하는 방식이다. 캡슐화된 마이크로스피어가 체내에서 서서히 분해되면서 캡슐 속에 있던 약물이 지속적으로 방출된다.

펩트론과 마찬가지로 장기 지속형 기술을 개발 중인 인벤티지랩도 있다. 핵심 기술은 'IVL-DrugFluidic' 플랫폼이다. 마이크로플루이딕스 기술을 기반으로 한 약물 전달 플랫폼이다. 마이크로플루이딕스는 ㎕(마이크로리터) 이하 단위에서 일어나는 유체 흐름을 제어하는 기술이다. 유체 흐름을 제어할 수 있다는 건 마이크로스피어 입자를 균일한 크기와 모양으로 조절할 수 있다는 의미다. 마이크로스피어 입자를 균일하게 만들어 약물 방출 속도를 일정하게 조절, 약물의 체내 지속 시간을 늘릴 수 있다. 인벤티지랩은 최근 비만 치료 진영뿐 아니라 중독 치료 부문으로도 영향력을 넓히고 있다. 글로벌 개발권과 판권 이전에 속도를 내겠다는 방침이다.

비만 치료 트렌드는 'MASH(대사이상성 지방간염)'로도 옮겨붙는 모양새다. MASH는 비만·당뇨병 환자에게 동반되는 대사 질환이다. 노보노디스크가 2025년 초 공개한 자료에 따르면 미국 내 비만 환자의 10%, 당뇨

주요 분야별 국내 바이오텍 개발 전략

구분	회사명	프로젝트명
비만	펩트론	스마트데포
	에이비엘바이오	그랩바디-BBB
	디앤티파마텍	DD02S
	인벤티지랩	IVL3027
항암	알테오젠	-
	리가켐바이오	LCB14
		LCB73
	에이비엘바이오	ABL001
		ABL111
	지아이이노베이션	GI-101

*자료: 키움증권

병 환자 10% 이상이 MASH 환자로 추정된다. 정이수 IBK투자증권 애널리스트는 "MASH는 전 세계 환자 수가 약 4억명에 달하지만, 진단율이 낮고 치료 옵션은 제한적이어서 시장 잠재력이 크다"고 설명했다. 이 시장에서 국내 제약사와 바이오텍도 기회를 잡았다. 특히 한미약품과 디앤디파마텍이 눈길을 끈다. 한미약품과 디앤디파마텍은 식욕억제·인슐린 분비를 촉진하는 GLP-1과 지방을 직접적으로 분해하는 글루카곤(GCG)을 동시 표적하는 이중 작용제 기반 MASH 치료제를 개발 중이다. 정이수 애널리스트는 "양 사 모두 초기 효능 지표인 간 지방 감소 효과를 이미 입증했으며, 2026년 상반기 임상 2상 발표에서 염증·섬유화 개선 등 조직학적 효능 데이터 공개를 각각 앞두고 있다"고 설명했다.

RNA(리보핵산) 기반 MASH 치료제를 만드는 올릭스도 눈길을 끈다. 올릭스의 핵심 기술은 '짧은 간섭의 리보핵산(siRNA)' 설계다. RNA 작용에 간섭하는 형태라고 보면 된다. 구체적으로 RNA는 DNA의 유전정보를 받아 특정 단백질을 생성하는 일종의 작업자인데, 이를 제거해 MASH의 근본적인 원인이 되는 특정 단백질 생산을 차단하는 구조다. 올릭스는 2025년 2월 siRNA(소간섭 리보핵산) 기반 MASH 치료제 후보물질 OLX702A를 최대 6억3000만달러 규모로 일라이릴리에 기술이전했다.

계속 뜨거울 'ADC'도 주목

비만과 함께 글로벌 바이오 트렌드를 이끄는 키워드는 항체약물접합체(ADC)다. ADC는 한마디로 유도탄 방식으로 약물을 직접 전달하는 차세대 항암제다. 암 항원과 결합하는 항체와 암을 죽일 수 있는 세포 독성 약물(페이로드)을 링커(Linker)로 결합한 구조다. 항체가 약물을 암세포까지 유도한 뒤 선택적으로 공격하기에 정상세포가 아닌 암세포만 공격한다. 기존 화학 요법 대비 효능을 높이고 약물 독성을 줄이면서 정상 조직 손상을 줄일 수 있다.

국내 ADC 부문 대표 주자는 리가켐바이오다. 당초 초기 단계 기술이전에 주력했다면 앞으로는 임상시험 단계까지 약물을 직접 개발한 뒤 이전하는 쪽으로 방향을 틀었다. 그간 체결한 기술이전 계약에 따른 계약금·마일스톤 유입 자금을 연구개발(R&D)에 쏟아붓고 있다. 리가켐바이오는 2027년까지 15개 이상 후보물질을 전임상-임상 단계에 진입시킬 방침이다. 일부 성과도 나온다. 리가켐바이오는 2025년 9월 스페인 바르셀로나에서 열린 '세계폐암학회(WCLC)'에서 CEACAM5(비소세포폐암·대장암 발현 단백질)를 표적하는 ADC 신약 후보물질 LCB58A 전임상 결과를 발표했다. 리가켐바이오는 LCB58A가 환자 유래 이종이식(PDX)과 세포 유래 이종이식(CDX) 모델에서 경쟁 약물 대비 강력하고 지속적인 종양 억제 효과가 확인됐다고 밝혔다.

성장 초입 'RPT'도 관심 가질 만

빅파마들이 새롭게 눈독을 들이는 분야가 있다. 표적 방사성 치료제(RPT)다. 과거 방사선은 진단 검사에만 활용됐다. 하지만 최근에는 신약 개발 영역으로 존재감을 넓히고 있는데, 바로 RPT다. RPT는 특정 암세포를 표적으로 하는 분자(펩타이드, 항체 등)와 방사성 동위원소(방사성을 내뿜는 물질)를 결합하는 구조다. 큰 틀에서 놓고 보면 ADC와 유사한 방식이지만 상대적으로 안전성이 높다는 평이다. 이미 빅파마를 중심으로 움직임이 감지된다. 노바티스는 루타테라와 플루빅토를 앞세워 시장을 선점했다. 일라이릴리와 BMS, 아스트라제네카도 방사성 동위원소를 활용한 치료제 개발에 속도를 내고 있다.

이지수 다올투자증권 애널리스트는 "최근 몇 년간 RPT 시장은 빠르게 성장했다"며 "RPT는 단순한 틈새시장이 아니라, 차세대 항암 치료 패러다임으로 자리 잡고 있다"고 강조했다. 한승연 NH투자증권 애널리스트도 "개화하는 산업이기에 중장기 호흡으로 지켜보는 것이 합리적"이라고 조언했다.

국내에도 RPT에 초점을 맞춘 곳들이 있다. 셀비온과 퓨처켐이다. 셀비온은 전립선 특이 세포막 항원(PSMA) 타깃 전립선암 치료제 'Lu-Pocuvotide(177Lu-DGUL)'를 개발 중인 RPT 전문 바이오텍이다. PSMA는 전립선암 세포 표면에서 과발현되는 단백질이다. 셀비온은 2025년 9월 Lu-177-DGUL의 임상 2상 톱라인(주요 지표) 결과를 공개했다. 셀비온은 총환자 91명 중 78명을 대상으로 분석한 결과 최종 객관적반응률(ORR) 36%(28명), 완전관해(CR) 7명(9%), 부분관해(PR) 21명(27%)을 기록했다고 밝혔다. 셀비온은 임상 결과가 성공적이라고 밝혔지만 시장에서는 아쉽다는 반응이 나왔다. 기존 공개한 중간 성과(ORR 48%) 대비 12%포인트 낮아졌기 때문이다. 또 다른 경쟁사 퓨처켐도 개발에 한창이다. 퓨처켐의 전립선암 치료 후보제 'FC705'는 2025년 9월, 식품의약품안전처로부터 임상 3상 시험계획(IND)을 승인받았다. SK바이오팜도 RPT에 적극적이다. 뇌전증 신약 세노바메이트 후속 주자로 RPT를 점찍은 모양새다. SK바이오팜은 2024년 7월 홍콩 바이오텍 풀라이프테크놀로지스와 방사성 의약품 후보물질 'SKL35501'의 글로벌 개발과 상업화 권리를 도입하는 기술 도입 계약을 체결했다. 계약금과 마일스톤을 포함해 5억7150만달러(약 7600억원) 규모다. 또 방사성 동위원소 공급 안정성 확보를 위한 계약도 이어가고 있다. 2024년 8월에는 미국 테라파워와 RPT 개발 원료 공급 계약을 맺었고 지난 2월에도 RPT 개발 원료인 '악티늄-225' 확보를 위해 벨기에 판테라와 공급 계약을 체결했다.

CDMO 모멘텀 살아나나

바이오 분야 파운드리인 위탁개발생산(CDMO)의 시선은 미국 생물보안법(Biosecure Act)에 쏠린다. 생물보안법은 미국 국가 안보에 위협 우려가 있는 기업들과의 거래나 협력을 제한하는 내용을 담고 있다. 2025년 10월 기준 미국 상·하원이 생물보안법(Biosecure Act)을 포함한 국방수권법(NDAA) 개정안을 잇달아 통과시킨 상태다.

만약 생물보안법이 현실화될 경우 삼성바이오로직스 등 국내 CDMO는 직간접적 반사이익이 예상된다. 증권가는 특히 중소형 CDMO에 주목한다. 중소형 CDMO 주요 고객인 바이오텍이 금리 인하로 물량을 늘릴 가능성이 높고 생물보안법으로 성장 모멘텀까지 챙겼기 때문이다.

시장에서 주목하는 곳은 에스티팜과 바이넥스다. 에스티팜은 올리고뉴클레오타이드(Oligonucleotide) CDMO가 주된 사업 영역이다. 에스티팜은 이미 생명보안법 추진의 실질적 수혜를 경험한 바 있다. 에스티팜은 2024년 글로벌 톱10 제약사 중 한 곳으로부터 연간 1조원 이상 매출이 발생하는 신약(API) 생산 계약을 따냈다. 관련 업계에 따르면 중국 기업이 맡던 물량을 대체한 것이다. 생명보안법 통과 여부와 별개로 추진 자체만으로도 수혜를 입고 있는 것이다. 이에 2024년 2737억원의 매출을 낸 에스티팜은 2028년 5000억원 매출을 목표로 제시했다. 또 다른 중소형 CDMO 바이넥스도 상황은 비슷하다. 공급 계약 공시가 잇따른다. 바이넥스는 2025년 9월 글로벌 제약사와 208억원 규모의 CDMO 계약을 체결했다. 지난 2025년 6월에도 글로벌 제약사와 약 162억원 규모의 바이오의약품 제조 공급 계약을 맺었다. 수주 물량이 늘면서 증설도 진행 중이다. 바이넥스는 2026년 상반기까지 기존 7000ℓ 규모의 오송공장을 증설해 생산능력을 선제적으로 늘려나갈 예정이다. ■

미국 생물보안법 관련 논의로 위탁개발생산(CDMO) 분야도 주목받는 분위기다. 사진은 삼성바이오로직스 전경. (매경DB)

미국 생물보안법(BIOSECURE Act) 개요

내용	'우려 기업'에 대한 보조금 제공·미국 기업과 계약 금지 → 중국 기업의 영향력 약화·견제 목적
진행 상황	2025년 9월 하원·10월 상원 통과 → 양원 위원회 타협안 도출 → 트럼프 대통령 서명 시 시행
국내사 영향	중국 CDMO 영향력 약화로 인한 반사이익 기대
	일본·인도 부상 → 공급망 생태계 재편 따른 신규 경쟁 구도 심화

주식 ❾ 중소형주

'韓·美 이모작' 똘똘한 투자 개인화된 AI 확산 주목

최승한 신한투자증권 연구위원

2025년 코스피는 연초 대비 10월 말 기준 70% 가까이 상승하며 4000선을 돌파했다. 특히, 2025년 6월 5만원대에 머무르던 삼성전자가 10월 27일 장중 처음 10만원을 찍으며 사상 최고치를 경신했다. '10만 삼성전자, 50만 하이닉스' 시대가 현실로 다가왔다. 중소형주 중심 코스닥도 900포인트를 넘어 순항 중이다. 지수 상승률은 코스피에 비해 아쉽지만, 대형주 중심 강세장 속에서도 여러 중소형 테마가 약진했다는 점은 의미가 크다. 주식 시장의 선택과 집중 현상은 심화되고 있다. 2025년 5~9월 코스피가 34% 오르는 동안 주식 시장 전체 종목 중 상승 종목 비중은 60%에서 40%대로 하락했다. 2025년 삼성전자(+67%)만큼 주가가 오르지 못한 종

미국 시장 시가총액 50억달러 이상 상승률 상위 종목 (단위:%)

종목명	종목코드	연초 대비	테마
비트마인	BMNR	571	암호화폐
오클로	OKLO	446	원전
오픈도어 테크놀로지스	OPEN	404	프롭테크(AI)
센트러스에너지	LEU	397	원전
IREN Ltd	IREN	379	HPC·암호화폐
MP머티리얼스	MP	334	희토류
네비어스그룹	NBIS	317	HPC
블룸 에너지	BE	306	AI전력난(그리드)
Robinhood Markets Inc	HOOD	273	주식·암호화폐
American Bitcoin Corp	ABTC	259	암호화폐

*2025년 10월 1일 기준   *자료:Bloomberg, 신한투자증권

목 비율은 87%에 달한다. "왜 내 주식만 안 오르지?"하는 투자자 원성이 나올 만한 환경이다.

2025년 추석 이후 삼성전자 깜짝 실적 발표

// 어디에 투자할까 //

로 시장이 들썩거렸다. 동시에 미중 관세 전쟁 재점화는 불확실성을 가중하고 있다. 섣불리 시장의 방향을 예단하기 쉽지 않지만, 중기적 강세 분위기가 꺾이지 않는다는 전제 아래, 다음 단계로 중소형주 수급 확산에 대비할 시점으로 판단된다. 대형주 중심 지수 상승장 초기에 중소형주의 상대적 소외는 늘 있어왔다. 그러나, 과거 사례를 보면 그 후 수급 확산으로 중소형주에서 새로운 주도주가 부상하는 흐름이 반복됐다. 따라서 지금은 2026년에는 어떤 중소형주가 주인공이 될지 미리 준비하는 전략이 필요하다.

먼저 2025년 중소형주를 관통한 테마를 살펴보면, 대형주가 큰 흐름을 만들어냈던 반도체, 바이오, 원자력, 전력, 방위 산업, 엔터테인먼트, 화장품이 중소형 종목군에서도 동반 강세를 보였다. 일례로 반도체 고대역폭메모리(HBM · High Bandwidth Memory) 공급 제약은 패키징, 테스트 등 후공정 영역까지 수혜를 확산시켰고 원전, 전력 대형주 강세는 중소형사로 확산됐다. 또 로봇, 의료AI, 우주, 암호화폐 등 국내 대표 대형주가 부족하지만, 글로벌 트렌드에 연동된 신규 성장 테마도 눈에 띈다.

물론 위험관리도 중요하다. 인플레이션 재점화와 이에 따른 금리 인하 기대 약화, 불확실한 지정학적 위협, 돈을 풀지만 악화되는 경기 속 스태그플레이션 가능성 등 여러 변수가 남아 있다. 이럴 때일수록 기업 기초체력과

2025년 주요 중소형주 상승 상위 20 종목 단위:원, %

종목명	시가총액	연환산수익률 (YTD)	테마
원익홀딩스	1조7530억	790	로봇
로보티즈	2조5400억	748	로봇
씨어스테크놀로지	8410억	532	의료AI
SAMG엔터	6090억	396	콘텐츠
티엘비	6330억	393	반도체
올릭스	1조8570억	379	제약바이오
심텍	1조7290억	367	반도체
웅진	3110억	365	개별 호재
엠앤씨솔루션	1조8050억	360	방산
큐리언트	6790억	352	제약바이오
아이티센글로벌	5440억	351	암호화폐
클로봇	9740억	342	로봇
큐리옥스바이오시스템즈	1조3590억	333	의료AI
코오롱모빌리티그룹	6360억	331	개별 호재
HJ중공업	2조1070억	327	조선
펨트론	4640억	317	반도체
하이젠알앤엠	1조6960억	310	로봇
제이에스링크	6900억	309	희토류
지엔씨에너지	5310억	293	전력

*2025년 10월 13일 종가 기준   *자료:Quantiwise, 신한투자증권

현금흐름 창출 역량에 집중해야 한다. 2025년 강세 테마는 예외 없이 실적 개선을 동반했다는 점을 기억할 필요가 있다.

2025년에도 확인된 '한 · 미 이모작' 유용성

중요한 것은 옥석 가리기다. 주도주 선정의 분명한 기준이 필요하다. 1년 전 2025년을 전망하면서 제시했던 '한 · 미 이모작' 투자 전

략이 여전히 유효하다. '한·미 이모작'이란 미국을 포함한 글로벌 주도 테마와 상관관계가 높은 국내 테마를 뜻한다. 글로벌 혁신 성장의 본류는 미국에 있고 우리나라는 주요 수출국으로서 동반 성장이 가능하다. 여기에 '서학개미' 증가로 한·미 투자 심리의 동조 현상이 강화되고 있어, '한·미 이모작' 투자의 유용성은 더욱 커지고 있다.

2025년 미국 대형주 시장의 주도주는 단연코 인공지능(AI)이었다. 미국 시장에 상장된 61개 '메가캡(시가총액 2000억달러 이상)' 기업의 2025년 연초 대비 주가수익률(10월 1일 기준) 1~10위를 보면, 팔란티어(+145%), 마이크론(+129%), 알리바바(+106%), AMD(+93%), 앱러빈(+85%), 오라클(+78%), 우버(+59%), 쇼피파이(+54%), TSMC(+52%) 순이다. 정도의 차이는 있지만 모두 AI 관련 기업이다.

시가총액 50억달러 이상으로 범위를 넓히면 희토류(MP·TMC), HPC·클라우드 인프라(코어위브·네비우스·아이렌), 차세대 원전(오클로·뉴스케일), AI 전력난(블룸에너지·나비타스·QS), 암호화폐(로빈후드·비트마인), 우주(로켓랩·ASTS), 의료 AI(템퍼스·가던트·HIMS), 금광주 등이 100% 이상 상승했다. 이들 대부분 실적 개선을 동반했다는 점이 2021년 '밈 주식 랠리'와의 근본적 차별점이다.

이들 테마 간 상관관계도 높다. AI 전력 수요 확산 → 원전 → 그리드 → 배터리 테마로 연결됐다. AI 하드웨어 투자 → 서비스형 소프트웨어(SaaS) 기업 두각으로 이어졌다. 금리 하락 → 귀금속, 크립토(가상자산), 프롭테크(Property+Technology·부동산과 기술 융합)로 이어지는 순환도 관찰된다.

한국에서 시가총액 3000억~3조원 중소형 종목군 내 핵심 테마축은 1) AI 반도체 소부장 2) 전력·에너지 인프라 3) 로봇·스마트팩토리로 요약된다. 이외 방산과 우주, 의료 AI, 암호화폐, 엔터테인먼트 등 다수 테마가 글로벌과 동조했다. 특히 국내 대표 대형주가 부재한 로봇, 의료 AI에서 2025년 스타 종목 로보티즈(+748%), 씨어스테크놀로지(+562%, 이상 10월 13일 기준)가 등장한 점이 눈에 띈다. AI 인프라 분야 반도체 후공정이 대형주에 후행해 수혜주로 부각되며, 대형주 두각 이후 타이밍 공략이 가능했다는 점도 흥미롭다.

2026년 유망 중소형 테마: 개인화된 AI의 확산

2026년은 AI의 초점이 '산업의 생산성'에서 '소비의 개인화'로 옮겨가는 변화가 본격화될 전망이다. 2023년부터 주식 시장 최대 화두는 AI였지만, 반도체·전력 등 설비투자 관련주가 중심이었다. 투자 사이클이 지나가면 AI가 인간의 선택·소비·건강·생활을 바꾸는 소비자(B2C) 시장으로 중심이 이동할 것이다.

2026년 유망 중소형 테마

테마	개념	국내 유망 업종군	미국 접점 기업
AI × 콘텐츠, 커머스, 핀테크	AI가 소비자의 선택을 대체하는 단계	콘텐츠, 광고, 커머스, 암호화폐	앱러빈, 레딧, 코인베이스
	생성형 광고, AI 크리에이티브, 맞춤형 커머스		
	차세대 커머스와 스테이블코인의 결합		
AI × 헬스케어	개인화 의료, 헬스 데이터 기반 예측·관리	의료 AI, AI 신약, AI 건강관리	템퍼스 AI, 가던트, 힘스
	병원·보험·소비자용 AI 서비스 확대		
AI × 로보틱스, 자동화	산업 → 물류 → 서비스·가정용으로 로봇 침투	로봇, 스마트팩토리, 물류 자동화	테슬라, 심보틱, 엔비디아
	AI 비전·제어기술 상용화 가속		

*자료: 신한투자증권

한 발 빠른 글로벌 기업은 이를 실증하고 있다. 구글과 메타는 생성형 광고로 마케팅 효율을 극대화하고, 아마존과 월마트는 AI 리테일과 맞춤형 추천 알고리즘으로 소비자 구매 패턴을 실시간 예측하고 있다. 의료 영역에서는 템퍼스 AI가 AI 기반 암 진단 등 정밀의료 상용화를 선도하고 있다. 이처럼 AI 응용 기업은 도입기를 지나 대중화 단계로 진입하고 있으며 레딧, 독시미티, 템퍼스AI 등 다수 기업이 흑자전환을 달성했거나 달성이 임박했다.

AI 국면별 주도주 확산

국내 시장에서도 이 같은 흐름이 전개될 가능성이 높다. 디지털 콘텐츠, 의료 AI, 로보틱스, 맞춤형 소비, 핀테크와 같은 개인화·B2C 산업군이 차세대 AI 수혜축으로 부상할 것으로 보인다. 한국은 반도체·전력·데이터센터·5G 등 인프라 투자로 생태계 체

AI 국면별 주도주 확산

구분	2023~2025년 현황	2026년 이후 전망
AI 1막(인프라)	반도체, 서버, 전력, 데이터센터 고성장	안정적 성장
AI 2막(응용)	AI 소프트웨어, 로보틱스, 의료 AI 도입	활용 확산, 서비스 상용화 국면
AI 3막(개인화)	AI 커머스, 개인화 콘텐츠, 헬스케어 등장	대중 소비 시장으로 본격 확산

*자료: 신한투자증권

력을 키웠고, 이제 응용·소비 혁신 단계로 진입할 준비를 마쳤다.

미국 기업의 선례를 감안하면, 2026년부터 흑자전환이 가시화되는 국내 AI 응용 기업들이 점차 등장할 가능성이 높다. 막연히 AI 기술을 활용하는 수준을 넘어 실질적인 수익을 창출 모델을 입증받는 순간 한국, 미국을 막론하고 주식 시장에서 본격적인 재평가(Re-rating)를 받게 된다. 2026년은 AI가 투자와 학습의 장을 넘어 실질적 생산성과 실생활 변화를 가져오는 시기가 될 것으로 기대한다. ■

부동산 시장

어디에 투자할까

〈부동산〉
1. 아파트
2. 상가
3. 업무용 부동산
4. 토지
5. 경매

부동산 ❶ 아파트

'신축 불패' 압구정·대치 재건축
성수·여의도·목동 '넥스트 부촌'

이주현 월천재테크 대표

2025년 서울 부동산은 시장 예상을 뒤엎고 상승 흐름이 뚜렷했다. 2022년 하반기 시작된 조정 국면을 마무리하고 2025년 2월 첫째 주 상승 전환한 서울 아파트값은 9월 마지막 주까지 35주 연속 상승이라는 대기록을 세웠다. 특히 9월 들어서는 4주 연속 상승폭이 확대되는 등 과열 양상마저 보였다. 이러한 상승세는 '한강벨트'를 중심으로 시장을 이끌고 있다. 2025년 들어 9월 말까지 송파구(13.43%), 성동구(11.15%), 서초구(10.59%) 등 전통 강세 지역은 물론 마포구, 용산구, 광진구, 강동구 등에서도 두드러진 상승률을 기록했다. 동대문구를 비롯해 경기 광명, 성남 등지로 상승 흐름이 확산되는 모습을 보였다. 거래량은 얕지만 간헐적으로 신고가가 형성되며 가격을 지지하는 전형적 '갭 메우기' 국면이다. 입지가 좋은 구축 단지나 재정비 상품으로까지 온기가 퍼져나가고 있음을 시사한다.

공급 부족한 서울, 새해에도 우상향

상승 요인과 하락 요인이 팽팽하게 맞서기는 하지만, 2025년 말~2026년 초 매매 시장은 상승세를 이어갈 전망이다.
가장 큰 이유는 공급 부족이다. 2025년 상반기 대규모 입주장이 마무리되면서 시장은 공급 부족에 직면해 있다. 그나마 2025년 연말부터 방배원페를라(1097가구), 잠실레미안아이파크(2678가구), 이문아이파크자이(4169가구) 등 입주가 예정돼 있지만 만성적인 공급 부족을 해소하기엔 역부족이다. 바꿔 말하면 그만큼 전세 물량이 부족한 상황이라 전셋값이 오

// 어디에 투자할까 //

서울 용산구 한남뉴타운은 재개발을 통해 원조 부촌 명성을 되찾아올 유망 투자처로 꼽힌다. (매경DB)

를 수밖에 없다. 전셋값 상승은 매맷값을 밀어올리는 동력이 되고, 전세 대신 매매를 결심하는 수요도 더욱 늘어날 여지가 있다. 여기에 주식 시장, 가상화폐 시장 호황으로 시중에는 유동성이 풍부해졌고, 기준금리 인하 기대감도 매매 심리에 한몫 더하고 있다.

아파트 거래 자체는 2025년 상반기 급등한 서울 강남 3구(강남·서초·송파구)보다는 마포·용산·성동·광진구 등 한강변 지역이 이끌 것으로 본다. 대출 한도가 6억원으로 제한돼 있어 15억~20억원 가격대 아파트가 인기를 끌고 있기 때문이다. 상승세는 점차 서울 '중급지'로 확산할 것이며, 아직 덜 오른 지역의 경우 빠른 매수 판단이 필요해 보인다.

다만 2025년 10월 16일 이후부터는 변수가 더 생겼다. 정부 추가 발표에 따라 수도권 전 지역과 규제지역에서 15억원 넘는 주택을 구입할 경우, 주담대 한도가 6억원에서 4억원 이하로 줄어들었다. 25억원 이상 아파트 담보대출 한도는 2억원으로 대폭 줄었다. 1주택자 전세대출은 총부채원리금상환비율(DSR) 계산에 반영돼 주택대출 심사가 깐깐하게 이뤄질 전망이다. 대출 수요를 줄이고 1주택자의 갭투자를 막겠다는 취지로 풀이된다. 투기과열지구·토지거래허가구역 등 규제지역 역시 대폭 확대됐다. 다주택자 취득세와 양도세 중과(양도세 중과는 내년 5월까지 유예)도 강화됐다. 강력한 규제에 따라 그간의 상승세가 단기적으로 주춤할 가능성은 있다. 다만, 만성적인 공급 부족 문제를 해결할 강력한 신호 없이는 단기 조정에 그치고 다시 상승을 반복할 가능성이 높다. 따라서 2025년 상반기 내집마련 적기를 놓쳤다면, 2025년 말~2026년 초에라도 내집마련에 도전하는 것이 좋겠다. 여기서 무리한 '영끌' 대출은 금물이라는 점은 명심하자.

투자 전 체크리스트

본격적으로 2026년 유망 투자처를 살펴보기에 앞서 짚고 넘어가야 할 부분이 있다.

첫째, 풍요의 시대는 끝났다. 지난 수년간은 2기 신도시와 재건축·재개발 사업장에서 쏟아지는 입주 물량 덕분에 청약(또는 분양권)과 입주권을 골라 선택할 수 있었다. 세입자 역시 대규모 입주가 시작되는 지역에서 얼마든지 전세 매물을 찾을 수 있었다. 하지만 대규모 입주장은 2025년 상반기에 대부분 마무리됐다. 이제는 골라 매입할 신축 아파트도, 저렴한 전세 매물도 찾아보기 힘들어졌다.

둘째, '초(超)양극화'다. 부동산 시장은 지역 간 양극화가 더욱 심화될 것이다. 서울·수도권과 지방 간 격차는 이미 돌이킬 수 없을 만큼 벌어졌다. 20~30대 수요층의 '인서울' 선호 현상이 뚜렷해지면서 인구는 일자리와 인프라가 집중된 서울·수도권으로 쏠리고, 이는 주택 수요를 더욱 자극한다. 반면 지방은 미분양 물량 전체와 가격 하락 압력에 시달리고 있다. 같은 수도권 내에서도 지역별 양극화는 뚜렷할 전망이다. 같은 서울이라도 강남권과 비(非)강남권, 한강벨트와 그 외 지역 간 격차는 지금도 벌어지는 중이다. 같은 경기도 내에서도 분당, 과천 등 일부 지역만 상승세를 주도하는 것도 같은 맥락이다. 상품 간 양극화도 심화하고 있다.

셋째, '더 똘똘한 한 채'다. 지난 몇 년간 부동

서울 송파구 미성크로바아파트를 재건축한 '잠실르엘'은 잠실 엘·리·트·파(엘스·리센츠·트리지움·파크리오) 뒤를 이어갈 '넥스트 신축 대장' 단지로 거듭날 전망이다. (매경DB)

산 시장 키워드가 '똘똘한 한 채'였다면 지금은 '더 똘똘한 한 채'로만 수요가 쏠리고 있다. 같은 지역과 입지라도 신축과 구축 아파트 간 가격 격차는 매일 벌어지는 중이다. 과거엔 특정 지역 대장 단지가 먼저 거래되고, 이어 2~3등 단지로 수요가 이동했다. 반면 2025년 상반기부터는 그 지역 1~2등 단지만 거래되고, 가격이 맞지 않으면 아예 다른 지역 대장 아파트로 이동하는 기현상이 나타났다. 과거에는 입지만 좋으면 구축도 좋다고 했지만, 이제는 입지 좋은 낡은 구축 아파트보다는 조금 외곽이더라도 쾌적한 신축 아파트를 선호하는 현상이 뚜렷하다. 입지 좋은 곳의 낡은 구축 아파트값이 오르는 경우는 재건축 등 정비사업을 추진하는 경우, 즉 '미래에 신축이 될 곳'에 한정된다.

이를 바탕으로 아파트 투자 시 체크해야 할 지역·단지 특징을 정리해보면 다음과 같다.

첫째, 신축 또는 신축이 될 곳이다. 이미 지어진 신축도 좋고, 정비사업 초기 단계에 있는 단지라면 잠재 가치가 더욱 높다. 나 홀로 단지보다는 여러 단지가 밀집된 지역 파급력이 훨씬 크다.

둘째, 재건축·재개발 등 정비사업에 투자한다면 사업 속도가 빠른 곳이다. 추진력 좋은 조합, 비상대책위원회 없는 단결, 더불어 인허가권자인 구청장의 강력한 의지가 정비사업 속도를 좌우한다. 갈등 끝에 분리 재건축하는 등 '이 빠진 곳' 없이 조화롭게 완성되는 단지가 최고 입지로 거듭난다.

셋째, 좋은 일자리, 특히 고임금 일자리가 풍부한 곳과 그 인근 주택 가격이 견고하게 우상향한다. 서울 강남권, 도심(시내), 여의도와 서울 외 수도권에서는 판교, 화성 등이 대표적 예다. 소득이 높은 지역, 즉 구매력 있는 수요가 뒷받침되는 곳을 주목해야 한다.

넷째, 살아남는 학군을 찾아야 한다. 저출생으로 학령인구가 줄면서 학원가에도 변화 바람이 불고 있다. 이제는 단순히 유명 학원가가 있다는 점만으로는 부족하다. 젊은 인구가 지속해서 유입되고, 학령기 자녀를 둔 가구의 정주율이 높은 '살아남는 학군'을 찾아야 한다. 조부모의 지원(학원비·유치원비 등)이 가능한 지역도 강력한 수요 기반이 된다.

2026년 투자 가치 높은 단지들

이런 조건을 두루 충족하는, 향후 10년간 서울·수도권 부(富)의 지도를 이끌어갈 지역과 단지는 다음과 같이 압축할 수 있다. 이들 지역과 단지는 강력한 규제에도 불구하고 구조적인 공급 부족과 희소성을 바탕으로 앞으로 가치 상승 가능성이 크다.

첫째, 재건축 대장지 압구정·대치동이다. 지금까지 서초구 반포동과 강남구 개포동이 부동산 상승을 이끌었다면 다음은 압구정동과 대치동이 이끌 차례다. 강동구 올림픽파크포레온(둔촌주공 재건축) 다음 차례는 '올림픽선수촌'이며, 송파구 잠실지구 엘·리

서울 강남권이 아니어도 강북 한강변에서 정비사업을 통해 신축 아파트로 거듭날 아파트를 눈여겨보면 좋다. 사진은 재건축 사업을 추진 중인 광진구 광장동 '워커힐아파트'. (매경DB)

센츠·트리지움·파크리오 다음은 '잠신주공5단지' '잠실래미안아이파크(잠실진주 재건축)' '잠실르엘(미성·크로바 재건축)' '아시아선수촌' '우성1·2·3차'다. 송파구 가락동 헬리오시티(가락시영 재건축)의 성공은 인근 '올림픽훼밀리타운(1~3차)'에 대한 기대를 키운다.

둘째, 마찬가지로 재건축·재개발을 통해 서울 부촌 지도를 바꿀 '넥스트 부촌'이다. 성동구 성수전략정비구역, 용산구 한남뉴타운, 서초구 방배동 재건축구역이다. 성수전략정비구역은 1~4지구에서 약 9000가구 아파트 건립이 추진되고 있어 서울 한강변 최대 재개발 사업지로 꼽힌다. 한남뉴타운은 한강과 남산을 앞뒤에 둔 입지와 탁월한 서울 도심 접근성 덕에 강북 전통 부촌으로 통한다. 저층 노후 주택가를 아파트로 신축하는 방배동은 전통 부촌으로 거주자(소유주) 소득이 높고 분담금, 공사비 인상 등 최근 들어 발생하는 비용 분쟁 이슈에도 사업이 비교적 원활하게 진행되는 중이다.

오랜 기다림 끝에 재건축 닻을 올린 여의도와 목동도 역시 서울 스카이라인을 바꿀 핵심지로 주목할 만하다. 대부분 1970년대에 지어져 재건축 연한(30년)을 훌쩍 넘긴 여의도 아파트들은 용적률이 높고 대지지분이 낮아 사업성이 떨어진다는 이유로 재건축 사업이 지지부진한 적이 있었다. 하지만 서울시가 신속통합기획을 통해 각종 용적률 인센티브를 제공하면서 일대 재건축 추진 움직임이 활발해졌다. 목동 역시 신시가지1~14단지 모두 재건축 밑그림을 갖추면서 사업 전반에 탄력이 붙고 있다.

셋째, 강남권 진입이 어려운 수요자는 차선

// 어디에 투자할까 //

서울 성북구 장위뉴타운은 서울 동북권 핵심 주거지로 부상할 전망이다. 사진은 장위뉴타운6구역을 재개발한 '푸르지오라디우스파크' 공사 현장. (매경DB)

책으로 재정비촉진구역(뉴타운)을 포함해 중급지 재개발구역을 눈여겨보자. 서울 동대문구 청량리뉴타운, 이문·휘경뉴타운, 성북구 장위뉴타운을 비롯해 경기 광명뉴타운, 재개발이 한창인 성남 구시가지는 서울·수도권 핵심 주거지로 부상할 전망이다. 또한 서울시가 지구단위 재정비 계획을 구체화한 노원구 재건축도 주목해야 할 곳이다.

넷째, 신도시·택지지구에서 청약을 노려보는 것도 좋다. 무주택자에게는 청약만 한 내집마련 기회가 없다. 택지지구에서 공급되는 아파트는 분양가상한제가 적용되기 때문에 주변 시세 대비 합리적인 분양가로 내집마련이 가능해서다. 고양 창릉, 하남 교산, 과천 주암, 남양주 왕숙 등 3기 신도시와 공공택지인 서울 고덕 강일 등에서 앞으로 한국토지주택공사(LH)가 공급할 아파트가 꽤 많다. 다만 이런 아파트 청약은 나름의 전략이 필요하다. 가점, 자격 요건 등을 꾸준히 공부하고,

당첨될 가능성을 꼼꼼히 따져 준비해야 한다. 특별공급 내용과 가점뿐 아니라 공공분양 청약에도 대비해 청약통장 납입 횟수와 액수도 미리 챙겨야 한다.

마지막으로 이미 가격이 급등한 단지를 빼고 '제2의 단지'도 찾아보자. 중구 신당동 '남산타운', 용산구 이촌동 '한가람아파트', 광진구 광장동 '워커힐아파트'는 정비사업을 통해 가치 상승이 예상된다. 서울 중심부 초대형 단지인데 재건축이 어려운 남산타운은 리모델링 시장 '대어(大魚)'로 꼽힌다. 기존 용적률이 358%에 달하는 한가람아파트 역시 리모델링 사업을 추진 중이다. 1·2차 단지 통합·분리 재건축을 놓고 이견은 있지만 워커힐아파트는 대형 평형 위주로 구성됐고, 기존 용적률이 낮아 재건축 사업성 기대가 높은 단지다. 이외에 강동구 상일동 '고덕센트럴아이파크'는 2025년 9월 기준 아직 시세가 덜 올랐다는 점에서 투자 가치가 발견된다. ■

부동산 ❷ 상가

임대료 낮춰도 텅텅 비는 상가
입지·업종·개발이 성패 가른다

정다운 매경이코노미 기자

국내 상가(쇼핑·판매시설) 시장은 2026년 회복 기대감과 구조적 한계가 교차하는 한 해가 될 전망이다. 2025년까지 이어진 임대료 하락, 공실률 상승이라는 침체 국면이 완전히 해소되기는 어렵지만, 일부 유리한 입지·특화된 업종 중심으로 선택과 집중이 요구될 전망이다. 특히 수도권 핵심 상권과 관광·체험형 수요가 확보된 상가는 상대적 선방이 기대된다. 반면 비수도권과 전통 상권은 여전히 회복이 더딘 우울한 한 해가 될 전망이다.

소비 회복·임대 지표 부진한 2025년

2026년 투자할 만한 상가를 살펴보기 전에 짚고 넘어가야 할 지표가 몇 가지 있다.

첫째, 소비 시장이다.

상가 투자에 큰 영향을 미치는 소비 시장에서는 소비 심리는 다소 회복세를 보이는 반면, 실물 소매판매액 증가세는 주춤한 모습을 보인다. KB경영연구소에 따르면, 2025년 2분기 소매판매액은 약 161조7000억원으로 직전 분기보다 1% 증가하는 데 그쳤다. 2021년부터 증가세가 둔화하다 2024년 4분기에 하락 전환된 흐름이 다시 증가세로 돌아선 것이긴 하지만 그 회복폭이 크지 않다. 또한 소비자물가 상승률이 둔화하고 소비자심리지수는 5월부터 반등 조짐을 보였지만, 경기 침체 우려 탓에 회복세가 계속될지는 미지수다.

더욱이 온라인 쇼핑몰과 백화점 판매액 지수는 양호한 반면, 전통적인 오프라인 매장은 여전히 침체가 지속됐다. 특히 업종별·형태별 양극화가 뚜렷했다. 백화점은 명품·

프리미엄 상품과 체험형 매장 강화로 2020년 이후 줄곧 회복세를 이어왔지만, 대형마트와 슈퍼마켓, 전문소매점 등은 여전히 온라인, 무점포 유통에 밀려 회복이 더딘 상태다. 즉, 수요 측면에서는 '선택적 회복' 조짐이 나타나고 있으나, 전반적 소비 시장이 활력을 되찾는 데는 시간이 필요하다는 진단이 가능하다.

둘째, 상가 임대 시장 지표다. 2025년 임대시장 지표는 줄곧 부진한 지표를 보였다.

상가 임대료가 어떻게 변하는지 보여주는 전국 상가 임대가격지수는 팬데믹 이후 내림세가 완화되긴 했지만, 다시 상승 전환하지 못하고 조금씩 하락 추세다. 2025년 2분기 통합상가(집합·중대형·소규모상가) 임대가격지수는 99.44로 2024년 2분기(100)를 기준으로 1년 만에 0.56% 하락했다. 공실률은 집합상가 10.48%, 중대형상가 13.39%, 소규모상가 4.27%로 전년 같은 기간 대비 각각 4%, 5.2%, 14.7%씩 높아졌다. 특히 공실률은 수도권과 비수도권 간 양극화가 매우 뚜렷했다. 중대형상가 공실률이 서울·경기 지역은 10% 안팎인 반면, 비수도권 일부는 20%에 육박하는 곳도 있었다. 통합상가 임대가격지수도 서울은 평균적으로 1.02% 오른 반면, 서울 외 지역은 극히 일부 상권을 제외하고 하락했다. 경기 평균이 0.72% 하락하는 동안 성남 서판교(1.38%), 광명 철산(1.06%), 성남 분당역세권(0.69%), 화성 병점역(0.27%), 동탄센트럴파크(0.26%), 안양 인덕원(0.29%), 범계학원가(0.08%), 위례신도시(0.05%), 고양 화정역(0.04%), 하

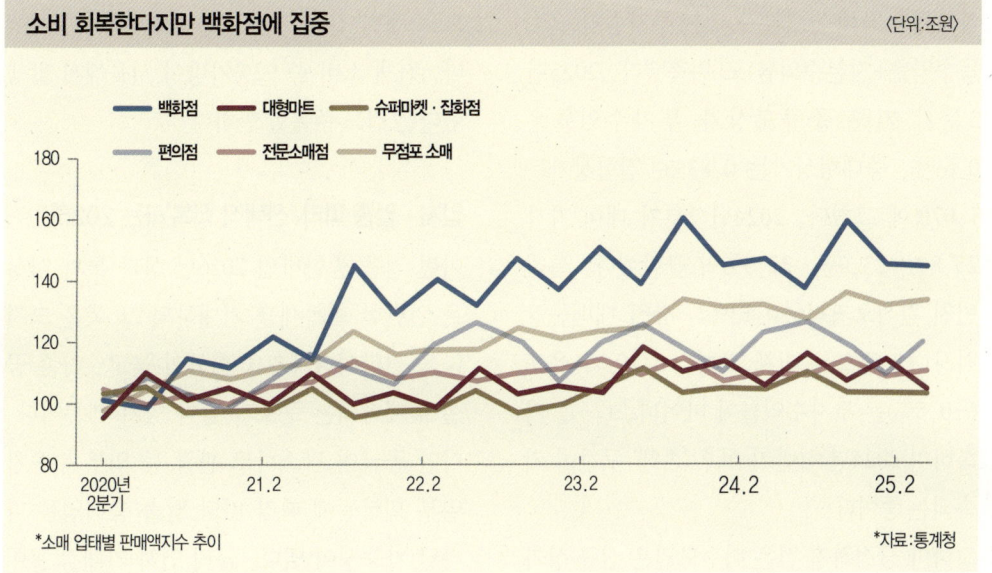

소비 회복한다지만 백화점에 집중 〈단위:조원〉

*소매 업태별 판매액지수 추이 *자료: 통계청

전국 상가 임대가격지수 내림세
서울은 대부분 상권에서 오름세
명동·강남 등 관광객 찾는 상권서
체험형·의료·뷰티 매장이 유망
소매점·슈퍼 온라인 유통에 밀려
개발 후 가치 상승할 곳 노려야

남 원도심(0.04%), 용인 죽전카페거리(0.25%), 수지(0.16%), 상현역(0.02%) 등이 크게 또는 작게 상승했다. 지방에서는 부산 광안리(6.76%), 창원 명곡동(0.71%), 경주 황리단길(0.67%), 대전시 동구청(0.44%), 진주혁신도시(0.39%), 대구시 동대구(0.09%) 등 극히 일부 상권을 제외하면 모든 지역에서 임대가격지수가 하락했다.

상가에 투자해 기대할 수 있는 투자수익률(소득수익률+자본수익률)도 위축됐다. 2025년 2분기 기준 소규모상가 투자수익률은 0.69%, 중대형상가는 0.83%, 집합상가는 1.07%에 그쳤다. 2024년 2분기 대비 각각 25.8%, 23.9%, 22.5%씩 급감했다. 특히 인천 간석오거리(-0.13%), 강원 태백중앙시장(-0.75%), 거제 고현(-0.19)과 옥포(-0.5%)는 투자수익률이 마이너스(-)를 기록하며 2024년 하반기 이후 '손해' 구간이 지속되는 중이다.

그나마 긍정적인 점은 비수도권은 신규 상가 공급이 2021년 정점을 찍은 뒤 분양 물량이 감소하며 공급 과잉 우려를 조금이나마 덜었다는 점이다. 한동안 공급 과잉 여파로 상가 시장이 침체하고, 부동산 프로젝트파이낸싱(PF) 부진 탓에 대규모 상가 개발이 쉽지 않았던 영향이다.

다만 여기에 함정이 있다. 일반적으로 공급 물량이 감소하면 그간의 수급 불균형은 어느 정도 해소된다. 하지만 수요 회복이 동반되지 않으면 2025~2026년 상가 시장은 기존 공실을 해소하는 데만도 애를 먹을 전망이다. 특히 인구가 빠르게 빠져나가는 지방에서는 공실 해소를 해소할 만한 계기가 부족하다. 반면 서울 지역은 외국인 관광객이 급증하고, 소비 회복 기대감도 다소 커지면서 상가 시장 회복 조짐이 다소 감지된다. 2025년 상반기 외국인 소비총액은 약 1조6000억원으로 전년 같은 기간보다 40% 이상 증가했다. 전체 소비 중 92%가량이 서울에서 발생했다는 점도 주목할 만하다.

입지·업종 따라 '선택적 회복'하는 2026년
이런 점을 종합하면 2026년 상가 투자 시장은 완만한 회복세를 기대하되 그 폭은 크지 않을 전망이다. 수요 회복이 늦고, 기존 공실이 계속되는 구조가 남아 있기 때문이다. 다만 공급이 감소하고 관광 등 외부 수요가 일부 회복됨에 따라 바닥 탈출 움직임은 나타날 가능성이 있다. 금리 인하 기대감 등이

// 어디에 투자할까 //

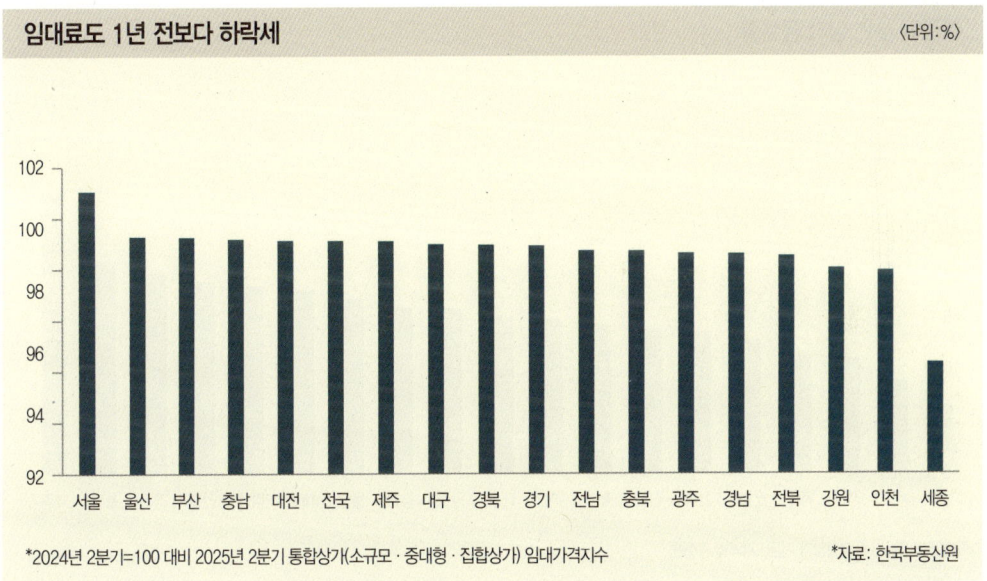

임대료도 1년 전보다 하락세   〈단위:%〉

*2024년 2분기=100 대비 2025년 2분기 통합상가(소규모·중대형·집합상가) 임대가격지수   *자료: 한국부동산원

긍정적이지만 거시경제 불확실성은 상가 시장 회복을 제한하는 핵심 변수다. 따라서 시장 전체가 동반 상승하기보다는 우량 자산 위주로 회복하는 '선택적 회복' 가능성이 더 유력하다.

이를 바탕으로 2026년 상가 투자 시 주목해야 할 키워드는 다음과 같다.

첫째, 지역·입지·업종별 격차가 심화할 것이다. 더 이상 '상권만 좋으면 오른다'는 단순 공식은 통하지 않는다. 같은 상권 내에서도 유동인구 흐름이 급격히 바뀌고 업종마다 수익성이 천차만별이기 때문이다. 서울 핵심 상권과 비수도권과 전통 원도심 상권 간 온도차는 더욱 뚜렷해질 전망이다. 서울은 외국인 관광객 유입, 유동인구 회복, 고급 리테일 수요 확보 등이 더해지며 상대적 우위를 유지

할 것이다. 이미 서울은 임대 지표가 조금씩 회복세를 보이고 있다는 점에서 소폭이었던 회복세가 2026년에는 보다 뚜렷해질 가능성이 있다. 반면, 비수도권과 전통 원도심은 수요 기반이 약하고 공급·공실 부담이 여전해 회복까지 시간이 더 걸릴 수밖에 없다. 임대료 하락·공실률 상승이 지속될 수 있으며, 투자 관점에서는 위험 부담이 더 크다.

둘째, 체험형 업종 위주 재편이다. 온라인 유통 확대, 소비 트렌드 변화에도 생존 가능한 업종 키워드는 ▲체험형 유통 ▲의료·뷰티·헬스케어·교육·키즈 ▲관광·명품 매장 등 오프라인 고유 기능이 있는 업종이 될 전망이다. 즉, 온라인 판매가 어려운, 단순 판매형 점포보다는 어떤 형태로든 '경험'을 제공하는 상가가 유리하다는 얘기다. 반면, 전

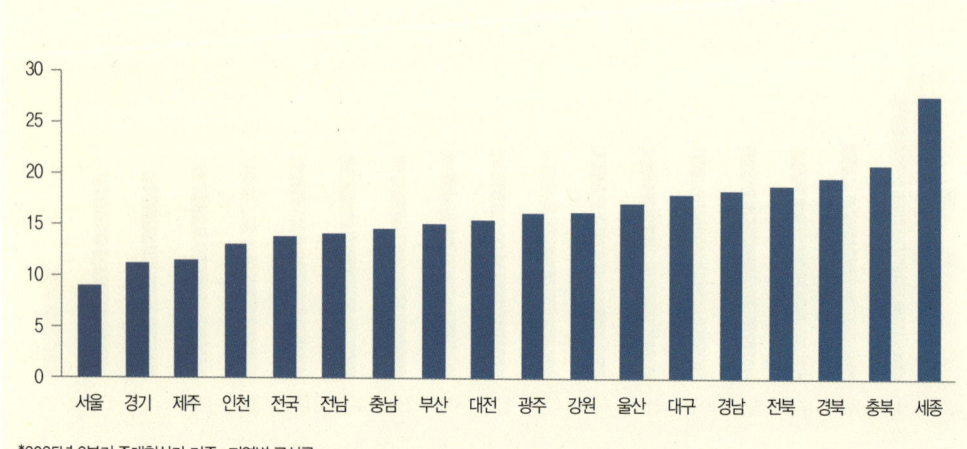

여전히 높은 상가 공실률 (단위:%)

*2025년 2분기 중대형상가 기준, 지역별 공실률.
*자료: 한국부동산원

통 소매점과 대형마트, 슈퍼 등은 온라인 유통 확대, 무점포 흐름 지속으로 저성장 또는 축소 국면이 이어질 여지가 높다.

셋째, 상가 성격별 차이를 알고 넘어가자. 1층 유통 상가, 즉 '소규모상가'는 입지와 업종만 제대로 갖추면 수익 회복 가능성이 있지만, 일반적인 상권에서는 위험 부담이 크다. 특히 권리금과 임대료가 크게 하락한 구역은 회복 여부가 더욱 불투명하다. 중대형상가와 집합상가는 공실률이 상대적으로 높고 임대료 하방 압력이 커 회복은 더딜 수 있다. 다만 리모델링이나 용도 전환이 가능한 자산은 투자 기회가 될 수 있다.

물론 경제성장 둔화, 금리·환율·자금 조달 환경 변화 등 거시 변수는 여전히 상가 시장 회복을 억제하는 요소다. 따라서 어디까지나 단기적 반등보다는 중장기 전략이 유리하다.

그래서 2026년 어디에 투자할까

앞의 내용을 한 번 더 종합하면, 2026년에는 서울 시내 도심권·강남권·명동·남대문 등 외국인 관광객과 유동인구가 많은 핵심 상권을 눈여겨볼 만하다. 수도권 내에서는 환승역·대형 역세권이 인접하면서 재개발·리모델링 등 정비사업이 진행 중인 거주밀집 지역 상권이 승산 있다.

우선 투자 1순위는 서울 도심권과 강남권, 명동·남대문 등 외국인 관광객 유입이 집중되는 핵심 상권이다. 한국관광공사 통계에 따르면, 방한 외국인의 78% 이상이 서울을 방문하고, 소비의 90% 이상이 서울 지역에서 발생한다. 특히 명동과 강남 일대는 글로벌 브랜드의 팝업스토어, 체험형 뷰티 매장, 프리미엄 식음료(F&B)가 잇달아 들어서며 코로나 이전 수준을 넘어서는 회복세를 보이고 있다.

둘째, 상가 투자 기본은 입지이지만, 2026년 이후 시장에서는 입지 하나만으로는 부족하다. 업종 경쟁력과 운영력까지 삼박자가 맞아야 한다. 단순 임대형 상가보다는, '입지가 우수하면서 체험·관광·뷰티 등 오프라인에서 강점을 보이는 업종, 그러면서 안정적으로 임차인이 있을 만한 상가가 맞아떨어져야 수익성과 지속성이 확보된다.

예를 들어, 1층 스트리트형 상가라도 관광객이 몰리는 환승역 인근이나 MZ세대 유동이 많은 상권이라면 브랜드 F&B, 프리미엄 뷰티숍, 라이프스타일 편집숍 등이 들어서며 임대료가 견조하다. 이런 매장은 단순 소비보다 '경험'과 '브랜드 노출'이 중요하기 때문에 온라인 확산의 영향을 덜 받는다.

또 다른 전략은 의료·헬스케어 중심의 복합 상가다. 고령화와 웰니스 트렌드가 맞물리면서, 병원·피트니스·한의원·뷰티클리닉이 결합한 건물이 꾸준히 늘고 있다. 이런 업종은 경기 변동에 상대적으로 둔감하고, 임차 기간이 길어 안정적인 임대 수익을 기대할 수 있다.

마지막으로 신규 상가 공급이 줄어드는 반면 노후 상가 리모델링 수요가 빠르게 느는 점을 고려해, 개발·리포지셔닝형 상가도 눈여겨보자. 과거에는 상가를 단순히 '임대 돌리기용'으로만 보유했지만, 이제는 개발형 가치 투자가 주류로 자리 잡는 추세라서다. 예를 들어, 공실이 많은 상가를 리모델링해 호텔·레지던스·오피스 복합공간으로 바꾸거나, 리테일·카페·공유오피스를 결합한 복합몰로 재구성하는 방식이다. 공급이 줄어드는 환경에서는 입지·상권이 좋은 곳의 리모델링, 혼합 용도 전환이 가능한 상가가 부상할 가능성이 있다. 입지·상권·자금 조달 여건이 맞는다면 수익률이 개선될 여지도 있다. 다만 이 경우 투자자 입장에서는 초기 비용과 인허가 리스크가 부담이 될 수 있으니 유의해야 한다.

대표적으로 용산, 영등포, 성수, 청량리 일대는 주거·업무·상업 기능이 결합한 복합 클러스터로 진화 중이다. 이들 지역은 주택 공급과 교통망 개선이 동시에 진행돼 상가 수익이 안정적으로 발생할 가능성이 크다.

반면, 지방 상권은 신중해야 한다. 광역시라고 하더라도 중심 상권 외곽이나 노후 도심의 경우 유동인구가 줄고, 공실이 장기화하는 추세다. 부산 서면, 대구 동성로, 대전 은행동 등 과거 핵심 상권이던 곳조차 젊은 소비층 이탈로 매출 변동성이 커졌다. 입지 경쟁력이 약한 지역은 회복까지 시간이 걸리고, 임차인 교체 리스크가 크다는 점에서 보수적인 접근이 필요하다. ■

부동산 ❸ 업무용 부동산

오피스 공급 증가 우려는 기우
CBD, 금융 클러스터로 개편

김규진 제스타메이트 리서치센터장

최근 몇 년간 임대인 우위 시장을 형성하며 뜨거운 투자 열기를 자랑했던 오피스 시장에 공급 증가라는 화두가 던져지며 태세 변화가 예상된다. 2029년 이후 예정된 신규 공급 물량은 향후 시장 향방을 예측하기 어렵게 만드는 핵심 변수다. 이 공급 압력을 어떻게 해석하고, 오피스 투자 전략을 어떻게 가져가야 할까. 과거 시장 순환과 주요 임차인 이동 패턴을 분석함으로써 오피스 시장의 변화 가능성을 확인해보고자 한다.

시장 순환기 분석
한 주기 마감 후 재공급 시기 도래

오피스 시장은 코로나19 상황과 저금리 기조가 맞물려 2020년 투자 수요가 폭발적으로 증가했다. 해외 투자가 제한된 상황에서 국내 금융사의 투자 니즈는 커졌고, 기관투자자들이 오피스를 적극 매입하면서 CBD와 강남업무지구(GBD) 시장을 중심으로 투자가 과열됐다. 이때 공급 감소와 맞물려 임대인 우위 시장이 공고해졌다.

2022년 이후 금리 인상 여파로 시장은 조정 국면에 접어들었다. 미국 연방준비제도(연준)와 한국은행의 금리 인상으로 자금 조달 비용이 증가하며 기관투자자 매입은 급감했다. 반면, 팬데믹 시기에 급성장한 IT 기업을 중심으로 한 전략적투자(SI)가 증가하며 사옥 목적의 오피스 매입은 꾸준히 유지되는 양상을 보여왔다.

이제 한국 오피스 시장은 다시 공급 증가에 앞서 새로운 순환 주기(사이클)에 진입할 예정이다.

// 어디에 투자할까 //

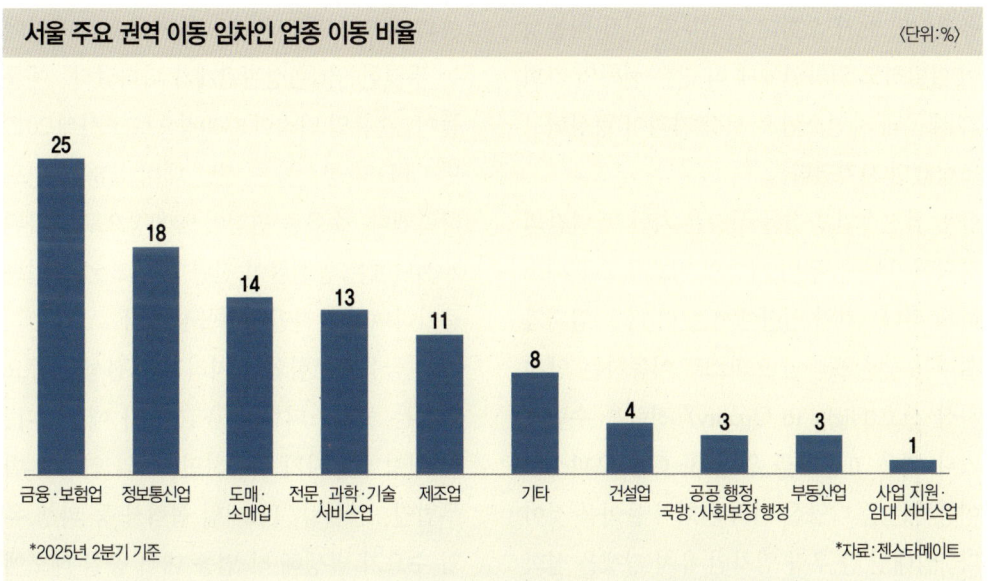

공급 전망과 공실률 예측

현재 오피스 시장의 가장 큰 화두는 공급 증가다. 한동안 매우 제한적이었던 오피스 빌딩 공급은 다시 늘어날 전망이다.

다만 이는 기존 증가세에 더해지는 폭증이 아니다. 과거 5년간 감소세 대비 증가하는, 기저 효과 개념으로 해석해야 한다. 서울 오피스 빌딩은 2025년부터 2029년까지 연평균 약 18만평씩 공급될 예정인데, 이는 2000년부터 2024년 연평균 공급 면적(25만평)의 74% 수준이며, 최근 5개년간 연평균 공급 면적(21만평)보다 낮은 수준이다.

다만 개발 프로젝트 다수가 난항을 겪어 공급량은 예정보다는 순연될 것이다. 2025년 2분기 기준 2025~2029년 CBD 공급 예정 건은 22건, 예정 면적은 약 35만평으로 당초 계획보다 반 이상이 감소했다. 이에 따라 당초 2028~2029년 예상됐던 공급은 상당수가 2030년 이후로 미뤄졌다.

향후 임대면적에 따른 흡수면적을 추정해보면, 2029년 2분기를 기점으로 공실률은 두 자릿수로 상승할 전망이다. 이는 2018년 이후 약 11년 만의 두 자릿수 공실률이다. 다만 착공 지연과 준공 지연 이슈가 지속되고 있어 시장 충격은 완화될 가능성이 크다.

여기서 중요한 점은 두 자릿수로 회귀한 공실률이 시장 붕괴나 대단한 위험을 의미하는 것이 아님을 인지하는 것이다. 코로나19, 저금리, 그리고 공급 감소 이 세 가지 조건이 맞아떨어져 자연공실률(5%) 이하의 공실률이 유지됐던 시기가 오히려 이례적이었다. 과거 공급이 지속되고 공실률이 8~10% 수준으로 유지되던 때가 오히려 간접투자 시장 역동성이 활발하고 임차인에게 더 많은 선택의 기회가 제공돼 자연스럽게 시장 가격이 형성되고 조정됐던 시기였다.

향후 점진적인 공실률 상승은 지난 몇 년간의 강력한 임대인 우위 시장의 비효율성을 해소하게 된다. 기업 입장에서는 더 나은 입지와 설비를 갖춘 프라임 오피스로 이동하는 '안전자산 선호(Flight to Quality)' 전략을 수립하거나 비용 효율화를 위한 B~C급 오피스로 이동하는 등 다양한 선택 기회가 돌아올 것이다. 임대인 간 우량 임차인 유치 경쟁을 심화시켜 임대 조건 유연성을 확대하는 계기가 되며, 대형 금융사 복귀와 같은 전략적투자자(SI)에게는 임대료 협상력을 높이고 장기적인 임차 안정성을 확보할 수 있는 절호의 기회를 제공한다. 따라서 투자자는 공실률 수치에 공포감을 조성하기보다는, 공실률 상승기 속 숨겨진 우량 임차인 유치 기회와 금융 클러스터 확장이라는 강력한 장기 수요 동력에 집중해 투자를 이어갈 필요가 있다.

금융·보험업, 공실률 좌우하는 열쇠

CBD 오피스 시장의 공실률 추이는 단순한 공급 물량뿐 아니라, 업종별 임차인 순유입(유출) 패턴에 따라 크게 영향받았다. 특히, 특정 업종의 이동은 CBD 공실률과의 뚜렷한 상관관계를 보이며 시장 흡수 패턴을 형성해왔다. 임대면적 기준으로 볼 때, 금융·보험 업종의 순유입 면적과 CBD 전체 공실률 사이에는 뚜렷한 역(逆)상관관계가 나타났다. 예를 들어, 순유입 면적이 8300평으로 조사된 2019년 CBD의 공실률은 전년 대비 1.8%포인트 하락했다. 순유출 면적이 9900평으로 조사된 2024년에는 공실률이 전년 대비 2.5%포인트 증가하며 즉각적인 영향을 미쳤다.

이는 금융·보험업이 지리적 근접성을 중요시하는 클러스터 특성을 가지기 때문이다. 한 대형 금융사가 이동하면, 이와 연계된 법무법인, 컨설팅, IT 기업 협력사 등 파생 유입 수요가 발생해 타 업종 대비 공실 해소에 미치는 영향이 매우 크다. 향후 CBD 오피스 공급이 집중될 때, 금융 업종 임차 기업의 이전 양상이 CBD 공실 정도에 가장 큰 영향을 끼칠 것으로 예측되는 이유다. 반면, 건설업, 기술·정보업, 도소매·제조업 등 다른 주요 업종 유입은 CBD 공실률과의 상관관계가 금융업만큼 선명하게 나타나지 않았다.

즉, 향후 CBD 오피스 공급 과잉기 우려를 상쇄할 가장 강력한 동인은 금융사의 CBD 복귀와 도심 내 금융 클러스터의 확장이다. 금융사들은 신뢰성, 안정성, 업무 효율성, 브랜드 가치 강화를 위해 도심 입지를 재검토해왔으며, 이 움직임이 가시화되고 있다.

대표 사례는 삼성 금융 계열사들의 CBD 복귀 계획이다. 과거 강남으로 둥지를 옮겼던 삼성생명, 삼성화재, 삼성증권 등이 현재 순화동 서소문 인근에 새롭게 개발 중인 삼성생명 사옥(옛 중앙일보빌딩 리모델링, 2030년 이후 준공 예상)으로 복귀할 것으로 알려졌다. 이는 CBD 서소문 일대에 강력한 삼성 금융 클러스터를 새롭게 형성하고 유관사들이 집적하게 해 새로운 금융타운을 형성할 가능성이 크다. 이와 함께 신한금융그룹, NH농협금융그룹 등 주요 금융 그룹들도 CBD 내 프라임 오피스를 중심으로 그룹사 위주의 금융 클러스터를 형성할 계획을 추진하고 있다.

이처럼 대형 금융사들의 직접적인 임차 수요와 이들이 형성하는 금융업 클러스터에서 파생되는 임차 수요는 CBD의 신규 오피스 공급 면적을 상당 부분 흡수할 것으로 예측된다. 금융·보험업 본사와 임차 이전 여정을 자세히 살펴보는 것이 CBD 업무시설 과잉 공급기를 가늠해볼 수 있는 핵심 지표가 되는 것이다.

CBD 오피스
투자 유보 아닌 선별적 지속

CBD 오피스 투자를 유보할지, 지속할지에 대한 해답은 장기적인 관점에서 우량 자산을 선별적으로 확보하는 투자 지속으로 귀결된다. 단기적인 공급 압력은 공실률 상승을 유발할 수 있으나, 프라임 오피스 빌딩 전체의 투자 가치를 훼손시킬 만큼일까?

금리 인상으로 인한 조정 국면은 저금리 시기의 레버리지 효과를 약화해, 기관투자자로 하여금 투자 구조를 조정하게 하고 펀딩에 대한 부담을 키워 매입을 위축시켰다. 그래서 2023년 이후 오히려 사옥 매입 목적의 전략적투자자(SI)에게는 입맛에 맞는 중소형 오피스 빌딩 또는 프라임 오피스를 확보할 기회가 생겼다. 전략적투자자들의 사옥 매입과 오피스 빌딩 투자 니즈는 2025년 현재까지도 지속되고 있으며 향후에도 계속될 전망이다. 따라서 이제는 우량 임차인과 더불어 전략적 투자자 확보 경쟁은 투자 시장에서 불가피하다. 급격한 금리 상승 이후 시장은 더 이상 과거 같은 레버리지 효과를 통한, 비교적 평이한 투자 구조가 어렵다는 것을 경험했다.

투자자는 다음과 같은 관점에서 접근해야 한다. 첫째, 프로젝트 상황을 면밀하게 살펴야 한다. 개별 사업마다 재무·물리적 상황을 파악해, 인허가 리스크가 적고 이미 우량 임차인이 확보된 프로젝트를 선별적으로 고려해야 한다. 둘째, 앞서 언급한 삼성, 신한 등 대형 금융 그룹의 클러스터 확장 계획에 따른 수혜 지역을 분석하고 선점해야 한다. 이들 지역은 가장 효과적으로 대형 임차인을 흡수할 잠재력을 지니고 있기 때문이다. 마지막으로 SI 확보가 무엇보다 중요하고 필수적인 시점이다. 우량 임차인 확보와 동시에 재무적투자자가 될 수 있는 SI 확보를 통해 긴 호흡으로 투자해야 한다. 공급 증가를 앞둔 시점에서 시장의 일시적 변동성에 초점을 맞추기보다, 핵심 수요의 움직임을 파악하고 장기적인 안목으로 우량 자산을 선별하는 전략이 지금 이 시점에서 가장 현명한 투자 방법이다. ■

부동산 ❹ 토지

'구관이 명관' 땅값 상승 1위 강남구
갈수록 심화되는 수도권-지방 양극화

강승태 감정평가사

2025년 토지 시장은 '수도권 쏠림 심화'로 요약된다. 전국 땅값은 2023년 상반기 최저점을 찍은 뒤 같은 해 하반기부터 반등하기 시작했다. 2024년 상반기 0.99%, 하반기에는 1.15% 상승하며 회복 흐름을 보였고, 이러한 분위기는 2025년에도 이어졌다.

국토교통부가 발표한 '2025년 상반기 전국 지가 변동률'에 따르면, 전국 평균 땅값 상승률은 1.05%로 집계됐다. 전년 같은 기간(1%)보다 소폭 높다. 최근 10년 반기별 지가 변동 추이를 보면, 2016년 상반기부터 2022년 상반기까지 7년 동안 단 한 차례도 반기별 상승률이 1% 밑으로 떨어진 적이 없었다. 그러나 2022년 하반기 0.82%로 둔화한 데 이어 2023년 상반기에는 0.06%로 10년 내 최저치

를 기록했다. 이후 2024년 하반기 1%대를 회복하며 서서히 반등했고, 2025년 상반기에도 비슷한 흐름을 이어갔다.

주목할 점은 시간이 지날수록 월별 상승률이 점차 커지고 있다는 점이다. 전국 땅값 상승률은 2025년 4월 0.18%, 5월 0.176%, 6월 0.191%, 7월 0.187%, 8월 0.191% 등으로 미세하지만 조금씩 상승 추세다. 6월 이후 매월 0.2% 가깝게 상승하고 있으며 2025년 8월 누적 기준 1.429%로 연간 기준 2% 돌파는 확실해 보인다.

2025년 연간 2% 상승 유력
전국 토지 거래량은 소폭 감소

지역별로 살펴보면 수도권과 지방의 격차가 점점 벌어지고 있다는 점을 알 수 있다. 2025년 상반기 수도권 지가 상승률은 1.397%로

지방(0.439%)과 큰 차이를 보였다. 2024년 (수도권 1.26% · 지방 0.52%)과 비교해도 격차율은 점점 벌어지고 있다. 구체적으로 서울(1.731%), 경기(1.166%) 2개 시도가 전국 평균 이상이었으며 제주를 제외하면 모든 광역자치단체 지가 상승률이 플러스를 기록했다. 수도권을 제외하면 부산광역시(0.7%), 충청북도(0.62%), 세종(0.6%) 등에서 높은 상승률을 기록했다.

땅값이 조금씩 회복되긴 했지만 거래량은 2024년과 비교해 소폭 감소했다.

2025년 상반기 전체 토지(건축물 부속 토지 포함) 거래량은 약 90만7000필지로 나타났다. 2024년 하반기 대비 4.2%, 2024년 상반기와 비교하면 2.4% 감소했다. 건축물 부속 토지를 제외한 순수 토지 거래량은 약 30만 8000필지로 2024년 하반기 대비 2%, 2024년 상반기 대비 10.9% 감소했다.

감가상각이 영향을 미치지 않는 토지는 그 특성상 물가 상승률 수준으로 완만히 상승하는 것이 일반적이다. 하지만 2023년 상반기 서울마저 땅값이 하락할 만큼 토지 시장이 그야말로 얼어붙은 적이 있다. 이후 토지 시장은 2023년 침체 당시의 기저효과로 투자 심리가 조금씩 살아나고 있다는 해석이 가능하다. 즉, 거래량 자체는 감소했지만 매도자 입장에서는 굳이 싼 가격에 매물을 내놓지 않다 보니 비싼 매물만 거래가 이뤄지고 있다는 분석이다.

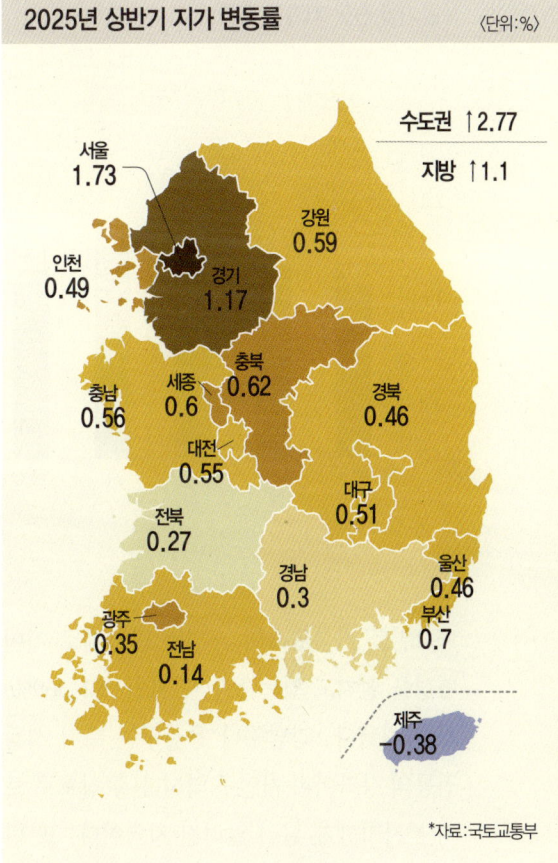

2025년 상반기 지가 변동률 (단위:%)

수도권 ↑2.77
지방 ↑1.1

서울 1.73
인천 0.49
경기 1.17
강원 0.59
충남 0.56
세종 0.6
충북 0.62
대전 0.55
경북 0.46
전북 0.27
대구 0.51
경남 0.3
울산 0.46
광주 0.35
전남 0.14
부산 0.7
제주 -0.38

*자료:국토교통부

강남 · 용산 · 서초, 전통의 강자 여전
수도권은 용인 처인구 '신흥 강호'

기초자치단체별로 살펴본 2025년 토지 시장의 가장 큰 특징은 이른바 '깜짝 스타'가 없었다는 점이다. 매년 전국 지가 상승률을 분석해 보면 전통적으로 땅값이 비싼 지역이 아닌 단기적인 이슈로 땅값이 폭발적으로 상승한 지역이 최소 1~2곳 이상 있었다.

2025년은 달랐다. 서울시 강남구(2.807%) 와 용산구(2.612%)가 상반기 지가 상승률

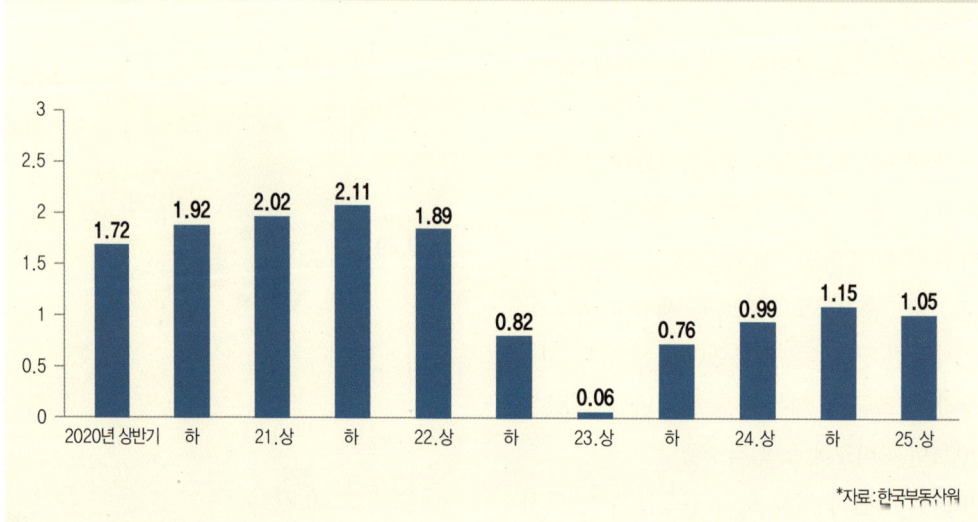

반기별 전국 지가 변동률 〈단위:%〉

*자료:한국부동산원

1~2위를 기록했으며, 3위는 반도체로 이미 명성을 떨치고 있는 용인시 처인구(2.369%)가 차지했다. 강남구나 용산구는 토지 시장 전통의 강자이며 처인구 역시 신흥 강호로 토지 투자자에게 널리 알려진 지역이다. 또 반기별 상승률이 3%가 넘는 기초자치단체가 단 한 곳도 없었다는 점 역시 특징이다.

2025년 하반기와 2026년 상반기 토지 시장 역시 순항할 가능성이 높아 보인다. 추세대로 움직인다면 예전과 같이 반기별 전국 지가 상승률 1% 회복이 유력하다.

지역별로 살펴보면 수도권은 2025년에도 투자자 관심이 이어질 전망이다. 서울의 경우 이른바 마용성(마포, 용산, 성동) 움직임이 심상찮다. 2025년 상반기는 물론 7~8월에도 땅값 상승이 이어지고 있다. 용산구의 경우 2025년 8월 한 달 기준으로 전국에서 가장 높은 상승률(0.617%)을 기록했다. 마포구(0.457%)나 성동구(0.42%)도 서울 평균을 훨씬 웃돌고 있다. 2025년 하반기 주택 시장이 서울 한강벨트를 중심으로 형성되고 있다는 점이 토지 시장에도 직·간접적으로 영향을 미치고 있다는 분석이다.

수도권에서는 용인시 처인구가 한동안 계속 주목받을 것으로 예상되는 가운데, 서울 접근성이 좋으면서도 전통의 강자로 불리는 과천시와 성남시 분당구, 광명시 등이 심상찮다. 3곳은 2025년 8월까지 누적 상승률 2%가 넘는 몇 안 되는 지역(과천 2.558%·광명 2.139%·성남 분당구 2.053%)으로 분류된다. 2025년 하반기 수도권 주택 시장이 다시 들썩이는 가운데, 주거 선호도가 높은 지역

어디에 투자할까

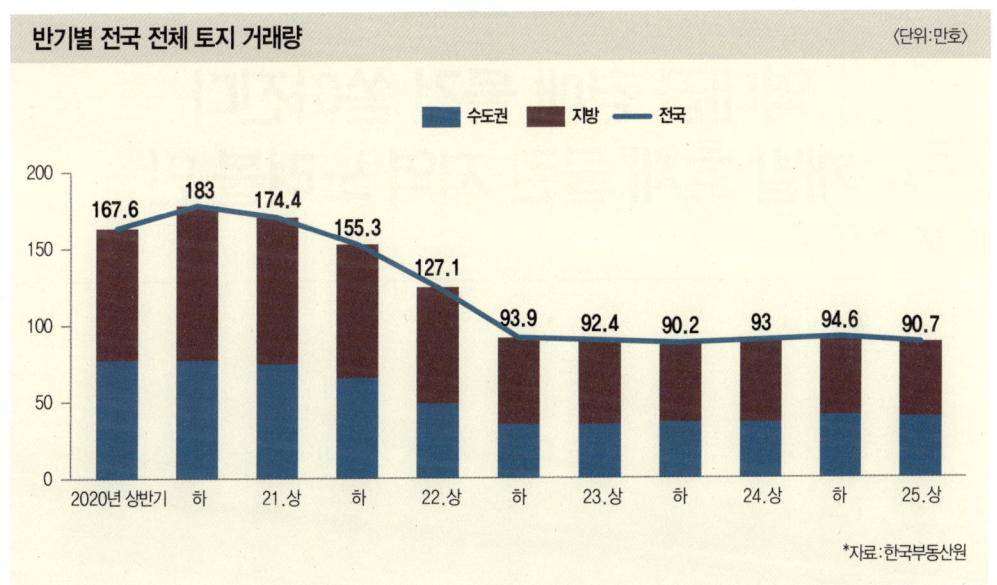

인 과천이나 분당, 광명 역시 땅값이 큰 폭으로 상승할 것으로 보인다.

부산은 에코델타시티를 조성 중인 강서구가 해운대구·수영구 등 핵심 지역보다 높은 상승률을 기록했다. 대구는 2023년 편입된 군위군의 상승률이 가장 높았다. 두 지역 모두 중심지와 거리가 멀지만, 저평가된 지역이라는 인식 속에 투자 수요가 꾸준하다. 수도권-지방 양극화가 심화되는 가운데 그나마 주목할 만한 '틈새 투자처'로 꼽힌다. 수도권과 지방 양극화가 극심해지고 있는 2026년 지방 광역시에서는 그나마 주목할 만한 지역으로 분류된다.

제주도는 여전히 하락세다. 2025년 상반기 전국 광역자치단체 가운데 유일하게 마이너스(-0.38%)를 기록했다.

**수도권-지방 땅값 격차 더 벌어져
가격 회복에도 거래량은 소폭 감소
2023년 침체 후 기저효과 회복세
서울은 한강벨트 토지·경기는 용인
지방은 광역시 인근 저평가지 주목**

다만 향후 변수는 있다. 첫째는 제주시 분리 논의다. 제주도는 크게 제주시와 서귀포시로 구분된다. 이 중 제주시는 동제주시·서제주시로의 분리안이 검토 중이나 지역 내 찬반이 엇갈리고 있다. 둘째는 제주 제2공항 착공 시점이다. 장기 하락세를 보인 제주시 땅값이 이 두 가지 이슈를 계기로 반등할 수 있을지 관심이 쏠린다. ■

부동산 ❺ 경매

역대급 경매 물건 쏟아진다
개발 호재 몰린 지역 노려볼 만

강은현 법무법인 명도 경매연구소장

서울동부지방법원에서는 2025년 2월 24일 서울 송파구 가락동 헬리오시티 전용 85㎡가 14억6960만원에 경매 물건으로 나왔다. 87명이 치열한 경합을 벌인 끝에 이 모 씨 외 1인이 전 유찰가 18억3700만원을 훌쩍 넘긴 21억5777만원을 적어내 최고가 매수인이 됐다. 불과 한 달 전만 하더라도 18억원도 비싸 외면받았던 물건이었다.

3억여원 더 비싸게 낙찰된 가장 큰 요인은 2025년 2월 서울시의 토지거래허가구역 해제 때문이다. 시장에서 전혀 예상치 못한 전격적인 토지거래허가지역 해제 결정으로 경매 시장 비수기인 연초임에도 연간 최고 경쟁률을 기록했다. 입찰 참여자 87명은 2025년 전국 법원경매물건 26만여건에서 낙찰이 예상되는 약 6만여건 중 최다 참여 사례다.

2025년 경매, 강남·비강남 양극화 두드러져

2025년 법원경매 시장은 철저한 '양극화'로 요약할 수 있다. 지역별로는 서울과 수도권, 지방의 열기가 극명했다. 같은 서울에서도 강남과 비강남 열기는 너무 달랐다. 종목별로는 주거용과 비주거용으로, 주거용 시장도 아파트와 비아파트로 편 가름이 극심했다. 금액별로 대출 상한선인 6억원이 가이드라인 역할을 했다. 그동안 부동산 경매 시장은 매매사업자라는 우회 전략을 통해 대출 규제를 비껴갈 수 있었다. 그러나 9·7 부동산 대책으로 수도권 내 매매사업자는 비규제지역임에도 대출을 받을 수 없다. 다주택자는 갭투자 즉 타인 자본으로 시장 참여를 할 수 없도록 봉쇄한 것이다.

어디에 투자할까

9·7 부동산 대책 직격탄을 받은 곳이 인천지방법원과 수원지방법원이다. 이들 법원의 6억원 내외 아파트 투자자들은 더 이상 금융기관을 통한 잔금대출을 받을 수 없어 경쟁률과 낙찰가율이 떨어질 가능성이 높다. 이들 지역 내 물건 응찰자들은 변수를 감안해 입찰가를 산정할 필요가 있다. 반면 서울 강남권과 한강벨트의 15억원 초과 물건은 현금 동원이 가능한 '실수요자들만의 리그'가 펼쳐지고 있다. 2025년 경매 시장을 반기별로 분석하면 지역별로는 '상고하저' 현상으로 상반기가 하반기보다 뜨거웠다. 반면 아파트로 종목을 한정하면 '상저하고'로 오히려 상반기보다 하반기 낙찰가율이 더 높았다. 같은 서울일지라도 종목에 따라 열기가 서로 달랐다. 이는 부동산 경매 시장이 과거와 달리 동시적 반응이 아닌 비동시적 움직임을 보인다는 점에서 시장 참여자들의 세밀한 분석과 의사결정이 필요해 보인다.

또한 2025년은 종목에서도 편 가름이 심했다. 주거용과 비주거용, 주거용에서도 아파트와 비아파트로 나뉘며 양극화로 갈라섰다. 반면 상가와 토지 시장은 부진의 폭과 깊이를 알기 어려울 정도로 시장의 외면을 받은 점도 특징 중 하나였다. 상가는 경기 침체와 온라인 직구 등 소비 유형 변화의 직격탄으로 회복의 기미가 보이지 않았다. 토지 시장도 풍부한 유동성과 개발 붐에 의존한다는 점에서 이른 시일 내 회복은 요원해 보였다.

경매 주요 지표 들여다보니
단위:건, %

구분	2024 1~9월	2025년 1~9월
경매 건수	16만474	20만4193
매각 건수	3만9451	4만7910
매각률	24.6	23.5
매각가율	67.5	64.1

*자료:대법원 법원경매정보

구체적인 지표를 봐도 그렇다. 2025년 법원 경매 시장은 금융위기 이래 역대급으로 경매 물건이 쏟아진 반면, 각종 경매 지표 역시 역대급으로 뒷걸음질을 쳤다.

대법원 법원경매정보에 따르면, 2025년 1월부터 9월까지 전국 경매 진행 건수는 20만4193건으로 2024년 같은 기간(16만474건) 대비 4만3719건 늘었다. 불과 1년 만에 경매 물건이 27% 증가했다. 그중 4만7910건이 팔려 23.5%의 매각률을 기록해 2024년 같은 기간(24.6%)에 비해 1.1%포인트 하락했다. 매각가율 역시 64.1%로 2024년 같은 기간(67.5%) 대비 무려 3.4%포인트 급락했다. 감정가 대비 낙찰가 비중을 의미하는 매각가율은 경매물건에 대한 시장과 참여자의 기대치를 철저히 반영한다. 매각가율 하락 행진은 경매 시장에서 바라보는 부동산 시장의 눈길이 곱지 않다는 것을 의미한다. 2010년 금융위기 당시에도 매각가율이 67.7%대였음을 감안하면, 2025년 매각가율 64%대는 금융위기 때도 경험하지 않은 길을 걷고 있다는 의미로 해석된다.

역대급 경매물건 등장으로 경매 관련 각종 진 기록도 새로 작성됐다. 경매 역사상 최고가 낙찰물건이 등장했다.

2025년 8월 25일 서울동부지방법원에서는 서울시 성동구 성수동2가 공장 물건 등이 최초 감정가 2201억3597만원에 나왔다. 신건임에도 모 법인이 2202억100만원에 단독으로 응찰해 최고가 매수인이 됐다. 입찰가 오기를 제외한 잔금 납부 기준 경매 사상 최고가 물건이다.

반면 2025년 7월 28일 춘천지방법원에서 진행된 강원 춘천시 남면 도로 물건은 경매물건 중 최소, 최저 진기록을 한꺼번에 갈아치웠다. 대상 물건은 커피 한 잔 값 정도에 불과한 5670원의 최저 감정가이자, 면적은 0.09㎡로 사방 9㎝에 불과하다. 매각가는 1만원으로 경매 사상 최저 매각가 물건이다. 최저 1만원에서 최고 2202억원대 물건 출현은 2025년 경매 시장의 양극화를 상징적으로 보여줬다.

2026년 경매물건 급증, 아파트 선호 현상 지속

2026년 경매 시장 관전 포인트는 2025년 상반기의 뜨거운 장세와 하반기의 조정 장세 중 어느 장세 영향을 받을 것이냐다. 고금리 여진이 여전히 경매 시장에 영향을 미치고 있다. 경매 진행 물건 수에서 알 수 있듯 지난 1년 사이 경매물건 증가세가 범상치 않다.

또한 한국은행 금융통화위원회의 금리 인하 시기도 변수다. 경기 부양을 위해서는 추가

연도별 전국 경매 진행 건수 (단위:건)

연도	진행 건수	기간	진행 건수
2010년	25만1053	2018년	13만43
2011년	22만576	2019년	14만8435
2012년	21만8146	2020년	14만9689
2013년	22만9750	2021년	12만4390
2014년	20만2145	2022년	11만7043
2015년	15만2506	2023년	15만9297
2016년	12만5138	2024년	22만4513
2017년	11만7361	2025년 9월	20만4193

*자료: 대법원 법원경매정보

금리 인하가 불가피하지만, 이는 부동산 시장에서 유동성 확대라는 왜곡된 신호로 읽힐 수 있다는 점에서 당국 고심이 깊어질 것으로 보인다. 수도권 특히 서울 아파트 가격 우상향의 불쏘시개 역할을 할 수 있고, 집값 안정에 가용 정책 수단을 총동원하는 이재명정부에 일격을 가할 수 있기 때문이다.

첫째, 경매물건 전망이다. 대내외 경제 여건 등 구조적 요인만 고려하면 2026년 경매물건은 역대급으로 평가받는 2025년을 넘지는 못하겠지만 이에 근접할 것으로 예상된다. 2025년 경매물건은 9월 기준 20만4193건으로 2024년 전체 건수 22만4513건에 근접했다. 사상 최고치인 2010년 25만1053건을 뛰어넘을 것으로 예상된다.

대법원 경매정보에 따르면 2025년 8월까지 경매 신규 물건은 7만8804건에 이른다. 남은 기간을 고려하면 11만건을 훌쩍 넘길 것으로 보인다. 2024년 11만9312건은 넘지 못하지

만 이에 근접할 전망이다. 신규 경매물건 급증과 경기 침체에 따른 자영업자 파산, 법인 부도 등으로 다양한 유형, 가격대 물건이 등장해 참여자 선택지는 더욱 넓어질 것이다. 매각가율은 2025년에 이어 2026년에도 60% 초중반대가 예상된다.

둘째, 종목별 전망이다. 주거용 부동산 중 아파트 선호 현상은 2026년에도 유효한 명제다. 미래가 불확실할수록 똘똘한 안전자산 선호 현상이 더욱 부채질을 하기 때문이다. 단, 강세 현상이 모든 아파트에 적용되는 것은 아니다. 지역별 쏠림 현상은 더욱 도드라질 가능성이 높다.

2025년 7월 28일 서울동부지방법원에서는 광진구 자양동 빌라 45㎡가 2억1300만원에 경매물건으로 나왔다. 66명이 치열한 경합을 벌인 끝에 최초 감정가의 2.6배에 달하는 5억5500만원에 팔렸다. 신건이자 지하 물건임에도 수십 명이 참여한 이유는 신속통합기획 예정 물건이어서다.

그동안 주거용 부동산 시장에서 아파트와 더불어 쌍끌이 종목이었던 다세대 물건은 '전세사기의 주홍 글씨'라는 낙인이 쉽게 지워지지 않는 양상이다. 전세사기 이전에는 소액 투자자의 성지 같은 물건이었지만 그 오명을 벗어나기에는 아직은 시간이 부족한 듯했다. 그럼에도 신속통합기획 지정 등 개발 호재가 잠재된 물건은 저평가와 미래가치라는 두 자양분을 지렛대로 응찰자가 몰려다닐 것이다.

2025년 4월 2일 서울중앙지방법원. 서울 강남구 역삼동의 4층 근린시설이 경매로 나왔다. 최초 감정가 253억8570만원에서 한 차례 떨어져 최저 매각가는 203억856만원이었다. 강남권 소재 물건임에도 단 1명이 응찰해 213억900만원에 팔렸다.

불과 1년여 만에 급변한 강남권 꼬마빌딩 시장을 상징처럼 보여주는 물건이다. 불과 1년 전만 하더라도 두 자릿수 이상 참여자들로 북적대고, 낙찰가는 약속이나 한 듯 전 유찰가를 넘기는 게 불문율 아닌 불문율이었다. 그러나 경기 침체 지속으로 고점기에 갭투자로 매입한 소유자가 대출 원리금과 공실의 이중고를 감당하지 못해 근린시설 경매 물꼬가 터졌다. 이제는 더 이상 참여자들이 조바심을 내지 않아도 될 만큼 소형에서 중형급의 다양한 물건이 지속적으로 경매 시장에 유입되고 있다.

2026년 경매물건이 2025년에 이어 역대급으로 늘어날 것이란 점에는 이론이 없다. '구슬이 서 말이라도 꿰어야 보배'이듯 관건은 참여 시점이다. 경매 시장은 금리나 경기 상황에 후행한다. 경매물건은 접수 후 빠르면 5개월에서 늦으면 12개월 정도 첫 기일이 지정되는 점을 감안하면, 2026년 상반기에 정점을 찍을 것으로 예상된다. 따라서 투자자는 역대급 경매물건 등장을 확인한 후 경매 시장에 참여하는 것이 안전하다. 물론 실수요자는 투자자들보다 한 발 먼저 움직여도 괜찮다. ■

대예측 2026

2025년 11월 7일 초판 1쇄
엮은이 : 매경이코노미
펴낸이 : 장승준
펴낸곳 : 매일경제신문사
인쇄·제본 : (주)M-PRINT
주소 : 서울 중구 퇴계로 190 매경미디어센터(04627)
편집문의 : 2000-2521~35
판매문의 : 2000-2606
등록 : 2003년 4월 24일(NO.2-3759)
ISBN 979-11-6484-831-7 (03320)
값 : 22,000원

새로운 흐름의 시작
The new IONIQ 6

더욱 새로워진 아이오닉 6
자세히 알아보기

고객 곁에는 항상 현대자동차 블루핸즈
정비/서비스, 홈투홈 서비스, 긴급출동, 블루멤버스

RAEMIAN ONE BAILEY PRESENTS

NO. 087

ONE & ONLY
MASTERPIECE

약속대로
이루어지길

함께, 약속
DB손해보험

미래 모빌리티의 일부이자 전부.

어쩌면 우리의 기술은
모빌리티의 일부.

하지만 이것은 분명,
미래 모빌리티의 전부를 뒤바꿀 것입니다.

경험의 전부를 바꾸는
| 율주행 솔루션 |

시각 경험의 전부를 바꾸는
| IVI 솔루션 |

에너지 솔루션의 전부를 바꾸는
| 차세대 전동화 시스템 |

익숙한 움직임의 전부를 바꾸는
| E-코너 시스템 |

HYUNDAI MOBIS

RE: EARTH
다시 지구를 새롭게

더 많은 사람들의 더 나은 내일을 꿈꾸는 롯데백화점.
롯데백화점은 ESG Lifestyle Curator로서 고객과
함께하는 모든 여정에 지속가능한 가치를 담겠습니다.
'RE:EARTH'는 지속가능한 삶을 지향하는
롯데백화점의 환경 캠페인입니다.

LX 하우시스

LX Z:IN 창호

이 모든 건
오직, **뷰프레임**에서만

베젤리스 디자인 | 다중 챔버 단열 설계 | 견고한 시공 품질력

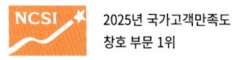
2025년 국가고객만족도
창호 부문 1위

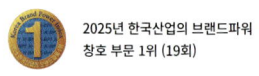
2025년 한국산업의 브랜드파워
창호 부문 1위 (19회)

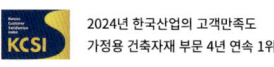
2024년 한국산업의 고객만족도
가정용 건축자재 부문 4년 연속 1위

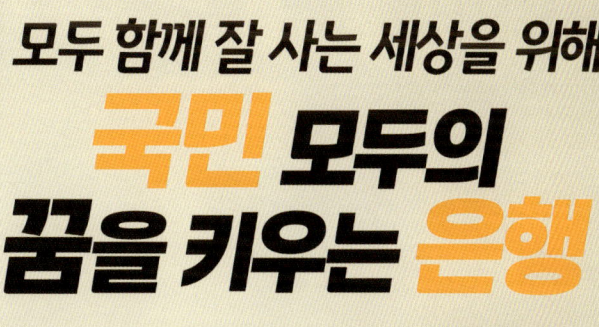

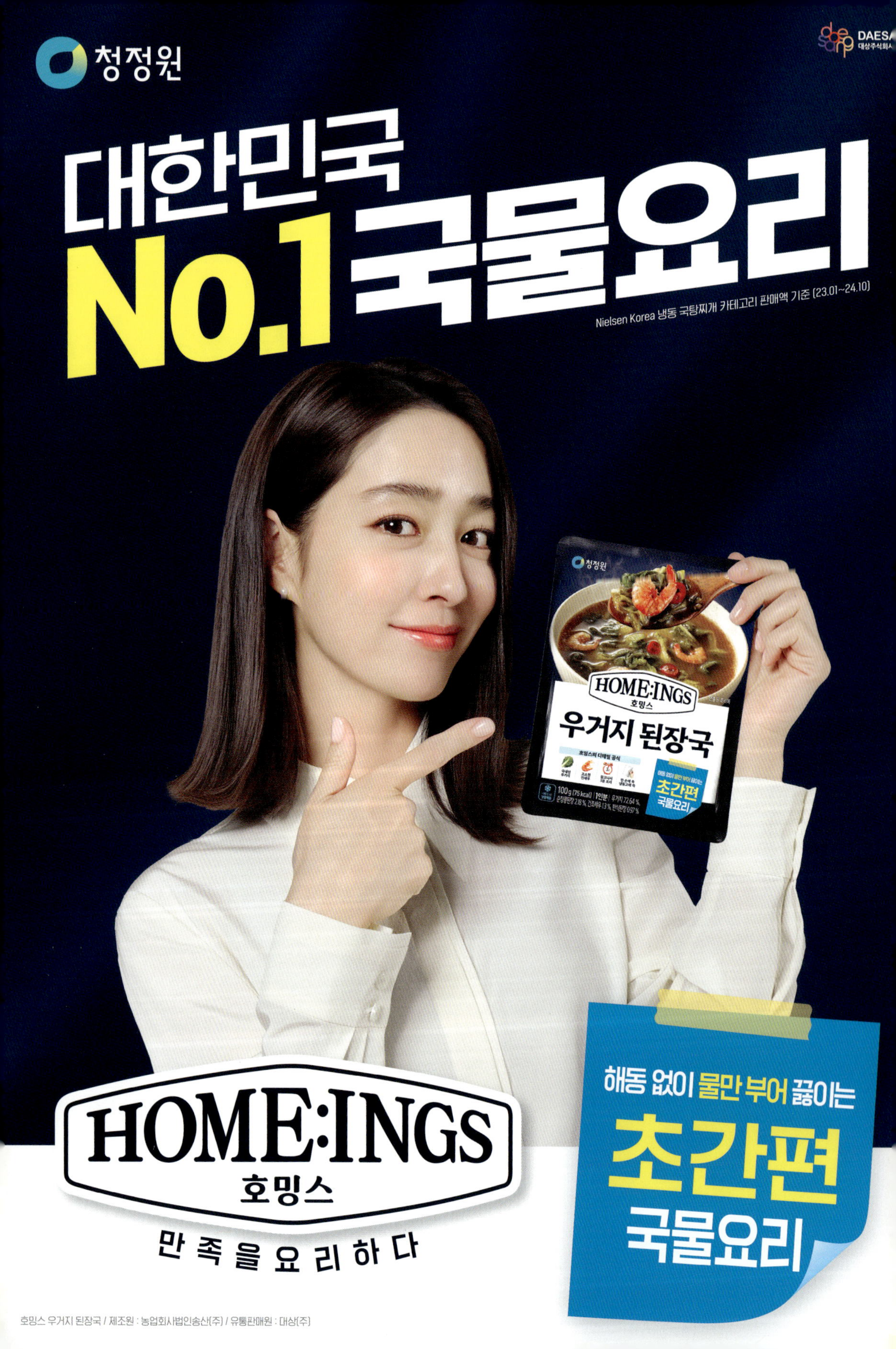

대한민국 No.1 국물요리

Nielsen Korea 냉동 국탕찌개 카테고리 판매액 기준 (23.01~24.10)

HOME:INGS 호밍스
만 족 을 요 리 하 다

해동 없이 물만 부어 끓이는
초간편 국물요리

호밍스 우거지 된장국 / 제조원 : 농업회사법인송산(주) / 유통판매원 : 대상(주)

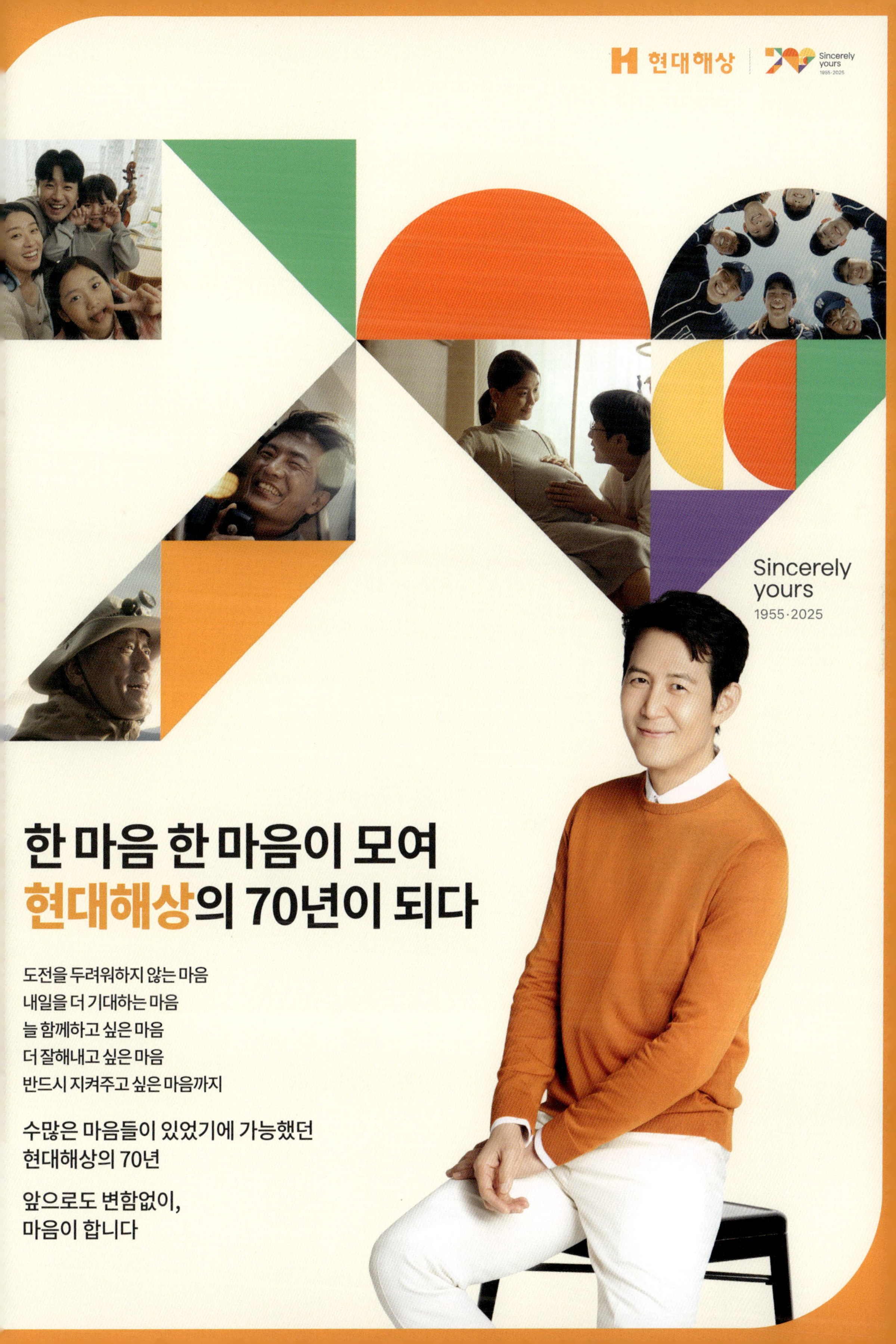
현대해상
Sincerely yours 1955·2025
Sincerely yours
1955·2025
한 마음 한 마음이 모여
현대해상의 70년이 되다
도전을 두려워하지 않는 마음
내일을 더 기대하는 마음
늘 함께하고 싶은 마음
더 잘해내고 싶은 마음
반드시 지켜주고 싶은 마음까지
수많은 마음들이 있었기에 가능했던
현대해상의 70년
앞으로도 변함없이,
마음이 합니다

나눔명문기업
Corporate Philanthropy Leader

대한민국의 나눔문화를 선도하는 나눔명문기업
ESG 가치 경영의 새로운 기준을 세우다!

대한민국에는 이미 600여 개의 나눔명문기업이 있습니다.

나눔명문기업은 지역사회의 나눔문화를 선도하고 사회문제를 해결하며, 기업 사회 공헌의 바람직한 롤 모델이 되고 있습니다.

기부와 사회적 책임을 실천하는 나눔명문기업에 지금 동참하세요.

회원등급	그린	실버	골드

	1억 원 이상	3억 원 이상	5억 원 이상

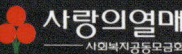 문의 및 상담 전화 02)6262-3047 / 080-890-1212   www.chest.or.kr   나눔명문기업 소개 ▶ 바로가기

Daishin 증권

국내주식 수수료
미국주식 수수료
신용거래 이자율

국내주식 1개월간 0%, 이후
평생우대(유관비용만 부과)
*비대면 신규 해당

미국주식 3개월간 0%, 이후
9개월간 0.07%
*비대면 신규 해당

신용이자율
1~7일간 0%(이후 최대 9.5%)
*고객 누구나

금융지원센터 1588 - 4488

*대출금리(신용이자율)은 연 0%(1~7일동안 적용, 이후에는 기간에 따른 이자율 적용)~9.5% *국내/미국주식 수수료 우대는 이벤트 신청자에 한하며 신규/미거래 고객대상, 자세한 사항은 대신증권 홈페이지 참고 *투자(계약) 전 설명 청취 및 상품설명서/약관 필독 *이 금융상품은 예금자보호법에 따라 보호되지 않습니다. *자산가격변동, 환율 변동, 신용등급 하락 등에 따른 투자원금의 손실(0~100%) 발생 가능 및 투자자 귀속 *국내주식 거래 수수료는 0.196% ~ 0.197%(KRX,NXT 포함)이며, 홈페이지 참고 *해외주식 수수료는 0.25~0.3%, 홈페이지 참고 *미국 주식 거래의 경우, 매도시 적용되는 거래세(SEC Fee) 없음(향후 변동 가능) *당사가 부담하는 유관비용은 재산상이익제공에 해당되며, 동일인 제공 한도는 1천만원 *상환능력 대비 과도한 대출 시 개인신용평점 하락 및 금융 거래 관련 불이익 발생 가능 *적정 담보비율 미달 시 담보증권 임의처분 유의 *한국금융투자협회 심사필 제 25-04140호(2025.09.23~2026.09.22)

이 광고는 AI를 활용해 제작되었습니다

글로벌 우량주로 만드는 다양한 미국투자 월배당 포트폴리오!

- TIGER 미국S&P500타겟데일리커버드콜 ETF(482730)
- TIGER 미국나스닥100타겟데일리커버드콜 ETF(486290)
- TIGER 미국AI빅테크10타겟데일리커버드콜 ETF(493810)

자자는 해당 집합투자증권에 대하여 금융상품판매업자로부터 충분한 설명을 받을 권리가 있습니다 ■ 투자 전 투자, 상품 고유 위험 등에 관하여 (간이)투자설명서 및 집합투자규약을 반드시 읽어보시기 바랍니다 ■ 이 금융투자상품 예금자보호법에 따라 보호되지 않습니다 ■ 집합투자증권은 자산가격 변동, 환율 변동, 금리 변동 등에 따라 투자원금 손실(0~100%)이 발생할 수 있으며, 그 손실은 투자자에게 귀속됩니다 ■ ETF 거래수수료 및 증권거래비용 등 기타비 추가로 발생할 수 있습니다 ■ 투자결과에 따라 월지급액이 변동될 수 있으며, 이익금을 초과하여 분배하는 경우 투금이 감소할 수 있습니다 ■ TIGER 미국S&P500타겟데일리커버드콜 ETF(482730):위험등급 2등급/합성보수 연 1%/증권거래비용 0.1062% ■ TIGER 미국나스닥100타겟데일리커버드콜 ETF(486290):위험등급 2등급/합성총보 연 0.38%/증권거래비용 0.0770% ■ TIGER 미국AI빅테크10타겟데일리커버드콜 ETF(493810):위험등급 2등급/합보수 연 0.34%/증권거래비용 0.1908% ■ 한국금융투자협회 심사필 제25-04633호 (2025.10.29~2027.10.27)

원칙을 지키는 투자 -
MIRAE ASSET
미래에셋자산운용

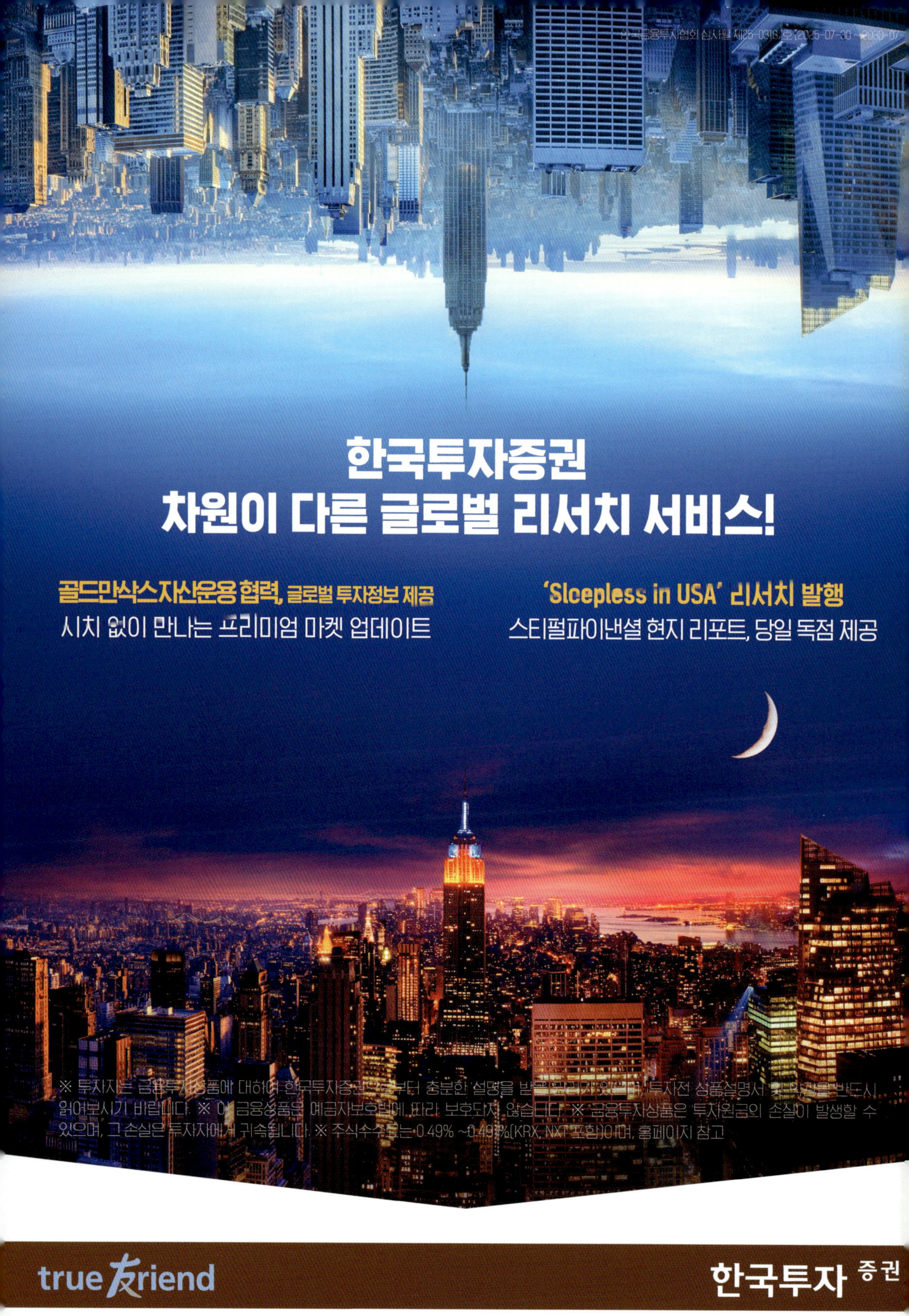

한국금융투자협회 심사필 제25-03187호 (2025-07-30 ~ 2030-07-
한국투자증권
차원이 다른 글로벌 리서치 서비스!
골드만삭스자산운용 협력, 글로벌 투자정보 제공
시차 없이 만나는 프리미엄 마켓 업데이트
'Sleepless in USA' 리서치 발행
스티펄파이낸셜 현지 리포트, 당일 독점 제공
※ 투자자는 금융투자상품에 대하여 한국투자증권으로부터 충분한 설명을 받을 권리가 있으며, 투자전 상품설명서 및 약관을 반드시 읽어보시기 바랍니다. ※ 이 금융상품은 예금자보호법에 따라 보호되지 않습니다. ※ 금융투자상품은 투자원금의 손실이 발생할 수 있으며, 그 손실은 투자자에게 귀속됩니다. ※ 주식수수료는 0.49% ~0.497%(KRX, NXT 포함)이며, 홈페이지 참고
true friend
한국투자 증권

EXPERIENCE INSPIRATION

고객의 삶에 대한 섬세한 통찰력으로
일상이 특별해지는 경험을 창조합니다.